Die mitunternehmerische Besteuerung der Komplementäre der Kommanditgesellschaft auf Aktien

FINANZ- UND STEUERRECHT IN DEUTSCHLAND UND EUROPA

Herausgegeben von Klaus-Dieter Drüen, Hanno Kube und Rainer Wernsmann

Band 31

Zur Qualitätssicherung und Peer Review der vorliegenden Publikation

Die Qualität der in dieser Reihe erscheinenden Arbeiten wird vor der Publikation durch Herausgeber der Reihe geprüft.

Notes on the quality assurance and peer review of this publication

Prior to publication, the quality of the work published in this series is reviewed by editors of the series.

Stephanie Krebbers-van Heek

Die mitunternehmerische Besteuerung der Komplementäre der Kommanditgesellschaft auf Aktien

PL ACADEMIC RESEARCH

Bibliografische Information der Deutschen Nationalbibliothek
Die Deutsche Nationalbibliothek verzeichnet diese Publikation in der Deutschen Nationalbibliografie; detaillierte bibliografische Daten sind im Internet über http://dnb.d-nb.de abrufbar.

Zugl.: Düsseldorf, Heinrich-Heine-Univ., Juristische Fakultät, Diss., 2015

Erstgutachter: Prof. Dr. Klaus-Dieter Drüen
Zweitgutachter: Prof. Dr. Ulrich Prinz
Jahr der mündlichen Prüfung: 2015

D 61
ISSN 1863-141X
ISBN 978-3-631-67214-3 (Print)
E-ISBN 978-3-653-06727-9 (E-Book)
DOI 10.3726/978-3-653-06727-9

PL Academic Research ist ein Imprint der Peter Lang GmbH.

Peter Lang – Frankfurt am Main · Bern · Bruxelles · New York · Oxford · Warszawa · Wien

Diese Publikation wurde begutachtet.

www.peterlang.com

Meiner Familie

Vorwort

Diese Arbeit wurde von der Juristischen Fakultät der Heinrich-Heine-Universität Düsseldorf im Sommersemester 2015 als Dissertation angenommen.

Mein herzlicher Dank gilt meinem Doktorvater Herrn Prof. Dr. Klaus-Dieter Drüen, sowohl für seine engagierte Betreuung der Arbeit, als auch für seine langjährige Unterstützung und Förderung während meiner Tätigkeit an seinem Lehrstuhl für Unternehmenssteuerrecht, Bilanzrecht und Öffentliches Recht an der Heinrich-Heine-Universität Düsseldorf. Herrn Prof. Dr. Ulrich Prinz danke ich für die rasche Erstellung des Zweitgutachtens.

Ich danke den Herausgebern Herrn Professor Dr. Klaus-Dieter Drüen, Herrn Professor Dr. Hanno Kube und Herrn Professor Dr. Rainer Wernsmann für die Aufnahme meiner Arbeit in diese Schriftenreihe.

Beim Freundeskreis der Düsseldorfer Juristischen Fakultät e.V. bedanke ich mich für die Zuerkennung des Promotionspreises für diese Dissertation.

Ich möchte diese Gelegenheit auch nutzen, mich bei meinen Kolleginnen und Kollegen vom Lehrstuhl für Unternehmenssteuerrecht, Bilanzrecht und Öffentliches Recht an der Heinrich-Heine-Universität Düsseldorf, sowie meinen Kolleginnen und Kollegen vom Referat St 1 der Oberfinanzdirektion NRW für die stets angenehme und gute Zusammenarbeit, sowie für viele anregende Diskussionen zu bedanken.

Mein ganz besonderer Dank gilt meiner Familie, insbesondere meinen Eltern Monika und Willi van Heek, meinem Ehemann Dipl.-Finanzwirt (FH), Mag.-iur. Michael J. Krebbers, sowie meiner Schwester Romina van Heek, B.Sc. Med.-Phys., die durch ihre liebevolle Unterstützung das Gelingen dieser Arbeit erst ermöglicht haben. Michael, ich danke dir für deine unendliche Geduld.

Krefeld, im Januar 2016 *Stephanie A. Krebbers-van Heek*

Inhaltsübersicht

Inhaltsverzeichnis

Zweiter Teil
Die Besteuerung der KGaA und ihrer Aktionäre – die kapitalistische Sphäre der KGaA

Dritter Teil
Die Besteuerung der KGaA und ihrer Komplementäre

Vierter Teil
Der Komplementär als Mitunternehmer der KGaA

Fünfter Teil
Zusammenfassung in Thesen und Ausblick

§ 1 Einleitung

I. Problemstellung und Anlass der Untersuchung

Nach § 278 Abs. 1 AktG ist die Kommanditgesellschaft auf Aktien (KGaA) eine Gesellschaft mit eigener Rechtspersönlichkeit, bei der mindestens ein Gesellschafter den Gesellschaftsgläubigern unbeschränkt haftet (persönlich haftender Gesellschafter) und die übrigen Gesellschafter an dem in Aktien zerlegten Grundkapital beteiligt sind, ohne persönlich für die Verbindlichkeiten der Gesellschaft zu haften (Kommanditaktionäre). Das Rechtsverhältnis der persönlich haftenden Gesellschafter untereinander und gegenüber der Gesamtheit der Kommanditaktionäre sowie gegenüber Dritten, namentlich die Befugnis der persönlich haftenden Gesellschafter zur Geschäftsführung und zur Vertretung der Gesellschaft, bestimmt sich nach den Vorschriften des Handelsgesetzbuchs über die Kommanditgesellschaft (§ 278 Abs. 2 AktG). Im Übrigen gelten für die Kommanditgesellschaft auf Aktien, soweit sich aus den §§ 278 ff. AktG oder aus dem Fehlen eines Vorstands nichts anderes ergibt, die Vorschriften des Ersten Buchs des Aktiengesetzes über die Aktiengesellschaft sinngemäß (§ 278 Abs. 3 AktG).

Heute, fast 300 Jahre[1] nach der Gründung der ersten Gesellschaft, deren Struktur im Wesentlichen der einer heutigen KGaA entsprach, ist die gesetzliche Formulierung des § 278 AktG Ausgangspunkt einer unermüdlich geführten Diskussion um die „richtige" rechtliche Einordnung der KGaA. Denn obwohl § 278 Abs. 1 AktG klarstellt, dass die KGaA eine juristische Person ist[2], bringt der partielle Verweis auf die Regelungen des HGB über die KG das Zwei-Welten-Gefüge des Unternehmensrechtlers ein Stück weit aus dem Lot. Die KGaA vereint innerhalb einer Gesellschaft das Personengesellschaftsrecht mit seinem steuerrechtlichen Transparenzprinzip in der Sphäre des persönlich haftenden Gesellschafters mit dem kapitalgesellschaftsrechtlichen Trennungsprinzip in der Sphäre der Kommanditaktionäre[3]; steuerrechtlich wird sie damit zur Gesellschaft *sui generis.*

Die Durchbrechung der systemtragenden Prinzipien[4] insbesondere des Unternehmenssteuerrechts stellt den Rechtsanwender vor die Aufgabe, die sphärenorientierte Trennungsanordnung des Gesetzgebers auf den ihm im Einzelfall vorliegenden Geschäftsvorfall herunterzubrechen und systemkonform umzusetzen. Eine schlüssige,

---

1 Zur geschichtlichen Entwicklung vgl. § 2.

2 *Bauschatz,* DStZ 2007, 39, 40; *Biagosch,* NWB 1996, 1073 (Fach 18, 3453); *Hüffer,* AktG[11], 2014, § 278 Rn. 4.

3 *Hageböke,* Das KGaA-Modell, 2008, S. 3.

4 Systemtragend sind insbesondere das Transparenzprinzip für die Personengesellschaftsbesteuerung und das Trennungsprinzip für die Kapitalgesellschaftsbesteuerung, vgl. *Prinz,* FR 2010, 736, 739. Zur Systembindung im Steuerrecht vgl. *Drüen,* in: FS Spindler, 2011, S. 29; vgl. hierzu noch § 11 I.

mit dem Gesetz vereinbare und allgemein anerkannte Systematik der KGaA-Besteuerung gibt es indes bis heute nicht. Zwar haben sich mittlerweile Lösungsansätze in Rechtsprechung und Literatur herausgebildet; diese widersprechen sich jedoch teilweise diametral[5], so dass der Steuerpflichtige in der Praxis vor dem Problem steht, dass er seine alltäglichen Geschäftsvorfälle nicht mit abschließender Sicherheit „richtig“ verbuchen und im Jahresabschluss würdigen kann. So entsteht selbst bei maximaler Sorgfalt ein erhebliches Risiko insbesondere für Betriebsprüfungen, die mit hohen Nachzahlungen verbunden sein können. Die Unsicherheit, welche der Gesetzgeber durch seine nur rudimentäre gesetzliche Regelung geschaffen hat und die die Finanzverwaltung in den vergangenen Jahrzehnten nicht durch eindeutige Verwaltungsanweisungen ausräumen konnte[6], schlägt sich auf diese Weise einseitig zu Lasten des Steuerpflichtigen nieder, der sich *ex ante* für ein Besteuerungsmodell entscheiden muss. Zwar besteht mittlerweile die Möglichkeit, für besonders risikobehaftete Fragestellungen verbindliche Auskünfte (§ 89 Abs. 2 bis 7 AO) zu beantragen[7]. Letztlich ist es aber nicht Sinn des Rechtsinstituts der verbindlichen Auskunft, ein fehlendes Besteuerungskonzept zu ersetzen; denn der Steuerpflichtige müsste im Falle der KGaA-Besteuerung die mitunter hohen Gebühren auch schon in Kauf nehmen, um eine Antwort auf grundlegende Fragestellungen zu erhalten. Letztlich ist die Besteuerungssituation der wenigen KGaAs in Deutschland von Compliance und Einzelfalllösungen geprägt[8], was mit den Grundsätzen der Gesetzmäßigkeit und Gleichheit der Besteuerung kaum vereinbar ist. Da die KGaA jedoch aufgrund der nur geringen zahlenmäßigen Verbreitung ein „Nischendasein[9]“ führt, fehlte bislang der politische Druck für eine grundlegende und entschieden vorangetriebene gesetzliche Neuregelung, auch wenn hochrangige Vertreter der Steuerrechtswissenschaft immer wieder hierzu aufrufen[10].

Wenngleich die KGaA eine außergewöhnliche Rechtsform mit einer nur geringen zahlenmäßigen Verbreitung ist, stellt sich eine intensive Auseinandersetzung mit ihr

5 *Ernst&Young*, DB 2014, 147; zu den Besteuerungskonzepten vgl. Dritter Teil.

6 Es fehlt insoweit an einem einschlägigen BMF-Schreiben, vgl. *Deutschländer*, StBP 2013, 307, 313; *Ernst&Young*, DB 2014, 147.

7 Ob eine solche angesichts des Ermessens der Finanzverwaltung und der dem Vernehmen nach auch innerhalb der Verwaltung umstrittenen Rechtslage erteilt würde, ist darüber hinaus zweifelhaft.

8 *Ernst&Young*, DB 2014, 147: In der Praxis wird über lange Zeiträume hinweg, teilweise sogar innerhalb desselben Finanzamtes, unterschiedlich verfahren. Ebenso *Crezelius*, JbFStR 2010/2011, S. 484, 489; *E&Y*, Tax&Law Magazine, 1/2014, 24; *Rennings*, Aussprache zu Haarmann, JbFStR 2010/2011, S. 300, 310.

9 *Bauschatz*, DStZ 2007, 39; *Bayreuther*, JuS 1999, 651 und *Strieder/Habel*, DB 1994, 1557 sprechen von einem „Schattendasein“.

10 Zuletzt der Wissenschaftliche Beirat der Ernst & Young GmbH, DB 2014, 147, 148, zu dem Dr. W. Birkenfeld, E. Dötsch, Prof. C. Fuest, Prof. J. Hey, Prof. H. Kanzler, Dr. M. Kempermann, Prof. K. Offerhaus, M. Ortmann-Babel, Prof. C. Spengel und Prof. F. Wassermeyer gehören.

und ihrer Besteuerung dennoch als lohnendes Unterfangen dar. Die KGaA bietet eine Reihe ganz erheblicher Strukturvorteile, die sich bisher jedoch, wohl insbesondere aufgrund des erhöhten Beratungsaufwands, nur wirtschaftliche „Schwergewichte" zu Nutze machen. Es wäre indes wünschenswert, auch dem breiten Mittelstand eine Möglichkeit zu verschaffen, mittels der Rechtsform der KGaA einen Zugang zum organisierten Kapitalmarkt zu erhalten, ohne gleichzeitig den eigenen unternehmerischen Einfluss aufgeben zu müssen.

In den vergangenen Jahren und Jahrzehnten sind wiederholt wertvolle Arbeiten in den Rechtswissenschaften und der Betriebswirtschaftslehre zur KGaA[11] und auch zu ihrer Besteuerung[12] erschienen. Diese Arbeit versucht nunmehr, neue Erkenntnisse in die dennoch unermüdlich fortgeführte Diskussion um die richtige KGaA-Besteuerung einzubringen. Sie nimmt eine umfassende Analyse der Besteuerungskonzepte unter Zugrundelegung der verschiedenen Besteuerungskonzepte vor und legt dabei, im Unterschied zu anderen aktuellen Arbeiten, ihren Schwerpunkt auf die mitunternehmerische Besteuerung des Komplementärs. Vielleicht kann die Arbeit ein weiterer Schritt in Richtung einer anerkannten, systemgerechten und praxistauglichen Besteuerungslösung sein, die es ermöglicht, die KGaA zu einer attraktiveren und populäreren Rechtsform zu machen.

II. Gang und Ziel der Untersuchung

Diese Arbeit stellt, nach einem kurzen Blick auf die Geschichte der KGaA und ihre wirtschaftliche Bedeutung, zunächst die gesellschaftsrechtlichen Grundlagen der KGaA dar und geht dabei auch auf die sich hieraus ergebenden Vor- und Nachteile der KGaA im Vergleich zu anderen Rechtsformen ein.

Im zweiten Teil wird sodann die Besteuerung der KGaA und ihrer Aktionäre, mithin die kapitalistische Sphäre der KGaA, thematisiert.

---

11 So etwa *Ammenwerth*, Die KGaA, 1997 (Univ., Diss.); *Arnold*, Die GmbH & Co. KGaA, 2001 (Univ., Diss.); *Bunnemann*, Das Ausscheiden des letzten Komplementärs, 2008 (Univ., Diss.); *Gehrke*, Die Stiftung & Co. KGaA, 2007 (Univ., Diss.); *Nagel/Wittkowski*, Die KGaA, 2012; *Otte*, Die AG & Co. KGaA, 2011 (Univ., Diss.); *Philbert*, Die KGaA zwischen Personengesellschaftsrecht und Aktienrecht, 2005 (Univ., Diss.); *Sauter*, Die Gewinnverwendung in der kapitalistischen KGaA, 2008; *Sethe*, Die personalistische KGaA mit Börsenzugang, 1996 (Univ. Diss.).

12 *Bielinis*, Die Besteuerung der KGaA, 2013 (Univ. Diss.); *Frankenheim*, Die Ertrags- und Substanzbesteuerung der KGaA, 1994 (Univ., Diss.); *Gering*, Einkünfte des Komplementärs einer KGaA, 2010 (Diplomarbeit); *Hageböke*, Das KGaA-Modell, 2008 (Univ. Diss.); *Hölzl*, Die Besteuerung der KGaA, 2003 (Univ., Diss.); *Hoppe*, Die Besteuerung der KGaA, 2014 (Univ. Diss.); *Kniep*, Die steuerliche Behandlung des Gewinnanteils eines Komplementärs einer KGaA, 2014 (Masterarbeit); *Maurer*, Die Besteuerung von Anleger-Kommanditgesellschaften, 1999 (Univ., Diss.); *Renz*, Die Besteuerung der GmbH & Co. KGaA, 2006 (Univ., Diss.); *Schimpfle*, Die Besteuerung der KGaA, 2006 (Diplomarbeit).

Der dritte Teil der Arbeit verschafft einen Überblick über das steuerrechtlich besonders problembehaftete Verhältnis der KGaA zu ihren Komplementären, wobei die in der Literatur und Rechtsprechung herausgebildeten grundlegenden Prinzipien der intransparenten und transparenten KGaA-Besteuerung vorgestellt und kritisch auf ihre Schwächen und Stärken untersucht werden.

Im vierten Teil sollen zunächst die verfassungsrechtlichen und gesetzlichen Rahmenbedingungen im Unternehmenssteuerrecht abgesteckt werden. Danach folgt eine grundlegende Untersuchung der KGaA, die zeigen soll, ob die KGaA insgesamt eher einer intransparenten oder einer transparenten Gesellschaft gleichkommt. Anschließend soll auch die Rechtsstellung des Komplementärs daraufhin untersucht werden, ob er steuerrechtlich als Mitunternehmer der KGaA bezeichnet werden kann. Es folgt eine Auseinandersetzung mit der Funktion und Reichweite des § 9 Abs. 1 Nr. 1 KStG als KGaA-spezifische Sondervorschrift. Im Anschluss befasst sich die Arbeit eingehend mit der Gewerbesteuer und hier insbesondere mit der Frage, ob *de lege lata* die Möglichkeit einer folgerichtigen Gewerbebesteuerung der KGaA besteht. Bevor schlussendlich auf verbleibende Schwachstellen eines transparenten Besteuerungskonzepts eingegangen werden soll, erfolgt eine Auseinandersetzung mit steuerrechtlich problembehafteten Umwandlungsvorgängen im Zusammenhang mit einer KGaA.

Insgesamt fokussiert sich die vorliegende Arbeit auf die laufende Unternehmensbesteuerung einschließlich des Umwandlungssteuerrechts. Das angesichts jüngst ergangener höchstrichterlicher Entscheidungen erheblich ins Wanken geratene Erbschaftsteuerrecht[13] wird nicht näher beleuchtet[14].

---

13 BVerfG v. 17.12.2014 – 1 BvL 21/12, BGBl. I 2015, 4.

14 Vgl. aber statt aller *Nagel/Wittkowski*, Die KGaA, 2012, § 4 Rn. 329 ff.

Erster Teil

Die KGaA – Wirtschaftliche Bedeutung und gesellschaftsrechtliche Grundlagen

§ 2 Eine kurze Geschichte der KGaA[15]

Die KGaA ist keine junge Rechtsform. Ihre Geschichte reicht nach heutigem Kenntnisstand zurück bis ins vorrevolutionäre Frankreich des 18. Jahrhunderts[16]. Am 2. Mai 1716, ein Jahr nach dem Ende der Herrschaft Ludwigs des XIV., wurde die „Banque Général" (später „Banque Royale") in Frankreich gegründet[17]. Ihre ursprüngliche Aufgabe, die Finanzen Frankreichs zu ordnen, konnte sie niemals erfüllen, weil sie bereits kurz nach ihrer Gründung kollabierte. Heute gilt die „Banque Général" nicht nur als eine der ersten Banken, die durch ihren Zusammenbruch eine nationale Krise des Geld- und Kreditwesens auslöste[18], sondern auch als erste Gesellschaft deren Aufbau dem einer heutigen KGaA im Wesentlichen entsprach[19]. Eine gesetzliche Grundlage für diese Gesellschaftsstruktur gab es zu diesem Zeitpunkt noch nicht[20]; eine solche findet sich erstmals fast 100 Jahre später im Jahre 1807, ebenfalls in Frankreich. In Artikel 38 des Code de Commerce wurde die KGaA als Unterfall der KG geregelt[21].

Über die internationale Ausbreitung der französischen Idee von der neuen Rechtsform ist wenig bekannt. Die im Jahre 1851 in Berlin gegründete „Diskontbank" gilt

---

15 Eine ausführliche, fast hundertseitige Abhandlung zur Geschichte der KG, AG und KGaA in Frankreich und Deutschland findet sich bei *Sethe*, Die personalistische KGaA mit Börsenzugang, 1996, S. 11 ff.

16 *Schaumburg/Schulte*, Die KGaA, 2000, Rn. 1; zu den Vorläufern der KGaA bis ins 11. Jahrhundert vgl. *Frankenheim*, Die Ertrags- und Substanzbesteuerung der KGaA, 1994, S. 5 f.

17 *Niederlag*, Juristische Person als persönlich haftender Gesellschafter, 1973, S. 15; *Sauter*, Die Gewinnverwendung in der kapitalistischen KGaA, 2008, S. 3; *Hageböke*, Das KGaA-Modell, 2008, S. 39, Note 247.

18 *Sauter*, Die Gewinnverwendung in der kapitalistischen KGaA, 2008, S. 3.

19 *Fett*, in: Schütz/Bürgers/Riotte, Die KGaA, 2004, § 1 Rn. 1; *Perlitt*, in: MK-AktG[4], 2015, vor § 278 Rn. 8. *Sethe*, Die personalistische KGaA mit Börsenzugang, 1996, S. 16 (Note 28), *Kölling*, Kapitalistische KGaA, 2005, S. 8 und *Herfs*, in: MHb-GesR[4], 2015, § 76 Rn. 1 nennen als erste KGaA die französische Bank Law & Co; inwieweit diese mit der Banque Royale identisch ist, ist heute nicht mehr nachvollziehbar. *Frankenheim*, Die Ertrags- und Substanzbesteuerung der KGaA, 1994, S. 6 geht davon aus, dass die Bank Law & Co in Banque Royale umfirmiert wurde.

20 Nach *Sethe*, Die personalistische KGaA mit Börsenzugang, 1996, S. 16 f. (Note 29) soll aber eine königliche Deklaration Ludwigs des XV vom 21.1.1721 eine Kommanditaktiengesellschaft offiziell zugelassen haben.

21 *Fett*, in: Schütz/Bürgers/Riotte, Die KGaA, 2004, § 1 Rn. 1; *Hageböke*, Das KGaA-Modell, 2008, S. 39; *Herfs*, in: MHb-GesR[4], 2015, § 76 Rn. 1; *Niederlag*, Juristische Person als persönlich haftender Gesellschafter, 1973, S. 7; *Sethe*, Die personalistische KGaA mit Börsenzugang, 1996, S. 17.

als erste deutsche KGaA[22]. In Deutschland findet sich erstmals im Jahre 1861 eine einheitliche Regelung der KGaA in den §§ 173–206 ADHGB[23]. Aufgrund des starken Einflusses, den der Code de Commerce auf das deutsche Handelsrecht hatte[24], wurde die KGaA auch hier als Sonderform der KG und damit als Personengesellschaft geregelt[25]. Ende des 19. Jahrhunderts wurden die Regelungen zur KGaA im HGB von 1897[26] hinter die Regelungen über die seinerzeit ebenfalls noch im HGB geregelte AG in die §§ 320 bis 334 HGB verschoben[27]. Dort wurde das AG-Recht – mit Ausnahme der Rechtsbeziehungen der Komplementäre untereinander, gegenüber der Gesamtheit der Aktionäre und gegenüber Dritten, für die das KG-Recht galt (§ 320 Abs. 2 HGB 1897) – für entsprechend anwendbar erklärt (§ 320 Abs. 3 HGB 1897)[28]. Bereits hier findet sich der Ursprung der noch heute in § 278 AktG angelegten Verweistechnik[29].

Die Vorschriften über die KGaA erfuhren im Folgenden nahezu keine Veränderungen, bis sie ins neue, nunmehr wegen seines Umfangs aus dem HGB ausgegliederte AktG 1937[30] übernommen wurden[31]. § 219 AktG 1937 stattete die KGaA

---

22 *Bielinis*, Die Besteuerung der KGaA, 2013, S. 7; *Niederlag*, Juristische Person als persönlich haftender Gesellschafter, 1973, S. 17; *Perlitt*, in: MK-AktG[4], 2015, vor § 278 Rn. 9; *Sauter*, Die Gewinnverwendung in der kapitalistischen KGaA, 2008, S. 3. Nach *Herfs*, in: MHb-GesR[4], 2015, § 76 Rn. 1 handelte es sich hierbei um eine Vorgängerin der Deutschen Bank. *Sethe*, Die personalistische KGaA mit Börsenzugang, 1996, S. 41 nennt als erste deutsche KGaA die Rheinische Zeitung Köln, die bereits 1841 als KGaA gegründet wurde. Allerdings galt für die preußischen Rheinprovinzen seinerzeit der französische Code de Commerce auch nach dem Sturz der napoleonischen Herrschaft fort, so dass die Diskontbank zu Recht als erste „originär-deutsche" KGaA bezeichnet werden kann.

23 Allgemeines Deutsches Handelsgesetzbuch von 1861; ausführlich bei *Sethe*, Die personalistische KGaA mit Börsenzugang, 1996, S. 51 Note 73.

24 *Sauter*, Die Gewinnverwendung in der kapitalistischen KGaA, 2008, S. 3.

25 *Benecke*, in: Schnitger/Fehrenbacher, KStG, § 1 Rn. 103; *Fett*, in: Schütz/Bürgers/Riotte, Die KGaA, 2004, § 1 Rn. 2; *Schaumburg/Schulte*, Die KGaA, 2000, Rn. 3 Note 13; *Hageböke*, Das KGaA-Modell, 2008, S. 40; *Sethe*, Die personalistische KGaA mit Börsenzugang, 1996, S. 51.

26 Handelsgesetzbuch v. 10.5.1897, RGBl. 1897, 219.

27 *Hageböke*, Das KGaA-Modell, 2008, S. 40,

28 *Fett*, in: Schütz/Bürgers/Riotte, Die KGaA, 2004, § 1 Rn. 5; nach *Schaumburg/Schulte*, Die KGaA, 2000, Rn. 3 Note 13 war die KGaA seinerzeit noch eine Abart der AG.

29 *Fett*, in: Schütz/Bürgers/Riotte, Die KGaA, 2004, § 1 Rn. 5; *Herfs*, in: MHb-GesR[4], 2015, § 76 Rn. 2.

30 Gesetz über Aktiengesellschaften und Kommanditgesellschaften auf Aktien (Aktiengesetz) v. 30.1.1937, RGBl. I 1937, 107 ff. Amtliche Begründung bei *Klausing*, AktG, 1937, S. 191 f.

31 *Fett*, in: Schütz/Bürgers/Riotte, Die KGaA, 2004, § 1 Rn. 6; *Sethe*, Die personalistische KGaA mit Börsenzugang, 1996, S. 72.

erstmals ausdrücklich mit einer eigenen Rechtspersönlichkeit[32] aus und machte die KGaA somit unstreitig zur juristischen Person[33]. Im weiteren Verlauf änderte sich das KGaA-Recht nur marginal und größtenteils mittelbar durch den Verweis auf das AktG und HGB. So blieben die Spezialvorschriften der §§ 278 bis 290 auch im AktG 1965[34] im Wesentlichen gleich[35].

Eine Neuerung brachte Ende der 1990er Jahre die höchstrichterliche Zulassung der kapitalistischen KGaA. Zivilrechtlich war es zuvor lange Zeit umstritten gewesen, ob eine Kapitalgesellschaft Komplementär einer KGaA sein konnte[36], denn die historische rechtliche Ausgestaltung der KGaA beruhte in erheblichem Maße auf dem Personalkredit des Komplementärs[37]. Durch die Zulassung der GmbH & Co. KG

---

32 Gesetz über Aktiengesellschaften und Kommanditgesellschaften auf Aktien (Aktiengesetz) v. 30.1.1937, RGBl. I 1937, 107, 151; *Fett*, in: Schütz/Bürgers/Riotte, Die KGaA, 2004, § 1 Rn. 3, 7; *Hageböke*, Das KGaA-Modell, 2008, S. 40; *Sethe*, Die personalistische KGaA mit Börsenzugang, 1996, S. 78. *Schaumburg/Schulte*, Die KGaA, 2000, Rn. 3 Note 13 sehen die KGaA hier erstmals als eigenständige Rechtsform.

33 In der Zeit des Nationalsozialismus wurde die KGaA, die wegen der Eigenverantwortung des Komplementärs als Ausdruck des „Führerprinzips" angesehen wurde, besonders – wenngleich im Wesentlichen erfolglos – angepriesen, um eine Ausbreitung der diesem Prinzip zuwiderlaufenden AG zu verhindern, vgl. *Grafmüller*, Geeignete Rechtsform für börsenwillige Familienunternehmen, 1994, S. 53 und *Niederlag*, Juristische Person als persönlich haftender Gesellschafter, 1973, S. 23.

34 Aktiengesetz v. 6.9.1965, BGBl. I 1965, 1089; vgl. auch *Sethe*, Die personalistische KGaA mit Börsenzugang, 1996, S. 81 (Note 6).

35 *Fett*, in: Schütz/Bürgers/Riotte, Die KGaA, 2004, § 1 Rn. 8; *Sethe*, Die personalistische KGaA mit Börsenzugang, 1996, S. 81 f.

36 Für die Zulassung juristischer Personen als Komplementäre bereits RG v. 4.7.1922 – II B 2/22, RGZ 105, 101; ebenso *O. Schreiber*, Die KGaA, 1925, S. 41;. Zur wiederbelebten Diskussion in den 1990er Jahren vgl. statt aller *Hartel*, DB 1992, 2329, 2331 f.; *Ladwig/Motte*, DStR 1996, 842, 842 ff.; *Mertens*, in: FS Ritter, 1997, S. 731 ff.; *Priester*, ZHR 160 (1996), 250 ff. und im Anschluss *K. Schmidt*, ZHR 160 (1996), 265 ff.; *Sethe*, Die personalistische KGaA mit Börsenzugang, 1996, S. 155. Eine Zulassung der Kapitalgesellschaft & Co. KGaA lehnten *Binz/Sorg*, DB 1997, 313 ff. am „Vorabend" der BGH-Entscheidung als „Etiketten-Schwindel" ab – eine Lockerung der Satzungsstrenge im Aktienrecht sei die „ehrlichere" Lösung.

37 So heißt es in den Materialien zur Aktienrechtsreform 1884, die KGaA sei eine geeignete Rechtsform „für Unternehmungen, welche neben den erforderlichen Geldmitteln, um empor zu blühen, der persönlichen Tüchtigkeit und Kreditwürdigkeit eines Geschäftsherrn bedürfen, der mit seiner ganzen Individualität und mit seinem ganzen Vermögen bei dem Unternehmen interessiert ist". Die KGaA habe eine „überragende monarchische Spitze" und der Komplementär sei „nach außen hin der unbeschränkte Gebieter über die Mittel der Gesellschaft", vgl. Abdruck bei *Schubert/Hommelhoff*, Hundert Jahre modernes Aktienrecht, 1985, S. 478 f. Ebenso hieß es in der Amtlichen Begründung des AktG 1937 (*Klausing*, AktG, 1937, S. 191): „Dem Bedürfnis nach einer selbstständig das Unternehmen führenden und verantwortlichen Persönlichkeit ist daher in noch größerem Maße bei der Kommanditgesellschaft auf

als Komplementär einer KGaA im Jahre 1968[38] und das Scheitern einer geplanten Ergänzung des § 278 Abs. 1 AktG um einen Satz 2, wonach Komplementär einer KGaA nur eine natürliche Person sein könne[39] im Jahre 1977, wurde zwar eine gewisse Tendenz für die Zulässigkeit einer kapitalistischen KGaA absehbar. Hinzu kam, dass der BFH seit 1985 mehrfach über Rechtsstreitigkeiten unter Beteiligung von Kapitalgesellschaft & Co. KGaAs zu entscheiden und deren rechtmäßigen Bestand nicht verneint hatte[40]. Und auch der steuerrechtliche Gesetzgeber hatte sich durch die Einführung der Kürzungsvorschrift des § 9 Nr. 2b GewStG mit dem Kultur- und Stiftungsförderungsgesetz vom 13.12.1990[41] zur Zulässigkeit der Kapitalgesellschaft & Co. KGaA bekannt. Es fehlte jedoch an einer entsprechenden Entscheidung des BGH, so dass die Gründung einer Kapitalgesellschaft & Co. KGaA – auch und insbesondere durch ihren „Makel einer überwiegend ablehnenden Lehrmeinung“[42] – zivilrechtlich risikobehaftet und damit unattraktiv blieb[43]. Erst am 24.2.1997 folgte die lange erwartete Entscheidung des BGH, mit der die kapitalistische KGaA[44]

Aktien als bei der Aktiengesellschaft Rechnung getragen, da die persönlich haftenden Gesellschafter mit ihrer ganzen Person und ihrem ganzen Vermögen an das Unternehmen gekettet sind“.

38 OLG Hamburg v. 5.12.1968 – 2 W 34/68, NJW 1969, 1030, in diesem Fall gab es aber neben der GmbH & Co. KG eine natürliche Person als weiteren Komplementär.

39 Entwurf eines Gesetzes zur Änderung des Gesetzes betreffend die Gesellsch aften mit beschränkter Haftung und anderer handelsrechtlicher Vorschriften v. 15.12.1977, BT-Ds. 8/1347, 23; in der Beschlussempfehlung des Rechtsausschusses v. 16.4.1980 entfiel die entsprechende Regelung: BT-Ds. 8/3908, 45; der Rechtsausschuss sah insoweit kein dringendes Regelungsbedürfnis, BT-Ds. 8/3908, 79; vgl. auch *Perlitt*, in: MK-AktG[4], 2015, vor § 278 Rn. 23.

40 BFH v. 23.10.1985 – I R 235/81, BStBl. II 1986, 72; v. 31.10.1990 – I R 32/86, BStBl. II 1991, 253; v. 13.4.1994 – II R 57/90, BStBl. II 1994, 505.

41 Gesetz zur steuerlichen Förderung von Kunst, Kultur und Stiftungen sowie zur Änderung steuerrechtlicher Vorschriften, BGBl. I 1990, 2775, 2776. Mit dem Gesetz zur Förderung von Investitionen und Schaffung von Arbeitsplätzen im Beitrittsgebiet sowie zur Änderung steuerrechtlicher und anderer Vorschriften (Steueränderungsgesetz 1991) v. 24.6.1991, BGBl. I 1991, 1322, 1326 führte der Gesetzgeber zudem § 12 Abs. 3 Nr. 2b GewStG ein, um eine Doppelbelastung auch hinsichtlich der Gewerbekapitalsteuer zu beseitigen, vgl. BR-Ds. 141/91, S. 83.

42 *Hennerkes/May*, BB 1988, 2393.

43 So ging noch *Claussen*, in: FS Heinsius, 1991, S. 61, 69 davon aus, dass eine Kapitalgesellschaft & Co. KGaA aufgrund der Risiken und Umfeldbedingungen derzeit noch nicht anzuraten sei, wenngleich „die unternehmerische Praxis und die Praxis der Registergerichte mit kleinen, aber beharrlichen Schritten in Richtung auf die Zulässigkeit einer KGaA mit einer juristischen Person als persönlich haftendem Gesellschafter marschiert“. Nach *Strieder/Habel*, DB 1994, 1557 fehlte es nur deshalb an einer obergerichtlichen Entscheidung, da die Registergerichte die kapitalistische KGaA „scheinbar wie selbstverständlich“ eintrugen.

44 Zum Begriff vgl. *Hesselmann*, BB 1989, 2344.

auch handelsrechtlich bestätigt wurde[45]. Der BGH begründete seine Entscheidung insbesondere mit der Privatautonomie und dem Fehlen entgegenstehender Vorschriften im Aktiengesetz. § 76 Abs. 3 S. 1 AktG, wonach Mitglied des Vorstandes einer AG nur eine natürlich Person sein kann, war aufgrund der sphärenorientierten Trennungsanordnung des § 278 Abs. 2 AktG nicht anwendbar. Zwar habe sich der historische Gesetzgeber erkennbar am Leitbild der natürlichen Person als Komplementär orientiert; dies rechtfertige indes nicht im Umkehrschluss die Unzulässigkeit einer KGaA mit einer Kapitalgesellschaft als Komplementär. Durch diese Entscheidung und die schnelle Anpassung des § 279 Abs. 2 AktG[46] wurde die jahrzehntelang andauernde Diskussion dauerhaft beendet[47]. Heute haben sich neben der GmbH & Co. KGaA beispielsweise auch die AG & Co. KGaA[48] und die SE & Co. KGaA etabliert[49].

---

45 BGH v. 24.2.1997 – II ZB 11/96, BGHZ 134, 392 mit Anmerkung *Goette*, DStR 1997, 1012, 1014; das OLG Karlsruhe v. 29.7.1996 – 11 Wx 20/96, BB 1996, 1793 hatte zuvor die Zulässigkeit der GmbH & Co. KGaA verneint und die Frage sodann wegen einer Abweichung von einer Entscheidung des Hanseatischen OLG v. 5.12.1968 – 2 W 34/68, NJW 1969, 1030 dem BGH vorgelegt, vgl. *Bayreuther*, JuS 1999, 651, 653. *Hommelhoff*, ZHR Beih. Bd. 67, 1998, S. 9 bezeichnet das Urteil des BGH als „Befreiungsschlag".

46 Gesetz zur Neuregelung des Kaufmanns- und Firmenrechts und zur Änderung anderer handels- und gesellschaftsrechtlicher Vorschriften (Handelsrechtsreformgesetz) v. 22.7.1998, BGBl. I 1998, 1474, 1479.

47 *Fett*, in: Schütz/Bürgers/Riotte, Die KGaA, 2004, § 1 Rn. 10; *Haase*, GmbHR 1997, 917. *Hennerkes/Lorz*, DB 1997, 1388 titeln sprichwörtlich „*Roma locuta causa finita*".

48 *Otte*, Die AG & Co. KGaA, 2011, S. 65 sieht den wesentlichen Vorteil einer AG & Co. KGaA gegenüber einer GmbH & Co. KGaA im größeren Renommee der Aktiengesellschaft. *Arnold*, Die GmbH & Co. KGaA, 2001, S. 23 hält die Gründung einer AG & Co. KGaA rein gesellschaftsrechtlich hingegen für wenig sinnvoll.

49 *Drüen*, in: HHR, EStG/KStG, § 9 KStG, Rn. 21 (12/2011); *Sauter*, Die Gewinnverwendung in der kapitalistischen KGaA, 2008, S. 23, 38 nennt darüber hinaus die KGaA, die GmbH & Co. KGaA, die Stiftung, den Verein, die Genossenschaft und ausländische Kapitalgesellschaften als mögliche Komplementäre einer kapitalistischen KGaA; vgl. auch Aufstellung bei *Schaumburg*, DStZ 1998, 525, 530 und *Kölling*, Kapitalistische KGaA, 2005, S. 31 f.; ausführlich zur Stiftung & Co. KGaA: *Wehrheim/Gehrke*, StuW 2005, 234 und *Gehrke*, Die Stiftung & Co. KGaA, 2007. Auch ausländische Kapitalgesellschaften können Komplementäre einer KGaA sein, vgl. *Bielinis*, Die Besteuerung der KGaA, 2013, S. 18; *Mertens/Cahn*, in: KK-AktG[3], 2015, § 278 Rn. 16; *Perlitt*, in: MK-AktG[4], 2015, § 278 Rn. 35 f; *K. Schmidt*, in: Schmidt/Lutter, AktG[3], 2015, § 278 Rn. 21. Ausführlich zur Plc. & Co. KGaA *Bödefeld*, in: FS Rädler, 1999, S. 33 ff.

Nahezu unbestritten war stets, dass freilich auch eine Personengesellschaft Komplementär einer KGaA sein[50]; wohl aufgrund der weniger einschneidenden Haftungsfolgen fehlte es insoweit an einer vergleichbar lebhaften Diskussion.

50 *Bielinis*, Die Besteuerung der KGaA, 2013, S. 17; *Mertens*, in: FS Ritter, 1997, S. 731, 733; *Schimpfle*, Die Besteuerung der KGaA, 2006, S. 4; *K. Schmidt*, in: Schmidt/Lutter, AktG³, 2015, § 278 Rn. 20. Nach *Bunnemann*, Das Ausscheiden des letzten Komplementärs, 2008, S. 8 gilt dies auch für die GbR. *Mertens/Cahn*, in: KK-AktG³, 2015, § 278 Rn. 16 machen die Komplementärstellung einer GbR davon abhängig, dass Gesellschafterwechsel im Handelsregister eingetragen werden. Gegen die GbR als Komplementärin: *Assmann/Sethe*, in: GK-AktG⁴, 2013, § 278 Rn. 42; *Fischer*, DStR 1997, 1519, 1523. Insgesamt gegen Personengesellschaften als Komplementäre *K. Schmidt*, ZHR 160 (1996), 265, 280. Nach *Nagel/Wittkowski*, Die KGaA, 2012, § 1 Rn. 13 bietet die Personengesellschaft als Komplementärin – mit Ausnahme der GmbH & Co. KG – keine Vorteile gegenüber der natürlichen Person. Zu den Vorteilen der GmbH & Co. KG als Komplementärin, vgl. *Bauschatz*, DStZ 2007, 39, 41 f.

§ 3 Die wirtschaftliche Bedeutung der KGaA

I. KGaA in Zahlen

Die Bedeutung der KGaA in absoluten Zahlen ist insgesamt eher gering[51] – sie gilt gemeinhin als gesellschaftsrechtliche Randerscheinung[52]. Anlass für die ersten KGaA-Gründungen Mitte des 19. Jahrhunderts soll die Tatsache gewesen sein, dass die KGaA, anders als die AG, nicht dem Konzessionszwang unterlag[53]. Da sich die Aufhebung des Konzessionszwangs für die AG im Jahre 1870[54] aber nicht in einer sinkenden Anzahl der zugelassenen KGaAs spiegelt, scheint die KGaA seinerzeit unabhängig vom Konzessionszwang als attraktive Rechtsform wahrgenommen worden zu sein[55]. Auch die Einführung der GmbH im Jahre 1892 wirkte sich auf den langsamen aber stetigen Zuwachs zugelassener KGaAs nicht aus[56]. Zum „Motor" für die KGaA wurde erst die Inflation nach dem Ersten Weltkrieg. In dieser Zeit wurden viele Einzelunternehmen und Personengesellschaften in KGaAs umgewandelt, um

---

51 *Arnold*, Die GmbH & Co. KGaA, 2001, S. 3; *Hölzl*, Die Besteuerung der KGaA, 2003, S. 1; *Hüffer*, AktG[11], 2014, § 278 Rn. 2; *Mathiak*, DStR 1989, 661, 666; *Mertens/Cahn*, in: KK-AktG[3], 2015, vor § 278 Rn. 6; *Philbert*, Die KGaA zwischen Personengesellschaftsrecht und Aktienrecht, 2005, S. 22; *Raiser/Veil*, Recht der Kapitalgesellschaften[6], 2015, § 28 Rn. 4; *Wassermeyer*, in: FS Streck, 2011, S. 259; *Wichert*, Die Finanzen der KGaA, 1999, S. 38.

52 *Sauter*, Die Gewinnverwendung in der kapitalistischen KGaA, 2008, S. 1; *Sethe*, Die personalistische KGaA mit Börsenzugang, 1996, S. 1. *Breuninger*, JbFStR 2012/2013, S. 361, 362 nennt die KGaA indes eine „im deutschen Mittelstand verbreitete Rechtform". *K. Schmidt*, ZHR 160 (1996), 265, 273 geht indes davon aus, die KGaA habe eine „Geschichte der Enttäuschungen", deren „weitgehende Erfolglosigkeit [...] allseits bekannt" sei.

53 *Frankenheim*, Die Ertrags- und Substanzbesteuerung der KGaA, 1994, S. 7; *Sethe*, Die personalistische KGaA mit Börsenzugang, 1996, S. 61; *Sauter*, Die Gewinnverwendung in der kapitalistischen KGaA, 2008, S. 4.

54 Durch das Gesetz betreffend die Kommanditgesellschaften auf Aktien und die Aktiengesellschaften v. 11.6.1870, BGBl. Norddeutscher. Bund, S. 375 ff.; vgl. auch *Sethe*, Die personalistische KGaA mit Börsenzugang, 1996, S. 61 (Note 1).

55 *Sethe*, Die personalistische KGaA mit Börsenzugang, 1996, S. 96 geht hingegen von einem dramatischen Absinken der Bedeutung der KGaA aus. Der auch von *Binz/Sorg*, BB 1988, 2041, 2042 erwähnte „rapide Rückgang" begann – nach den Zahlen zu urteilen – indes erst 30 Jahre später.

56 Zwischen 1895 und 1910 waren in Deutschland bereits ca. 100–150 KGaAs registriert, *Raiser/Veil*, Recht der Kapitalgesellschaften[6], 2015, § 28 Rn. 4; **a.A.** *Sethe*, Die personalistische KGaA mit Börsenzugang, 1996, S. 96.

der Überfremdungsgefahr durch ausländisches Kapital und der inflationsbedingten Umverteilung Herr zu werden[57]. So waren 1924 immerhin 200 KGaAs registriert[58].

Kurz danach führte der Zweite Weltkrieg jedoch nahezu zum Erliegen der KGaA-Neugründungen. 1950 gab es noch zwischen 20 und 30 KGaAs[59] in Deutschland, was sich bis Mitte der Neunziger Jahre nicht wesentlich veränderte[60].

Abbildung 1: Anzahl bestehender KGaAs in Deutschland bis in die 1990er Jahre[61].

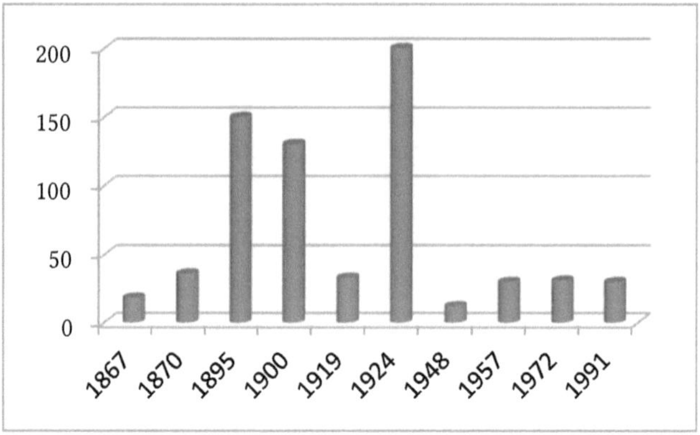

Ein wahrer „Rechtsform-Boom"[62] wurde in der Literatur nach der Zulassung der Kapitalgesellschaft & Co. KG erwartet. Zwar wird der BGH-Beschluss vom 24.2.1997[63] als Initialzündung für die Renaissance der KGaA[64] betrachtet. Der erwartete „Boom" fiel aber insbesondere wegen der Zurückhaltung des Mittel-

57 *Sauter*, Die Gewinnverwendung in der kapitalistischen KGaA, 2008, S. 5; *Sethe*, Die personalistische KGaA mit Börsenzugang, 1996, S. 96.

58 *Raiser/Veil*, Recht der Kapitalgesellschaften[6], 2015, § 28 Rn. 4.

59 *Raiser/Veil*, Recht der Kapitalgesellschaften[6], 2015, § 28 Rn. 4.

60 *Fett*, in: Schütz/Bürgers/Riotte, Die KGaA, 2004, § 1 Rn. 11. *Claussen*, in: FS Heinsius, 1991, S. 61, 62 sah 1991 jedoch bereits eine stärkere Aufgeschlossenheit für die Rechtsform der KGaA aufkommen.

61 Die Angaben beruhen auf Anhang 1 zu *Sauter*, Die Gewinnverwendung in der kapitalistischen KGaA, 2008 und Anlage 1 zu *Sethe*, Die personalistische KGaA mit Börsenzugang, 1996.

62 *Bayreuther*, JuS 1999, 651; *Dirksen/Möhrle*, ZIP 1998, 1377; *Hartel*, DB 1992, 2329, 2331. *Niederlag*, Juristische Person als persönlich haftender Gesellschafter, 1973, S. 146 prophezeite der KGaA aber auch bei Zulassung der juristischen Person als Komplementär „keine neue Blütezeit".

63 BGH v. 24.2.1997 – II ZB 11/96, BGHZ 134, 392 ff.

64 *Fett*, in: Schütz/Bürgers/Riotte, Die KGaA, 2004, § 1 Rn. 10.

standes deutlich überschaubarer aus als erwartet[65]. So enthielt die Umsatzsteuerstatistik von 1999 weiterhin gerade einmal 73 Gesellschaften in der Rechtsform der KGaA[66]. Erst mit Beginn des neuen Jahrtausends lässt sich vorsichtig eine langsam steigende Attraktivität der KGaA vermuten; so enthält die DIHT-Statistik von 2001 bereits 203 KGaAs[67], bis 2014 wurden es fast 290. Allein in NRW sind aktuell 54 KGaAs registriert[68]. Im Vergleich zur Verbreitung anderer Rechtsformen bleibt die KGaA aber auch heute das, was sie schon früher war: Eine Sonderrechtsform für Wenige[69].

Abbildung 2: Anzahl der KGaAs in jüngerer Zeit.

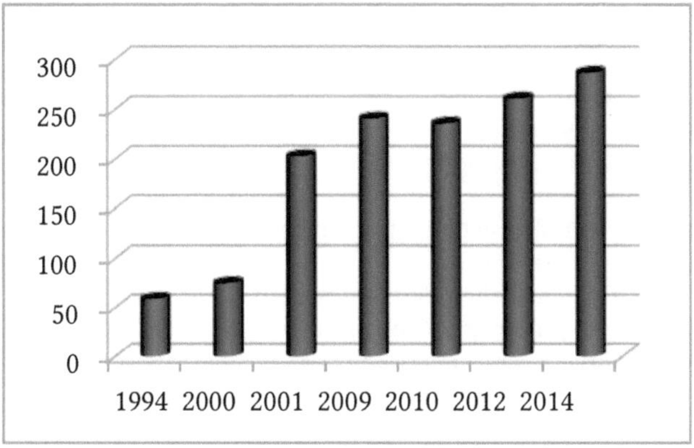

65 Nach *Schaumburg/Schulte*, Die KGaA, 2000, Rn. 2 sollte die Kapitalgesellschaft & Co. KGaA eine Möglichkeit für Mittelstand darstellen, verstärkt in die KGaA zu wechseln. Zur Zurückhaltung des Mittelstands vgl. *Drüen/van Heek*, DStR 2012, 541, 542. *Bachmann*, in: FS K. Schmidt, 2009, S. 41 geht ex post von einer „Belebung" der Rechtsform aus. Hüffer, AktG[11], 2014, § 278 Rn. 2 nennt das Wachstum langsam, aber beständig. *Kusterer/Rupp*, EStB 2003, 397 sehen indes einen starken Attraktivitätsgewinn und einen Bedeutungszuwachs.

66 *Fett*, in: Schütz/Bürgers/Riotte, Die KGaA, 2004, § 1 Rn. 11; *Meyer*, GmbHR 2002, 177, 178.

67 *Meyer*, GmbHR 2002, 177, 178; *Fett*, in: Schütz/Bürgers/Riotte, Die KGaA, 2004, § 1 Rn. 11.

68 Handelsregister.nrw.de, Stand: 12.12.2014.

69 *Claussen*, GmbHR 1996, 73, 80; *Claussen*, in: FS Heinsius, 1991, S. 61; *Fett*, in: Schütz/Bürgers/Riotte, Die KGaA, 2004, § 1 Rn. 13; *Herfs*, in: MHb-GesR[4], 2015, § 76 Rn. 4.

Rechtsform	In Deutschland eingetragen					
	1994[70]	2000[71]	2001[72]	2009[73]	2012[74]	2014[75]
KG	88.581	102.937	141.026	231.493	245.222	249.372
GmbH	400.723	446.797	739.858	981.876	1.071.908	1.127.620
AG	2.115	5.407	14.174	17.752	16.705	16.005
KGaA	59	75	203	241	261	287

II. Die KGaA als Rechtsform für wirtschaftliche „Schwergewichte"

Dennoch darf angesichts dieser absoluten Zahlen die wirtschaftliche Relevanz der KGaA nicht unterschätzt werden[76]. Denn sieht man einmal davon ab, dass insgesamt nur wenige Unternehmen die Rechtsform der KGaA wählen, so zeigt sich, dass diese wenigen Unternehmen jeweils für sich eine besonders hohe wirtschaftliche Relevanz aufweisen[77].

Nach den Angaben des statistischen Bundesamtes[78] erzielten Unternehmen in der Rechtsform der KGaA im Jahre 2012 einen durchschnittlichen Jahresumsatz von 553.626.402 Euro; im Jahre 2001 waren es noch 335.227.273 Euro gewesen[79]. Innerhalb von nur 11 Jahren zeigt sich mithin ein Wachstum von über 65%.[80]

Der durchschnittliche Jahresumsatz einer KGaA im Jahre 2012 ist damit mehr als 5mal so hoch wie der einer AG[81] und fast 140mal so hoch wie der einer GmbH[82]. Es

70 *Hansen,* GmbHR 2004, 39, 41; *Hansen,* GmbHR 2003, 22, 24.

71 *Hansen,* GmbHR 2003, 22, 24.

72 *Meyer,* GmbHR 2002, 177, 178.

73 *Kornblum,* GmbHR 2010, 739, 740.

74 *Kornblum,* GmbHR 2012, 728, 729.

75 *Kornblum,* GmbHR 2014, 694, 703.

76 Nach *Perlitt,* in: MK-AktG[4], 2015, vor § 278 Rn. 2 ist es falsch, die wirtschaftliche Bedeutung der KGaA allein an der Zahl der in dieser Rechtsform betriebenen Unternehmen zu messen. Ebenso *Hennerkes/Lorz,* DB 1997, 1388.

77 *Philbert,* Die KGaA zwischen Personengesellschaftsrecht und Aktienrecht, 2005, S. 25.

78 https://www.destatis.de/DE/Publikationen/Thematisch/FinanzenSteuern/Steuern/Umsatzsteuer/Umsatzsteuer2140810127004.pdf?__blob=publicationFile, zuletzt aufgerufen am 11.5.2015.

79 *Hansen,* GmbHR 2004, 39, 41.

80 Im gleichen 11-Jahres-Zeitraum stieg der durchschnittliche Jahresumsatz einer AG um gerade einmal 12,9%.

81 Nach den Angaben des statistischen Bundesamtes 105.613.570 €. Im Jahre 2001 betrug er nach *Hansen,* GmbHR 2004, 39, 41 noch 119.330.855 €.

82 Nach den Angaben des statistischen Bundesamtes 4.282.366 €. Im Jahre 2001 betrug der durchschnittliche Jahresumsatz einer GmbH nach *Hansen,* GmbHR 2004, 39, 41 noch 3.196.369 €. Hieraus ergibt sich ein Anstieg um fast 34 %.

verwundert nicht, dass die KGaA damit im Jahre 2012 (nach der Europäischen Aktiengesellschaft) die Rechtsform mit dem höchsten durchschnittlichen Umsatz war.

Zudem lag das durchschnittliche Grundkapital[83] einer KGaA im Jahr 2004 bei rund 40 Mio. Euro[84]. Damit ist die KGaA die Rechtsform mit dem höchsten durchschnittlichen Grundkapital; es ist 1,5mal so hoch wie bei der durchschnittlichen AG und 180mal so hoch wie bei der durchschnittlichen GmbH[85]. Angesichts dieser Vergleiche lässt sich erahnen, welche enorme wirtschaftliche Bedeutung von den einzelnen KGaAs ausgeht. Bereits Mitte der Neunziger Jahre entfielen ca. 10% aller Börsenwerte auf KGaAs[86], obwohl nur unter 3% der börsennotierten Unternehmen KGaAs waren, sodass sich leicht der entsprechend höhere Börsenwert der einzelnen KGaA erkennen lässt.

Vergleicht man die Anzahl der in Deutschland eingetragenen GmbHs mit der Anzahl der KGaAs, so ergibt sich ein Verhältnis von 1:41.053. Ein Vergleich des Grundkapitals von KGaA und GmbH ergibt hingegen ein Verhältnis von nur 1:22. Dieser Vergleich bezieht zudem noch nicht mit ein, dass zur Eigenkapitalbasis einer KGaA neben dem Grundkapital auch die gesonderten Vermögenseinlagen der Komplementäre gehören – das durchschnittliche Gesamtkapital der KGaA liegt demnach noch darüber.

Angesichts der erheblichen wirtschaftlichen Bedeutung der einzelnen KGaAs überrascht es kaum, dass die KGaA eine Reihe prominenter Rechtsformvertreter hat. So finden sich alleine vier KGaAs im deutschen Leitindex DAX[87]:

- Die Fresenius Medical Care KGaA ist der weltweit führende Anbieter von Dialysedienstleistungen und Dialyseprodukten[88]. Im Geschäftsjahr 2013 erzielte die Fresenius Medical Care KGaA einen Umsatz von 14.610 Mrd. US-$ und beschäftigte 90.690 Mitarbeiter[89].
- Die Fresenius SE & Co. KGaA ist die Mutter eines weltweit tätigen Gesundheitskonzerns im Bereich Dialyse, Krankenhaus und ambulante medizinische Versorgung[90]. Der Umsatz der Fresenius SE & Co. KGaA betrug im Geschäftsjahr 2013 ca. 20,3 Mrd. Euro. Sie hatte 178.337 Mitarbeiter[91].

---

83 Nach Meyer, GmbHR 2002, 177, 187 stieg das durchschnittliche Grundkapital einer KGaA zwischen 1953 und 1992 um das 35fache an.

84 *Fett*, in: Schütz/Bürgers/Riotte, Die KGaA, 2004, § 1 Rn. 12. Eine Aufstellung der Kapitalausstattung bestehender KGaAs findet sich bei *Wichert*, Die Finanzen der KGaA, 1999, S. 79 ff. Die – gemessen am Stammkapital – größte in NRW zugelassene KGaA verfügt über ein Grundkapital von 1.000.0000.000 €, Stand: 12.12.2014.

85 *Meyer*, GmbHR 2002, 177, 187; *Fett*, in: Schütz/Bürgers/Riotte, Die KGaA, 2004, § 1 Rn. 12.

86 *Renz*, Die Besteuerung der GmbH & Co. KGaA, 2006, S. 28.

87 *Drüen/van Heek*, DStR 2012, 541. Eine Aufzählung der KGaAs, deren Stamm- und/oder Vorzugsaktien im Mai 2014 an deutschen Börsen im regulierten Markt notiert waren findet sich bei *Perlitt*, in: MK-AktG^4, 2015, vor § 278 Rn. 5.

88 http://www.fresenius.de/305.htm, zuletzt aufgerufen am 11.5.2015.

89 *EY*, Tax&Law Magazine 01/2014, 25.

90 http://www.fresenius.de/83.htm, zuletzt aufgerufen am 11.5.2015.

91 *EY*, Tax&Law Magazine 01/2014, 25.

- Die Henkel AG & Co. KGaA ist weltweit in den Geschäftsfeldern Wasch-/Reinigungsmittel, Schönheitspflege und Klebstoff-Technologien tätig[92]. Im Geschäftsjahr 2013 erzielte die Henkel AG & Co. KGaA einen Umsatz von 16,4 Mrd. Euro und beschäftigte 46.850 Mitarbeiter[93].
- Die Merck KGaA führt das operative Geschäft der Merck-Gruppe; sie ist ein international tätiges Pharma-, Chemie- und Life-Science-Unternehmen[94]. Der Umsatz der Merck KGaA betrug im Geschäftsjahr 2013 ca. 11,2 Mrd. Euro. Sie hatte 38.000 Mitarbeiter[95].

Neben diesen vier DAX-Unternehmen sind eine Reihe weiterer bekannter Unternehmen in der Rechtsform der KGaA organisiert[96]. Darunter befindet sich eine Vielzahl von Privatbanken[97] sowie die Lizenzspielabteilungen einer ganzen Reihe von Fußball-Bundesligavereinen[98], wie etwa die Borussia Dortmund GmbH & Co. KGaA. In der Ersten und Zweiten Bundesliga ist die GmbH & Co. KGaA gar die am häufigsten gewählte Rechtsform für ausgelagerte Lizenzspielbetriebe[99].

Zusammenfassend täuscht der Blick auf die absoluten Zahlen über die tatsächliche wirtschaftliche Relevanz der KGaA in Deutschland. Dafür, dass die KGaA auch in Zukunft ihren bedeutenden Einfluss behalten sollte, spricht zunächst ihre besondere und flexible gesellschaftsrechtliche Struktur, die Gegenstand der folgenden Ausführungen sein soll.

---

92 http://www.henkel.de/ueber-henkel.htm, zuletzt aufgerufen am 11.5.2015.

93 *EY*, Tax&Law Magazine 01/2014, 25.

94 http://www.merck.de/de/unternehmen/unternehmen.html, zuletzt aufgerufen am 11.5.2015.

95 *EY*, Tax&Law Magazine 01/2014, 25.

96 So etwa die Schwartauer Werke GmbH & Co. KGaA (Konfitüre), die Drägerwerk AG & Co. KGaA (Medizin- und Sicherheitstechnik), OBI Group Holding SE & Co. KGaA (Baumärkte), die Bertelsmann SE & Co. KGaA (Medien), die Michelin Reifenwerke AG & Co. KGaA (Reifen) etc.

97 *Claussen*, in: FS Heinsius, 1991, S. 61, 62; *Patt/Rasche*, DB 1993, 2400; *Raiser/Veil*, Recht der Kapitalgesellschaften[6], 2015, § 28 Rn. 4; *Sethe*, Die personalistische KGaA mit Börsenzugang, 1996, S. 200; beispielsweise die Sal. Oppenheim jr. & Cie. AG & Co. KGaA, die Hauck & Aufhäuser Privatbankiers KGaA, die Merkur Bank KGaA, die TARGOBANK AG & Co. KGaA und die M.M.Warburg & Co. (AG & Co.) KGaA. *Philbert*, Die KGaA zwischen Personengesellschaftsrecht und Aktienrecht, 2005, S. 25 f. sieht den Grund für die Verbreitung der KGaA in diesem Bereich im besonderen Vertrauenstatbestand der persönlichen Haftung insbesondere natürlicher Personen.

98 *Arnold*, Die GmbH & Co. KGaA, 2001, S. 8 f.; *Bayreuther*, JuS 1999, 651, 654; *Falter*, in: FS Spiegelberger, 2009, S. 113; *Friedrich*, Anlegerschutz in der GmbH & Co. KGaA, 2007, S. 126 ff.; *Raiser/Veil*, Recht der Kapitalgesellschaften[6], 2015, § 28 Rn. 4 Note 5.

99 *Weber*, GmbHR 2013, 631. Bereits vor Einsetzen dieses Trends sprachen sich *Siebold/Wichert*, SpuRt 1998, 138 ff. für die KGaA als geeignete Rechtsform für den Profifußball aus.

§ 4 Die KGaA im Gesellschaftsrecht – ein Überblick

I. Die KGaA als eigenständige Rechtsform

Die KGaA ist eine hybride[100] Rechtsform mit sowohl personengesellschaftsrechtlichen als auch kapitalgesellschaftsrechtlichen Wesenselementen[101]. Stark vereinfacht lässt sie sich als „vollrechtsfähige KG mit Aktionären statt Kommanditisten[102]“ oder auch als „AG mit persönlich haftenden Gesellschaftern anstelle des Vorstands“ beschreiben. Obwohl die KGaA damit ausschließlich bekannte Strukturmerkmale der KG und der AG in sich vereint[103] und somit auch als „Mischform[104]“ oder

---

100 *Ammenwerth*, Die KGaA, 1997, S. 17, 23; *Arnold*, Die GmbH & Co. KGaA, 2001, S. 1; *Brandl*, in: Blümich, EStG/KStG/GewStG, § 9 KStG Rn. 10 (11/2014); *Breuninger*, JbFStR 2012/2013, S. 361, 363; *Deutschländer*, StBp 2013, 283; *Drüen/van Heek*, DStR 2012, 541; *Fett*, INF 2005, 872, 873; *Flämig*, in: FS Peltzer, 2001, S. 99, 100; *Frotscher*, Der Konzern 2005, 139, 140; *Göz*, in: Schütz/Bürgers/Riotte, Die KGaA, 2004, § 2 Rn. 1; *Hageböke*, Das „KGaA-Modell“, 2008, S. 40; *Hölzl*, Die Besteuerung der KGaA, 2003, S. 1; *Kollruss/Weißert/Ilin*, DStR 2009, 88; *Kusterer*, DStR 2008, 484, 487; *Mai*, in: F/M, KStG/GewStG/UmwStG, § 9 KStG Rn. 10 (01/2011); *Nagel/Wittkowski*, Die KGaA, 2012, § 4 Rn. 1; *Renz*, Die Besteuerung der GmbH & Co. KGaA, 2006, S. 39; *Schaumburg*, DStZ 1998, 525; *Schaumburg/Schulte*, Die KGaA, 2000, Rn. 3; *Schimpfle*, Die Besteuerung der KGaA, 2006, S. 5.

101 *Döllerer*, ZGR 1987, 443, 449; *Göz*, in: Schütz/Bürgers/Riotte, Die KGaA, 2004, § 2 Rn. 1.

102 Nach *Crezelius*, JbFStR 2010/2011. S. 484, 485; *Motte/Schlawien*, Die GmbH & Co. KGaA, 2001, 32 und *Raiser/Veil*, Recht der Kapitalgesellschaften[6], 2015, § 28 Rn. 2 tritt die Gesamtheit der Kommanditaktionäre an die Stelle des Kommanditisten. Ebenso bereits *O. Schreiber*, Die KGaA, 1925, S. 92.

103 *Bielinis*, Die Besteuerung der KGaA, 2013, S. 13; *Haarmann*, JbFStR 2010/2011, S. 300, 301; *Patt/Rasche*, DB 1993, 2400; *Schaumburg/Schulte*, Die KGaA, 2000, Rn. 3; *Weber*, GmbHR 2013, 631, 633.

104 *Arnold*, Die GmbH & Co. KGaA, 2001, S. 1; *Ernst&Young*, DB 2014, 147, 148; *Halasz/Kloster/Kloster*, GmbHR 2002, 77; *Hesselmann*, BB 1989, 2344, 2347; *Janssen*, NWB 2001, 2189; *Motte/Schlawien*, Die GmbH & Co. KGaA, 2001, 32; *K. Schmidt*, in: Schmidt/Lutter, AktG[3], 2015, § 278 Rn. 1; *Perlitt*, in: MK-AktG[4], 2015, vor § 278 Rn. 29; *Raiser/Veil*, Recht der Kapitalgesellschaften[6], 2015, § 28 Rn. 3; *Renz*, Die Besteuerung der GmbH & Co. KGaA, 2006, S. 45; *Rohrer/Orth*, BB 2007, 1594; *Schimpfle*, Die Besteuerung der KGaA, 2006, S. 4; *Woitschell*, in: E&Y, KStG, § 9 Rn. 18 (10/2002).

„Typenmischung“[105] gesehen werden könnte, ist sie eine eigenständige Rechtsform[106] mit langer Rechtstradition und keine bloße „Abart“[107] der AG oder KG.

Rein gesellschaftsrechtlich steht die KGaA der AG näher als der KG[108]. Dieses besondere Näheverhältnis zeigt sich schon daran, dass sich die gesetzlichen Vorschriften zur KGaA nicht etwa in einem „KGaAG“[109] oder im Handelsgesetzbuch finden, sondern in den §§ 278 ff. AktG. Darüber hinaus enthält § 278 Abs. 3 AktG eine generelle Rückgriffsanordnung auf die Vorschriften des Ersten Buchs des Aktiengesetzes über die AG, die nur bestimmte Rechtsbeziehungen ausnimmt („im Übrigen“)[110]; in Ermangelung einer abweichenden Anordnung ist somit das Aktiengesetz anzuwenden. Nach der gesetzlichen Anordnung des § 278 Abs. 1 AktG ist die KGaA zudem eine juristische Person; sie verfügt über eine „eigene Rechtspersönlichkeit“. Die KGaA ist somit vollumfänglich gegenüber ihren Gesellschaftern verselbstständigt und Trägerin aller Rechte und Pflichten[111]. Insoweit besteht eine Parallele zur Aktiengesellschaft.

Parallel zur Kommanditgesellschaft kennt auch die KGaA aber zwei verschiedene Gesellschaftertypen[112]. Auf der einen Seite stehen die Komplementäre: Sie haften persönlich, unbeschränkt und unmittelbar für die Verbindlichkeiten der Gesellschaft (§ 278 Abs. 1 AktG). Sie sind „geborene“ Geschäftsführungsorgane[113] und haben eine

---

105 *Hageböke*, Das KGaA-Modell, 2008, S. 3.

106 BGH v. 24.2.1997 – II ZB 11/96, BGHZ 134, 392, 398; *Assmann/Sethe*, in: GK-AktG[4], 2013, vor § 278 Rn. 1; *Bogenschütz*, in: FS Widmann, 2000, S. 163, 168; *Hageböke*, Das KGaA-Modell, 2008, S. 40; *Janssen*, NWB 2001, 2189; *Niederlag*, Juristische Person als persönlich haftender Gesellschafter, 1973, S. 29; *Perlitt*, in: MK-AktG[4], 2015, vor § 278 Rn. 29; *Schaumburg/Schulte*, Die KGaA, 2000, Rn. 3.

107 *Binz/Sorg*, BB 1988, 2041, 2043; *Fett*, in: Schütz/Bürgers/Riotte, Die KGaA, 2004, § 1 Rn. 5; *Schaumburg*, DStZ 1998, 525, 526; *Schaumburg/Schulte*, Die KGaA, 2000, Rn. 3; nach BGH v. 24.2.1997 – II ZB 11/96, BGHZ 134, 392, 398 ist die KGaA gerade keine bloße „Spielart“ der AG; **a.A.** *Bachmann*, in: FS K. Schmidt, 2009, S. 41, 51.

108 *Drüen*, in: HHR, EStG/KStG, § 9 KStG, Rn. 21 (12/2011); *Hüffer*, AktG[11], 2014, § 278 Rn. 3; *Ladwig/Motte*, DStR 1996, 800, 804; *Rohrer/Orth*, BB 2007, 2266; *Wiesner*, ZHR 148 (1984), 56, 67.

109 Vergleichbar mit dem GmbHG für die GmbH, dem GenG für die Erwerbs- und Wirtschaftsgenossenschaften, dem AktG für die AG usw.

110 *Drüen*, in: HHR, EStG/KStG, § 9 KStG, Rn. 21 (12/2011).

111 *Drüen*, in: HHR, EStG/KStG, § 9 KStG, Rn. 21 (12/2011); *Drüen/van Heek*, DStR 2012, 541, 542.

112 *Bielinis*, Die Besteuerung der KGaA, 2013, S. 17; *Crezelius*, JbFStR 2010/2011, S. 484, 485; *Göz*, in: Schütz/Bürgers/Riotte, Die KGaA, 2004, § 2 Rn. 1; *Ladwig/Motte*, DStR 1996, 800, 804; *Motte/Schlawien*, Die GmbH & Co. KGaA, 2001, 32; *Nagel/Wittkowski*, Die KGaA, 2012, § 2 Rn. 49; *Raiser/Veil*, Recht der Kapitalgesellschaften[6], 2015, § 28 Rn. 1; *Rose/Glorius-Rose*, Unternehmen[3], 2001, S. 71; *Weber*, GmbHR 2013, 631, 634; *Werner*, NWB 2008, 447, 448; *Winkemann*, BB 2003, 1649.

113 *Bacher*, DB 1985, 2117; *Fett*, in: Schütz/Bürgers/Riotte, Die KGaA, 2004, § 3 Rn. 3 Note 5; *Flämig*, in: FS Peltzer, 2001, S. 99, 100; *Nagel/Wittkowski*, Die KGaA, 2012, § 1 Rn. 2.

starke, im Wesentlichen unabhängige Stellung[114]. Auf der anderen Seite stehen die Kommanditaktionäre: Sie fungieren letztlich allein als Kapitalgeber und verfügen nur über einige wenige Kontrollrechte[115]. Durch diese Struktur sollen das unternehmerische Engagement und der persönliche Kredit der Komplementäre mit der Funktion der AG als Kapitalsammelbecken verbunden werden[116].

Letztlich ist die Frage nach dem eigentümlichen Charakter der KGaA aber eine begriffstheoretische[117] und für die Praxis im Wesentlichen zu vernachlässigen[118]. Denn unabhängig hiervon hat der Rechtsanwender im Ergebnis die sphärenorientierte Trennungsanordnung des Gesetzgebers in § 278 AktG anzuwenden und ihr in das jeweils einschlägige Rechtsregime zu folgen. Diese Spannung zwischen personen- und kapitalgesellschaftrechtlichen Elementen muss im Hinblick auf die Funktionsfähigkeit der Rechtsform und die Anforderungen an ein zeitgemäßes Unternehmens- und Kapitalmarktrecht in der Praxis – und nicht in der bloßen Dogmatik – bewältigt werden[119].

II. Die sphärenorientierte Trennungsanordnung im Gesellschaftsrecht

Für die KGaA besteht keine einheitliche Vollkodifikation in einem Gesetz. Stattdessen bedient sich der Gesetzgeber in § 278 AktG einer Verweistechnik; er regelt die Besonderheiten der KGaA in den §§ 278 bis 290 AktG und verweist im Übrigen auf die Vorschriften zur Kommanditgesellschaft im Handelsgesetzbuch und das Erste Buch des Aktiengesetzes[120]. Eine ähnliche Verweistechnik ist dem Rechtsanwender insbesondere aus § 105 Abs. 3 HGB und § 161 Abs. 2 HGB bekannt. Allerdings geht der Verweis in § 278 AktG in seiner Komplexität[121] über diese bekannten Verweise hinaus. Statt nach der Prüfung der leges speciales stets im Ganzen auf einen Regelungskomplex[122]

114 *Göz,* in: Schütz/Bürgers/Riotte, Die KGaA, 2004, § 2 Rn. 1; zur Stellung der Komplementäre vgl. im Einzelnen noch unter § 4 IV 1.

115 *Göz,* in: Schütz/Bürgers/Riotte, Die KGaA, 2004, § 2 Rn. 1.

116 *Raiser/Veil,* Recht der Kapitalgesellschaften[6], 2015, § 28 Rn. 1.

117 *Fett,* in: Schütz/Bürgers/Riotte, Die KGaA, 2004, § 3 Rn. 2; *Mertens/Cahn,* in: KK-AktG[3], 2015, vor § 278 Rn. 2; *Raiser/Veil,* Recht der Kapitalgesellschaften[6], 2015, § 28 Rn. 3.

118 *Hüffer,* AktG[11], 2014, § 278 Rn. 3; *Raiser/Veil,* Recht der Kapitalgesellschaften[6], 2015, § 28 Rn. 3; *Hageböke,* Das KGaA-Modell, 2008, S. 40. *Niederlag,* Juristische Person als persönlich haftender Gesellschafter, 1973, S. 28 hält entsprechende Charakterisierungsversuche für „Wahrzeichen bequemer Scheinargumentation".

119 *Raiser/Veil,* Recht der Kapitalgesellschaften[6], 2015, § 28 Rn. 3.

120 Zur Bestimmung des anwendbaren Rechts vgl. *Friedrich,* Anlegerschutz in der GmbH & Co. KGaA, 2007, S. 38 ff.

121 *Bachmann,* in: FS K. Schmidt, 2009, S. 41, 42 schreibt pointiert: „Was simpel klingt, erweist sich in der Umsetzung als widerborstig".

122 Im Falle der KG ist der Rückgriff zweistufig: § 161 Abs. 2 HGB verweist auf §§ 105 ff. HGB, § 105 Abs. 3 HGB wiederum auf §§ 705 ff. BGB.

zurückzugreifen, muss der Rechtsanwender bei der KGaA zunächst zwischen den verschiedenen betroffenen Rechtsverhältnissen und Gesellschaftssphären differenzieren und findet erst durch diese „Weichenstellung" in die richtige Verweisnorm.

Diese Technik ist wohl zumindest teilweise der Ursprung von Unsicherheiten und Missverständnissen in der handelsrechtlichen und steuerrechtlichen Behandlung der KGaA. Denn nur nach einer richtigen Differenzierung zwischen den betroffenen Rechtsverhältnissen gelangt der Rechtsanwender zu den maßgeblichen Rechtsquellen im dann wieder vertrauten Personen- oder Aktiengesellschaftsrecht[123].

1. Besondere Regelungen der §§ 278 ff. AktG

Das AktG enthält in den §§ 278 ff. AktG eine Reihe von Sonderregelungen für die KGaA, die Vorrang vor den allgemeinen Vorschriften des AktG und den Vorschriften des HGB über die KG haben[124].

So sind die Firma, die Feststellung der Satzung, sowie der zwingende Satzungsinhalt für die KGaA spezialgesetzlich festgelegt. Die Satzung einer KGaA muss neben Angaben zu den Komplementären und der Art und Höhe der Vermögenseinlagen, die nicht in das Grundkapital geleistet werden (§ 281 Abs. 2 AktG) auch die Höhe und Zerlegung des Grundkapitals (§ 281 Abs. 1 AktG iVm. § 23 Abs. 3 Nr. 3 AktG) enthalten. § 288 AktG regelt eine gesetzliche Entnahmesperre für die Komplementäre und ergänzt insoweit die Regelung des § 161 Abs. 2 iVm. § 122 HGB. Hiernach dürfen die Komplementäre, deren Kapitalanteil wegen übersteigenden Verlusts auf der Aktivseite der Bilanz geführt wird, keine Gewinne entnehmen. Darüber hinaus besteht eine allgemeine Entnahmesperre und ein Ausschluss der Kreditgewährung bei einem bestimmten Kapitalmissverhältnis. Vom Gewinn unabhängige Tätigkeitsvergütungen der Komplementäre sind hiervon nicht erfasst (§ 288 Abs. 3 S. 1 AktG). Zuletzt treffen die §§ 289, 290 AktG Sonderregelungen für die Auflösung und Abwicklung der KGaA.

Über die §§ 278 bis 290 AktG hinausgehende spezialgesetzliche Regelungen für die handelsrechtliche Einordnung und Behandlung der KGaA bestehen nicht; in der Praxis sind daher in wesentlichen Punkten weitere Rechtsquellen heranzuziehen.

2. Trennungsanordnung

a) Verweis auf das Handelsgesetzbuch

Für die Rechtsverhältnisse der persönlich haftenden Gesellschafter untereinander, der persönlich haftenden Gesellschafter gegenüber den Kommanditaktionären und der persönlich haftenden Gesellschafter gegenüber Dritten gelten die §§ 161 ff. HGB (§ 278 Abs. 2 AktG). Dieser Verweis betrifft insbesondere die dortigen Regelungen über die Geschäftsführung (§ 161 Abs. 2 iVm. § 114 ff. HGB), Vertretung (§ 161 Abs. 2 iVm. § 125 ff. HGB) und Haftung (§ 161 Abs. 2 iVm. §§ 128, 130, 160 HGB, vgl.

---

123 *Fett*, in: Schütz/Bürgers/Riotte, Die KGaA, 2004, § 3 Rn. 1 f.

124 *Schaumburg*, DStZ 1998, 525, 526.

auch § 278 Abs. 1 AktG) der Komplementäre. Aus diesem Verweis ergibt sich auch die grundsätzliche Geltung der personengesellschaftsrechtlichen Vertragsfreiheit für die betroffenen Rechtsverhältnisse (§ 161 Abs. 2 iVm. § 109 HGB), so dass alle dispositiven Regelungen des Handelsgesetzbuchs letztlich in der Satzung abbedungen werden können[125]. Besonders relevant ist auch der Verweis auf die Regelungen des Handelsgesetzbuchs für die handelsrechtliche Gewinnverteilung (§ 168 iVm. § 121 HGB). In Ermangelung anderslautender Satzungsregelungen richtet sich die Gewinnverteilung zwischen Komplementär und Kommanditaktionär somit nach dem Verhältnis von Grundkapital zu Komplementärkapital[126].

b) Verweis auf das Erste Buch des Aktiengesetzes

Im Übrigen erklärt § 278 Abs. 3 AktG das erste Buch des Aktiengesetzes über die Aktiengesellschaft für anwendbar, soweit sich aus den *leges speciales* der §§ 279 ff. AktG oder aus dem Fehlen eines Vorstandes nichts anderes ergibt. Dieser Verweis betrifft insbesondere die allgemeinen Regelungen zum Wesen der Gesellschaft (§ 1 AktG), zur Kaufmannseigenschaft und der Möglichkeit der Börsennotierung (§ 2 AktG), zu Sitz und Grundkapital (§ 5 f. AktG), zur Gründung der Gesellschaft (§§ 23 ff. AktG) sowie zu Aufsichtsrat (§§ 95 AktG) und Hauptversammlung (§§ 118 ff. AktG).

Abbildung 3: Sphärenorientierte Trennungsanordnung.

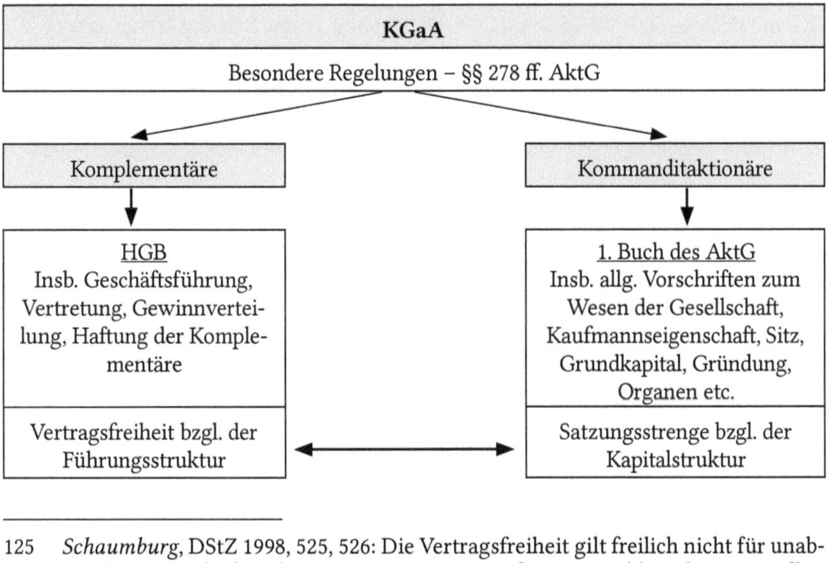

125 *Schaumburg*, DStZ 1998, 525, 526: Die Vertragsfreiheit gilt freilich nicht für unabdingbare Vorschriften des HGB. Ein satzungsmäßiger Ausschluss der unmittelbaren Haftung wäre beispielsweise unzulässig.

126 *Hageböke*, Das KGaA-Modell, 2008, S. 48; *Herfs*, in: MHb-GesR[4], 2015, § 81 Rn. 17: Insoweit ergibt sich ein angemessenes Verhältnis iSd. § 168 Abs. 2 HGB.

III. Eigenkapitalstruktur

Die KGaA hat entsprechend ihres zweigeteilten Gesellschafterbestandes ein zweigeteiltes Gesamtkapital[127]. Es setzt sich aus dem Grundkapital der Kommanditaktionäre und den Vermögenseinlagen der Komplementäre zusammen.

Abbildung 4: Eigenkapitalstruktur[128].

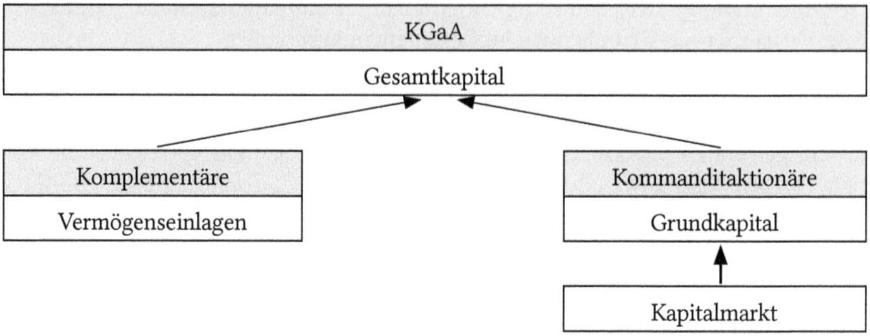

1. Das Grundkapital

Das Grundkapital ist das Kapital der Kommanditaktionäre[129]. Es beträgt, wie bei der AG, mindestens 50.000 € (§ 7 AktG)[130]. Die genaue, in der Satzung festgelegte (§ 281 Abs. 1 AktG iVm. § 23 Abs. 3 Nr. 3 AktG) Höhe des Grundkapitals ist nach § 278 Abs. 3 iVm. § 39 Abs. 1 S. 1 AktG ins Handelsregister einzutragen. Das Grundkapital unterliegt den strengen Regeln des Kapitalgesellschaftsrechts[131]; hierzu gehören die aktienrechtlichen Grundsätze zur Eigenkapitalaufbringung[132] und Eigenkapitalerhaltung[133].

---

127 *Bielinis*, Die Besteuerung der KGaA, 2013, S. 31; *Breuninger*, JbFStR 2012/2013, S. 361, 363; *Drüen/van Heek*, DStR 2012, 541, 542; *Ammenwerth*, Die KGaA, 1997, S. 58 spricht von einer „zweigeteilten Eigenkapitalbasis".

128 Abbildung nach *Sauter*, Die Gewinnverwendung in der kapitalistischen KGaA, 2008, S. 6.

129 *Schaumburg*, DStZ 1998, 525, 529; *Sauter*, Die Gewinnverwendung in der kapitalistischen KGaA, 2008, S. 18; *Wichert*, Die Finanzen der KGaA, 1999, S. 87.

130 *Bauschatz*, DStZ 2007, 39, 40; *Hageböke*, Das KGaA-Modell, 2008, S. 45; *Hölzl*, Die Besteuerung der KGaA, 2003, S. 24; *Kessler/Kröner/Köhler*, Konzernsteuerrecht, 2004, § 3 Rn. 90; *Renz*, Die Besteuerung der GmbH & Co. KGaA, 2006, S. 43.

131 *Bielinis*, Die Besteuerung der KGaA, 2013, S. 32; *Schaumburg/Schulte*, Die KGaA, 2000, Rn. 19.

132 *Sauter*, Die Gewinnverwendung in der kapitalistischen KGaA, 2008, S. 18; *Bayreuther*, JuS 1999, 651.

133 *Bayreuther*, JuS 1999, 651; *Hölzl*, Die Besteuerung der KGaA, 2003, S. 24; *Sauter*, Die Gewinnverwendung in der kapitalistischen KGaA, 2008, S. 18; *Schaumburg/Schulte*, Die KGaA, 2000, Rn. 21.

Das Grundkapital ist in Nennbetrags- oder Stückaktien zerlegt[134]. Ist die KGaA börsennotiert, werden diese Aktien an einem Markt gehandelt[135], so dass sich der Kapitalmarkt an der KGaA beteiligen kann[136]. In Ermangelung einer entgegenstehenden Satzungsregelung ist es auch dem Komplementär unbenommen, über Kommanditaktien am Grundkapital teilzuhaben[137]; er hat in diesem Falle insoweit die Rechtsstellung eines Kommanditaktionärs inne[138].

2. Einlagen der Komplementäre

Die Komplementäre haben zudem die Möglichkeit neben dem Grundkapital besondere Vermögenseinlagen in das Gesamtkapital der KGaA zu erbringen[139]. Jeder Komplementär kann dabei jeweils nur eine (ggf. erhöhte) Vermögenseinlage leisten[140]. Dies ergibt sich aus dem Verweis des § 278 Abs. 2 AktG und dem Grundsatz der Unteilbarkeit der personengesellschaftsrechtlichen Mitgliedschaft[141].

Ob und in welcher Höhe die Komplementäre Vermögenseinlagen erbringen, ergibt sich aus der Satzung[142] (§ 281 Abs. 2 AktG). Die Vermögenseinlagen der Komplementäre müssen nicht ins Handelsregister eingetragen werden[143] und auch die aktienrechtlichen Regelungen zur Kapitalaufbringung und Kapitalerhaltung finden keine Anwendung[144]. Somit sind sie ohne Beachtung des § 57 Abs. 1 AktG

---

134 *Hageböke*, Das KGaA-Modell, 2008, S. 45.

135 *Drüen*, in: HHR, EStG/KStG, § 9 KStG Rn. 22 (12/2011); *Hageböke*, Das KGaA-Modell, 2008, S. 45.

136 *Bielinis*, Die Besteuerung der KGaA, 2013, S. 31; *Sauter*, Die Gewinnverwendung in der kapitalistischen KGaA, 2008, S. 7.

137 *Ammenwerth*, Die KGaA, 1997, S. 41; *Berg*, JbFStR 2002/2003, S. 232, 233; *Hölzl*, Die Besteuerung der KGaA, 2003, S. 24; *Ladwig/Motte*, DStR 1996, 800, 805; *Sauter*, Die Gewinnverwendung in der kapitalistischen KGaA, 2008, S. 18; *K. Schmidt*, in: Schmidt/Lutter, AktG[3], 2015, § 278 Rn. 12.

138 Zu den Beschränkungen in der Hauptversammlung sh. § 4 IV 2; zur Besteuerung der Kommanditaktien des Komplementärs wie beim Aktionär vgl. § 7 I.

139 *Drüen*, in: HHR, EStG/KStG, § 9 KStG Rn. 22 (12/2011); *Renz*, Die Besteuerung der GmbH & Co. KGaA, 2006, S. 40; *Sauter*, Die Gewinnverwendung in der kapitalistischen KGaA, 2008, S. 18. *Otte*, Die AG & Co. KGaA, 2011, S. 201 sieht in Kapitaleinlagen der Komplementäre die Gefahr, potenzielle Anleger abzuschrecken.

140 *Drüen*, in: HHR, EStG/KStG, § 9 KStG Rn. 22 (12/2011); *Hageböke*, Das „KGaA-Modell", 2008, S. 50; *K. Schmidt*, in: Schmidt/Lutter, AktG[3], 2015, § 278 Rn. 12.

141 *K. Schmidt*, in: Schmidt/Lutter, AktG[3], 2015, § 278 Rn. 12.

142 *Arnold*, Die GmbH & Co. KGaA, 2001, S. 141; *Bauschatz*, DStZ 2007, 39, 42; *Drüen*, in: HHR, EStG/KStG, § 9 KStG Rn. 22 (12/2011); *Schaumburg/Schulte*, Die KGaA, 2000, Rn. 23; *Wichert*, Die Finanzen der KGaA, 1999, S. 89.

143 *Sauter*, Die Gewinnverwendung in der kapitalistischen KGaA, 2008, S. 18; *Schaumburg/Schulte*, Die KGaA, 2000, Rn. 25.

144 *Assmann/Sethe*, GK-AktG[4], 2013, vor 278 Rn. 68; *Hageböke*, Das KGaA-Modell, 2008, S. 46; *Herfs*, in: MHb-GesR[4], 2015, § 77 Rn. 25; *Kessler/Kröner/Köhler*, Konzernsteuerrecht, 2004, § 3 Rn. 90; *Otte*, Die AG & Co. KGaA, 2011, S. 200; *Wichert*,

rückzahlbar[145], was sie prima vista zu einer „unsicheren" Haftungsmasse macht. Aufgrund der persönlichen, unbeschränkten und unmittelbaren Haftung der Komplementäre ist dies aber für die Qualität der Vermögenseinlage als Haftungsgrundlage zu verschmerzen[146].

Anders als bei der KG stehen die Vermögenseinlagen der Komplementäre bei der KGaA zivilrechtlich im Alleineigentum der Gesellschaft[147] und nicht im Gesamthandseigentum der Gesellschafter[148]. Dies ergibt sich aus der gesellschaftsrechtlichen Einordnung der Gesellschaft als juristische Person in § 278 Abs. 1 AktG.

Die Vermögenseinlagen der Komplementäre werden als gesonderte Eigenkapitalposten behandelt. Nach § 286 Abs. 2 S. 1 AktG sind sie in der Jahresbilanz nach dem Posten „Gezeichnetes Kapital" gesondert auszuweisen[149]. Die den Komplementären gehörenden Kommanditaktien sind hiervon nicht betroffen[150]. Vorbehaltlich einer anderen Satzungsregelung sind den Vermögensanteilen die Gewinnanteile der Komplementäre zuzuschreiben[151]; gleichermaßen werden auch die auf die Komplementäre entfallenden Verlustanteile von ihnen abgeschrieben[152]. Wird der Kapitalanteilsposten eines Komplementärs negativ, so ist er auf der Aktivseite fortzuführen. Ausstehende Einlagen können entweder auf der Passivseite vom Kapital abgesetzt oder als „Ausstehende Einlage" aktiviert werden, wenn ein unbedingter

---

Die Finanzen der KGaA, 1999, S. 55. Freilich können die Vermögenseinlagen diesen Regelungen in der Satzung freiwillig unterworfen werden, vgl. hierzu *Siebold/Wichert*, SpuRt 1998, 138, 141.

145 *Sauter*, Die Gewinnverwendung in der kapitalistischen KGaA, 2008, S. 19.

146 *Kessler/Kröner/Köhler*, Konzernsteuerrecht, 2004, § 3 Rn. 90.

147 FG München – 5 K 2681/97, EFG 2003, 1691, rkr.; *Ammenwerth*, Die KGaA, 1997, S. 18; *Bacher*, DB 1985, 2117; *Biagosch*, NWB 1996, 1073, 1074 (Fach 18, 3453, 3454); *Bielinis*, Die Besteuerung der KGaA, 2013, S. 33; *Drüen*, in: HHR, EStG/KStG, § 9 KStG Rn. 22 (12/2011); *Fischer*, DStR 1997, 1519, 1521; *Ladwig/Motte*, DStR 1996, 800, 805; *Nagel/Wittkowski*, Die KGaA, 2012, § 2 Rn. 179; *Perlitt*, in: MK-AktG[4], 2015, vor § 278 Rn. 69; *Schaumburg*, DStZ 1998, 525, 529; *Schaumburg/Schulte*, Die KGaA, 2000, Rn. 23; *K. Schmidt*, in: Schmidt/Lutter, AktG[3], 2015, § 278 Rn. 4; *Wichert*, Die Finanzen der KGaA, 1999, S. 88. *Bogenschütz*, in: FS Widmann, 2000, S. 163, 169 geht trotzdem von einer „dinglichen" Beteiligung der Komplementäre (im Sinne von Mitgliedschaftsrechten) aus.

148 BFH v. 27.4.2005 – II B 76/04, BFH/NV 2005, 1627, 1628; *Ammenwerth*, Die KGaA, 1997, S. 18; *Crezelius*, JbFStR 1998/1999, S. 318, 320; *Rohrer/Orth*, BB 2007, 1594; *Kessler/Kröner/Köhler*, Konzernsteuerrecht, 2004, § 3 Rn. 90; *Reiß*, in: K/S/M, EStG, § 16 Rn. D1 (12/1991); **a.A.** noch *O. Schreiber*, Die KGaA, 1925, S. 89.

149 Ausführlich zu Ansatz und Bewertung *Bielinis*, Die Besteuerung der KGaA, 2013, S. 34 ff. Im praktischen Regelfall einer Bareinlage ist beides evident unproblematisch.

150 *Sethe*, DB 1998, 1044, 1046.

151 *Hageböke*, Das KGaA-Modell, 2008, S. 52.

152 § 286 Abs. 2 S. 2 AktG überlagert insoweit die dispositive Regelung des § 120 Abs. 2, 2.Hs. HGB; vgl. auch *Sethe*, DB 1998, 1044, 1047.

Zahlungsanspruch gegen den Komplementär, etwa aus der Satzung, besteht[153]. In der Gewinn- und Verlustrechnung brauchen die auf die Kapitalanteile entfallenden Gewinn- und Verlustanteile der Komplementäre indes nicht gesondert ausgewiesen werden (§ 286 Abs. 3 AktG).

In der Praxis bietet sich für den Komplementäranteil bei der KGaA wie für den Anteil des Komplementärs einer KG eine Kontenunterteilung nach dem sog. „Vier-Konten-Modell" an[154]. Hierdurch wird die Einheitlichkeit des Kapitalanteils nicht berührt[155].

Abbildung 5: Vier-Konten-Modell.

Kapitalkonto I (festes Kapitalkonto)	– satzungsmäßiger Kapitalanteil – Maßstab der Gewinnverteilung – grds. unveränderlich
Kapitalkonto II (Rücklagenkonto)	– nicht entnahmefähige Gewinne
Kapitalkonto III (Verlustkonto)	– zugewiesene Verlustanteile – Gewinnanteile (bis zum Ausgleich des Verlustkontos)
Verrechnungskonto (Darlehenskonto)	– entnahmefähige Gewinnanteile – Abwicklung des Zahlungsverkehrs zwischen Gesellschaft und Komplementär

Eine über die Haftung hinausgehende finanzielle Beteiligung der Komplementäre an der KGaA ist nicht zwingend erforderlich[156]; die Komplementäre müssen

153 *Sethe,* DB 1998, 1044, 1047.

154 *Hageböke,* Das KGaA-Modell, 2008, S. 48; *Hageböke/Koetz,* DStR 2006, 293, 295; *Hartel,* DB 1992, 2329, 2335; *Raiser/Veil,* Recht der Kapitalgesellschaften[6], 2015, § 30 Rn. 8; *Riotte/Hansen,* in: Schütz/Bürgers/Riotte, Die KGaA, 2004, § 6 Rn. 64. Zu Gestaltungsmöglichkeit rund um das Kapitalkonto vgl. *Wichert,* Die Finanzen der KGaA, 1999, S. 96 ff.

155 BFH v. 24.8.1988 – I R 216/84, BStBl. II 1989, 48; *Hageböke,* Das KGaA-Modell, 2008, S. 50; *Roth,* in: Baumbach/Hopt, HGB[36], 2014, § 120 Rn. 19.

156 *Ammenwerth,* Die KGaA, 1997, S. 42; *Berg,* JbFStR 2002/2003, S. 232, 233; *Drüen,* in: HHR, EStG/KStG, § 9 KStG Rn. 22 (12/2011); *Ellerbeck,* in: Schnitger/Fehrenbacher, KStG, § 9 Rn. 47; *Ernst&Young,* DB 2014,147, 148; *Fett,* INF 2005, 872, 873; *Hageböke,* Das KGaA-Modell, 2008, S. 45; *Hartel,* DB 1992, 2329, 2334; *Janssen,* NWB 2001, 2189, 2190; *Ladwig/Motte,* DStR 1996, 800, 805; *Lühn,* in: M/S, KStG[2], 2015, § 9 Rn. 85; *Mai,* in: F/M, KStG/GewStG/UmwStG, § 9 KStG Rn. 10 (01/2011); *Nagel/Wittkowski,* Die KGaA, 2012, § 2 Rn. 176; *Philbert,* Die KGaA zwischen Personengesellschaftsrecht und Aktienrecht, 2005, S. 73; *Schaumburg/Schulte,* Die KGaA, 2000, Rn. 22; *Schimpfle,* Die Besteuerung der KGaA, 2006, S. 4; *Schütz/Reger,* in: Schütz/Bürgers/Riotte, Die KGaA, 2004, § 5 Rn. 232; *Westphal,* Steuerwarte 2002, 133.

weder Kommanditaktien erwerben noch sonstige Vermögenseinlagen erbringen, wenn nicht in der Satzung abweichende Regelungen getroffen wurden[157]. Wird eine Vermögenseinlage erbracht, kann diese in einer Bareinlage und/oder in einer Sacheinlage bestehen[158]. Aufgrund des Verweises in § 278 Abs. 2 AktG iVm. §§ 161 Abs. 2, 105 Abs. 3 HGB, § 706 Abs. 3 BGB kann der Gesellschafterbeitrag des Komplementärs darüber hinaus auch in der Leistung von Diensten, wie beispielsweise Geschäftsführungsleistungen, bestehen[159]. Im Übrigen beschränkt sich der Gesellschafterbeitrag der Komplementäre auf die unmittelbare, persönliche und unbeschränkte Haftung[160].

Hat der Komplementär keine Vermögenseinlage erbracht liegt eine sog. Nullbeteiligung[161] vor. Solche Nullbeteiligungen finden sich häufig bei Kapitalgesellschaften & Co. KGaAs[162]. In der Praxis sind sie mittlerweile der Regelfall, so dass eine KGaA, bei der der Komplementär eine wesentliche Vermögenseinlage erbracht hat, als „atypische KGaA" bezeichnet wird[163].

IV. Die Organe der KGaA

Die KGaA ist als juristische Person organschaftlich strukturiert[164]. Sie hat drei gesetzliche Pflichtorgane, nämlich den bzw. die persönlich haftenden Gesellschafter, den Aufsichtsrat und die Hauptversammlung[165]. Darüber hinaus kann sie weitere fakultative Organe einsetzen, wie etwa einen Beirat[166], einen Aktionärs-,

---

157 Von den 54 in NRW registrierten KGaAs verfügen aktuell mindestens 10 über gesonderte Vermögenseinlagen der Komplementäre. Die Einlagen variieren zwischen 10.000 € und 204.000.000 €, Stand: 12.12.2014.

158 *Herfs*, in: MHb-GesR[4], 2015, § 76 Rn. 23; *Schütz/Reger*, in: Schütz/Bürgers/Riotte, Die KGaA, 2004, § 5 Rn. 235: Es gelten personengesellschaftsrechtliche Maßstäbe.

159 *Schaumburg/Schulte*, Die KGaA, 2000, Rn. 23.

160 *Drüen/van Heek*, DStR 2012, 541, 542.

161 *Drüen*, in: HHR, EStG/KStG, § 9 KStG Rn. 22 (12/2011); *Drüen/van Heek*, DStR 2012, 541, 542; *Kusterer*, DStR 1999, 1681, 1682.

162 *Drüen*, in: HHR, EStG/KStG, § 9 KStG Rn. 22 (12/2011); *Fett*, INF 2005, 872, 873.

163 *Kusterer*, DStR 1999, 1681; *Kusterer*, FR 2003, 502; *Hageböke*, Das KGaA-Modell, 2008, S. 46; *Rohrer/Orth*, BB 2007, 2266. *Nagel/Wittkowski*, Die KGaA, 2012, § 1 Rn. 19 ff. nennen hingegen die KGaA, bei der nur eine Kapitalgesellschaft Komplementär ist (kapitalistische KGaA) eine „atypische KGaA".

164 *Bayreuther*, JuS 1999, 651.

165 *Ladwig/Motte*, DStR 1996, 800, 805; *Perlitt*, in: MK-AktG[4], 2015, vor § 278 Rn. 44; *Sauter*, Die Gewinnverwendung in der kapitalistischen KGaA, 2008, S. 9; Schaumburg, DStZ 1998, 525, 527; *Schimpfle*, Die Besteuerung der KGaA, 2006, S. 7; *Schütz/Reger*, in: Schütz/Bürgers/Riotte, Die KGaA, 2004, § 5 Rn. 1.

166 *Grafmüller*, Geeignete Rechtsform für börsenwillige Familienunternehmen, 1994, S. 145 ff; *Hecht*, in: Schütz/Bürgers/Riotte, Die KGaA, 2004, § 5 Rn. 551 f; *Nagel/Wittkowski*, Die KGaA, 2012, § 2 Rn. 147 ff. Zu den Grenzen einer Funktionsüber-

Gesellschafter- oder Verwaltungsausschuss oder einen Verwaltungsrat[167]. Dieser Ausschuss oder Rat kann sodann Aufgaben der Gesamtheit der Kommanditaktionäre wahrnehmen, die nicht per Gesetz der Hauptversammlung zugeschrieben sind[168].

1. Die Komplementäre

Für die Existenz einer KGaA muss zumindest ein persönlich haftender, geschäftsführungs- und vertretungsberechtigter Komplementär vorhanden sein[169]. Nach dem personengesellschaftsrechtlichen Grundsatz der Selbstorganschaft[170], der über § 278 Abs. 2 AktG auch auf die KGaA anwendbar ist, sind die Komplementäre „geborene" und nicht nur, wie etwa der Vorstand einer AG, „gekorene" Leitungsorgane[171]. Die Komplementäre treten bei der KGaA an die Stelle des Vorstands[172]; sie werden daher nach § 282 AktG an seiner Stelle ins Handelsregister eingetragen.

Sofern die Satzung keine abweichenden Regelungen enthält, sind die Komplementäre, wie die Komplementäre einer KG und die Gesellschafter einer OHG, Alleingeschäftsführer und Alleinvertreter[173]. Ihre Rechtsstellung richtet sich durch den

---

tragung auf einen Beirat bei einer kapitalistischen KGaA vgl. *Friedrich*, Anlegerschutz in der GmbH & Co. KGaA, 2007, S. 288 ff.

167 *Frankenheim*, Die Ertrags- und Substanzbesteuerung der KGaA, 1994, S. 15; *Herfs*, in: MHb-GesR^4, 2015, § 79 Rn. 76 ff.; *Hölzl*, Die Besteuerung der KGaA, 2003, S. 12; *Sauter*, Die Gewinnverwendung in der kapitalistischen KGaA, 2008, S. 16; *Schaumburg*, DStZ 1998, 525, 527; *Schaumburg/Schulte*, Die KGaA, 2000, Rn. 11; *Schütz/Reger*, in: Schütz/Bürgers/Riotte, Die KGaA, 2004, § 5 Rn. 4. Ausführlich zum Gesellschafterausschuss vgl. *Otte*, Die AG & Co. KGaA, 2011, S. 179 ff.

168 *Sauter*, Die Gewinnverwendung in der kapitalistischen KGaA, 2008, S. 16.

169 *Biagosch*, NWB 1996, 1073, 1075 (Fach 18, 3453, 3455); *Sauter*, Die Gewinnverwendung in der kapitalistischen KGaA, 2008, S. 10.

170 *Grafmüller*, Geeignete Rechtsform für börsenwillige Familienunternehmen, 1994, S. 120; *Kroniger/Thies*, IStR 2002, 397, 398; *Sethe*, Die personalistische KGaA mit Börsenzugang, 1996, S. 213; *Herfs*, in: MHb-GesR^4, 2015, § 79 Rn. 3; *Sauter*, Die Gewinnverwendung in der kapitalistischen KGaA, 2008, S. 7; *Schaumburg*, DStZ 1998, 525, 527.

171 *Bayreuther*, JuS 1999, 651; *Frankenheim*, Die Ertrags- und Substanzbesteuerung der KGaA, 1994, S. 16; *Haase*, GmbHR 1997, 917, 920; *Halasz/Kloster/Kloster*, GmbHR 2002, 77, 79; *Herfs*, in: MHb-GesR^4, 2015, § 78 Rn. 16; *Sauter*, Die Gewinnverwendung in der kapitalistischen KGaA, 2008, S. 10; *Schaumburg*, DStZ 1998, 525, 527 f. *Rose/Glorius-Rose*, Unternehmen^3, 2001, S. 71 nennen die Komplementäre einen „geborenen Vorstand".

172 *Drüen*, in: HHR, EStG/KStG, § 9 KStG Rn. 21 (12/2011); *Schaumburg/Schulte*, die KGaA, 2000, Rn. 12: Dies gilt auch für solche Komplementäre, die von der Geschäftsführung ausgeschlossen sind.

173 *Grafmüller*, Geeignete Rechtsform für börsenwillige Familienunternehmen, 1994, S. 123; *Renz*, Die Besteuerung der GmbH & Co. KGaA, 2006, S. 54; *Sauter*, Die Gewinnverwendung in der kapitalistischen KGaA, 2008, S. 10. Zum

Verweis in § 278 Abs. 2 AktG nach §§ 161 Abs. 2 HGB iVm. 114 ff. und 125 Abs. 1 HGB. Wie bei den Personenhandelsgesellschaften können somit einzelne Komplementäre sowohl nach § 114 Abs. 2 HGB von der Geschäftsführung als auch nach § 125 Abs. 1 HGB von der Vertretung ausgeschlossen werden[174]. Aufgrund dieser dispositiven Regelung sind die Vertretungsbefugnisse der einzelnen Komplementäre ebenfalls nach § 282 AktG ins Handelsregister einzutragen.

Wenngleich die Stellung der Komplementäre wesentlich stärker ist als die des Vorstands einer AG[175], erklärt § 283 AktG doch wesentliche Regelungen des Aktiengesetzes über den Vorstand der AG für sinngemäß auf die Komplementäre anwendbar. Hierzu gehören die Pflichten gegenüber dem Aufsichtsrat, die Einberufung der Hauptversammlung, die Geltendmachung von Ersatzansprüchen wegen der Geschäftsführung, die Aufstellung, Vorlegung und Prüfung des Jahresabschlusses und des Vorschlags für die Verwendung des Bilanzgewinns und den Antrag auf Eröffnung des Insolvenzverfahrens. Insoweit werden die eigentlich nach § 278 Abs. 2 AktG für das Rechtsverhältnis der Komplementäre geltenden Vorschriften des Handelsgesetzbuchs durch Aktienrecht überlagert[176].

Die Komplementäre einer KGaA haften den Gesellschaftsgläubigern wie die Gesellschafter einer OHG und die Komplementäre einer KG persönlich, unmittelbar und unbeschränkt[177]. Ein Ausschluss dieser Haftung, etwa durch Satzung oder allgemeine Geschäftsbedingungen, ist Dritten gegenüber nach § 278 Abs. 2 AktG iVm. §§ 161 Abs. 2, 128 S. 2 HGB unwirksam[178] – die Haftung des Komplementärs ist insoweit nicht nur unbeschränkt, sondern auch unbeschränkbar[179]. Ein in Anspruch

---

Widerspruchsrecht der anderen geschäftsführenden Komplementäre vgl. § 115 Abs. 1 HGB, zum Ausschluss durch Satzung *Schütz/Reger*, in: Schütz/Bürgers/Riotte, Die KGaA, 2004, § 5 Rn. 93.

174 *Ammenwerth*, Die KGaA, 1997, S. 27, 32; *Bödefeld*, in: FS Rädler, 1999, S. 33, 53; *Grafmüller*, Geeignete Rechtsform für börsenwillige Familienunternehmen, 1994, S. 79 ff.; *Herfs*, in: MHb-GesR[4], 2015, § 78 Rn. 17, 19; *Nagel/Wittkowski*, Die KGaA, 2012, § 2 Rn. 75; *Perlitt*, in: MK-AktG[4], 2015, § 278 Rn. 26, 31; *Schaumburg*, DStZ 1998, 525, 528; *Schaumburg/Schulte*, Die KGaA, 2000, Rn. 12, 163; *Schütz/Reger*, in: Schütz/Bürgers/Riotte, Die KGaA, 2004, § 5 Rn. 94; *Sethe*, Die personalistische KGaA mit Börsenzugang, 1996, S. 214; **a.A.** *Bielinis*, Die Besteuerung der KGaA, 2013, S. 20: Die Vertretungsmacht der Komplementäre ist unbeschränkbar.

175 *Renz*, Die Besteuerung der GmbH & Co. KGaA, 2006, S. 51.

176 *Fett*, in: Schütz/Bürgers/Riotte, Die KGaA, 2004, § 3 Rn. 5.

177 Zur weitgehenden Angleichung der gesellschaftsrechtlichen Rechtsstellung: BFH v. 21.6.1989 – X R 14/88, BStBl. II 1989, 881, 883; vgl. auch *Ammenwerth*, Die KGaA, 1997, S. 21.

178 *Sauter*, Die Gewinnverwendung in der kapitalistischen KGaA, 2008, S. 11.

179 *Herfs*, in: MHb-GesR[4], 2015, § 78 Rn. 20; *Ladwig/Motte*, DStR 1996, 800, 806; *Schaumburg/Schulte*, Die KGaA, 2000, Rn. 13; *Schütz/Reger*, in: Schütz/Bürgers/Riotte, Die KGaA, 2004, § 5 Rn. 220; eine Haftungsbeschränkung ist indes durch die Zwischenschaltung einer Kapitalgesellschaft als Komplementär möglich, vgl. hierzu später § 5 III 1.

genommener Komplementär hat gegen die KGaA einen Ersatzanspruch aus § 278 Abs. 2 AktG iVm. §§ 161 Abs. 2, 110 HGB und (subsidiär) gegen die übrigen Komplementäre aus § 426 Abs. 1 BGB analog[180].

Über die unmittelbare Gesellschafterhaftung hinaus gelten für die Komplementäre nach § 283 Nr. 3 AktG die Vorschriften des Aktiengesetzes über Sorgfaltspflicht und Verantwortlichkeit des Vorstandes. Die Komplementäre haben daher stets die Sorgfalt eines ordentlichen und gewissenhaften Geschäftsleiters – und nicht wie die Gesellschafter einer Personengesellschaft nur die eigenübliche Sorgfalt nach § 708 BGB – anzuwenden[181]. Verletzen die Komplementäre diese Pflichten, so haften sie der KGaA nach § 93 Abs. 2 S. 1 AktG für den entstandenen Schaden als Gesamtschuldner[182]. An einer ordentlichen und gewissenhaften Geschäftsführung werden die Komplementäre einer KGaA aber bereits aufgrund ihrer Gesellschafterhaftung ein größeres Interesse haben, als der Vorstand der AG. § 93 AktG bietet somit nur noch eine zusätzliche Gewähr dafür, dass die Komplementäre primär im Interesse der KGaA und nicht vorrangig im eigenen wirtschaftlichen Interesse handeln.

2. Die Hauptversammlung

Nach § 285 AktG ist die Hauptversammlung notwendiges Organ der KGaA. Sie ist die Versammlung der Kommanditaktionäre[183] und damit nicht aller Gesellschafter[184]. Die Komplementäre können aber ohne Stimmrecht an den Versammlungen teilnehmen, wenn sie nicht ausnahmsweise durch Beschluss ausgeschlossen sind[185].

---

180 *Grafmüller*, Geeignete Rechtsform für börsenwillige Familienunternehmen, 1994, S. 165; *Herfs*, in: MHb-GesR[4], 2015, § 78 Rn. 22; *Perlitt*, in: MK-AktG[4], 2015, § 278 Rn. 161 f.; *Schaumburg/Schulte*, Die KGaA, 2000, Rn. 13.

181 *Perlitt*, in: MK-AktG[4], 2015, § 278 Rn. 62; a.A. noch *O. Schreiber*, Die KGaA, 1925, S. 101.

182 OLG München v. 17.9.1999 – 23 U 1514/98, NZG 2000, 741; *Hölzl*, Die Besteuerung der KGaA, 2003, S. 21; *Renz*, Die Besteuerung der GmbH & Co. KGaA, 2006, S. 53; unter Hinweis auf weitere Haftungstatbestände *Schütz/Reger*, in: Schütz/Bürgers/Riotte, Die KGaA, 2004, § 5 Rn. 110; teilweise einschränkend *Philbert*, Die KGaA zwischen Personengesellschaftsrecht und Aktienrecht, 2005, S. 147 ff.

183 *Hageböke*, Das KGaA-Modell, 2008, S. 41; *Otte*, Die AG & Co. KGaA, 2011, S. 158; *Renz*, Die Besteuerung der GmbH & Co. KGaA, 2006, S. 46; *Schaumburg*, DStZ 1998, 525, 528; *Schaumburg/Schulte*, Die KGaA, 2010, Rn. 16.

184 *Sauter*, Die Gewinnverwendung in der kapitalistischen KGaA, 2008, S. 11; *Raiser/Veil*, Recht der Kapitalgesellschaften[6], 2015, § 31 Rn. 4.

185 *Perlitt*, in: MK-AktG[4], 2015, § 285 Rn. 5.

Abbildung 6: Wesentliche Kompetenzen der Hauptversammlung[186].

Aktienrechtliche Kompetenzen	**Personengesellschafts-rechtliche Kompetenzen**	**Spezielle Kompetenzen bei der KGaA**
Bestellung und Abberufung der Mitglieder des Aufsichtsrats	Außergewöhnliche Geschäftsführungsmaßnahmen	Feststellung des Jahresabschlusses
Verwendung des Bilanzgewinns	Grundlagengeschäfte	
Entlastung der Komplementäre und der Aufsichtsratsmitglieder	Änderung der Geschäftsführungs- und Vertretungsbefugnisse	
Satzungsänderungen	Änderung der Vermögenseinlagen der Komplementäre	
Maßnahmen der Kapitalbeschaffung und Kapitalherabsetzung	Aufnahme neuer Komplementäre	
Auflösung der Gesellschaft	Ausscheiden und Ausschließung von Komplementären	

Im Grundsatz hat die Hauptversammlung der KGaA nach § 278 Abs. 3 AktG iVm. § 119 Abs. 1 AktG identische Befugnisse wie die Hauptversammlung der AG[187]. Zusätzlich hat sie die Aufgabe, mit Zustimmung der Komplementäre den Jahresabschluss festzustellen (§ 286 Abs. 1 AktG iVm. § 172 S. 1 AktG)[188]. Darüber hinaus muss die Hauptversammlung in Ermangelung abweichender Satzungsregelungen[189] bestimmten außergewöhnlichen Geschäften und Grundlagengeschäften ihre Zustimmung erteilen[190].

Die Einflussmöglichkeiten der Hauptversammlung und damit der durch diese repräsentierten Kommanditaktionäre auf das Alltagsgeschäft sind insgesamt

186 Abbildung nach *Nagel/Wittkowski*, Die KGaA, 2012, § 2 Rn. 118.

187 *Sauter*, Die Gewinnverwendung in der kapitalistischen KGaA, 2008, S. 13.

188 *Arnold*, Die GmbH & Co. KGaA, 2001, S. 148; *Hartel*, DB 1992, 2329, 2330; *Renz*, Die Besteuerung der GmbH & Co. KGaA, 2006, S. 47; *Sethe*, DB 1998, 1044, 1045.

189 *Renz*, Die Besteuerung der GmbH & Co. KGaA, 2006, S. 52.

190 *Bielinis*, Die Besteuerung der KGaA, 2013, S. 28; *Renz*, Die Besteuerung der GmbH & Co. KGaA, 2006, S. 54. Zum Zustimmungserfordernis beim Verkauf eines wesentlichen unselbstständigen Betriebsteils und zur Differenzierung zwischen außergewöhnlichen Geschäften und Grundlagengeschäften vgl. OLG Stuttgart v. 14.5.2003 – 20 U 31/02, DB 2003, 1944 ff.

jedoch stark beschränkt[191]. Die Aktionäre bekleiden letztlich eine bloße Finanzierungsfunktion und können die Geschäftsführung der Komplementäre kaum prägen. Insbesondere wichtige Grundlagenbeschlüsse der Hauptversammlung bedürfen zu ihrer Wirksamkeit der Zustimmung der Komplementäre (§ 285 Abs. 2 AktG)[192], so dass Hauptversammlungsbeschlüsse kaum geeignet sind, die Komplementäre anzuweisen oder ernsthaft zu überwachen.

Wegen § 278 Abs. 2 AktG iVm. 163 HGB und der hieraus resultierenden Vertragsfreiheit können die Kompetenzen der Hauptversammlung zudem noch weiter beschnitten werden, sofern die spezialgesetzlichen Regelungen für die KGaA nicht tangiert werden[193]. So können etwa die Zustimmungsvorbehalte der Komplementäre für Hauptversammlungsbeschlüsse auf nahezu alle Beschlüsse erweitert werden[194] oder die Zustimmungserfordernisse der Hauptversammlung zu außergewöhnlichen Geschäften ausgeschlossen werden[195], so dass die eigenständige Funktion der Hauptversammlung und damit der organschaftliche Einfluss der Kommanditaktionäre auf ein Minimum beschränkt werden kann.

Sind die Komplementäre gleichzeitig Kommanditaktionäre, so haben sie in der Hauptversammlung nach § 285 AktG nur das Stimmrecht für ihre Aktien[196]. Zudem unterliegt ihre Stimmabgabe nach § 285 Abs. 1 S. 2 AktG unabdingbaren[197] Restriktionen, die mit dem Interessenkonflikt zwischen Komplementären und Kommanditaktionären begründet werden[198]. Bei bestimmten Beschlussfassungen, insbesondere bei der Wahl und Abberufung des Aufsichtsrats und der Entlastung der Komplementäre und der Aufsichtsratsmitglieder sind sie von der Abstimmung ausgeschlossen. Um Interessenkonflikten vorzubeugen, kann der Erwerb von Aktien durch die Komplementäre oder die Ausübung der Stimmrechte in der Hauptversammlung *via* Satzung

---

191 *Claussen*, in: FS Heinsius, 1991, S. 61, 66; *Claussen*, GmbHR 1996, 73, 76; *Renz*, Die Besteuerung der GmbH & Co. KGaA, 2006, S. 46, 48.

192 *Arnold*, Die GmbH & Co. KGaA, 2001, S. 2; *Schaumburg*, DStZ 1998, 525, 528: Dies betrifft insbesondere Satzungsänderungen, Unternehmensverträge, Auflösung und Umwandlung der Gesellschaft sowie außergewöhnliche Geschäfte; ebenso: *Schürmann/Groh*, BB 1995, 684,685.

193 *Schütz/Reger*, in: Schütz/Bürgers/Riotte, Die KGaA, 2004, § 5 Rn. 92, mit Hinweis auf die „Kernbereichsgrenze“.

194 *Renz*, Die Besteuerung der GmbH & Co. KGaA, 2006, S. 48. Zu den Einschränkungen für die kapitalistische KGaA vgl. *Otte*, Die AG & Co. KGaA, 2011, S. 161, *Schaumburg*, DStZ 1998, 525, 528 und *Schaumburg/Schulte*, Die KGaA, 2000, Rn. 17.

195 *Schürmann/Groh*, BB 1995, 684, 685.

196 *Schaumburg/Schulte*, Die KGaA, 2000, Rn. 16. Zur Fernwirkung des Stimmrechtsverbots auf Vorstandsmitglieder, Aktionäre und Aufsichtsratsmitglieder einer Komplementär-AG vgl. *Otte*, Die AG & Co. KGaA, 2011, S. 166 ff.

197 *Hölzl*, Die Besteuerung der KGaA, 2003, S. 15; *Schaumburg/Schulte*, Die KGaA, 2000, Rn. 16.

198 *Sauter*, Die Gewinnverwendung in der kapitalistischen KGaA, 2008, S. 12; *Renz*, Die Besteuerung der GmbH & Co. KGaA, 2006, S. 47.

untersagt werden[199]. Stimmrechtsbeschränkungen werden indes obsolet, wenn alle Kommanditaktien von Komplementären gehalten werden, weil in diesem Falle keine Interessenkonflikte zu befürchten sind[200].

3. Der Aufsichtsrat

Letztes Pflichtorgan der KGaA ist der Aufsichtsrat[201]. Die Mitglieder des Aufsichtsrats werden nach § 285 Abs. 1 Nr. 1 AktG von der Hauptversammlung gewählt und wieder abberufen. Mitglieder des Aufsichtsrats können Kommanditaktionäre und ggf. Arbeitnehmer oder fremde Dritte sein[202], nach § 287 Abs. 3 AktG aus Gründen der Machtbalance[203] allerdings keine Komplementäre[204].

Abbildung 7: Wesentliche Kompetenzen des Aufsichtsrats.[205]

KGaA	AG
(-)	Personalkompetenz
(-)	Geschäftsordnungskompetenz
Überwachung der Geschäftsführung	Überwachung der Geschäftsführung
Informations- und Prüfungsrechte	Informations- und Prüfungsrechte
(-)	Begründung von Zustimmungspflichten für die Geschäftsführung
(-)	Feststellung des Jahresabschlusses
Ausführung bestimmter Hauptverhandlungsbeschlüsse	(-)
Vertretung gegenüber Komplementären	(-)

---

199 *Herfs*, in: MHb-GesR^4, 2015, § 79 Rn. 38.

200 *Sauter*, Die Gewinnverwendung in der kapitalistischen KGaA, 2008, S. 12.

201 *Raiser/Veil*, Recht der Kapitalgesellschaften^6, 2015, § 31 Rn. 9 ff.

202 Die Zusammensetzung des Aufsichtsrats ergibt sich aus § 278 Abs. 3 AktG iVm. § 96 AktG und den entsprechenden Regelungen zur Mitbestimmung. Das Gesetz über die Mitbestimmung der Arbeitnehmer in den Aufsichtsräten und Vorständen der Unternehmen des Bergbaus und der Eisen und Stahl erzeugenden Industrie v. 21.5.1951 (BGBl. I 1951, 347) ist nicht auf die die KGaA anwendbar.

203 *Hölzl*, Die Besteuerung der KGaA, 2003, S. 17; *Schaumburg*, DStZ 1998, 525, 528; *Schaumburg/Schulte*, Die KGaA, 2000, Rn. 18.

204 Zur Fernwirkung des § 287 Abs. 3 AktG auf Vorstandsmitglieder, Aktionäre und Aufsichtsratsmitglieder einer Komplementär-AG vgl. *Otte*, Die AG & Co. KGaA, 2011, S. 145 ff.

205 *Nagel/Wittkowski*, Die KGaA, 2012, § 2 Rn. 142.

Weist die Satzung dem Aufsichtsrat keine weiteren Aufgaben zu, so liegt seine wesentliche Funktion in der Überwachung der Geschäftsführung (§ 278 Abs. 3 iVm. § 111 Abs. 1 AktG)[206]. Die notwendigen Informationen hierzu erhält er aus den Berichten der Komplementäre nach § 90 AktG. § 90 AktG kommt bei der KGaA uneingeschränkt zu Anwendung[207], auch wenn die Aufgaben des Aufsichtsrats der KGaA im Vergleich zum Aufsichtsrat einer AG ansonsten stark eingeschränkt sind[208]. So steht dem Aufsichtsrat selbst keine Personalkompetenz zu[209], er kann mangels Geschäftsordnungskompetenz keine Geschäftsordnung nach § 77 Abs. 2 S. 1 AktG für die Komplementäre erlassen[210], er wirkt nicht bei der Feststellung des Jahresabschlusses mit[211] und er verfügt nicht über das Recht, bestimmte Geschäfte nach § 111 Abs. 4 S. 2 AktG von seiner Zustimmung abhängig zu machen[212], wenn

---

206 *Ammenwerth*, Die KGaA, 1997, S. 81; *Hesselmann*, BB 1989, 2344, 2346; *Hölzl*, Die Besteuerung der KGaA, 2003, S. 16; *Otte*, Die AG & Co. KGaA, 2011, S. 132 ff; *Bürgers*, in: Schütz/Bürgers/Riotte, Die KGaA, 2004, § 5 Rn. 482.

207 *Ammenwerth*, Die KGaA, 1997, S. 81; *Bayreuther*, JuS 1999, 651, 652; *Otte*, Die AG & Co. KGaA, 2011, S. 135; *Sauter*, Die Gewinnverwendung in der kapitalistischen KGaA, 2008, S. 14; *Schaumburg/Schulte*, Die KGaA, 2000, Rn. 18; *Bürgers*, in: Schütz/Bürgers/Riotte, Die KGaA, 2004, § 5 Rn. 484.

208 *Bielinis*, Die Besteuerung der KGaA, 2013, S. 26; *Claussen*, in: FS Heinsius, 1991, S. 61, 64; *Flämig*, in: FS Peltzer, 2001, S. 99, 103; *Haase*, GmbHR 1997, 917, 920; *Nagel/Wittkowski*, Die KGaA, 2012, § 2 Rn. 138; *Sauter*, Die Gewinnverwendung in der kapitalistischen KGaA, 2008, S. 15; *Schaumburg/Schulte*, Die KGaA, 2000, Rn. 18; *Bürgers*, in: Schütz/Bürgers/Riotte, Die KGaA, 2004, § 5 Rn. 439. *Fett*, INF 2005, 872, 873 sieht diese Beschränkung als „Spiegelbild“ der persönlichen Haftung des Komplementärs.

209 Dies ist das Recht, den Vorstand zu bestellen und abzuberufen (§ 84 AktG); *Bayreuther*, JuS 1999, 651; *Biagosch*, NWB 1996, 1073, 1076 (Fach 18, 3453, 3456); *Herfs*, in: MHb-GesR[4], 2015, § 79 Rn. 61; *Raiser/Veil*, Recht der Kapitalgesellschaften[6], 2015, § 31 Rn. 10; *Renz*, Die Besteuerung der GmbH & Co. KGaA, 2006, S. 49; *Sauter*, Die Gewinnverwendung in der kapitalistischen KGaA, 2008, S. 15; *Schaumburg*, DStZ 1998, 525, 528; *Bürgers*, in: Schütz/Bürgers/Riotte, Die KGaA, 2004, § 5 Rn. 478.

210 *Renz*, Die Besteuerung der GmbH & Co. KGaA, 2006, S. 49; *Sauter*, Die Gewinnverwendung in der kapitalistischen KGaA, 2008, S. 15; *Schaumburg*, DStZ 1998, 525, 529; *Schürmann/Groh*, BB 1995, 684, 685; *Bürgers*, in: Schütz/Bürgers/Riotte, Die KGaA, 2004, § 5 Rn. 480.

211 *Sauter*, Die Gewinnverwendung in der kapitalistischen KGaA, 2008, S. 15; *Schaumburg*, DStZ 1998, 525, 528; *Bürgers*, in: Schütz/Bürgers/Riotte, Die KGaA, 2004, § 5 Rn. 481.

212 *Ammenwerth*, Die KGaA, 1997, S. 82; *Arnold*, Die GmbH & Co. KGaA, 2001, S. 2; *Raiser/Veil*, Recht der Kapitalgesellschaften[6], 2015, § 31 Rn. 10; *Renz*, Die Besteuerung der GmbH & Co. KGaA, 2006, S. 49; *Schaumburg*, DStZ 1998, 525, 528; *Schürmann/Groh*, BB 1995, 684, 685; *Bürgers*, in: Schütz/Bürgers/Riotte, Die KGaA, 2004, § 5 Rn. 479.

dies nicht ausnahmsweise in der Satzung bestimmt wurde[213]. Auf Fehlentwicklungen kann der Aufsichtsrat letztlich nur in Gesprächen mit den Komplementären oder in seinen Stellungnahmen zu den Berichten hinweisen[214]; eine ernsthafte Möglichkeit auf die Geschäftspolitik des Unternehmens Einfluss zu nehmen hat er indes nicht[215].

§ 287 Abs. 1 AktG weist dem Aufsichtsrat über seine Überwachungsaufgabe hinaus die (für die AG fremde[216]) Aufgabe zu, Beschlüsse der Hauptversammlung auszuführen, sofern die Satzung nichts anderes bestimmt und es sich um Beschlüsse handelt, die das Verhältnis der Gesamtheit der Kommanditaktionäre zu den Komplementären betreffen[217]. Darüber hinaus hat der Aufsichtsrat nach § 287 Abs. 2 AktG die Gesamtheit der Kommanditaktionäre im Rechtsstreit mit den Komplementären zu vertreten, wenn die Hauptversammlung keinen besonderen Vertreter gewählt hat. Bei Rechtsgeschäften mit den Komplementären vertritt der Aufsichtsrat die KGaA gerichtlich und außergerichtlich (§§ 278 Abs. 3 iVm. 112 AktG)[218]. Allerdings reichen diese Vertretungsrechte jeweils nur so weit, wie dies für eine unbefangene Vertretung der KGaA erforderlich ist[219].

V. Die gesellschaftsrechtliche Stellung der Kommanditaktionäre

Neben ihren Pflichtorganen muss die KGaA zu ihrem Bestand mindestens einen Kommanditaktionär haben, der eine Kommanditaktie hält. Mehrere Kommanditaktionäre, die mehrere Kommanditaktien halten, werden zwar der Regelfall sein,

---

213 *Sauter*, Die Gewinnverwendung in der kapitalistischen KGaA, 2008, S. 15; *Binz/Sorg*, DB 1997, 313, 315 bezeichnen den Aufsichtsrats der KGaA plastisch als „kastriert".

214 *Sauter*, Die Gewinnverwendung in der kapitalistischen KGaA, 2008, S. 14.

215 *Binz/Sorg*, BB 1988, 2041, 2043; *Hartel*, DB 1992, 2329, 2330. *Hennerkes/Lorz*, DB 1997, 1388, 1389 gehen davon aus, dass der Aufsichtsrat die Geschäftspolitik des Unternehmens letztlich nur beurteilen, aber nicht korrigieren kann.

216 *Raiser/Veil*, Recht der Kapitalgesellschaften[6], 2015, § 31 Rn. 11.

217 *Otte*, Die AG & Co. KGaA, 2011, S. 136 f; *Bürgers*, in: Schütz/Bürgers/Riotte, Die KGaA, 2004, § 5 Rn. 491; *Sauter*, Die Gewinnverwendung in der kapitalistischen KGaA, 2008, S. 14: Hinsichtlich der Beschlüsse der Hauptversammlung, die das Verhältnis der Gesellschaft zu Dritten betreffen, liegt die Ausführungskompetenz bei der Geschäftsführung.

218 So die wohl herrschende Meinung: BGH v. 29.11.2004 – II ZR 364/02, DStR 2005, 432 f., auch bezüglich ehemaliger Komplementäre; *Bürgers*, in: Schütz/Bürgers/Riotte, Die KGaA, 2004, § 5 Rn. 495 ff. Zur Vertretungskompetenz und ihrer Disponibilität in der kapitalistischen KGaA vgl. *Otte*, Die AG & Co. KGaA, 2011, S. 137 ff.

219 *Sauter*, Die Gewinnverwendung in der kapitalistischen KGaA, 2008, S. 15; zum Umfang der Vertretungskompetenzen vgl. auch *Perlitt*, in: MK-AktG[4], 2015, § 287 Rn. 65 ff.

sind aber für das Bestehen der KGaA nicht erforderlich[220]. Der in § 278 Abs. 2 AktG verwendete Begriff der „Gesamtheit der Kommanditaktionäre" geht auf die Formulierung des Art. 186 Abs. 1 ADHGB[221] zurück und wurde seither unverändert übernommen[222]. Die Gesamtheit der Kommanditaktionäre ist jedoch kein besonderer Personenverband[223] mit besonderen Rechten, sondern bezeichnet nur das Nebeneinander der einzelnen Aktionäre in ihrer Gesamtheit[224]. Die Beteiligungsrechte der Aktionäre ergeben sich – wie bei der AG[225] – jeweils gesondert aus ihrer eigenen, individuellen Gesellschafterstellung.

Die Kommanditaktionäre der KGaA haben die gleichen Rechte und Pflichten wie die Aktionäre einer AG[226], insbesondere also Vermögens-, Verwaltungs-, Minderheitenrechte und Treuepflichten[227]. So steht ihnen ein Recht auf Teilnahme, Wortmeldung und Stimmabgabe in der Hauptversammlung zu[228]. Außerdem haben sie einen Anspruch auf eine angemessene Dividende[229]. Die Aktionäre sind nach §§ 278, 54 AktG verpflichtet, ihre durch den Aktienerwerb geschuldete Einlage zu erbringen. Eine darüber hinausgehende, mit den Komplementären vergleichbare Haftung der

---

220 *Bauschatz*, DStZ 2007, 39, 42; *Drüen*, in: HHR, EStG/KStG, § 9 KStG Rn. 22 (12/2011); *Perlitt*, in: MK-AktG[4], 2015, § 278 Rn. 9; *K. Schmidt*, in: Schmidt/Lutter, AktG[3], 2015, § 278 Rn. 2.

221 *Fett*, in: Schütz/Bürgers/Riotte, Die KGaA, 2004, § 1 Rn. 3.

222 Anders bei der AG, bei der der Begriff der „Gesamtheit der Aktionäre" bereits 1884 aus dem Gesetzestext entfernt wurde. Eine Gegenüberstellung der Gesetzespassage vor und nach der Reform findet sich bei *Hüffer*, in: FS 100 Jahre GmbHG, 1992, 521, 527.

223 *Hageböke*, Das KGaA-Modell, 2008, S. 44; *Kessler*, in: FS Korn, 2005, S. 307, 313; *Nagel/Wittkowski*, Die KGaA, 2012, § 2 Rn. 116; *Perlitt*, in: MK-AktG[4], 2015, § 278 Rn. 83; *K. Schmidt*, in: Schmidt/Lutter, AktG[3], 2015, § 278 Rn. 10. Nach *Herfs*, in: MHb-GesR[4], 2015, § 78 Rn. 58 f. ist die Gesamtheit der Kommanditaktionäre aber dennoch aktiv und passiv parteifähig; **a.A.** *Wichert*, Die Finanzen der KGaA, 1999, S. 42, keine Parteifähigkeit in Rechtsstreitigkeiten (S. 49). Ebenso bereits *O. Schreiber*, Die KGaA, 1925, S. 89, 91, 171: Der Kommanditistenverband besteht nur im Innenverhältnis, Prozesspartei ist, mit Ausnahme der Rechtsstreitigkeiten gegen die Inhaber, die Gesellschaft selbst.

224 *Philbert*, Die KGaA zwischen Personengesellschaftsrecht und Aktienrecht, 2005, S. 98.

225 *Ladwig/Motte*, DStR 1996, 800, 805; *Mertens*, in: FS Barz, 1974, S. 253, 256.

226 *Kessler*, NZG 2005, 145, 147; *Ladwig/Motte*, DStR 1996, 800, 805.

227 *Hageböke*, Das KGaA-Modell, 2008, S. 41.

228 *Sauter*, Die Gewinnverwendung in der kapitalistischen KGaA, 2008, S. 9.

229 § 278 Abs. 3 AktG iVm. §§ 58 Abs. 4, 60 AktG; vgl. auch *Ammenwerth*, Die KGaA, 1997, S. 60; *Sauter*, Die Gewinnverwendung in der kapitalistischen KGaA, 2008, S. 9.

Aktionäre besteht indes nicht[230]. Ihre mitgliedschaftliche Stellung ist ausschließlich nach Aktienrecht zu beurteilen[231].

VI. Die Ein-Mann-KGaA

Da auch die Komplementäre Kommanditaktien erwerben und so gleichzeitig Kommanditaktionäre sein können[232], ist auch ein einzelner Komplementär in der Lage, alle Kommanditaktien selbst zu übernehmen[233]. Diese Konstellation wird als „Ein-Mann-KGaA" oder „Ein-Personen-KGaA"[234] bezeichnet. Insoweit zeigt sich die Rechtsnatur der KGaA als juristische Person: Wäre bei einer Personengesellschaft nur noch eine Person an der Gesellschaft beteiligt, würde dieser das Gesellschaftsvermögen automatisch anwachsen (738 Abs. 1 S. 1 BGB)[235] und die Gesellschaft würde untergehen.

Dem Bestehen einer Ein-Mann-KGaA steht es nicht entgegen, dass die KGaA notwendig einen Aufsichtsrat haben muss und diesem nach § 287 Abs. 3 AktG keine Komplementäre angehören dürften. Denn die Aufsichtsratsmitglieder müssen nicht zwingend Aktionäre der KGaA sein[236]. Zwar bestimmen diese (zumindest teilweise) die Zusammensetzung des Aufsichtsrats; der Einzel-Gesellschafter kann den Aufsichtsrat aber auch mit Arbeitnehmern oder fremden Dritten besetzen.

Auch das frühere Problem, wonach die Gründung einer Ein-Mann-KGaA nicht möglich, sondern erst durch späteres Ausscheiden von Gesellschaftern denkbar war[237], ist mittlerweile entfallen[238]. Seit dem 1.11.2005 enthält § 280 Abs. 1 AktG

---

230 *Hölzl*, Die Besteuerung der KGaA, 2003, S. 20 f. Dies gilt selbst dann, wenn die Aktionäre ihre Einlage nicht erbracht haben. Entsprechende Ausgleichansprüche bestehen nur im Innenverhältnis, vgl. *Bielinis*, Die Besteuerung der KGaA, 2013, S. 23; *K. Schmidt*, in: Schmidt/Lutter, AktG^3, 2015, § 278 Rn. 6.

231 *Wichert*, Die Finanzen der KGaA, 1999, S. 60.

232 *Drüen*, in: HHR, EStG/KStG, § 9 KStG Rn. 22 (12/2011).

233 *Hüffer*, AktG^{11}, 2014, § 278 Rn. 5; *Krämer*, D/P/M, KStG, § 9 Rn. 15 (09/2012); *Schimpfle*, Die Besteuerung der KGaA, 2006, S. 4; *Westphal*, Steuerwarte 2002, 133.

234 *Bogenschütz*, in: FS Widmann, 2000, S. 163, 168; *Drüen*, in: HHR, EStG/KStG, § 9 KStG Rn. 22 (12/2011); *Hageböke*, Das KGaA-Modell, 2008, S. 45; *Janssen*, NWB 2001, 2189, 2190; *Lühn*, in: M/S, KStG^2, 2015, § 9 Rn. 84; *K. Schmidt*, in: Schmidt/Lutter, AktG^3, 2015, § 278 Rn. 2; *Nagel/Wittkowski*, Die KGaA, 2012, § 1 Rn. 18; *Patt/Rasche*, DB 1993, 2400; *Perlitt*, in: MK-AktG^4, 2015, § 280 Rn. 27; *Rohrer/Orth*, BB 2007, 2266.

235 So die wohl absolut herrschende Meinung, vgl. auch *Bauschatz*, DStZ 2007, 39, 42. **A.A.** für den Fall getrennt zu verwaltender Gesellschaftsanteile *Baur/Grunsky*, ZHR 133 (1970), 209, 225; ähnlich auch *Baumann*, BB 1998, 225, 231.

236 Zu möglichen Mitgliedern des Aufsichtsrats sh. schon § 4 IV 3.

237 *Renz*, Die Besteuerung der GmbH & Co. KGaA, 2006, S. 42; *Westphal*, Steuerwarte 2002, 133.

238 *Nagel/Wittkowski*, Die KGaA, 2012, § 2 Rn. 2.

keine Vorgabe mehr, dass die Satzung von mindestens fünf Personen durch notarielle Beurkundung festgestellt werden muss[239].

VII. Die handelsrechtliche Gewinnermittlung und -verteilung

Die KGaA ist als Handelsgesellschaft Formkaufmann (§ 6 HGB) und also solcher zur Führung von Handelsbüchern verpflichtet (§ 238 HGB). Hierbei hat sie, neben den allgemeinen, kodifizierten und nicht kodifizierten Grundsätzen ordnungsmäßiger Buchführung und den allgemeinen Bilanzierungsgrundsätzen auch die speziellen Rechnungslegungsvorschriften für Kapitalgesellschaften (§§ 264 ff. HGB), § 286 AktG und (subsidiär) über § 278 Abs. 3 AktG auch die §§ 150 ff. AktG zu beachten[240]. Damit gelten im Grundsatz alle für die AG zu beachtenden Ansatz-, Gliederungs- und Bewertungsvorschriften, die Regelungen über den Anhang und den Lagebericht unter Beachtung der Sonderregelung des § 286 AktG auch für die KGaA[241].

Während sich der Ausschüttungsanspruch der Kommanditaktionäre nach allgemeiner Auffassung nach aktienrechtlichen Vorschriften ermittelt[242], ist die Ermittlung des handelsrechtlichen Gewinnanteils der Komplementäre in der Literatur umstritten[243]:

1. Die monistische Gewinnermittlung

Die Vertreter einer monistischen Gewinnermittlung gehen davon aus, dass handelsrechtlich nur ein Jahresabschluss für die KGaA zu erstellen ist[244]. Die KGaA als Kapitalgesellschaft sei das einzige Gewinnermittlungssubjekt. Freilich soll dieser Gesamtabschluss allein nach aktienrechtlichen Grundsätzen zu erstellen sein[245].

---

239 Entfallen durch das Gesetz zur Unternehmensintegrität und Modernisierung des Anfechtungsrechts (UMAG) v. 22.9.2005, BGBl. I 2005, 2802, 2807.

240 *Nagel/Wittkowski*, Die KGaA, 2012, § 3 Rn. 24 ff.

241 *Herfs*, in: MHb-GesR[4], 2015, § 81 Rn. 2.

242 *Drüen*, in: HHR, EStG/KStG, § 9 KStG Rn. 22 (12/2011); *Drüen/van Heek*, in: DStR 2012, 541, 543; *Sauter*, Die Gewinnverwendung in der kapitalistischen KGaA, 2008, S. 20; vgl. § 4 V.

243 *Ernst&Young*, DB 2014, 147, 148.

244 *Bielinis*, Die Besteuerung der KGaA, 2013, S. 246; *Frankenheim*, Die Ertrags- und Substanzbesteuerung der KGaA, 1994, S. 64 ff; *Mertens*, in: FS Barz, 1974, S. 253, 256 f.; *Hoppe*, Die Besteuerung der KGaA, 2014, S. 19; *Hüffer*, AktG[11], 2014, § 288 Rn. 2; trotz steuerlicher Transparenz auch *Ammenwerth*, Die KGaA, 1997, S. 55 ff., 58; *Hölzl*, Die Besteuerung der KGaA, 2003, S. 29; *Theisen*, DB 1989, 2191, 2195; *Wichert*, Die Finanzen der KGaA, 1999, S. 143. Zu den Besteuerungskonzepten vgl. Dritter Teil.

245 *Ammenwerth*, Die KGaA, 1997, S. 55 ff.; *Sauter*, Die Gewinnverwendung in der kapitalistischen KGaA, 2008, S. 20; *Ebling*, in: FS Jakob, 2001, 67, 68.

Dies sei nicht nur praktisch und weniger kompliziert als andere Konzepte, sondern nach § 278 AktG auch zwingend. Denn die Gewinnermittlung betreffe nicht primär das Verhältnis zwischen Komplementären und Kommanditaktionären[246]. Vielmehr seien bei der Gewinnermittlung wie bei der AG öffentliche Interessen und Rechtsverhältnisse zu Dritten berührt; die persönliche Haftung der Komplementäre dürfe im Regelfall jedenfalls nicht ausreichen, etwaige Gläubiger schadlos zu halten. Somit soll das striktere Aktienrecht auch auf die Ermittlung des Gewinnanteils des Komplementärs Anwendung finden. Dieser ergibt sich dann unmittelbar aus dem Jahresüberschuss der KGaA.

2. Die dualistische Gewinnermittlung

Nach der Vorstellung der Vertreter einer dualistischen Gewinnermittlung sind nicht nur bei der Gewinnverteilung sondern auch schon auf Ebene der Gewinnermittlung sowohl die Rechnungslegungsgrundsätze für die KG als auch solche für die AG zu beachten[247]. Die Gewinnermittlung soll somit auf zwei Stufen erfolgen[248]:

- *1. Stufe:* Zur Berechnung des Gewinnanteils des Komplementärs: Aufstellung des Jahresabschlusses nach Personengesellschaftsrecht (§§ 167, 120 HGB)[249].
- *2. Stufe:* Zur Berechnung des Jahresüberschusses der KGaA/des Ausschüttungsanspruchs der Kommanditaktionäre: Erstellung des Jahresabschlusses nach den für Kapitalgesellschaften geltenden Grundsätzen[250], §§ 264 ff HGB.

Nach dieser Auffassung wären jährlich zwei Jahresabschlüsse aufzustellen[251], wobei die Buchführungspflicht dennoch allein der KGaA obliegen soll[252]. Die dualistische Gewinnermittlung hat zur Folge, dass Rücklagen nur aus dem auf die Kommanditaktionäre entfallenden Unternehmensertrag gebildet werden; Rücklagenzuführungen

246 *Mertens/Cahn*, in: KK-AktG[3], 2015, § 286 Rn. 13.
247 *Assmann/Sethe*, in: GK-AktG[4], 2013, § 288 Rn. 8 ff.; *Malzahn*, in: Forum Steuerrecht 2012, S. 151, 157; *Schaumburg*, DStZ 1998, 525, 529; *Schaumburg/Schulte*, Die KGaA, 2000, Rn. 27, 134; *Mathiak*, DStR 1989, 661, 667; *Bacher*, DB 1985, 2117.
248 *Bogenschütz*, in: FS Widmann, 2000, S. 163, 171. Zum Stufenmodell vgl. *Frotscher*, Der Konzern 2005, 139, 141; *Mathiak*, DStR 1989, 661, 667; *Renz*, Die Besteuerung der GmbH & Co. KGaA, 2006, S. 76; *Schaumburg*, DStZ 1998, 525, 529, 534; *Schaumburg/Schulte*, Die KGaA, 2000, Rn. 27, 134; *Bode*, in: Blümich, EStG/KStG/GewStG, § 15 EStG Rn. 561 (10/2014).
249 *Fischer*, DStR 1997, 1519, 1521; *Maurer*, Die Besteuerung von Anleger-Kommanditgesellschaften, 1999, S. 161; *Sethe*, DB 1998, 1044, 1045.
250 *Bacher*, DB 1985, 2117; *Mathiak*, DStR 1989, 661, 667; *Schaumburg*, DStZ 1998, 525, 529.
251 *Bacher*, DB 1985, 2117; *Hageböke*, Das KGaA-Modell, 2008, S. 74, 92, 101; *Schaumburg/Schulte*, Die KGaA, 2000, Rn. 27.
252 So bereits RFH v. 12.12.1923 – III A 362/23, RFHE 13, 166, 167; *Frankenheim*, Die Ertrags- und Substanzbesteuerung der KGaA, 1994, S. 65.

würden den Gewinnanteil des Komplementärs somit nicht berühren[253]. Dasselbe soll für Verlustvorträge im aktienrechtlichen Abschluss gelten[254]. Eine solche Vorgehensweise soll der hybriden Struktur der Gesellschaft besser gerecht werden[255]. Steuerrechtlich entspricht eine solche zweistufige Ermittlung der Rechtsprechung des BFH[256]: In Ermangelung einer Satzungsregelung hat er für den Komplementär wegen § 278 Abs. 2 AktG eine eigene Gewinnermittlung gefordert.

Die dualistische Gewinnermittlung mag zwar die hybride Struktur der KGaA gedanklich besser zum Ausdruck bringen. Bei Lichte betrachtet bestehen zwischen beiden Auffassungen aber „mehr sprachliche als sachliche Unterschiede“[257]. In vielen Fällen werden sich schon angesichts der für Personen- und Kapitalgesellschaften gleichermaßen geltenden Grundsätze ordnungsmäßiger Buchführung von vornherein keine materielle Auswirkung bei der Anwendung der verschiedenen Gewinnermittlungsmodelle ergeben[258]. Insbesondere hinsichtlich der Nichtberücksichtigung der gesetzlichen Rücklagen und etwaiger Verlustvorträge sind sich beide Auffassungen im Wesentlichen einig, wenngleich die Vertreter der monistischen Gewinnermittlung insoweit zu Korrekturen greifen müssen[259]. Zudem ist die dualistische Gewinnermittlung für die praktische Durchführung extrem aufwendig. Da die Gewinnermittlung nach dieser Auffassung das Verhältnis der beiden Gesellschaftergruppen zueinander betrifft, handelt es sich nach § 278 Abs. 2 AktG iVm §§ 161 Abs. 2, 109 HGB um dispositives Recht. Im Gesellschaftsvertrag kann daher eine monistische Gewinnermittlung geregelt werden[260], was in der Praxis auch allgemein

253 *Renz*, Die Besteuerung der GmbH & Co. KGaA, 2006, S. 61.

254 *Renz*, Die Besteuerung der GmbH & Co. KGaA, 2006, S. 61.

255 *Lühn*, in: M/S, KStG², 2015, § 9 Rn. 94; *Mathiak*, DStR 1989, 661, 667; *Renz*, Die Besteuerung der GmbH & Co. KGaA, 2006, S. 61.

256 BFH v. 21.6.1989 – X R 14/88, BStBl. II 1989, 881, 885 lässt die handelsrechtliche Frage offen, für das Steuerrecht verlangt er aber eine eigene Gewinnermittlung des persönlich haftenden Gesellschafters (phG).

257 *Herfs*, in: MHb-GesR⁴, 2015, § 81 Rn. 10; ebenso *Assmann/Sethe*, in: GK-AktG⁴, 2013, § 288 Rn. 26.

258 *Arnold*, Die GmbH & Co. KGaA, 2001, S. 151; *Mertens/Cahn*, in: KK-AktG³, 2015, § 286 Rn. 6. *Rohrer/Orth*, BB 2007, 1594, 1598 halten es für unstreitig, dass die Diskussion ohne materielle Auswirkung bleibt.

259 Nach *Arnold*, Die GmbH & Co. KGaA, 2001, S. 151 f. reduziert sich der Streit de facto auf die Frage, ob der Komplementär an den gesetzlichen Rücklagen zu beteiligen ist und ob bei der Ermittlung seines Gewinnanteils bestehende Verlustvorträge zu berücksichtigen sind. Letztlich gehen aber auch Vertreter des Monismus richtigerweise davon aus, dass der Komplementär schon wegen der Abschaffung des § 239 Abs. 2 AktG a.F. nicht an gesetzlichen Rücklagen und Verlustvorträgen zu beteiligen sei, vgl. *Grafmüller*, Geeignete Rechtsform für börsenwillige Familienunternehmen, 1994, S. 173 f. und *Wichert*, Die Finanzen der KGaA, 1999, S. 143. Sie führen insoweit zusätzliche Korrekturen im Rahmen der Ergebnisverteilung durch.

260 *Fischer*, DStR 1997, 1519, 1521.

empfohlen und berücksichtigt wird[261], um das Erfordernis zweier Jahresabschlüsse zu vermeiden[262]. Im Übrigen hat der Komplementär der sog. „typischen" KGaA gerade keine Vermögenseinlage erbracht, so dass es auf diese Frage nach Monismus und Dualismus auch deshalb nicht ankommt[263]. Praktische Relevanz hat der Streit um Monismus und Dualismus nach alledem letztlich keine[264].

261 Eine entsprechende Empfehlung sprechen etwa *Nagel/Wittkowski*, Die KGaA, 2012, § 2 Rn. 68 ff. aus. In der Praxis enthält etwa die Satzung der Merck KGaA in §§ 26 ff. ausführliche Regelungen zum Gewinnanteil des Komplementärs, dessen Höhe und Ermittlung, http://www.merck.de/company.merck.de/de/images/Satzung_Merck_KGaA_DE_20150206_tcm1613_107916.pdf?Version= zuletzt abgerufen am 13.5.2015.

262 *Schaumburg/Schulte*, Die KGaA, 2000, Rn. 28; *Hageböke*, Das KGaA-Modell, 2008, S. 53. Bei den aktuell in NRW eingetragenen KGaAs besteht eine besondere Vermögenseinlage in unter 20% der Fälle, Stand 12.12.2014.

263 *Schaumburg/Schulte*, Die KGaA, 2000, Rn. 28.

264 *Arnold*, Die GmbH & Co. KGaA, 2001, S. 151; *Bachmann*, in: Spindler/Stilz, AktG[3], 2015, § 286 Rn. 5; *Bielinis*, Die Besteuerung der KGaA, 2013, S. 80; *Hölzl*, Die Besteuerung der KGaA, 2003, S. 30; *Mathiak*, DStR 1989, 661, 667.

§ 5 Vor- und Nachteile einer hybriden Rechtsform

Ob sich die Organisation eines Unternehmens in der Rechtsform der KGaA lohnt, ist eine Frage des Einzelfalls. Jedenfalls ist den rechtsformtypischen Eigenschaften der KGaA und den hieraus resultierenden Vor- und Nachteilen Beachtung zu schenken; die Gewichtung der einzelnen Aspekte ist indes höchst individuell. Die folgende Darstellung ist aus der Sicht des Komplementärs einer personalistischen KGaA als zentrale „Unternehmerfigur" orientiert und kann sich daher freilich aus dem Blickwinkel des Aktionärs ins Gegenteil verkehren.

I. Vorteile der Rechtsform der KGaA

Die Rechtsform der KGaA bietet eine Reihe erheblicher struktureller Vorteile gegenüber anderen Rechtsformen insbesondere für die Unternehmensleitung.

1. Völlige Trennung von Führung und Kapital

Die KGaA gewährleistet als einzige Rechtsform die Souveränität der Unternehmensleitung bei völliger Trennung von Führung und Kapital[265]. Die Kapitalgeber der KGaA sind im Wesentlichen die Kommanditaktionäre, die nur eine sehr schwache gesellschaftsrechtliche Position innehaben (vgl. § 4 V); insbesondere müssen sie nicht an der Unternehmensführung beteiligt werden[266]. Dies unterscheidet die KGaA von anderen Gesellschaftsformen, in denen der Anteil am Grundkapital den Einfluss

---

265 *Bayreuther*, JuS 1999, 651, 652, 654; *Haase*, GmbHR 1997, 917, 919; *Motte/Schlawien*, Die GmbH & Co. KGaA, 2001, 35; *Sethe*, Die personalistische KGaA mit Börsenzugang, 1996, S. 195; zur Stellung der Komplementäre als geborene Geschäftsführungsorgane auch bei Nullbeteiligung vgl. § 4 IV 1).

266 *Arnold*, Die GmbH & Co. KGaA, 2001, S. 7; *Breuninger*, JbFStR 2012/2013, S. 361, 363; *Ernst&Young*, DB 2014, 147; *Goette*, DStR 1997, 1012, 1015; *Ladwig/Motte*, DStR 1996, 800, 804; *Schaumburg/Schulte*, Die KGaA, 2000, Rn. 2, 212; *Weber*, GmbHR 2013, 631, 634 sieht hierin die besondere Attraktivität der KGaA für die Lizenzspielabteilungen von Fußball-Bundesligavereinen. Denn durch die verbandsrechtliche sog. „50+1-Regel" des DFB (Satzung Ligaverband § 8 Nr. 2) sind die Vereine bei einer Ausgliederung in andere Rechtsformen gezwungen, mindestens 50+1% der Kapitalanteile zurückzuhalten, um den Einfluss des Vereins gegenüber Investoren zu sichern. Für die KGaA gilt dies aufgrund der besonderen gesellschaftsrechtlichen Stellung der Komplementäre nicht, wenn der Mutterverein oder ein von ihm zu 100% beherrschtes Unternehmen als Komplementär uneingeschränkt vertretungs- und geschäftsführungsbefugt ist. Vgl. hierzu auch *Schimpfle*, Die Besteuerung der KGaA, 2006, S. 54 ff; *Herfs*, in: MHb-GesR[4], 2015, § 76 Rn. 6.

auf die Unternehmensführung bestimmt. Demgegenüber müssen die Komplementäre nicht am Kapital der Gesellschaft beteiligt sein (vgl. § 4 IV 1)[267]. Dies ermöglicht es dem Unternehmer, seine Führungsposition in „seinem" Unternehmen dauerhaft abzusichern, wenngleich er nicht in der Lage ist, den Großteil des unternehmerischen Finanzbedarfs zu decken.

2. Stellung der Geschäftsleitung

Die geschäftsleitende Stellung des Komplementärs ist insgesamt erheblich stärker als die des Vorstands der AG und in weiten Teilen von den Kommanditaktionären und dem Aufsichtsrat unabhängig[268]. Der Komplementär ist geborenes Geschäftsführungsorgan: Er unterliegt weder der zeitlichen Beschränkung auf fünf Jahre wie der Vorstand der AG[269], noch kann er durch die Hauptversammlung oder den Aufsichtsrat entmachtet werden[270] (vgl. § 4 IV). Hierdurch genießt er einen ganz erheblichen unternehmerischen Freiraum[271], was insbesondere für Familienunternehmen attraktiv ist.

Dem kommt zugute, dass die Rolle des Aufsichtsrats wesentlich schwächer ausgeprägt ist als bei der AG; dieser ist weitestgehend auf die bloße „Überwachung" der Geschäftsführung beschränkt[272]. Mangels einschneidender Handlungsmöglichkeiten ist aber auch diese „Überwachungstätigkeit" letztlich ein zahnloser Tiger. FLICK/

267 *Schaumburg/Schulte,* Die KGaA, 2000, Rn. 22.

268 *Göz,* in: Schütz/Bürgers/Riotte, Die KGaA, 2004, § 2 Rn. 2; *Kusterer/Rupp,* EStB 2003, 397, 398; *Ladwig/Motte,* DStR 1996, 800, 805; nach *Schürmann/Groh,* BB 1995, 684, 685 ist die beherrschende Stellung der Komplementäre auch im Interesse der Kommanditaktionäre, da es die Komplementäre als Unternehmerpersönlichkeiten gewesen seien, die der Gesellschaft ihre Marktposition verschafft hätten, ebenso *Schürmann/Körfgen,* Familienunternehmen auf dem Weg zur Börse³, 1997, S. 208.

269 *Göz,* in: Schütz/Bürgers/Riotte, Die KGaA, 2004, § 2 Rn. 4; *Grafmüller,* Geeignete Rechtsform für börsenwillige Familienunternehmen, 1994, S. 122; *Mertens,* in: FS Barz, 1974, S. 253, 264 f; *Otte,* Die AG & Co. KGaA, 2011, S. 35; *Schürmann/Groh,* BB 1995, 684, 685; *Schürmann/Körfgen,* Familienunternehmen auf dem Weg zur Börse³, 1997, S. 207.

270 *Binz/Sorg,* DB 1997, 313, 315; *Claussen,* GmbHR 1996, 73, 79; *Drüen/van Heek,* DStR 2012, 541, 543; *Haase,* GmbHR 1997, 917, 920; *Kessler,* in: FS Korn, 2005, S. 307, 311. Selbst die Entziehung der Geschäftsführungsbefugnis aus wichtigem Grund durch Klage (§ 117 HGB) setzt die vorherige Zustimmung sämtlicher nicht betroffener Gesellschafter, d.h. der Komplementäre und der Hauptversammlung voraus, vgl. *Hüffer,* AktG¹¹, 2014, § 278 Rn. 11, 13; *Ladwig/Motte,* DStR 1996, 800, 805; *Nagel/Wittkowski,* Die KGaA, 2012, § 2 Rn. 78; *Schütz/Reger,* in: Schütz/Bürgers/Riotte, Die KGaA, 2004, § 5 Rn. 179 ff.

271 *Binz/Sorg,* BB 1988, 2041, 2043; *Breuninger,* JbFStR 2012/2013, S. 361, 363; *Hartel,* DB 1992, 2329, 2330; *Perlitt,* in: MK-AktG⁴, 2015, vor § 278 Rn. 30; *Schürmann/Körfgen,* Familienunternehmen auf dem Weg zur Börse³, 1997, S. 207.

272 *Göz,* in: Schütz/Bürgers/Riotte, Die KGaA, 2004, § 2 Rn. 6; *Kusterer,* EStB 397, 398; *Otte,* Die AG & Co. KGaA, 2011, S. 37.

Schulte fassen insoweit treffend zusammen: „In Führungsangelegenheiten haben die Komplementäre viel, die Kommanditaktionäre wenig und der Aufsichtsrat nichts zu sagen[273]“ (vgl. schon § 4 IV 3).

Der Hauptversammlung stehen zwar die in § 119 AktG beschriebenen Rechte zu, die ihr auch bei der AG zukommen. Jedoch bleibt der Einfluss des Komplementärs als Geschäftsleiter auch insoweit gewahrt: Bei Einzelmaßnahmen von besonderer Bedeutung wie Satzungsänderungen, Kapitalerhöhungen, Maßnahmen nach dem Umwandlungsgesetz oder Unternehmensverträgen ist neben dem Beschluss der Hauptversammlung stets zusätzlich ein einstimmiger Beschluss aller Komplementäre erforderlich[274]. Auch neue Komplementäre werden durch die Hauptversammlung und die Alt-Komplementäre gemeinsam bestellt (ohne Mitwirkung des Aufsichtsrats)[275].

3. Zugang zur Börse

Die KGaA bietet einen großen Vorteil bei der Kapitalakquise. Zur Deckung ihres Kapitalbedarfs und zur Stärkung ihrer Eigenkapitalbasis[276] kann sich die KGaA durch Aufnahme von Aktienkapital an der Börse finanzieren[277], was außer ihr nur der AG möglich ist[278]. Da bei der KGaA nicht die latente Gefahr der Überfremdung des Unternehmens besteht, ist die Ausgabe von Aktien in der Höhe möglich, in der ein Finanzierungsbedarf besteht, ohne dass hierbei eine Einflusssicherung durch stimmrechtslose Vorzugsaktien[279], vinkulierte Namensaktien, Poolvereinbarungen

---

273 *Flick/Schulte*, FAZ v. 20.12.2005, S. 25; *Schaumburg/Schulte*, Die KGaA, 2000, Rn. 212.

274 *Göz*, in: Schütz/Bürgers/Riotte, Die KGaA, 2004, § 2 Rn. 7.

275 Anders als bei der AG: *Göz*, in: Schütz/Bürgers/Riotte, Die KGaA, 2004, § 2 Rn. 4.

276 *Claussen*, in: FS Heinsius, 1991, S. 61, 65; *Schaumburg/Schulte*, Die KGaA, 2000, Rn. 2; *Wichert*, Die Finanzen der KGaA, 1999, S. 37.

277 *Perlitt*, in: MK-AktG[4], 2015, vor § 278 Rn. 5; *Schürmann/Körfgen*, Familienunternehmen auf dem Weg zur Börse[3], 1997, S. 205. Zu den Vorteilen eines Börsengangs als Mittel zur Unternehmenssicherung vgl. *Bergheim/Traub*, DStR 1993, 1260.

278 *Arnold*, Die GmbH & Co. KGaA, 2001, S. 6; *Bergheim/Traub*, DStR 1993, 1260, 1263; *Claussen*, GmbHR 1996, 73, 79; *Drüen/van Heek*, DStR 2012, 541, 543; *Ernst&Young*, DB 2014,147; *Göz*, in: Schütz/Bürgers/Riotte, Die KGaA, 2004, § 2 Rn. 1; *Haase*, GmbHR 1997, 917, 919; *Halasz/Kloster/Kloster*, GmbHR 2002, 77, 79; *Hartel*, DB 1992, 2329; *Hennerkes/Lorz*, DB 1997, 1388; *Hennerkes/May*, BB 1988, 2393, 2394; Hölzl, Die Besteuerung der KGaA, 2003, S. 25; *Kallmeyer*, DStR 1994, 977; *Kessler*, in: FS Korn, 2005, S. 307, 311; *Kessler/Kröner/Köhler*, Konzernsteuerrecht, 2004, § 3 Rn. 90; *Kußmaul*, wisu 1990, 492; *Motte/Schlawien*, Die GmbH & Co. KGaA, 2001, 19; *Nagel/Wittkowski*, Die KGaA, 2012, § 1 Rn. 31; *Patt/Rasche*, DB 1993, 2400; *Schürmann/Groh*, BB 1995, 684; *Sethe*, Die personalistische KGaA mit Börsenzugang, 1996, S. 178; *Wieneke/Fett*, in: Schütz/Bürgers/Riotte, Die KGaA, 2004, § 10 Rn. 4.

279 *Breuninger*, JbFStR 2012/2013, S. 361, 364. Kritisch *Siebold/Wichert*, SpuRt 1998, 138, 141 unter Verweis auf § 140 Abs. 2 AktG; ebenso *Priester*, ZHR 160 (1196), 250, 252 unter Verweis auf § 139 Abs. 2 AktG.

oder sonstige Gestaltungen[280] erforderlich wäre. Zudem kann ein Börsengang als Nebeneffekt durch aktive Selbstdarstellung in der Öffentlichkeit den Bekanntheitsgrad eines Unternehmens erhöhen[281].

4. Gestaltbare Satzung

Darüber hinaus ist die Satzung der KGaA aufgrund der personengesellschaftsrechtlichen Gestaltungsspielräume und der weitgehend dispositiven Regelungen individueller und kann auf die besonderen Gegebenheiten im Unternehmen angepasst werden[282] (vgl. § 4 II 2a). Die Satzungsstrenge des § 23 Abs. 5 AktG gilt nur eingeschränkt[283]. Dies kann genutzt werden, um die Machtstellung des Komplementärs weiter auszubauen und den Einfluss der Hauptversammlung und des (ggf. mitbestimmten) Aufsichtsrats auf die laufende Geschäftsführung auf ein Minimum zu reduzieren[284]. So ist es selbst bei außergewöhnlichen Geschäften möglich, das Zustimmungserfordernis der Hauptversammlung durch Satzungsregelung auszuschließen[285], was auch deshalb vorteilhaft ist, weil die Ladung zur Hauptversammlung regelmäßig zeitaufwändig, umständlich und teuer ist und das Anfechtungsrecht der Aktionäre dem Unternehmen die Flexibilität nehmen kann[286]. Zudem ist durch die Flexibilität des Personengesellschaftsrechts

280 *Haase*, GmbHR 1997, 917, 919; zu den einzelnen Gestaltungen zur Absicherung der Familieninteressen vgl. *Bergheim/Traub*, DStR 1993, 1260, 1264 f. *Hartel*, DB 1992, 2329 geht indes davon aus, dass diese Gestaltungen das Eindringen von Fremdeinfluss ohnehin nicht effektiv verhindern können.

281 *Renz*, Die Besteuerung der GmbH & Co. KGaA, 2006, S. 27, 70; *Bergheim/Traub*, DStR 1993, 1260.

282 *Bayreuther*, JuS 1999, 651, 652; *Biagosch*, NWB 1996, 1073 (Fach 18, 3453); *Gehrke*, Die Stiftung & Co. KGaA, 2007, S. 16; *Haase*, GmbHR 1997, 917, 920; *Sethe*, Die personalistische KGaA mit Börsenzugang, 1996, S. 108 ff; *Wieneke/Fett*, in: Schütz/Bürgers/Riotte, Die KGaA, 2004, § 10 Rn. 18. Zur Flexibilität hybrider Rechtsformen in der Konzernsteuerplanung vgl. *Breuninger/Prinz*, JbFStR 2005/2006, S. 480 ff.

283 *Arnold*, Die GmbH & Co. KGaA, 2001, S. 46; *Bachmann*, in: FS K. Schmidt, 2009, S. 41, 46 ff; *Crezelius*, JbFStR 2010/2011, S. 484, 485; *Göz*, in: Schütz/Bürgers/Riotte, Die KGaA, 2004, § 2 Rn. 2; *Ladwig/Motte*, DStR 1996, 800, 805; *Philbert*, Die KGaA zwischen Personengesellschaftsrecht und Aktienrecht, 2005, S. 70 f.; *Werner*, NWB 2008, 447, 448; *Hageböke*, Das KGaA-Modell, 2008, S. 41: Für ihre Reichweite kommt es auf die gesetzliche Abgrenzung in § 278 Abs. 2 und 3 AktG an.

284 *Ladwig/Motte*, DStR 1996, 800, 805. Zu den Grenzen vgl. *Wichert*, Die Finanzen der KGaA, 1999, S. 60 ff.

285 *Hennerkes/Lorz*, DB 1997, 1388, 1389; *Göz*, in: Schütz/Bürgers/Riotte, Die KGaA, 2004, § 2 Rn. 6: Strittig ist, ob dann stattdessen ein Zustimmungserfordernis des Aufsichtsrats statuiert werden muss.

286 *Bayreuther*, JuS 1999, 651, 652.

eine vergleichsweise schnelle Anpassung der Satzung an veränderte äußere Umstände möglich[287].

5. Eingeschränkte Mitbestimmung

Einen letzten Vorteil für die Geschäftsleitung bietet zudem die nur eingeschränkte Geltung des Mitbestimmungsgesetzes[288]. Ob ein Unternehmen der Mitbestimmung unterliegt, richtet sich zum einen nach dessen Rechtsform und zum anderen nach der Anzahl der beschäftigten Arbeitnehmer.

Während das Mitbestimmungsergänzungsgesetz und das Montanmitbestimmungsgesetz auf die KGaA von vornherein bereits keine Anwendung finden[289], sind das Drittelbeteiligungsgesetz und das Mitbestimmungsgesetz zwar auf Unternehmen in der Rechtsform der KGaA anwendbar[290]. Allerdings entbindet § 33 Abs. 1 S. 2 MitbestG die KGaA von der Verpflichtung, einen Arbeitsdirektor als gleichberechtigtes Mitglied des zur gesetzlichen Vertretung des Unternehmens befugten Organs zu bestellen. Hinzu kommt, dass die Regelungen über die Mitbestimmung auch beim Vorhandensein eines mitbestimmten Aufsichtsrats quasi ins Leere laufen[291], weil dem Aufsichtsrat der KGaA nur die dargestellte schwache Position zukommt[292]. Insbesondere wegen der fehlenden Personalkompetenz des Aufsichtsrats[293] fehlt es letztlich an einem ernstzunehmenden Einfluss auf die Geschäftsführung. Diese mitbestimmungsrechtlichen Privilegierungen beruhen auf der grundsätzlichen Entscheidung des Gesetzgebers, Rechtsformen, die die persönliche Haftung einzelner oder aller Gesellschafter vorsehen, weitestgehend mitbestimmungsfrei zu belassen[294].

---

287 *Renz*, Die Besteuerung der GmbH & Co. KGaA, 2006, S. 67; *Haase*, GmbHR 1997, 917, 920; *Hartel*, DB 1992, 2329, 2330.

288 *Bayreuther*, JuS 1999, 651, 655; *Haase*, GmbHR 1997, 917, 921; *Motte/Schlawien*, Die GmbH & Co. KGaA, 2001, 36; *Philbert*, Die KGaA zwischen Personengesellschaftsrecht und Aktienrecht, 2005, S. 67; *Schaumburg/Schulte*, Die KGaA, 2000, Rn. 212; *Sethe*, Die personalistische KGaA mit Börsenzugang, 1996, S. 105.

289 *Göz*, in: Schütz/Bürgers/Riotte, Die KGaA, 2004, § 2 Rn. 5; *Herfs*, in: MHb-GesR[4], 2015, § 79 Rn. 69; *Nagel/Wittkowski*, Die KGaA, 2012, § 2 Rn. 205. Nach *Sethe*, Die personalistische KGaA mit Börsenzugang, 1996, S. 107 war die Ursache hierfür, dass sich kein Unternehmen des Montanbereichs der Rechtsform der KGaA bediente.

290 *Hecht*, in: Schütz/Bürgers/Riotte, Die KGaA, 2004, § 5 Rn. 511 ff.

291 *Arnold*, Die GmbH & Co. KGaA, 2001, S. 2, 7; *Binz/Sorg*, BB 1988, 2041, 2043; *Grafmüller*, Geeignete Rechtsform für börsenwillige Familienunternehmen, 1994, S. 191 ff.; *Hölzl*, Die Besteuerung der KGaA, 2003, S. 19; *Schaumburg*, DStZ 1998, 525, 532.

292 Siehe hierzu § 4 IV 3.

293 *Göz*, in: Schütz/Bürgers/Riotte, Die KGaA, 2004, § 2 Rn. 5.

294 *Philbert*, Die KGaA zwischen Personengesellschaftsrecht und Aktienrecht, 2005, S. 67; *Raiser/Veil*, MitbestG[5], 2009, § 31 Rn. 43; *Sethe*, Die personalistische KGaA mit Börsenzugang, 1996, S. 105; *Werner*, NWB 2008, 447, 451. Nach *Hennerkes/May*,

II. Nachteile der Rechtsform der KGaA

Auf der anderen Seite haften der Rechtsform der KGaA aber auch einige entscheidende Nachteile gegenüber anderen Gesellschaftsformen an:

1. Persönliche Haftung

Der augenscheinlichste Nachteil der Rechtsform der (personalistischen[295]) KGaA ist für den Komplementär die unmittelbare, persönliche und unbeschränkte Haftung (§ 278 Abs. 1 AktG)[296]. Der Komplementär geht mit der Beteiligung an einer KGaA ein erhebliches wirtschaftliches Risiko auch für sein Privatvermögen ein. Dieses ist nicht ohne Weiteres mit der Haftung des Personengesellschafters vergleichbar. Da die Wahl der Rechtsform einer KGaA regelmäßig mit einem höheren Finanzbedarf einhergeht als die Gründung einer Personengesellschaft (zum durchschnittlich besonders hohen Umsatz und Grundkapital der KGaA vgl. bereits § 3 II), vervielfacht sich spiegelbildlich auch das mit Geschäften in dieser Größenordnung verbundene unternehmerische Risiko[297]. Dieses hohe wirtschaftliche Risiko wird angesichts der heutigen schnelllebigen Wirtschaft als immer weniger zumutbar empfunden[298].

2. Kursabschlag

An der Börse soll die KGaA für Aktionäre etwas weniger attraktiv sein als die AG; sie soll insgesamt ein geringeres Ansehen genießen[299]. Deshalb geht ein Teil der Literatur davon aus, dass es in der Praxis regelmäßig – wie bei allen Beteiligungstiteln, die kein oder nur ein abgeschwächtes Mitwirkungsrecht gewähren[300] – zu einem

---

BB 1988, 2393, 2399 ist diese Privilegierung eher Ausfluss der personalisierten Führungsstruktur der KGaA.

295 Zur Haftungsbeschränkung in der kapitalistischen KGaA vgl. § 5 III 1.

296 Ausführlich *Sethe*, Die personalistische KGaA mit Börsenzugang, 1996, S. 211 ff; ebenso: *Arnold*, Die GmbH & Co. KGaA, 2001, S. 3; *Claussen*, GmbHR 1996, 73, 76; *Motte/Schlawien*, Die GmbH & Co. KGaA, 2001, 37; *Otte*, Die AG & Co. KGaA, 2011, S. 42; *Binz/Sorg*, DB 1997, 313 sehen an dieser Stelle das „entscheidende Handicap".

297 *Flämig*, in: FS Peltzer, 2001, S. 99, 101 geht davon aus, dass entsprechende Sorge wegen der Versicherbarkeit von unternehmerischen Schadensfällen unbegründet ist.

298 *Binz/Sorg*, BB 1988, 2041, 2043; *Haase*, GmbHR 1997, 917, 921; *Hennerkes/May*, BB 1988, 2393, 2395.

299 *Wieneke/Fett*, in: Schütz/Bürgers/Riotte, Die KGaA, 2004, § 10 Rn. 27; zweifelnd: *Renz*, Die Besteuerung der GmbH & Co. KGaA, 2006, S. 71 und *Ladwig/Motte*, DStR 1996, 842, 846, die davon ausgehen, dass der entsprechende Bewertungsabschlag durch die positive Signalwirkung der persönlichen Haftung der Komplementäre kompensiert werden kann. **A.A.** *Meyer*, GmbHR 2002, 177, 187: Nachteile am Kapitalmarkt sind nicht ersichtlich.

300 *Hennerkes/May*, BB 1988, 2393, 2401.

Kursabschlag beim Börsengang kommt[301]. Dies gilt insbesondere, wenn den Kommanditaktionären im Verhältnis zum Komplementär satzungsbedingt eine (noch) schwächere Stellung zukommt, als es das Gesetz vorsieht[302].

3. Stimmrechtsverbot

Zwar ist das Stimmrechtsverbot des Komplementärs in der Hauptversammlung, insbesondere bei der Bestellung des Aufsichtsrats (vgl. hierzu § 4 IV 2), ein Nachteil für den Komplementär[303]. Angesichts der eingeschränkten Funktion und Handlungsfähigkeit des Aufsichtsrats (sh. § 4 IV 3) kann die fehlende Kontrolle über dessen personelle Besetzung[304] aber wohl als verschmerzbar bezeichnet werden kann.

4. Rechtsunsicherheiten

Viel schwerer wirken hingegen die komplizierten[305] gesetzlichen Regelungen im Zivil- und Steuerrecht[306] und die verschachtelte Binnenstruktur[307] der KGaA, die zu

---

301 *Flick/Schulte*, FAZ v. 20.12.2005, S. 25; *Schaumburg/Schulte*, Die KGaA, 2000, Rn. 214; *Weber*, GmbHR 2013, 631, 634. Nach *Hennerkes/Lorz*, DB 1997, 1388, 1394 und *Otte*, Die AG & Co. KGaA, 2011, S. 51 verbieten sich derart pauschale bzw. typisierende Aussagen, da der Börsenkurs eines Unternehmens von vielen unterschiedlichen Faktoren abhängt. *Claussen*, in: FS Heinsius, 1991, S. 61, 65 Note 13 und S. 75 sieht eine solcher Vermutung als praktisch nicht belegbar an. *Hartel*, DB 1992, 2329 geht davon aus, dass Aktienkäufer und Banken keinen Unterschied zwischen AG und KGaA machten.

302 Nach *Claussen*, in: FS Heinsius, 1991, S. 61, 71, 75 senkt jede Sonderform der KGaA den Emissionspreis; dies gelte insbesondere für KGaAs mit juristischer Person als Komplementär. Unter Geltung des § 18 Nr. 3 BörsZulV a.F. mussten solche „aktionärsfeindlichen Satzungen" im Börsenprospekt zur Kenntnis gebracht werden. *Hommelhoff*, ZHR Beih. Bd. 67, 1998, S. 9, 10 f; *Schaumburg*, DStZ 1998, 525, 532. Zum Börsenzulassungsprospekt der KGaA vgl. insgesamt *Wieneke/Fett*, in: Schütz/Bürgers/Riotte, Die KGaA, 2004, § 10 Rn. 67 ff. Nach *Hennerkes/May*, BB 1988, 2393, 2401 habe der Anleger nur einen Anspruch, darüber unterrichtet zu werden, wie seine Mitwirkungsrechte ausgestaltet seien – entscheiden, ob er die Aktie kauft, müsse er hingegen selbst.

303 *Fischer*, DStR 1997, 1519, 1521.

304 *Göz*, in: Schütz/Bürgers/Riotte, Die KGaA, 2004, § 2 Rn. 4, 10.

305 *Bergheim/Traub*, DStR 1993, 1260, 1263; *Schaumburg/Schulte*, Die KGaA, 2000, Rn. 213; *Wichert*, Die Finanzen der KGaA, 1999, S. 38. *Bauschatz*, DStZ 2007, 39 sieht in der Komplexität der KGaA den Hauptgrund für ihre nur geringe Verbreitung; **a.A.** *Fett*, INF 2005, 872, 873. Nach *Claussen*, in: FS Heinsius, 1991, S. 61, 62 liegt die nur geringe Verbreitung ganz generell am bestehenden Bekanntheits- und Vertrauensdefizit.

306 *Prinz*, FR 2010, 736, 738, 739 geht auch für Personengesellschaften davon aus, dass ein geschlossenes, widerspruchsfreies und zeitlich stabiles Besteuerungskonzept nicht besteht, wenngleich er es im Ergebnis für „beherrschbar" hält.

307 *Schaumburg/Schulte*, Die KGaA, 2000, Rn. 213.

Rechtsunsicherheiten[308] und damit zu einem erheblichen Beratungs- und Verwaltungsaufwand[309] führen. Insgesamt gilt die KGaA als unübersichtlich und in der Praxis schwer durchführbar[310]. Da insbesondere das steuerrechtliche Verhältnis zwischen Komplementär und KGaA viele Fragen aufwirft, sind häufig verbindliche Auskünfte von Nöten[311]. Selbst die ausführlichste Beratung ist aber nicht in der Lage, alle Besteuerungsrestrisiken auszuschließen[312]. Durch den intensiven Beratungsbedarf, die erforderlichen Auskünfte und das verbleibende Restrisiko entstehen wiederum finanzielle Mehrbelastungen, die durch die Vorteile der Rechtsform ausgeglichen werden müssen.

5. Ein-Ebenen-Besteuerung des Komplementärs

Nachteilig ist zudem die Tatsache, dass die (wie auch immer ausgestalteten[313]) Gewinnanteile des Komplementärs aufgrund des Zusammenspiels von § 9 Abs. 1 Nr. 1 KStG und § 15 Abs. 1 S. 1 Nr. 3 EStG unmittelbar im Jahr der Gewinnerzielung vollständig mit maximal 45% (einkommens-) versteuert werden[314], und zwar unabhängig davon, ob diese Gewinne thesauriert werden[315]. Eine vergleichbare Kapitalgesellschaft wäre im Falle der Vollthesaurierung nur einer Steuerbelastung von 15% Körperschaftsteuer und typisiert 14% Gewerbesteuer[316] ausgesetzt. Die Bildung von Komplementärkapital

---

308 *Perlitt*, in: MK-AktG[4], 2015, vor § 278 Rn. 66; *Hageböke*, Das KGaA-Modell, 2008, S. 4; *Krämer*, in: D/P/M, KStG, § 9 Rn. 18 (09/2012); *Riotte/Dümichen/Engel*, in: Schütz/Bürgers/Riotte, Die KGaA, 2004, § 9 Rn. 6; *Wassermeyer*, in: FS Streck, 2011, S. 259, 260. *Bachmann*, in: FS K. Schmidt, 2009, S. 41, 42 sieht hierin den größten „Hemmschuh" für die Wahl der KGaA; ähnlich *Mertens*, in: FS Barz, 1974, S. 253, 255. Zur Problematik im Steuerrecht noch ausführlich Dritter und Vierter Teil.

309 *Kessler*, in: FS Korn, 2005, S. 307, 310; *Otte*, Die AG & Co. KGaA, 2011, S. 51 f; *Renz*, Die Besteuerung der GmbH & Co. KGaA, 2006, S. 70; *Werner*, NWB 2008, 447, 448.

310 *Drüen/van Heek*, DStR 2012, 541, 543; *Ladwig/Motte*, DStR 1996, 800, 807; *Philbert*, Die KGaA zwischen Personengesellschaftsrecht und Aktienrecht, 2005, S. 27.

311 *Göz*, in: Schütz/Bürgers/Riotte, Die KGaA, 2004, § 2 Rn. 20.

312 *Ernst&Young*, DB 2014, 147. *Siebold/Wichert*, SpuRt 1998, 138, 142 gehen für das Zivilrecht indes davon aus, dass die KGaA „sicher kompliziert", aber für die „Kautelarpraxis ohne weiteres [zu] bewältigen" sei.

313 Vgl. hierzu Dritter und Vierter Teil.

314 Ist der Komplementär eine Kapitalgesellschaft, so findet die unmittelbare Einkommenszurechnung nur zu dieser statt. Da sie selbst wiederum einer Zwei-Ebenen-Besteuerung unterliegt, lässt sich dieser Nachteil durch entsprechende Gestaltung vermeiden.

315 Dies kann durch einen Antrag auf Thesaurierungsbegünstigung nach § 34a EStG abgefangen werden, vgl. hierzu für die Praxis BMF v. 11.8.2008 – IV C 6 – S 2290 –a/07/10001, BStBl. I 2008, 838 Rn. 2 und später ausführlich unter § 16 III. Die Gewerbesteuer fällt aufgrund der typisierten Anrechnung des § 35 EStG regelmäßig nicht erheblich ins Gewicht.

316 Steuermesszahl nach § 11 Abs. 2 GewStG: 3,5; Hebesatz nach § 16 GewStG: 400%. Zwar ist die Höhe der Körperschaftsteuer nicht von der Thesaurierung des Gewinns abhängig, vgl. *Drüen/Grundmann*, StStud 2005, 334, 337. Die endgültige

ist somit bei hoher Thesaurierungsneigung nachteilig gegenüber klassischen Kapitalgesellschaften[317], wenn der persönliche Durchschnittssteuersatz des Gesellschafters über der Thesaurierungsbelastung einer Kapitalgesellschaft liegt. Da der Gesellschafter bereits eine Steuerlast für einen Gewinnanteil zu tragen hat, der ihm ggf. noch nicht zugeflossen ist, kann dies zu Liquiditätsengpässen führen.

Dieser Nachteil verkehrt sich freilich in einen Vorteil, wenn die KGaA Verluste macht; denn dann sind die Verluste für den Komplementär anteilig nutzbar, während Anteilseigner einer Kapitalgesellschaft an diesen durch das Trennungsprinzip nicht partizipieren würden. Dasselbe gilt, wenn der durchschnittliche persönliche Steuersatz des Gesellschafters unter der Thesaurierungsbelastung einer klassischen Kapitalgesellschaft liegt. Insgesamt lässt sich wohl nur festhalten, dass die KGaA jedenfalls kein steuerlich privilegiertes Unternehmen ist[318]; alles Weitere ist eine Frage des Einzelfalls und nicht generalisierungsfähig[319].

6. Qualifikationskonflikte im internationalen Bereich

Hinzu kommt, dass nicht alle Rechtsordnungen eine mit der KGaA vergleichbare Rechtsform kennen. Insbesondere im anglo-amerikanischen Rechtsraum ist die KGaA weitgehend unbekannt; andere Rechtsordnungen kennen hingegen entsprechende Rechtsformen, ordnen sie aber steuerrechtlich anders ein[320]. Somit sind auf DBA-Ebene Qualifikationskonflikte nahezu unvermeidbar. Dies erfordert beratungsintensive und zeitraubende Verständigungsverfahren[321]. NAGEL/WITTKOWSKI sehen in diesen Qualifikationskonflikten aber auch Potenzial für steuerrechtliche Gestaltungen[322].

Ertragsteuerbelastung des von der Körperschaft erzielten Gewinns muss aber auch die Steuerlast des Gesellschafters einbeziehen. Diese fällt nur bei Ausschüttung an.

317 Der Nachteil entfällt bei größerer Ausschüttungsneigung, vgl. *Kusterer*, EStB 2001, 200; *Kusterer/Rupp*, EStB 2003, 397, 398. Ein differenzierter Steuerbelastungsvergleich findet sich bei *Jacobs*, DStR 2001, 801 ff., allerdings unter Berücksichtigung des seinerzeitigen KSt-Satzes von 25%.

318 **A.A.** offenbar *Flick/Schulte*, FAZ v. 20.12.2005, S. 25, wonach „KGaA“ für „Kein Geld ans Amt“ stehen soll.

319 *Claussen*, in: FS Heinsius, 1991, S. 61, 75.

320 So ist beispielsweise die polnische KGaA (spóka komandytowo-akcyjna) nach polnischem Recht eine Personengesellschaft, nach dem deutschen Rechtstypenvergleich (hierzu noch unter § 12 I) aber eine Kapitalgesellschaft. Nahezu spiegelbildlich ergeben sich dort ähnliche Probleme – allerdings bei der Besteuerung der Aktionäre, vgl. *Kopec/Nagel*, IStR 2013, 945, 948. Der EuGH hat mit Urteil vom 22.4.2015 – C-357/13, StE 2015, 274 entschieden, dass die polnische KGaA trotz ihrer nationalen Einordnung als Personengesellschaft eine Kapitalgesellschaft im Sinne der Richtlinie 2008/7/EG ist.

321 *Bödefeld*, in: FS Rädler, 1999, S. 33, 34; *Riotte/Dümichen/Engel*, in: Schütz/Bürgers/Riotte, Die KGaA, 2004, § 9 Rn. 222; *Schaumburg*, DStZ 1998, 525, 539; *Schaumburg/Schulte*, Die KGaA, 2000, Rn. 184.

322 *Nagel/Wittkowski*, Die KGaA, 2012, § 4 Rn. 206.

III. Die kapitalistische KGaA als Optimallösung?

1. Ausschluss der persönlichen Haftung

Die kapitalistische KGaA, also eine KGaA bei der eine Kapitalgesellschaft oder Kapitalgesellschaft & Co. KG einziger Komplementär ist, könnte insoweit als Optimallösung gesehen werden, als sie den Hauptnachteil der personalistischen KGaA, nämlich die persönliche, unmittelbare und unbeschränkte Haftung des Komplementärs einfach und effektiv beseitigt[323]. Zwar haftet auch eine Kapitalgesellschaft als Komplementär unbeschränkt im Sinne des § 278 Abs. 1 AktG. Da ihr Vermögen aber wiederrum beschränkt und von den hinter der Gesellschaft stehenden natürlichen Personen abgetrennt ist, wird das unternehmerische Risiko kalkulierbar. Eine Haftung natürlicher Personen auch mit deren Privatvermögen lässt sich mithin umgehen.

2. Überlagerung der Selbstorganschaft

Nach dem personengesellschaftsrechtlichen Grundsatz der Selbstorganschaft[324] sind die Gesellschafter selbst zur Geschäftsführung und Vertretung berechtigt und verpflichtet. Zumindest ein Komplementär muss geschäftsführungs- und vertretungsbefugt sein; ein Ausschluss der Selbstorganschaft durch die Satzung ist nicht möglich[325].

Gelangt bei der kapitalistischen KGaA eine juristische Person in die Funktion des einzigen geschäftsführungs- und vertretungsberechtigten Komplementärs, so kann diese naturgemäß nicht selbst Leitungsaufgaben übernehmen. Stattdessen handelt sie über ihre Organe. Da der Grundsatz der Selbstorganschaft der Kapitalgesellschaft (mit Ausnahme freilich der KGaA) jedoch fremd ist, kann diese fachlich geeignete, qualifizierte Angestellte als Geschäftsführer einsetzen, die auch die Geschäftsführung der KGaA übernehmen[326]. Auf diese Weise ist es im Rahmen der kapitalistischen KGaA möglich, kapitalgesellschaftsrechtliche Fremdgeschäftsführung mit dem personengesellschaftsrechtlichen Grundsatz der Selbstorganschaft zu vereinbaren[327].

---

323 *Arnold*, Die GmbH & Co. KGaA, 2001, S. 3; *Claussen*, in: FS Heinsius, 1991, S. 61, 69; *Drüen*, in: HHR, EStG/KStG, § 9 KStG Rn. 21 (12/2011); *Göz*, in: Schütz/Bürgers/Riotte, Die KGaA, 2004, § 2 Rn. 2; *Haase*, GmbHR 1997, 917, 921; *Hennerkes/Lorz*, DB 1997, 1388, 1389; *Hennerkes/May*, BB 1988, 2393, 2398; *Kessler*, in: FS Korn, 2005, S. 307, 312; *Motte/Schlawien*, Die GmbH & Co. KGaA, 2001, 12, 41; *Schaumburg/Schulte*, Die KGaA, 2000, Rn. 212.

324 *K. Schmidt*, in: Schmidt/Lutter, AktG^3, 2015, § 278 Rn. 7.

325 *Nagel/Wittkowski*, Die KGaA, 2012, § 2 Rn. 52.

326 *Hennerkes/May*, BB 1988, 2393, 2398; *Hesselmann*, BB 1989, 2344, 2346; *Kußmaul*, wisu 1990, 492, 493; *Motte/Schlawien*, Die GmbH & Co. KGaA, 2001, 40.

327 *Nagel/Wittkowski*, Die KGaA, 2012, § 1 Rn. 15; *Perlitt*, in: MK-AktG^4, 2015, vor § 278 Rn. 3.

3. Generationenüberdauernde Struktur

Ein weiterer entscheidender Vorteil ist auch die Schaffung einer den Generationenwechsel in der Unternehmerfamilie überdauernden Struktur[328]. Durch die Kapitalgesellschaft & Co. KGaA wird die Gesellschaft vom Bestand der Unternehmerperson unabhängig[329], weil ansonsten der Wegfall des letzten Komplementärs zur Auflösung der KGaA führen würde[330]. Durch den Einsatz einer „unsterblichen" Komplementär-GmbH[331] wird ein solches Risiko ausgeschlossen. Zudem wird gleichermaßen die verfrühte erbrechtliche Übergabe an möglicherweise unmündige oder unerfahrene Erben vermieden[332].

4. Nachteil: Statuarische Restriktionen

Im Urteil des BGH zur Zulassung der kapitalistischen KGaA aus dem Jahre 1997[333] findet sich in einem *obiter dictum* die Erwägung, „Satzungsgestaltungen zu Lasten der Kommanditaktionäre [bei der Kapitalgesellschaft & Co. KGaA] nur in engeren Grenzen zuzulassen als bei der gesetzestypischen KGaA". Diese abstrakte Formulierung war Ausgangspunkt einer literarischen Diskussion um weitgehende

328 *Ammenwerth*, Die KGaA, 1997, S. 114; *Arnold*, Die GmbH & Co. KGaA, 2001, S. 7; *Bayreuther*, JuS 1999, 651. 653; *Claussen*, in: FS Heinsius, 1991, S. 61, 69; *Drüen*, in: HHR, EStG/KStG, § 9 KStG Rn. 21 (12/2011); *Fischer*, DStR 1997, 1519, 1522; *Hennerkes/Lorz*, DB 1997, 1388, 1393; *Ladwig/Motte*, DStR 1996, 842.

329 *Drüen/van Heek*, DStR 2012, 541, 543; *Motte/Schlawien*, Die GmbH & Co. KGaA, 2001, 40; *Nagel/Wittkowski*, Die KGaA, 2012, § 1 Rn. 29; *Rose/Glorius-Rose*, Unternehmen[3], 2001, S. 97; *Renz*, Die Besteuerung der GmbH & Co. KGaA, 2006, S. 63; *Schaumburg/Schulte*, Die KGaA, 2010, Rn. 44.

330 *Arnold*, Die GmbH & Co. KGaA, 2001, S. 3; *Bödefeld*, in: FS Rädler, 1999, S. 33, 46; *Kessler*, NZG 2005, 145, 146; *K. Schmidt*, in: Schmidt/Lutter, AktG[3], 2015, § 289, 15, 25; *Hennerkes*, StBJb 1988/89, 303, 311; *Otte*, Die AG & Co. KGaA, 2011, S. 45; *Renz*, Die Besteuerung der GmbH & Co. KGaA, 2006, S. 63. Zu den Nachteilen vor der Zulassung der KapGes & Co. KGaA vgl. *Sethe*, Die personalistische KGaA mit Börsenzugang, 1996, S. 251. Nach *Bunnemann*, Das Ausscheiden des letzten Komplementärs, 2008, S. 47 f, 54 ff kommt es nicht zur Auflösung, sondern zur automatischen Umwandlung in eine AG. Nach *Haase*, GmbHR 1997, 917, 922 hängt die Frage, ob das Ausscheiden des letzten Komplementärs zur Auflösung oder zur Umwandlung in eine AG führt, von der Satzung ab.

331 *Hennerkes/May*, BB 1988, 2393, 2398.

332 *Bayreuther*, JuS 1999, 651, 653; *Sauter*, Die Gewinnverwendung in der kapitalistischen KGaA, 2008, S. 26.

333 BGH v. 24.2.1997 – II ZB 11/96, BGHZ 134, 392, 399. Mit denselben Worten zuvor *Priester*, ZHR 160 (1996), 250, 262.

statuarische Restriktionen[334], Anlegerinformationen[335] und Analogien, um die Aktionäre vor der Aushöhlung ihrer Position in der kapitalistischen KGaA zu schützen[336]. So sollen sich etwa die Inkompatibilitätsbestimmung in § 287 Abs. 3 AktG[337], der Stimmrechtsausschluss in § 285 Abs. 1 S. 2 AktG und das Wettbewerbsverbot nach § 284 AktG auch auf die Geschäftsführer und Gesellschafter der Komplementär-Kapitalgesellschaft erstrecken[338]. Die Reichweite dieser Einschränkungen ist aber bis heute völlig unklar[339]; sie sind somit einer zukünftigen Inhaltskontrolle der Gerichte ausgesetzt, was für den Unternehmer, der aus einer *ex ante*-Perspektive handeln muss, ein schwer kalkulierbares Risiko darstellt[340]. Jedenfalls der analogen Anwendung engerer Regelungen des Mitbestimmungsgesetzes auf die kapitalistische KGaA hat der BGH eine Absage erteilt. Es sei, so der BGH, allein Sache des Gesetzgebers, entsprechende Regelungen zu statuieren. Einstweilen gelten die Mitbestimmungsprivilegien somit uneingeschränkt auch für die kapitalistische KGaA[341].

---

334 Gegen eine Einschränkung der Satzungsautonomie sh. *Halasz/Kloster/Kloster*, GmbHR 2002, 77, 80 ff.

335 Zu Anlegerinformationen und Eigenschutz der Kommanditaktionäre vgl. *Hommelhoff*, ZHR Beih. Bd. 67, 1998, S. 10 ff. Zum Anlegerschutz vgl. auch *Friedrich*, Anlegerschutz in der GmbH & Co. KGaA, 2007, S. 131 ff.

336 *Bayreuther*, JuS 1999, 651, 655 f.; *Schaumburg*, DStZ 1998, 525, 531 f.; *Schütz/Reger*, in: Schütz/Bürgers/Riotte, Die KGaA, 2004, § 5 Rn. 98 ff. Zur Notwendigkeit einer Inhaltskontrolle zum Schutz der Aktionäre und zu einzelnen Restriktionen vgl. *Arnold*, Die GmbH & Co. KGaA, 2001, S. 60 ff; *Ihrig/Schlitt*, ZHR Beih. Bd. 67, 1998, S. 33, 64 ff. Zur Inhaltskontrolle ausführlich *Otte*, Die AG & Co. KGaA, 2011, S. 120 ff.

337 Vgl. hierzu ausführlich *Friedrich*, Anlegerschutz in der GmbH & Co. KGaA, 2007, S. 218 ff.

338 *Göz*, in: Schütz/Bürgers/Riotte, Die KGaA, 2004, § 2 Rn. 4, 10; *Halasz/Kloster/Kloster*, GmbHR 2002, 77, 84 f. Zur Reichweite der einzelnen Bestimmungen *Ihrig/Schlitt*, ZHR Beih. Bd. 67, 1998, S. 33, 43 ff. Der BGH hat mit Urteil v. 5.12.2005 – II ZR 291/03, BGHZ 165, 192 ff. entschieden, dass § 287 Abs. 3 AktG analog allenfalls auf Geschäftsführer sowie maßgeblich an der Komplementär-GmbH beteiligte Gesellschafter anwendbar ist; ein Anteil von 14,4% soll hierzu nicht ausreichen.

339 *Flick/Schulte*, FAZ v. 20.12.2005, S. 25; *Otte*, Die AG & Co. KGaA, 2011, S. 49; *Schaumburg/Schulte*, Die KGaA, 2000, Rn. 213; *Werner*, NWB 2008, 447, 451. Zu einer differenzierten Betrachtung vgl. *Nagel/Wittkowski*, Die KGaA, 2012, § 1 Rn. 20. Grundlegend zum Anlegerschutz in der kapitalistischen KGaA: *Kölling*, Kapitalistische KGaA, 2005, S. 82 ff., 200 ff.

340 Zumindest hinsichtlich aller mitbestimmungsrechtlichen Privilegierungen geht *Goette*, DStR 1997, 1012, 1015 davon aus, dass es allein Aufgabe des Gesetzgebers sei, seine früher getroffenen Entscheidungen zu überprüfen und ggf. zu ändern.

341 BGH v. 24.2.1997 – II ZB 11/96, BGHZ 134, 392; vgl. auch *Philbert*, Die KGaA zwischen Personengesellschaftsrecht und Aktienrecht, 2005, S. 68; *Schaumburg*, DStZ 1998, 525, 533; ebenso *Hennerkes/May*, BB 1988, 2393, 2399; *Otte*, Die AG & Co. KGaA, 2011, S. 74 ff, 88; *Hecht*, in: Schütz/Bürgers/Riotte, Die KGaA, 2004, § 5 Rn. 529, 538. **A.A.** *Rose/Glorius-Rose*, Unternehmen^3, 2001, S. 97; *Raiser/Veil*, Mit-

IV. Zwischenergebnis

Es bedarf einer genauen Abwägung im Einzelfall, ob sich der Schritt in die KGaA für ein Unternehmen lohnt. Aufgrund vieler unbestreitbarer Vorteile[342] erscheint die KGaA besonders für Familienunternehmen[343], Konzerntöchter[344] oder für sonstige Unternehmen, in denen eine Unternehmerpersönlichkeit und ein hoher Kapitalbedarf zusammenkommen[345], als ideale Rechtsform[346]; zumal die Satzung eine individuelle Anpassung ermöglicht und das Risiko der persönlichen Haftung durch die kapitalistische KGaA umgangen werden kann.

Gerade die kapitalistische KGaA erscheint damit *prima vista* als interessante Rechtsform[347], um ohne übersteigertes Haftungsrisiko und ohne Verlust der unternehmerischen Freiheit die Eigenkapitalbasis mittelständischer Unternehmen zu verstärken[348]. Hartel[349] geht davon aus, dass auch die Aktionäre letztlich Profiteure einer kapitalistischen KGaA sind; denn eine „kapitalmäßig vernünftig ausgestattete" Kapitalgesellschaft bringe dem Aktionär letztlich mehr Sicherheit, als eine natürliche Person, die das Bestehen der ganzen Gesellschaft von ihrem „persönlichen Schicksal" abhängig mache. Ebenso geht Hesselmann[350] davon aus, dass es im Interesse der Kommanditaktionäre sei, im Nachfolgefall nicht mit einer in wirtschaftlichen Dingen unerfahrenen natürlichen Person als Komplementär konfrontiert zu werden.

---

bestG[5], 2009, § 31 Rn. 44 f.; *Steindorff*, in: FS Ballerstedt, 1975, S. 127, 137 f.: „Nichts spricht dafür, diesen Vorzug auch auf Komplementärgesellschaften zu erstrecken".

342 *Bachmann*, in: FS K. Schmidt, 2009, S. 41, 42.

343 Allen voran *Hennerkes*, StBJb. 1988/1989, S. 303 ff.; *Grafmüller*, Geeignete Rechtsform für börsenwillige Familienunternehmen, 1994 mit Ausführungen zu Bedeutung, unternehmenspolitischen Leitlinien und Problembereichen bei Familienunternehmen und empirischer Untersuchung. Vgl. auch *Arnold*, Die GmbH & Co. KGaA, 2001, S. 4 ff; *Bayreuther*, JuS 1999, 651, 652, 654; *Biagosch*, NWB 1996, 1073, 1074 (Fach 18, 3453, 3454); *Bödefeld*, in: FS Rädler, 1999, S. 33, 36; *Claussen*, in: FS Heinsius, 1991, S. 61, 77; *E&Y*, Tax&Law Magazine 01/2014, 24; *Flämig*, in: FS Peltzer, 2001, S. 99, 100; *Haase*, GmbHR 1997, 917, 919, 923; *Hennerkes/Lorz*, DB 1997, 1388; *Hesselmann*, BB 1989, 2344, 2346; *Ihrig/Schlitt*, ZHR Beih. Bd. 67, 1998, S. 33, 38; *Ladwig/Motte*, DStR 1996, 800, 806; *Nagel/Wittkowski*, Die KGaA, 2012, § 1 Rn. 28; *Niederlag*, Juristische Person als persönlich haftender Gesellschafter, 1973, S. 144; *Perlitt*, in: MK-AktG[4], 2015, vor § 278 Rn. 2; *Raiser/Veil*, Recht der Kapitalgesellschaften[6], 2015, § 28 Rn. 4; *Sethe*, Die personalistische KGaA mit Börsenzugang, 1996, S. 198.

344 *Fett*, INF 2005, 872, 873 f.

345 *Raiser/Veil*, Recht der Kapitalgesellschaften[6], 2015, § 28 Rn. 4.

346 *Flämig*, in: FS Peltzer, 2001, S. 99, 106.

347 *K. Schmidt*, in: Aktienrecht im Wandel II, 2007, S. 1188, 1206 sieht einen Trend zur kapitalistischen KGaA, der sich vom gesetzlichen Leitbild abgewendet hat.

348 *Goette*, DStR 1997, 1012, 1015.

349 *Hartel*, DB 1992, 2329, 2331.

350 *Hesselmann*, BB 1989, 2344, 2346; ebenso *Hennerkes/Lorz*, DB 1997, 1388, 1393.

Angesichts der erheblichen Rechtsunsicherheiten und dem hiermit verbundenen Beratungsaufwand lohnt sich die Gründung einer KGaA aber regelmäßig erst ab einer gewissen Unternehmensgröße[351]. Die optimistische Prognose, in naher Zukunft sei für die KGaA Rechtssicherheit zu erwarten, weil das Schrifttum sich vermehrt zu den rechtlichen Rahmenbedingungen äußere[352], darf angesichts der schon seit Jahrzehnten anhaltenden, lebhaften Diskussion zumindest angezweifelt werden.

351 Nach *Meyer*, GmbHR 2002, 177, 187 ist die KGaA am ehesten eine Rechtsform für Großunternehmen.

352 *Fett*, in: Schütz/Bürgers/Riotte, Die KGaA, 2004, § 1 Rn. 13.

Zweiter Teil

Die Besteuerung der KGaA und ihrer Aktionäre – die kapitalistische Sphäre der KGaA

§ 6 Die KGaA als eigenständiges Steuersubjekt

I. Die KGaA als Körperschaftsteuersubjekt

Nach dem Trennungsprinzip ist bei der Besteuerung von Kapitalgesellschaften – und somit zunächst auch bei der Besteuerung der KGaA – im Grundsatz[353] strikt zwischen der Besteuerungsebene der Gesellschaft und der Besteuerungsebene der Gesellschafter zu trennen[354]. Gesellschafter und Gesellschaft stehen sich wie fremde Dritte mit völlig getrennten Vermögenssphären gegenüber[355].

Die KGaA ist nach § 1 Abs. 1 Nr. 1, Abs. 2 KStG mit sämtlichen Einkünften unbeschränkt körperschaftsteuerpflichtig[356], wenn sie ihre Geschäftsleitung oder ihren Sitz (§§ 10, 11 AO) im Inland hat[357]. Sie ist somit eigenständiges Körperschaftsteuersubjekt und erzielt nach § 8 Abs. 2 KStG stets Einkünfte aus Gewerbebetrieb. Die Körperschaftsteuer der KGaA bemisst sich nach dem zu versteuernden Einkommen (§ 7 Abs. 1 KStG), welches nach den Vorschriften des EStG und des KStG zu ermitteln ist (§ 7 Abs. 2, § 8 Abs. 1 KStG). Nach § 23 Abs. 1 KStG beträgt der Steuersatz proportional 15% des zu versteuernden Einkommens.

Als Formkaufmann[358] (§ 6 HGB) ist die KGaA zur Aufstellung eines Jahresabschlusses unter Beachtung der §§ 238–263, 264–289a HGB verpflichtet[359]. Die KGaA ermittelt ihren Gewinn nach § 5 iVm. § 4 Abs. 1 EStG durch Betriebsvermögensvergleich; es gilt der Grundsatz der Maßgeblichkeit der Handelsbilanz[360]. Grundlage der Ermittlung des zu versteuernden Einkommens ist der Gewinn aus der Steuerbilanz

353 Eine Ausnahme findet sich etwa in § 8c KStG, wonach Verluste der Kapitalgesellschaft durch Anteilseignerwechsel untergehen können. Zur Durchbrechung des Trennungsprinzips vgl. *Hey*, in: Tipke/Lang, Steuerrecht[22], 2015, § 11 Rn. 58.

354 *Sauter*, Die Gewinnverwendung in der kapitalistischen KGaA, 2008, S. 29; *Schaumburg/Schulte*, Die KGaA, 2000, Rn. 106; *Scheffler*, Besteuerung von Unternehmen I[12], 2012, S. 218.

355 *Hey*, in: Tipke/Lang, Steuerrecht[22], 2015, § 11 Rn. 1.

356 Eine ausführliche Auflistung der historischen gesetzlichen Regelungen zur Besteuerung der KGaA findet sich bei *Bielinis*, Die Besteuerung der KGaA, 2013, S. 91 ff.

357 Fehlt es an Sitz und Geschäftsleitung im Inland, unterliegt die KGaA als beschränkt Steuerpflichtige nur mit ihren inländischen Einkünften der Körperschaftsteuer, §§ 2 Nr. 1, 8 Abs. 1 KStG iVm. §§ 49 ff. EStG. Die folgenden Darstellungen beziehen sich auf die unbeschränkt steuerpflichtige KGaA.

358 *Biagosch*, NWB 1996, 1073, 1074 (Fach 18, 3453, 3454); *K. Schmidt*, in: Schmidt/Lutter, AktG[3], 2015, § 278 Rn. 3.

359 *Renz*, Die Besteuerung der GmbH & Co. KGaA, 2006, S. 57.

360 *Frankenheim*, Die Ertrags- und Substanzbesteuerung der KGaA, 1994, S. 79; *Sauter*, Die Gewinnverwendung in der kapitalistischen KGaA, 2008, S. 31; zum rein wissenschaftlichen Streit um die monistische oder dualistische Gewinnermittlung im Handelsrecht vgl. bereits § 4 VII.

bzw. der handelsrechtliche Jahresüberschuss bzw. Jahresfehlbetrag der KGaA, welcher nach § 60 Abs. 2 EStDV iVm. § 8 Abs. 1 KStG an die steuerrechtlichen Vorschriften angepasst wird[361]. Darüber hinaus werden spezielle körperschaftsteuerrechtliche Vorschriften, wie etwa die Hinzurechnung verdeckter Gewinnausschüttungen nach § 8 Abs. 3 KStG, die Freistellung von Dividendenerträgen nach § 8b KStG, der Abzug des Gewinnanteils des Komplementärs nach § 9 Abs. 1 Nr. 1 KStG oder die Hinzurechnungen des § 10 KStG angewendet. Somit ergibt sich verkürzt das folgende Berechnungsschema zur Ermittlung des zu versteuernden Einkommens der KGaA:

Abbildung 8: Berechnung des zu versteuernden Einkommens.

	Steuerbilanzergebnis bzw. nach § 60 Abs. 2 EStDV korrigierter handelsrechtlicher Jahresüberschuss der KGaA
+	§ 8 Abs. 3 KStG: Hinzurechnungen für verdeckte Gewinnausschüttungen
+	nichtabziehbare Aufwendungen (z.B. 10 KStG)
+/-	Kürzungen/ Hinzurechnungen nach § 8b KStG
-	Gewinnanteil des Komplementärs nach § 9 Abs. 1 Nr. 1 KStG
+	Gesamtbetrag aller Zuwendungen nach § 9 Abs. 1 Nr. 2 KStG
=	**steuerlicher Gewinn**
-	abzugsfähige Zuwendungen nach § 9 Abs. 1 Nr. 2 KStG
=	**Gesamtbetrag der Einkünfte**
-	Verlustabzug nach § 10d EStG
=	**Einkommen/ zu versteuerndes Einkommen**[362]

361 Zur Anwendbarkeit des § 60 EStDV im KStG vgl. R 32 Abs. 1 Nr. 2 KStR 2004; ebenso *Schallmoser*, in HHR, EStG/KStG, § 8 KStG Rn. 17 (11/2012), kritisch hingegen noch *Balmes*, in: HHR, EStG/KStG, § 8 KStG Rn. 16 (11/2002). Die Anwendbarkeit voraussetzend vgl. FG München v. 9.10.2009 – 7 K 4012/08, n.v., rkr.; FG Köln v. 27.4.1990 – 13 K 3662/87, EFG 1990, 595; *Dinkelbach*, Ertragsteuern[6], 2015, S. 320. Zwar bezieht sich der Verweis des § 8 Abs. 1 KStG wörtlich nur auf die „Vorschriften des Einkommensteuergesetzes und dieses Gesetzes". § 60 EStDV ergänzt das EStG jedoch aufgrund der Ermächtigungsgrundlage des § 51 Abs. 1 Nr. 1 lit. a, 3. Alt. EStG nur in „unwesentlichen Einzelheiten" (zur Ergänzung des EStG durch Rechtsverordnung, vgl. *Kirchhof*, in: Kirchhof, EStG[14], 2015, § 51 Rn. 2 ff, 20). Soweit die EStDV den Einkommensbegriff, die Einkommensermittlung oder die Darstellung derselben betrifft, gehört sie zu den anwendbaren einkommensteuerrechtlichen Vorschriften.

362 Freibeträge nach §§ 24, 25 KStG kommen nicht in Betracht.

Anders als die Gewinnanteile des Komplementärs[363] mindern die Dividenden der Kommanditaktionäre das zu versteuernde Einkommen der KGaA nach § 8 Abs. 3 S. 1 KStG nicht[364].

Nach § 14 Abs. 1 S. 1 KStG kann die KGaA Organgesellschaft im Rahmen einer körperschaftsteuerlichen Organschaft sein. Liegen die weiteren Voraussetzungen vor, so ist das Einkommen der KGaA nach § 14 Abs. 1 S. 2 KStG dem Organträger zuzurechnen (vgl. noch § 9 III, § 10 III).

II. Der Betrieb der KGaA als Gewerbesteuerobjekt

Die KGaA ist nach § 2 Abs. 2 GewStG stets eigenständiges Gewerbesteuersubjekt kraft Rechtsform, soweit ihr Gewerbebetrieb im Inland betrieben wird und sie nicht aufgrund eines Organschaftsverhältnisses als bloße Betriebsstätte des Organträgers gilt (§ 2 Abs. 2 S. 2 GewStG). Die Gewerbesteuer ist eine Real- bzw. Objektsteuer[365]. Sie besteuert nicht die Person des Steuerpflichtigen, sondern die Ertragskraft eines Objektes, nämlich des stehenden Gewerbebetriebs[366]. Die Ertragskraft wird nach dem Gewerbeertrag der KGaA bemessen. Dies ist nach § 7 Abs. 1 GewStG der nach den Vorschriften des Einkommensteuergesetzes oder Körperschaftsteuergesetzes ermittelte Gewinn aus Gewerbebetrieb, vermehrt und vermindert um die Hinzurechnungen und Kürzungen der §§ 8, 9 GewStG. Verkürzt ergibt sich für die Berechnung des Gewerbeertrags der KGaA somit das Folgende:

Abbildung 9: Berechnung des Gewerbeertrags.

	Zu versteuerndes Einkommen nach § 7 Abs. 1 KStG
+	anteilige Schuldzinsen (§ 8 Nr. 1 lit. a GewStG)
+	anteilige Miet-/ Pachtzinsen (§ 8 Nr. 1 lit. d GewStG)
+	Gewinnanteil des Komplementärs (§ 8 Nr. 4 GewStG)
+	Streubesitzdividenden, soweit nach 8b EStG außer Ansatz geblieben (§ 8 Nr. 5 GewStG)
+	nach dem KStG abzugsfähige Zuwendungen (§ 8 Nr. 9 GewStG)

363 § 9 Abs. 1 Nr. 1 KStG, siehe dazu ausführlich Dritter und Vierter Teil.

364 *Sauter*, Die Gewinnverwendung in der kapitalistischen KGaA, 2008, S. 37.

365 Zum Objektsteuercharakter vgl. jüngst BFH v. 16.10.2012 – I B 128/12, BStBl. I 2013, 30; kritisch zu den verfassungsrechtlichen Aspekten *Selder*, FR 2014, 174; grundlegend: BVerfG v. 25.10.1977 – 1 BvR 15/75, BVerfGE 46, 224; *Knobbe-Keuk*, Bilanz- und Unternehmenssteuerrecht[9], 1993, § 21; vgl. auch *Montag*, in: Tipke/Lang, Steuerrecht[22], 2015, § 12 Rn 1.

366 *Montag*, in: Tipke/Lang, Steuerrecht[22], 2015, § 12 Rn. 3 f; *Sauter*, Die Gewinnverwendung in der kapitalistischen KGaA, 2008, S. 35.

- anteilige Grundbesitzwerte (§ 9 Nr. 1 GewStG)
- Schachteldividenden (§ 9 Nr. 2a GewStG)
- die nach § 8 Nr. 4 GewStG dem Gewerbeertrag hinzugerechneten Gewinnanteile, wenn sie bei der Ermittlung des Gewinns (§ 7) angesetzt worden sind (§ 9 Nr. 2b GewStG)
- abzugsfähige Zuwendungen nach § 9 Nr. 5 GewStG

= **Gewerbeertrag**

Da die Dividenden an die Kommanditaktionäre das zu versteuernde Einkommen der KGaA nicht gemindert haben, sind sie auch nicht nach § 8 Nr. 4 GewStG hinzuzurechnen[367].

III. Umwandlung in eine KGaA

Im Gegensatz zum Umwandlungsgesetz, welches die KGaA vielfach unmittelbar in Bezug nimmt[368], schweigt das Umwandlungssteuergesetz zur steuerrechtlichen Behandlung von Umwandlungsvorgängen unter Beteiligung einer KGaA[369]. Insbesondere enthält das Gesetz keine speziellen Regelungen, welche der hybriden Binnenstruktur der KGaA gerecht werden würden[370]. Stattdessen differenziert das Umwandlungssteuergesetz in den bekannten Bahnen der dualen Unternehmensbesteuerung strikt zwischen Körperschaften auf der einen und Personengesellschaften auf der anderen Seite.

Soweit sich Umwandlungsvorgänge auf die Vermögenssphäre der Kommanditaktionäre, d.h. auf das Grundkapital der KGaA beziehen, ist die KGaA – gemäß ihrer gesellschaftsrechtlichen Einordnung nach § 278 Abs. 1 AktG und entsprechend der Wertungen des § 3 Abs. 1 Nr. 2 UmwG – als Kapitalgesellschaft zu behandeln[371]. Für Umwandlungsvorgänge auf/ in das Grundkapital einer KGaA gilt demnach das Folgende:

---

367 *Frankenheim*, Die Ertrags- und Substanzbesteuerung der KGaA, 1994, S. 116; *Sauter*, Die Gewinnverwendung in der kapitalistischen KGaA, 2008, S. 37.

368 So etwa §§ 78, 141 ff., 227, 250 UmwG usw.

369 *Haritz*, in: Haritz/Menner, UmwStG[4], 2015, § 1 Rn. 91.

370 Die steuerliche Behandlung der KGaA ergibt sich nicht unmittelbar aus dem Gesetz: *Bauschatz*, DStZ 2007, 39, 44; *Haarmann*, JbFStR 2010/2011, S. 300, 303; *Riotte/ Renner*, in: Schütz/Bürgers/Riotte, Die KGaA, 2004, § 11 Rn. 493.

371 Dies ist etwa der Fall, wenn der Komplementär an der übernehmenden KGaA eine Nullbeteiligung hält. Nach *Haritz*, GmbHR 2009, 1194, 1195 ist der nicht vermögensbeteiligte Komplementär zu vernachlässigen.

1. Kapitalgesellschaft als übertragender Rechtsträger

a) *Verschmelzung*

Bei einer Verschmelzung nach dem Zweiten Buch des Umwandlungsgesetzes geht das gesamte Vermögen des übertragenden Rechtsträgers im Wege der Gesamtrechtsnachfolge auf den übernehmenden oder neu gegründeten Rechtsträger über, wobei der übertragende Rechtsträger erlischt. Grundsätzlich werden den Anteilsinhabern des übertragenden Rechtsträgers als Gegenleistung Anteile am übernehmenden oder neu gegründeten Rechtsträger gewährt (§§ 2, 20 UmwG)[372]. Nach § 78 UmwG finden auf Verschmelzungen unter Beteiligung einer KGaA die Vorschriften über die AG Anwendung (§§ 60 ff UmwG). KGaA und AG gelten insoweit nicht als Rechtsträger anderer Rechtsform (§ 78 S. 4 UmwG).

Wird eine Kapitalgesellschaft auf eine KGaA verschmolzen und werden den Anteilseignern der Kapitalgesellschaft im Gegenzug Anteile am Grundkapital der übernehmenden KGaA gewährt, so ist steuerrechtlich von einer Vollübertragung der Wirtschaftsgüter des Betriebsvermögens von einer Körperschaft auf eine andere Körperschaft auszugehen. Das vor der Umwandlung geltende Trennungsprinzip gilt nach der Umwandlung fort. Eine solche Verschmelzung richtet sich nach den §§ 11–13, 19 UmwStG[373].

Nach § 11 Abs. 1 UmwStG sind die übergehenden Wirtschaftsgüter in der Schlussbilanz der übertragenden Körperschaft grundsätzlich mit dem gemeinen Wert anzusetzen; unter weiteren Voraussetzungen kommt ein Antrag auf eine Buchwertfortführung nach § 11 Abs. 2 UmwStG in Betracht. Nur wenn eine Buchwertfortführung ausnahmsweise nicht möglich ist oder der Steuerpflichtige freiwillig einen höheren Ansatz wählt, kommt es zur Aufdeckung stiller Reserven. Der übertragende Rechtsträger hat nur dann einen Übertragungsgewinn zu versteuern.

Die KGaA als übernehmende Körperschaft hat den Wertansatz der Wirtschaftsgüter aus der Schlussbilanz der übertragenden Körperschaft zu übernehmen (§ 12 Abs. 1 UmwStG). War die KGaA vor der Umwandlung an der auf sie zu verschmelzenden Kapitalgesellschaft beteiligt, so hat sie gegebenenfalls einen Beteiligungskorrekturgewinn (§ 12 Abs. 1 S. 2 iVm. § 4 Abs. 1 S. 2 und 3 UmwStG) und einen Übernahmegewinn (§ 12 Abs. 2 UmwStG) zu versteuern. Erlöschen durch die Umwandlung wechselseitige Forderungen zwischen übertragendem Rechtsträger und

---

372 *Schütz*, in: Schütz/Bürgers/Riotte, Die KGaA, 2004, § 10 Rn. 17. Dies gilt nach § 20 Abs. 1 Nr. 3 S. 1, 2. Hs. UmwG nicht, soweit der übernehmende Rechtsträger oder ein Dritter, der im eigenen Namen jedoch für Rechnung dieses Rechtsträgers handelt, Anteilsinhaber des übertragenden Rechtsträgers ist oder der übertragende Rechtsträger eigene Anteile innehat oder ein Dritter, der im eigenen Namen, jedoch für Rechnung dieses Rechtsträgers handelt, dessen Anteilsinhaber ist.

373 *Haritz*, DStR 1996, 1192, 1193; *Haritz*, GmbHR 2009, 1194, 1195; *Haritz*, in: Haritz/Menner, UmwStG[4], 2015, § 1 Rn. 92.

der KGaA oder fällt der Grund für eine Rückstellung weg, so hat die KGaA auch einen Übernahmefolgegewinn zu erfassen, der auf drei Wirtschaftsjahre verteilt werden kann.

Beim Anteilseigner gelten die Anteile an der übertragenden Körperschaft als zum gemeinen Wert veräußert. Die an ihre Stelle tretenden Kommanditaktien gelten als mit diesem Wert angeschafft (§ 13 Abs. 1 UmwStG). Unter den Voraussetzungen des § 13 Abs. 2 UmwStG kommt auch insoweit regelmäßig eine Buchwertfortführung in Betracht. Veräußerungsgewinne wären damit auch beim Anteilseigner nicht zu versteuern.

Wenn die KGaA somit nicht ausnahmsweise am auf sie zu verschmelzenden Rechtsträger beteiligt war oder es sonst kollusionsbedingt zum Wegfall von wechselseitigen Forderungen kommt, kann eine Verschmelzung regelmäßig erfolgsneutral vorgenommen werden. Vor und nach der Umwandlung gilt das Trennungsprinzip. Systemwechselbedingte Korrekturen sind nicht erforderlich.

b) *Auf-/Abspaltung*

Auch im Falle der Auf-/Abspaltung nach dem Dritten Buch des Umwandlungsgesetzes geht das Vermögen des übertragenden Rechtsträgers (teilweise) im Wege der Gesamtrechtsnachfolge auf übernehmende Rechtsträger über. Bei der *Auf*spaltung erlischt der übertragende Rechtsträger dabei (§§ 123 Abs. 1 und 2, 131 UmwG); bei der *Ab*spaltung bleibt er bestehen. Als Gegenleitsung erhalten die Anteilseigner des übertragenden Rechtsträgers regelmäßig Anteile an dem übernehmenden Rechtsträger[374]. Für die Spaltungsvorgänge unter Beteiligung einer KGaA enthält das Umwandlungsgesetz in den §§ 141 ff. UmwG besondere Regelungen.

Wird ein Teil einer Kapitalgesellschaft ab- oder wird eine Kapitalgesellschaft aufgespalten und auf eine KGaA übertragen und erhalten die Anteilseigner der übertragenden Kapitalgesellschaft hierfür Anteile am Grundkapital der übernehmenden KGaA, so liegt umwandlungssteuerrechtlich eine Aufspaltung oder Abspaltung auf eine andere Körperschaft vor. Ein solcher Vorgang richtet sich nach §§ 15, 19 UmwStG. § 15 UmwStG erklärt die für Verschmelzungen geltenden §§ 11–13 UmwStG für entsprechend anwendbar[375].

Auch insoweit gilt vor wie nach der Umwandlung das Trennungsprinzip. Entsteht nicht ausnahmsweise bei der KGaA ein Beteiligungskorrektur-, Übernahme- oder Übernahmefolgegewinn, ist eine Auf-/Abspaltung einer Kapitalgesellschaft auf die kapitalistische Sphäre der KGaA erfolgsneutral möglich.

---

374 *Schütz*, in: Schütz/Bürgers/Riotte, Die KGaA, 2004, § 10 Rn. 240 ff. Zu den Ausnahmen vgl. § 131 Abs. 1 Nr. 3 S. 1, 2. Hs. UmwG.

375 Vgl. *Haritz*, in: Haritz/Menner, UmwStG^4, 2015, § 1 Rn. 92.

c) Ausgliederung

Die Ausgliederung ist ein spezieller Fall der Spaltung im Sinne des Dritten Buchs des Umwandlungsgesetzes. Bei einer Ausgliederung überträgt ein Rechtsträger einen Teil seines Vermögens auf einen übernehmenden Rechtsträger. Allerdings werden bei einer Ausgliederung dem übertragenden Rechtsträger selbst (und nicht deren Anteilseignern) zum Ausgleich Anteile an dem übernehmenden Rechtsträger gewährt (§ 123 Abs. 3, 131 UmwStG). Auf diesem Weg entsteht eine Mutter-Tochter-Struktur. Die Sondervorschriften für Spaltungen unter Beteiligung einer KGaA (§§ 141 ff. UmwG) gelten für Ausgliederungsvorgänge gleichermaßen.

Wird ein Teilbetrieb einer Kapitalgesellschaft auf eine KGaA übertragen und erhält die Kapitalgesellschaft hierfür neue Anteile am Grundkapital der übernehmenden KGaA, so wird hierdurch eine zusätzliche Besteuerungsebene geschaffen. Steuerrechtlich finden die §§ 20 ff. UmwStG Anwendung[376].

§ 20 UmwStG modifiziert § 16 EStG, weil es sich bei einer Ausgliederung um eine Veräußerung eines Teilbetriebs handelt. Nach § 20 Abs. 2 S. 1 UmwStG sind die übergehenden Wirtschaftsgüter bei der KGaA mit dem gemeinen Wert anzusetzen; unter den Voraussetzungen des § 20 Abs. 2 S. 2 UmwStG kann aber eine Buchwertfortführung beantragt werden. Ist eine Buchwertfortführung nicht möglich oder wählt die KGaA freiwillig einen höheren Ansatz, werden die stillen Reserven aufgedeckt. Nur in diesem Falle hat die übertragende Körperschaft einen Einbringungsgewinn zu versteuern. Zu einer Versteuerung des Veräußerungsgewinns nach § 16 EStG kommt es im Übrigen nicht.

Für die KGaA als übernehmende Körperschaft ist die Ausgliederung grundsätzlich eine erfolgsneutrale Sacheinlage, wenn nicht ausnahmsweise ein Übernahmefolgegewinn entsteht (§ 23 Abs. 6 iVm. § 6 UmwStG).

Der „Anteilseigner" ist bei der Ausgliederung der übertragende Rechtsträger. Seine Kommanditaktien gelten als mit dem Wert angeschafft, mit dem die übertragenen Wirtschaftsgüter bei der KGaA angesetzt wurden (§ 20 Abs. 3 UmwStG).

Wenn es nicht ausnahmsweise kollusionsbedingt zum Wegfall wechselseitiger Forderungen kommt, kann eine Ausgliederung regelmäßig erfolgsneutral erfolgen. Allerdings kommt es bei einer Sacheinlage unter dem gemeinen Wert (§ 20 Abs. 2 S. 2 UmwStG) nachträglich zu einer Realisierung des Veräußerungsgewinns im Sinne des § 16 EStG, wenn der Einbringende die Kommanditaktien innerhalb eines Zeitraums von sieben Jahren nach der Einbringung veräußert (§ 22 Abs. 1 S. 1 UmwStG) oder sonst im Sinne des § 22 Abs. 1 S. 2 UmwStG verfährt. Hierdurch soll verhindert werden, dass steuerneutrale Buchwerteinbringungen zur Steuerumgehung eingesetzt werden[377]. Ohne die Sperrfrist wäre es möglich, anstelle einer steuerpflichtigen Teilbetriebsveräußerung an Dritte zunächst eine Einbringung vorzunehmen und sodann die Anteile unter Ausnutzung von § 8b KStG zu veräußern.

376 *Haritz*, GmbHR 2009, 1194, 1195; *Menner*, in: Haritz/Menner, UmwStG^4, 2015, § 20 Rn. 198.

377 *Bilitewski*, in: Haritz/Menner, UmwStG^4, 2015, § 22 Rn. 1.

d) *Formwechsel*

Ein Formwechsel ist ein Umwandlungsvorgang im Sinne des Fünften Buchs des Umwandlungsgesetzes. Im Rahmen eines Formwechsels kommt es zu einer Änderung der Rechtsform bei Identität des Rechtsträgers und der Anteilseigner (§ 202 UmwG). Wird eine Kapitalgesellschaft in eine KGaA umgewandelt, so richtet sich dieser Vorgang nach den allgemeinen Vorschriften der §§ 190 ff., 238 ff. UmwG[378].

Wird durch den Formwechsel das bisherige Stammkapital der formwechselnden Gesellschaft zum Grundkapital der „übernehmenden" KGaA (§ 247 Abs. 1 UmwG), so ist dieser Formwechsel einer Kapitalgesellschaft in eine KGaA steuerrechtlich irrelevant[379]. Dies ergibt sich aus einem Gegenschluss aus der Regelung des § 25 UmwStG, der allein Formwechsel von Personengesellschaften auf Kapitalgesellschaften dem Umwandlungssteuergesetz unterwirft.

2. Personengesellschaft als übertragender Rechtsträger

Sämtliche Umwandlungsvorgänge in eine KGaA können umwandlungsrechtlich auch von einer Personenhandelsgesellschaft ausgehen (§§ 78, 39 ff.; 124; 191, 214 ff. UmwG).

Ist der übertragende Rechtsträger eine Personengesellschaft und erfolgt die Übertragung ausschließlich in das Grundkapital, so sind umwandlungssteuerrechtlich stets die §§ 20–23 UmwStG anzuwenden[380], im Falle des Formwechsels ergibt sich die Anwendbarkeit der §§ 20–23 UmwStG[381] aus § 25 UmwStG.

Durch die Umwandlung von einer transparenten Personengesellschaft in die kapitalistische Sphäre der KGaA kommt eine weitere Besteuerungsebene hinzu. Um zu verhindern, dass diese zusätzliche Besteuerungsebene genutzt wird, um anstelle einer steuerpflichtigen (Teil-) Betriebsveräußerung an Dritte zunächst eine steuerneutrale Einbringung vorzunehmen und sodann die Anteile unter Ausnutzung von § 3 Nr. 40 lit. d EStG zu veräußern, sind die Kommanditaktien nach § 22 Abs. 1 UmwStG sperrfristbehaftet. Im Falle einer Sacheinlage unter dem gemeinen Wert (§ 20 Abs. 2 S. 2 UmwStG) kommt es daher nachträglich zu einer Realisierung des Veräußerungsgewinns im Sinne des § 16 EStG, wenn der Einbringende die Kommanditaktien innerhalb eines Zeitraums von sieben Jahren nach der Einbringung veräußert (§ 22 Abs. 1 S. 1 UmwStG) oder sonst im Sinne des § 22 Abs. 1 S. 2 UmwStG verfährt.

---

378 *Berg*, in: JbFStR 2002/2003, S. 232, 233.

379 *Riotte/Renner*, in: Schütz/Bürgers/Riotte, Die KGaA, 2004, § 11 Rn. 574.

380 Für die Einbringung: *Bauschatz*, DStZ 2007, 39, 44; *Hartel*, DB 1992, 2329, 2333; *Schaumburg/Schulte*, Die KGaA, 2000, Rn. 186a.

381 *Uelner*, in: FS Haas, 1996, S. 365, 372.

§ 7 Die Besteuerungsebene der Aktionäre

Ohne Bedenken gilt das kapitalgesellschaftsrechtliche Trennungsprinzip für die Besteuerung der Kommanditaktionäre[382], denn für sie gilt auch gesellschaftsrechtlich nach der sphärenorientierten Trennungsanordnung des § 278 Abs. 3 AktG das Aktienrecht. Die Besteuerung der Aktionäre entspricht in vollem Umfang derjenigen der Aktionäre einer Aktiengesellschaft[383].

I. Besteuerung von Dividenden

Bei den Dividenden der Kommanditaktionäre handelt es sich, soweit die Aktien Privatvermögen darstellen, um Einkünfte aus Kapitalvermögen nach § 20 Abs. 1 Nr. 1 EStG[384] mit der Folge der Besteuerung mit dem Abgeltungssteuersatz[385]. Werden die Aktien in einem Betriebsvermögen gehalten, so gehören sie nach den allgemeinen Grundsätzen zu den Einkünften aus Gewerbebetrieb (§ 20 Abs. 1 Nr. 1, Abs. 8 iVm. § 15 EStG) und werden nach dem Teileinkünfteverfahren behandelt. Ist der Aktionär eine juristische Person, so sind die Einkünfte nach § 8b Abs. 1 und 5 KStG zu 95% steuerfrei[386].

Ist die KGaA als Schuldner der Dividende eine inländische Gesellschaft im Sinne des § 43 Abs. 1 S. 1, Abs. 3 S. 1 EStG[387], so wird bei Ausschüttung der Kapitalerträge Kapitalertragsteuer in Höhe von 25% einbehalten[388].

Ist der Aktionär selbst gewerbesteuerpflichtig, so gehören die Kommanditdividenden zum Gewerbeertrag nach § 7 GewStG. Sie unterliegen der Hinzurechnung

---

382 *Ellerbeck*, in: Schnitger/Fehrenbacher, KStG, § 9 Rn. 33; *Göz*, in: Schütz/Bürgers/Riotte, Die KGaA, 2004, § 2 Rn. 12; *Kessler*, in: FS Korn, 2005, S. 307, 314; *Riotte/Dümichen/Engel*, in: Schütz/Bürgers/Riotte, Die KGaA, 2004, § 9 Rn. 153; *Wehrheim/Gehrke*, StuW 2005, 234, 241.

383 *Bauschatz*, DStZ 2007, 39, 40; *Bödefeld*, in: FS Rädler, 1999, S. 33, 58; *Halasz/Kloster/Kloster*, GmbHR 2002, 77, 87; *Ladwig/Motte*, DStR 1996, 800, 806; *Nagel/Wittkowski*, Die KGaA, 2012, § 4 Rn. 164; *Riotte/Dümichen/Engel*, in: Schütz/Bürgers/Riotte, Die KGaA, 2004, § 9 Rn. 153; *Schaumburg*, DStZ 1998, 525, 535; *Schimpfle*, Die Besteuerung der KGaA, 2006, S. 89.

384 *Gehrke*, Die Stiftung & Co. KGaA, 2007, S. 29.

385 *Nagel/Wittkowski*, Die KGaA, 2012, § 4 Rn. 168. Zu den Ausnahmen vgl. §§ 32d Abs. 2 Nr. 3, Abs. 6 EStG.

386 *Gehrke*, Die Stiftung & Co. KGaA, 2007, S. 30.

387 Für ausländische Schuldner von Kapitalerträgen gilt die Pflicht zum Einbehalt von Kapitalertragsteuer nur ausnahmsweise, vgl. *Lang*, in: Tipke/Lang, Steuerrecht[22], 2015, § 8 Rn. 909.

388 *Renz*, Die Besteuerung der GmbH & Co. KGaA, 2006, S. 96. Für Entnahmen des Komplementärs fällt hingegen keine Kapitalertragsteuer an, vgl. *Kirnberger*, EStB 2004, 418, 420

nach § 8 Nr. 5 GewStG oder der Kürzung nach § 9 Nr. 2a GewStG, je nachdem, ob es sich um Streubesitz- oder Schachteldividenden handelt[389].

Die allgemeinen Rechtsfolgen der Dividendenbesteuerung treten auch dann ein, wenn der Kommanditaktionär zugleich Komplementär ist[390]. Denn die Kommanditaktien gehören kraft spezialgesetzlicher Anordnung in § 15 Abs. 1 S. 1 Nr. 3 EStG nicht zu einem etwaigen Sonderbetriebsvermögen des Komplementärs.

II. Sonstige Vergütungen

Zivilrechtlich ist es den Kommanditaktionären möglich, der KGaA als Vertragspartner, etwa als Darlehensgeber, Vermieter oder Arbeitnehmer gegenüber zu treten[391]. Übernimmt der Kommanditaktionär Tätigkeiten für die KGaA oder überlässt er ihr Wirtschaftsgüter oder Darlehen, so sind diese Einkünfte nach § 20 Abs. 8 EStG den jeweiligen Einkunftsarten zuzurechnen[392]. Eine Umqualifizierung entsprechend der Regelung des § 15 Abs. 1 S. 1 Nr. 3 EStG für die Komplementäre gibt es für die Aktionäre nicht[393]. Dies gilt jedoch nur für Vergütungen in angemessener Höhe. Unangemessen hohe Vergütungen, die durch das Gesellschafterverhältnis veranlasst sind, stellen als verdeckte Gewinnausschüttungen (§ 8 Abs. 3 S. 2 KStG) Einkünfte aus Kapitalvermögen nach § 20 Abs. 1 Nr. 1 S. 2 EStG dar[394].

III. Veräußerungsgewinne

1. Allgemeine Veräußerungsgewinne

Gewinne aus der Veräußerung von Kommanditaktien sind nach § 20 Abs. 2 Nr. 1, Abs. 4 EStG Einkünfte aus Kapitalvermögen, wenn die Kommanditaktien kein Betriebsvermögen darstellen. Auch im Privatvermögen hängt die Steuerbarkeit der Veräußerungsgewinne seit der Einführung der Abgeltungssteuer nicht mehr von der Jahresfrist des § 23 Abs. 1 S. 1 Nr. 2 EStG ab[395]. Die Veräußerungsgewinne

---

389 *Nagel/Wittkowski*, Die KGaA, 2012, § 4 Rn. 174.

390 BFH v. 21.6.1989 – X R 14/88, BStBl. II 1989, 881, 886; *Bauschatz*, DStZ 2007, 39, 40; *Brandl*, in: Blümich, EStG/KStG/GewStG, § 9 KStG Rn. 21 (11/2014); *Ellerbeck*, in: Schnitger/Fehrenbacher, KStG, § 9 Rn. 41; *Gehrke*, Die Stiftung & Co. KGaA, 2007, S. 29; *Märtens*, in: Gosch, KStG[3], 2015, § 9 Rn. 4; *Schaumburg/Schulte*, Die KGaA, 2000, Rn. 142; *Wacker*, in: Schmidt, EStG[34], 2015, § 15 Rn. 891; *Witt*, in: HHR, EStG/KStG, § 15 EStG Rn. 910 (05/2013); *Woitschell*, in: E&Y, KStG, § 9 Rn. 21 (10/2002).

391 *Sauter*, Die Gewinnverwendung in der kapitalistischen KGaA, 2008, S. 19.

392 *Renz*, Die Besteuerung der GmbH & Co. KGaA, 2006, S. 98.

393 *Biagosch*, NWB 1996, 1073, 1080 (Fach 18, 3453, 3460).

394 *Hölzl*, Die Besteuerung der KGaA, 2003, S. 112; *Renz*, Die Besteuerung der GmbH & Co. KGaA, 2006, S. 99.

395 Zur früheren Rechtslage vgl. *Riotte/Dümichen/Engel*, in: Schütz/Bürgers/Riotte, Die KGaA, 2004, § 9 Rn. 161 ff.

unterliegen dem 25%igen Abgeltungssteuersatz im Privatvermögen (§§ 43 Abs. 1 S. 1 Nr. 9, Abs. 5, 43 a Abs. 1 Nr. 1 EStG), im Betriebsvermögen gilt das Teileinkünfteverfahren (§ 3 Nr. 40 S. 1 lit. a, S. 2 EStG). Von juristischen Personen erzielte Veräußerungsgewinne sind zu 95% steuerfrei, § 8b Abs. 2 und 3 KStG[396].

2. *Veräußerungen von Beteiligungen im Sinne des § 17 EStG*

Werden „wesentliche"[397] Aktien-Beteiligungen an einer KGaA veräußert, so liegen Einkünfte aus Gewerbebetrieb nach § 17 EStG vor. Offen ist indes, wann eine Beteiligung im Sinne des § 17 EStG bei einer atypischen KGaA vorliegt. Nach dem Wortlaut des Gesetzes liegt eine solche vor, wenn *„der Veräußerer [...] am Kapital der Gesellschaft [...] zu mindestens 1 Prozent beteiligt war"*.

Aufgrund der hybriden Eigenkapitalstruktur der KGaA ergibt sich aus dieser gesetzlichen Formulierung eine Unschärfe für die Bemessung der Beteiligungshöhe. Denn zum einen wäre es möglich, auf eine Mindestbeteiligung von 1% am Grundkapital, zum anderen auf einen Anteil von mindestens 1% am Gesamtkapital der KGaA abstellen. Im Falle der Nullbeteiligung des Komplementärs ergeben sich keine Unterschiede, weil das Grundkapital dem Gesamtkapital entspricht. Je höher jedoch die Vermögenseinlage des Komplementärs ist, desto weiter fallen Grundkapital und Gesamtkapital auseinander.

Angesichts der Entstehungsgeschichte des § 17 EStG scheint der Gesetzgeber diese Problematik als Spezifikum der KGaA nicht erkannt zu haben[398]. Zwar liegt die Rechtfertigung des § 17 EStG nach der Herabsetzung der Beteiligungsgrenze auf 1% heute nicht mehr in der Vergleichbarkeit mit dem Mitunternehmer einer Personengesellschaft[399], sondern vielmehr allgemein im Zuwachs finanzieller

396 *Renz*, Die Besteuerung der GmbH & Co. KGaA, 2006, S. 106.

397 Der Begriff „wesentlich" wurde im Rahmen der Senkung der Beteiligungsschwelle von 10% auf 1% durch das Gesetz zur Senkung der Steuersätze und zur Reform der Unternehmensbesteuerung (Steuersenkungsgesetz – StSenkG) v. 23.10.2000, BGBl. I 2000, 1433, 1435 gestrichen. Er eignet sich aber weiterhin zur Abgrenzung besteuerungsrelevanter und nicht besteuerungsrelevanter Beteiligungsverhältnisse im Sinne des § 17 EStG, vgl. auch *Gosch*, in: Kirchhof, EStG[14], 2015, § 17 Rn. 18.

398 Ein Überblick über die Entstehungsgeschichte des § 17 EStG findet sich bei *Wolff-Diepenbrock*, in: FS Klein, 1994, S. 875 ff.: § 30 Abs. 3 EStG 1925 stellte, ebenso wie § 17 EStG 1934 (RGBl. I 1934, 1005, 1010), für die wesentliche Beteiligung darauf ab, ob der Veräußerer „zu mehr als einem Viertel beteiligt" war. In beiden Normen blieben Veräußerungen geringer Anteile steuerfrei. Im EStG 1925 betraf dies Veräußerungen von unter 2 v.H. des „Kapitals der Gesellschaft", im EStG 1934 Veräußerungen von unter 1 v.H. des „Grund- oder Stammkapitals". Aus der insoweit vom Maßstab der wesentlichen Beteiligung abweichenden Formulierung eine für den Spezialfall der KGaA geltende, gewollte Differenzierung des Gesetzgebers zu konstruieren wäre indes bloße Spekulation.

399 So noch BFH v. 21.12.1993 – VIII R 69/88, BStBl. II 1994, 648; *Wolff-Diepenbrock*, in: FS Klein, 1994, S. 875, 883, 887 nennt sowohl die Angleichung an den

Leistungsfähigkeit[400]. Der Normzweck ist somit bei jeder Anteilsveräußerung, betreffe sie nun 1% des Gesamt- oder des Grundkapitals, verwirklicht. Allerdings hat § 17 EStG auch nach Änderung des § 20 Abs. 2 EStG weiterhin Ausnahmecharakter[401]; denn Veräußerungsgewinne im Privatvermögen sind grundsätzlich steuerrechtlich irrelevant[402]. Dies ist Folge des fortgeltenden Dualismus der Einkunftsarten. Im Zweifel ist die Ausnahmeregelung somit eng auszulegen. Es muss damit für die Bemessung der Beteiligungshöhe auf das Gesamtkapital ankommen[403], weil diese Beteiligung stets kleiner oder gleich der Beteiligung am Grundkapital ist.

Kommanditisten als auch die Erfassung finanzieller Leistungsfähigkeit als Gesetzeszweck; vgl. auch *Seer*, in: Kernfragen des Unternehmenssteuerrechts, 2010, S. 97, 105.

400 BFH v. 16.5.1995 – VIII R 33/94, BStBl. II 1995, 870 nennt die Gleichstellung mit dem Mitunternehmer nur noch hilfsweise; völlig ohne Bezug zur Mitunternehmerschaft nunmehr FG Münster v. 3.6.2014 – 9 K 5/08 K, StE 2014, 644; vgl. auch *Weber-Grellet*, in: Schmidt, EStG[34], 2015, § 17 Rn. 3.

401 Nach *Prinz*, FR 2010, 736, 742 gehört die Vorstellung, Veräußerungsgewinne seien im Privatvermögen meist steuerfrei, in der Praxis der Vergangenheit an.

402 *Weber-Grellet*, in: Schmidt, EStG[34], 2015, § 17 Rn. 2.

403 **A.A.** *Nagel/Wittkowski*, Die KGaA, 2012, § 4 Rn. 178; *Riotte/Dümichen/Engel*, in: Schütz/Bürgers/Riotte, Die KGaA, 2004, § 9 Rn. 163.

Dritter Teil
Die Besteuerung der KGaA und ihrer Komplementäre

§ 8 Ungeklärte Rechtsfragen der Besteuerung

I. Rudimentäre gesetzliche Regelungen zur KGaA-Besteuerung

Im Gegensatz zur im Wesentlichen schlüssigen und widerspruchsfreien Besteuerung der kapitalistischen Sphäre der KGaA, ist die Besteuerung der KGaA und ihrer Komplementäre in den Ertragsteuergesetzen nur sehr rudimentär geregelt[404]. Systematisch bedeutsame Erwähnung findet sie nur in den §§ 1 Abs. 1 Nr. 1 und 9 Abs. 1 Nr. 1 KStG, in §§ 15 Abs. 1 S. 1 Nr. 3, 16 Abs. 1 S. 1 Nr. 3, 35 Abs. 1 S. 1 Nr. 2 EStG sowie in den §§ 8 Nr. 4 und 9 Nr. 2b GewStG[405]. Anhand dieser „Eckpunkte" bemühen sich Rechtsprechung, Wissenschaft und Praxis um ein konsistentes Besteuerungssystem, welches sowohl der zivilrechtlichen Einordnung als auch der steuerrechtlichen Leistungsfähigkeit gerecht wird und das sowohl im nationalen als auch im internationalen Kontext bestehen kann[406].

Gäbe es keine steuerrechtlichen Sonderregelungen für die KGaA und stellte man, entsprechend der traditionell rechtsformabhängigen Unternehmensbesteuerung[407], allein auf die Rechtsform der KGaA als juristische Person ab, so hätte dies steuerrechtlich zur Folge, dass die Gewinnausschüttungen an den Komplementär als Dividenden Einkünfte aus Kapitalvermögen nach § 20 Abs. 1 Nr. 1 EStG wären. Die Gewinnausschüttungen dürften den Gewinn steuerrechtlich nach § 8 Abs. 3 S. 1 KStG nicht mindern. Die KGaA würde ihren Gewinn mit 15% Körperschaftsteuer versteuern. Nach dem Grundsatz der Trennung zwischen Kapitalgesellschaft und Kapitalgesellschafter fände eine steuerliche Doppelbelastung der Dividenden einmal auf Ebene der KGaA und einmal auf Ebene des Anteilseigners statt. Diese würde durch den Abgeltungssteuersatz von 25% beim Komplementär bzw. durch die Anwendung des Teileinkünfteverfahrens oder die Freistellung nach § 8b KStG abgemildert.

Allerdings würde eine solche Besteuerung vollständig der Besteuerung der Kommanditaktionäre entsprechen[408]. Zwischen den Kommanditaktionären und den

---

404 *Kessler*, in: FS Korn, 2005, S. 307, 311 nennt die Regelung „rudimentär". Zum gleichen Befund kommt *G. Söffing*, in: Söffing, Besteuerung der Mitunternehmer[5], 2005, Rn. 130 ff. für die Besteuerung der Personengesellschaften.

405 *Drüen/van Heek*, DStR 2012, 541, 543.

406 *Drüen/van Heek*, DStR 2012, 541, 543.

407 BFH v. 25.6.1984 – GrS 4/82, BStBl. II 1984, 751; *Hey*, in: Tipke/Lang, Steuerrecht[22], 2015, § 11 Rn. 1 f., § 13 Rn. 168.

408 Eine solche Gleichstellung mit dem Aktionär entspräche der ursprünglichen – mittlerweile aber vom Gesetzgeber geänderten – Regelung im Preußischen EStG vom 24.6.1891. § 16 Abs. 1 PrEStG 1891 (Gesetz-Sammlung für die königlich Preußischen Staaten 1891 (Nr. 19) vom 7.7.1891, S. 182) stellte sämtliche „Mitglieder", also auch die Komplementäre, steuerlich gleich, vgl. hierzu PrOVG v. 14.2.1893

Komplementären bestehen aber gesellschaftsrechtlich erhebliche Unterschiede; ihr Einfluss auf und ihre Stellung in der KGaA sind völlig verschieden[409]. Insbesondere das Risiko der persönlichen, unmittelbaren und unbeschränkten Haftung bietet im Hinblick auf das Leistungsfähigkeitsprinzip Anlass ein Besteuerungsregime zu schaffen, welches diesem Unterschied gerecht wird.

Es erscheint naheliegend, dem gesellschaftsrechtlichen Verweis des § 278 Abs. 2 AktG, wonach für die Rechtsverhältnisse der Komplementäre das Recht des Handelsgesetzbuchs über die Kommanditgesellschaft anwendbar ist, auch steuerrechtlich Folge zu leisten und eine steuerrechtliche „Zerlegung" der KGaA vorzunehmen. Die Besteuerung eines persönlich, unmittelbar und unbeschränkt Haftenden ist dem Unternehmenssteuerrechtler aus der Besteuerung der Personengesellschaften bekannt. Insoweit ähnelt der Komplementär einer KGaA in einer Gesamtschau dem Gesellschafter einer OHG oder dem Komplementär einer KG wesentlich mehr als dem Gesellschafter einer GmbH oder dem Aktionär einer AG[410].

Eine solche Zerlegung der KGaA hätte zur Folge, dass der Komplementär als Mitunternehmer der KGaA zu besteuern wäre. Seine Einkünfte würden nicht auf Ebene der KGaA besteuert. Stattdessen fände eine Ein-Ebenen-Besteuerung beim Komplementär statt. Diese Vorstellung kollidiert jedoch zum einen mit der Anordnung der eigenen Rechtspersönlichkeit der KGaA in § 278 Abs. 1 AktG und zum anderen mit § 1 Abs. 1 Nr. 1 KStG, der die KGaA als eigenständiges Körperschaftsteuersubjekt bezeichnet. Denn nach § 1 Abs. 2 KStG erstreckt sich die unbeschränkte Körperschaftsteuerpflicht der Körperschaftsteuersubjekte auf sämtliche Einkünfte. Die Aussonderung der Einkünfte des Komplementärs zur gesonderten Ein-Ebenen-Besteuerung wäre *contra legem.*

Aus diesem Grund hat der Gesetzgeber in § 9 Abs. 1 Nr. 1 KStG eine Ausgliederungsnorm[411] für den Gewinnanteil des Komplementärs als *lex specialis* zu § 8 Abs. 3 KStG eingeführt. Nach § 9 Abs. 1 Nr. 1 KStG stellt bei der KGaA und bei vergleichbaren Kapitalgesellschaften[412] der Teil des Gewinns, der an Komplementäre auf ihre nicht auf das Grundkapital gemachten Einlagen oder als Vergütung (Tantieme) für die Geschäftsführung verteilt wird, ausnahmsweise abziehbaren Aufwand

– Rep. V. 8/92, PrOVGE StSt Bd. 1 (1893), 175 und Anweisung des Finanzministers zur Ausführung des EStG v. 24.6.1891, Art. 27 Nr. 1 lit. a (FA 1891, 353, 374); vgl. auch *Bielinis,* DStR 2014, 769, 772.

409 *Bielinis,* DStR 2014, 769, 772; *Bödefeld,* in: FS Rädler, 1999, S. 33, 48; *Reiß,* K/S/M, EStG, § 16 Rn. D1 (12/1991). Vgl. hierzu ausführlich § 4 IV 1, V.

410 *Bielinis,* DStR 2014, 769, 773.

411 *Deutschländer,* StBP 2013, 283, 284.

412 Vergleichbare Kapitalgesellschaften sind in diesem Zusammenhang ausländische Gesellschaften. Eine Aufstellung findet sich bei *Drüen,* in: HHR, EStG/KStG, § 9 KStG Rn. 26 (12/2011).

dar[413]. Ausnahmsweise führt also bei der KGaA, entgegen § 8 Abs. 3 KStG[414], die Gewinnverteilung zur Gewinnminderung. Der Körperschaftsteuer unterliegt somit im Ergebnis nur der auf die Kommanditaktionäre entfallende Gewinnanteil[415].

Im Gegenzug unterwirft § 15 Abs. 1 S. 1 Nr. 3 EStG die Gewinnanteile der persönlich haftenden Gesellschafter einer Kommanditgesellschaft auf Aktien, soweit sie nicht auf Anteile am Grundkapital entfallen, und die Vergütungen, die der persönlich haftende Gesellschafter von der Gesellschaft für seine Tätigkeit im Dienst der Gesellschaft oder für die Hingabe von Darlehen oder für die Überlassung von Wirtschaftsgütern bezogen hat, als gewerbliche Einkünfte der Einkommensteuer[416].

Auf den ersten Blick scheint der Gesetzgeber die Besteuerungsproblematik somit mittels spezialgesetzlicher Anordnung gelöst zu haben. § 9 Abs. 1 Nr. 1 KStG und § 15 Abs. 1 S. 1 Nr. 3 EStG bilden eine systematische Regelungseinheit[417]. Zugunsten der Einkommensteuer wird der Gewinnanteil des Komplementärs von der Körperschaftsteuer ausgenommen, um so eine Doppelbelastung zu verhindern[418]. Betrachtet man § 9 Abs. 1 Nr. 1 KStG und § 15 Abs. 1 S. 1 Nr. 3 EStG jedoch genauer, so fällt auf, dass § 9 Abs. 1 Nr. 1 KStG in seiner Reichweite hinter § 15 Abs. 1 S. 1 Nr. 3 EStG zurückbleibt[419]. So finden in § 9 Abs. 1 Nr. 1 KStG, anders als in § 15 Abs. 1 S. 1 Nr. 3 EStG, die Vergütungen für die Hingabe von Darlehen oder die Überlassung von Wirtschaftsgütern keine Erwähnung. Auch geht aus der sehr allgemein formulierten gesetzlichen Anordnung nicht hervor, wie einzelne Besteuerungssachverhalte zu erfassen sind.

---

413 Nach *Deutschländer*, StBP 2013, 283, 284 handelt es sich hierbei um „derivative Betriebsausgaben", die nur „wie" Betriebsausgaben zu behandeln sind.

414 *Scheffler*, Besteuerung von Unternehmen I[12], 2012, S. 206.

415 *Knobbe-Keuk*, Bilanz- und Unternehmenssteuerrecht[9], 1993, § 16 V 2.

416 Zur Frage, ob es sich bei den Einkünften nach § 15 Abs. 1 S. 1 Nr. 3, 1.Alt. EStG um Einkünfte handelt, die der Komplementär selbst „erzielt" oder ob ihm insoweit die fremden Einkünfte der KGaA zugerechnet werden, vgl. *Bielinis*, Die Besteuerung der KGaA, 2013, S. 119 ff.

417 *Brandl*, in: Blümich, EStG/KStG/GewStG, § 9 KStG Rn. 35 (11/2014); *Fischer*, DStR 1997, 1519; *Hageböke*, Das KGaA-Modell, 2008, S. 73.

418 BFH v. 21.6.1989 – X R 14/88, BStBl. II 1989, 881, 883; v. 31.10.1990 – I R 32/86, BStBl. II 1991, 253; *Brandl*, in: Blümich, EStG/KStG/GewStG, § 9 KStG Rn. 3 (11/2014); *Breuninger*, JbFStR 2012/2013, S. 361, 364; *Crezelius*, JbFStR 1998/1999, S. 318, 319; *Ellerbeck*, in: Schnitger/Fehrenbacher, KStG, § 9 Rn. 6; *Fischer*, DStR 1997, 1519; *Gosch*, FR 1991, 345; *Haarmann*, JbFStR 2010/2011, S. 300, 302; *Hageböke*, Das KGaA-Modell, 2008, S. 72; *Janssen*, NWB 2001, 2189, 2190; *Krämer*, D/P/M, KStG, § 9 Rn. 2 (09/2012); *Lühn*, in: M/S, KStG[2], 2015, § 9 Rn. 81; *Mai*, in: F/M, KStG/GewStG/UmwStG, § 9 KStG Rn. 14 (01/2011); *Mathiak*, DStR 1989, 661, 667; *Menzel*, DStR 1972, 562, 565; *Rohrer/Orth*, BB 2007, 1594, 1595; *Schaumburg*, DStZ 1998, 525, 533; *Scheffler*, Besteuerung von Unternehmen I[12], 2012, S. 206; *Woitschell*, in: E&Y, KStG, § 9 Rn. 21 (10/2002).

419 § 9 I Nr. 1 KStG und § 15 Abs. 1 S. 1 Nr. 3 EStG sind nicht wort- und deckungsgleich: *Fischer*, DStR 1997, 1519; *Hageböke*, Das KGaA-Modell, 2008, S. 78; *Rohrer/Orth*, BB 2007, 1594, 1598.

Diese fehlende Abstimmung der gesetzlichen Vorschriften und die nur rudimentäre gesetzliche Regelung sind die Ausgangslage für die bestehenden Unsicherheiten bei der Besteuerung der KGaA. Denn betont man die Eigenschaft der KGaA als Kapitalgesellschaft, so lässt sich vertreten, das Zusammenspiel von § 9 Abs. 1 Nr. 1 KStG und § 15 Abs. 1 S. 1 Nr. 3 EStG stelle lediglich eine Umqualifikation von Dividendeneinkünften mit der Folge dar, dass im Übrigen uneingeschränkt Körperschaftsteuerrecht anwendbar sei (intransparente Betrachtung, vgl. § 9). Betont man hingegen die Anordnung des § 278 Abs. 2 AktG mit seinem Verweis ins Handelsgesetzbuch und die systematische und haftungsrechtliche Parallele zwischen dem Komplementär der KGaA und dem Gesellschafter einer Personengesellschaft, so lässt sich über den bloßen Wortlaut der Vorschriften hinaus auch eine Mitunternehmerstellung des Komplementärs herleiten (transparente Betrachtung, vgl. § 10).

Letztlich lassen sich beide Besteuerungsansätze, ebenso wie eine ganze Reihe zwischen den beiden Extremen angeordneter Schattierungen, mit dem Gesetz allein weder eindeutig belegen, noch eindeutig entkräften. Allein durch die unterschiedliche Schwerpunktsetzung in der Argumentation ergeben sich aber erhebliche steuerrechtliche Auswirkungen – denn hierdurch wird über mitunternehmerschaftliche Transparenz oder kapitalgesellschaftsrechtliche Trennung unterschieden. Das Trennungs- und das Transparenzprinzip des Unternehmenssteuerrechts sind aber Grundlage nahezu aller steuersystematischen Folgeentscheidungen des Gesetzgebers[420]. Diese Weichenstellung führt, wird sie in die eine oder andere Richtung gesetzt, zu erheblichen Besteuerungsunterschieden.

II. Konkurrierende Grundkonzepte der KGaA-Besteuerung

Um den steuerrechtlichen Besonderheiten der KGaA gerecht zu werden, sind in den vergangenen Jahrzehnten immer wieder Vorschläge für Besteuerungskonzepte veröffentlicht worden. Diese unterscheiden sich teils erheblich, teils in Nuancen voneinander[421], lassen sich aber im Wesentlichen zwei Grundkonzepten zuordnen[422]: Die sog. intransparente Betrachtung legt den Argumentationsschwerpunkt auf die Tatsache, dass die KGaA eine juristische Person ist. Die transparente Betrachtung hingegen setzt den Fokus eher auf den Verweis des § 278 Abs. 2 AktG ins Handelsgesetzbuch. Zwischen den beiden Konzepten ist bereits umstritten, ob die Gewinnermittlung für die KGaA einheitlich nach aktienrechtlichen Vorschriften erfolgen

---

420 Zu Systembindung im Steuerrecht vgl. *Drüen*, in: FS Spindler, 2011, S. 29 ff.

421 *Drüen/van Heek*, DStR 2012, 541, 543.

422 Im Folgenden werden die vertretenen Auffassungen zwei Grundkonzepten zugeordnet. Soweit einzelne Autoren partiell transparente und partiell intransparente Ansätze vertreten, ordnet die Darstellung die einzelnen Aspekte den Grundkonzepten „entsprechend der Kapitalgesellschaft“ (Intransparenz) und „entsprechend der Mitunternehmerschaft“ (Transparenz) zu.

kann (monistische Gewinnermittlung, vgl. § 4 VII 1) oder ob es vielmehr zweier verschiedener Gewinnermittlungen für Kommanditaktionäre und Komplementäre nach den jeweils einschlägigen Gewinnermittlungsvorschriften bedarf (dualistische Gewinnermittlung, vgl. § 4 VII 2)[423]. Weiterhin sind bei der Bestimmung des Abzugsbetrags nach § 9 Abs. 1 Nr. 1 KStG und der Einkünfte nach § 15 Abs. 1 S. 1 Nr. 3 EStG nahezu alle Einzelfragen umstritten, bei denen der Dualismus der Unternehmensbesteuerung zu unterschiedlichen Ergebnissen führt. Welches der beiden Konzepte letztlich das schlüssigere ist, sollen die nächsten Teile dieser Arbeit zeigen.

III. Ausgangsbeispiel zur Illustration der Folgen der verschiedenen Besteuerungskonzepte

Um die Auswirkungen der Besteuerungskonzepte bei der Besteuerung plastisch darstellen zu können, soll ein Beispielfall die folgenden Abschnitte begleiten.

<u>Beispiel</u>:
A ist der einzige Komplementär der A-KGaA mit Sitz in Düsseldorf, die im Jahr 2014 einen Jahresüberschuss von 200.000 € erzielt hat; A hält, neben anderen Kommanditaktionären, *selbst Kommanditaktien. Das Grundkapital beträgt 50.000 €. A hat eine über das Grundkapital hinausgehende Einlage von ebenfalls 50.000 € in die A-KGaA eingebracht. Die Gewinnverteilung erfolgt laut Satzung nach einer Quote entsprechend des Anteils am Gesamtkapital. Eine Steuerbilanz hat die KGaA nicht aufgestellt.*

423 Zum rein wissenschaftlichen Streit vgl. § 4 VII.

§ 9 Intransparente Besteuerungskonzepte

I. Grundgedanke der Intransparenz

Die Vertreter des intransparenten Besteuerungskonzepts übertragen die gesellschaftsrechtliche Einordnung der KGaA als Kapitalgesellschaft auf deren steuerrechtliche Behandlung[424]. Die Besteuerung der KGaA soll in vollem Umfang und uneingeschränkt körperschaftsteuerrechtlichen Grundsätzen folgen[425]. Als juristische Person soll die KGaA sämtliche Einkünfte selbst erzielen[426]; sie entfallen nicht teilweise auf den Komplementär. Der Komplementär erhält, vergleichbar mit den Kommanditaktionären, Ausschüttungen aus dem Gewinn der juristischen Person, die er selbst versteuern muss. Für die Besteuerung des Komplementärs kann es demnach nicht auf die einzelnen Geschäftsvorfälle ankommen, die dem Gewinnanteil zu Grunde liegen[427]. Der Gewinnanteil ist originäre Ausschüttung einer Kapitalgesellschaft – dahinter liegende Geschäftsvorfälle sind durch das kapitalgesellschaftsrechtliche Trennungsprinzip vom Komplementär „abgeschottet". Einzig das System zur Vermeidung einer steuerlichen Doppelbelastung ist ein anderes als beim Aktionär. Anstelle der Belastung mit einem niedrigen Körperschaftsteuer- und Abgeltungssteuersatz bzw. der (teilweisen) Freistellung von der Ertragsteuer des Gesellschafters (§ 3 Nr. 40d EStG, §8b KStG) fingiert § 9 Abs. 1 Nr. 1 KStG als *lex specialis* zu § 8 Abs. 3 KStG Aufwendungen. § 15 Abs. 1 S. 1 Nr. 3 EStG erschöpft sich in der Funktion, diese eigentlichen Dividendeneinkünfte zu gewerblichen Einkünften umzuqualifizieren[428]. Soweit der Komplementär neben diesen umqualifizierten Dividenden sonstige Vergütungen erhält, sind diese – wie beim Vorstand der

---

424 Darstellend: *Kusterer*, FR 2003, 502, 503.

425 *Ebling*, in: FS Jakob, 2001, 67, 68. Eine solche streng aktienrechtliche KGaA-Lösung stellt *K. Schmidt*, in: Aktienrecht im Wandel II, 2007, S. 1188, 1195 aus dem Schweizer Obligationenrecht vor.

426 *Märtens*, in: Gosch, KStG^3, 2015, § 9 Rn. 14; *Kopec/Kudert*, IStR 2013, 498, 501; *Kramer*, IStR 2010, 57, 58; *Mahlow*, DB 2003, 1540; *Wassermeyer*, Ubg 2011, 47, 48.

427 *Kopec/Kudert*, IStR 2013, 498, 500; *Kramer*, IStR 2010, 57, 58; darstellend: *Kusterer*, FR 2003, 502, 504.

428 In diesem Sinne wohl noch RFH v. 12.12.1921 – III A 362/23, RFHE 13, 166, 167 unter Verweis auf ein Urteil des Preußischen Oberverwaltungsgerichts in Staatssteuersachen v. 10.12.1923, Bd. 16 S. 33, wonach aus § 7 Nr. 2 EStG a.F. keine Unternehmerstellung des Komplementärs, sondern nur eine Einordnung von Tantiemen als gewerbliche Einkünfte folge; ebenso FG München v. 16.1.2003 – 7 K 5340/01, DStRE 692, 693, rkr.; FG Schleswig-Holstein v. 12.4.2011 – 5 K 136/07, EFG 2011, 2038, rkr; *Ebling*, in: FS Jakob, 2001, 67, 69; *Kopec/Kudert*, IStR 2013, 498,501; darstellend: *Rohrer/Orth*, BB 2007, 2266, 2267; dagegen ausdrücklich BFH v. 21.6.1989 – X R 14/88, BStBl. II 1989, 881, 884.

AG – handelsrechtlich als Aufwand zu behandeln[429] und ebenfalls nach § 15 Abs. 1 S. 1 Nr. 3 EStG umzuqualifizieren.

Diese intransparente Betrachtung lässt sich anhand einer ganzen Reihe gesetzlicher Normierungen untermauern:

- **§ 278 Abs. 1 AktG**
  Das intransparente Besteuerungskonzept wird durch § 278 Abs. 1 AktG gestützt. Hiernach ist die KGaA eine Gesellschaft mit eigener Rechtspersönlichkeit. § 278 Abs. 1 AktG trennt für die Anordnung der eigenen Rechtspersönlichkeit ausdrücklich nicht nach den beiden verschiedenen Sphären innerhalb der KGaA, sondern betrachtet sie von außen als Ganzes. Dem entspricht auch die Tatsache, dass die Einlage des Komplementärs, wie Einzahlungen in eine andere Kapitalgesellschaft, mangels Gesamthandsgemeinschaft nicht Gesamthandsvermögen[430] wird; stattdessen geht sie in das Vermögen der Gesellschaft als unabhängige Rechtspersönlichkeit über[431] (vgl. § 4 III 2). Auch der Gewinnbezugsanspruch des Komplementärs ist rein schuldrechtlicher Art[432].
- **§ 1 Abs. 1 Nr. 1 KStG**
  Auch § 1 Abs. 1 Nr. 1 KStG zählt die KGaA ohne Einschränkung als besonderes Beispiel für eine Kapitalgesellschaft auf. Damit ist sie unbeschränkt körperschaftsteuerpflichtig, wenn sie ihre Geschäftsleitung oder ihren Sitz im Inland hat. Nach § 1 Abs. 2 KStG erstreckt sich diese Körperschaftsteuerpflicht auf sämtliche Einkünfte der KGaA, also auch auf den Gewinnanteil des Komplementärs.
- **§ 14 Abs. 1 S. 1 KStG**
  Zuletzt spricht auch die Eignung der KGaA als Organgesellschaft nach § 14 Abs. 1 S. 1 KStG für eine Einordnung als intransparente Gesellschaft[433]. Denn nach der Systematik der Organschaft können nur Körperschaften und damit intransparente Besteuerungssubjekte Organgesellschaften sein. Dies ergibt sich neben § 14 Abs. 1 S. 1 KStG insbesondere aus § 17 KStG.

---

429 Darstellend: *Kusterer*, DStR 2008, 484, 485.

430 *Kessler*, in: FS Korn, 2005, S. 307, 313; *Kusterer*, DStR 2004, 77, 78; *Mahlow*, DB 2003, 1540; *Perlitt*, in: MK-AktG^4, 2015, vor § 278 Rn. 69; *Renz*, Die Besteuerung der GmbH & Co. KGaA, 2006, S. 107.

431 BFH v. 27.4.2005 – II B 76/04, BFH/NV 2005, 1627, 1628; *Jünger*, DB 1988, 1969, 1970; *Mahlow*, DB 2003, 1540: nur bedingter Auseinandersetzungsanspruch; ebenso *Fischer*, DStR 1997, 1519, 1521.

432 BFH v. 21.6.1989 – X R 14/88, BStBl. II 1989, 881, 884; *Bacher*, DB 1985, 2117; *Schaumburg/Schulte*, Die KGaA, 2000, Rn. 146.

433 *Ernst&Young*, DB 2014, 147, 148.

II. Die steuerrechtliche Gewinnermittlung und -verteilung

1. Der Abzugsbetrag nach § 9 Abs. 1 Nr. 1 KStG

Wie genau sich der in § 9 Abs. 1 Nr. 1 KStG genannte „Teil des Gewinns" des Komplementärs zusammensetzt bzw. berechnet, ist gesetzlich nicht definiert[434]. Die Vertreter der intransparenten Besteuerungskonzepte gehen mehrheitlich davon aus, dass § 9 Abs. 1 Nr. 1 KStG den handelsbilanziellen Gewinnanteil des persönlich haftenden Gesellschafters als fiktive Betriebsausgabe für abziehbar erklärt[435]. Wassermeyer geht indes davon aus, dass der dem Komplementär zuzurechnende „Teil des Gewinns" der Anteil des Komplementärs am steuerrechtlichen Gewinn nach Durchführung sämtlicher steuerrechtlicher Korrekturen sei[436]. In beiden Fällen werden sämtliche Geschäftsvorfälle, die zu diesem Gewinnanteil geführt haben, von der Ebene des Komplementärs gleichsam „abgeschottet"[437].

Im Folgenden erfolgt eine Darstellung der wesentlichen Spannungsfelder zwischen transparenter und intransparenter Betrachtung. Diese werden zunächst ausschließlich aus dem Blickwinkel einer intransparenten Betrachtung beleuchtet (zur transparenten Betrachtung vgl. noch § 10). Dabei soll jeweils zunächst die innerhalb der intransparenten Betrachtung herrschende Auffassung, die den Abzugsbetrag nach § 9 Abs. 1 Nr. 1 KStG am handelsrechtlichen Jahresüberschuss orientiert, erläutert werden. Im Anschluss werden jeweils die Abweichungen durch die modifizierte intransparente Betrachtung[438] nach Wassermeyer veranschaulicht.

a) Unterschiedsbeträge nach § 60 Abs. 2 EStDV

<u>Abwandlung 1 des Beispiels unter § 8 III</u>: Die KGaA hat handelsrechtlich zulässig ein im Januar selbst geschaffenes immaterielles Wirtschaftsgut mit 15.000 € aktiviert und schreibt es auf 3 Jahre linear ab (=AfA p.a. 5.000 €).

---

434 *Hageböke*, Das KGaA-Modell, 2008, S. 75.

435 Darstellend: *Hageböke*, Das KGaA-Modell, 2008, S. 118 und *Kusterer/Rupp*, EStB 2003, 397, 398.

436 *Wassermeyer*, in: FS Streck, 2011, S. 259, 272; *Wassermeyer*, Ubg 2011, 47, 50; zustimmend i.E. *Bielinis*, Die Besteuerung der KGaA, 2013, S. 147 der den Ansatz Wassermeyers als Modifikation eines transparenten Besteuerungskonzepts auffasst (S. 117). Dem kann, auch angesichts der klaren Aussage *Wassermeyers*, nicht gefolgt werden („Man kann sie deshalb jedoch nicht als eine Form der transparenten Betrachtung bezeichnen, weil die Steuerbefreiung gerade nicht aus der Sicht des einzelnen Mitunternehmers, sondern immer nur aus der Sicht der KGaA beurteilt wird", vgl. *Wassermeyer*, in: FS Streck, 2011, S. 259, 266).

437 Darstellend: *Kusterer*, FR 2003, 502, 505.

438 Zum Begriff vgl. bereits *Drüen/van Heek*, DStR 2012, 541, 545.

Für die Besteuerung von Gewerbetreibenden, die bereits handelsrechtlich zur Buchführung verpflichtet sind, ist steuerrechtlich das Betriebsvermögen maßgeblich, dass nach den handelsrechtlichen Grundsätzen ordnungsmäßiger Buchführung auszuweisen ist, § 5 Abs. 1 S. 1 EStG. Allerdings enthält die Handelsbilanz auch Ansätze oder Beträge, die den steuerrechtlichen Vorschriften nicht entsprechen. Nach § 60 Abs. 2 S. 1 EStDV iVm. § 8 Abs. 1 KStG sind diese Ansätze oder Beträge durch Zusätze oder Anmerkungen den steuerrechtlichen Vorschriften anzupassen, sofern der Steuerpflichtige keine originäre Steuerbilanz aufstellt, § 60 Abs. 2 S. 2 EStDV. Solche Unterschiedsbeträge kommen regelmäßig etwa durch abweichende Abschreibungsregelungen oder steuerrechtliche Aktivierungs- oder Passivierungsverbote zu Stande; so etwa beim Ansatz von selbstgeschaffenen immateriellen Wirtschaftsgütern (§ 248 Abs. 2 HGB vs. § 5 Abs. 2 EStG) oder Drohverlustrückstellungen (§ 249 Abs. 1 S. 1 HGB vs. § 5 Abs. 4a EStG). Da die KGaA nach der intransparenten Betrachtungsweise sämtliche Einkünfte selbst erzielt, sind diese Unterschiedsbeträge ihr nach § 60 Abs. 2 EStDV auch allein zuzurechnen. Unterschiede in Ansatz und Bewertung zwischen Handels- und Steuerbilanz wirken sich somit ausschließlich zu Lasten bzw. zu Gunsten der KGaA bzw. der Kommanditaktionäre aus[439]. Der persönlich haftende Gesellschafter partizipiert an diesen Beträgen nicht.

Selbst geschaffene, immaterielle Wirtschaftsgüter des Anlagevermögens sind nach § 5 Abs. 2 EStG iVm. § 8 Abs. 1 KStG in der Steuerbilanz nicht aktivierbar, insoweit liegen sofort abzugsfähige Betriebsausgaben vor.

Jahresüberschuss	200.000 €
§ 60 Abs. 2 EStDV	./. 10.000 €
§ 9 Abs. 1 Nr. 1 KStG	./. 100.000 €
Zu versteuerndes Einkommen der KGaA	90.000 €

Wäre auch handelsrechtlich eine Aktivierung nicht zulässig gewesen, so wären nicht nur Abschreibungen in Höhe von 5.000 €, sondern die gesamten Herstellungskosten in Höhe von 15.000 € den Jahresüberschuss mindernd zu berücksichtigen gewesen. Der Jahresüberschuss hätte nur 190.000 €. Entsprechend der hälftigen Beteiligungsquote des A hätte dessen Gewinnanteil nur 95.000 € betragen. Von den 10.000 €, die mangels steuerrechtlicher Aktivierungsfähigkeit eine zusätzliche Einkommensminderung darstellen, hat somit die Hälfte unmittelbaren Einfluss auf den dem Komplementär zuzurechnenden Gewinnanteil gehabt. Gleichwohl wirken sich die 10.000 € nach der intransparenten Betrachtung in vollem Umfang auf das zu versteuernde Einkommen der KGaA, nicht aber auf den dem Komplementär

439 Ein Berechnungsbeispiel zu Drohverlustrückstellungen findet sich bei *Kusterer*, DStR 2008, 484, 486.

zuzurechnenden Gewinnanteil aus. Die Bilanzierungsdifferenzen realisieren sich unabhängig von ihrer „Herkunft“ nur auf Ebene der KGaA.

Folgt man der modifizierten intransparenten Betrachtung nach WASSERMEYER[440], so wäre Grundlage der Berechnung des hälftigen Gewinnanteils des A der nach § 60 Abs. 2 EStDV korrigierte Jahresüberschuss:

Jahresüberschuss	200.000 €
§ 60 Abs. 2 EStDV	./. 10.000 €
Zwischenergebnis	190.000 €
§ 9 Abs. 1 Nr. 1 KStG	./. 95.000 €
Zu versteuerndes Einkommen der KGaA	95.000 €

Hierdurch partizipiert der Komplementär an den Unterschiedsbeträgen nach § 60 Abs. 2 EStDV in einem seinem Gewinnanteil entsprechenden Maß. Im Vergleich zu den Besteuerungsfolgen der herrschenden intransparenten Betrachtung erscheint dieses Ergebnis schlüssiger.

b) Steuerfreie Einnahmen

<u>Abwandlung 2 des Beispiels unter § 8 III:</u> Die A-KGaA hat eine 100%ige Tochter-GmbH mit Sitz in Köln. Von dieser hat die A-KGaA in 2014 Dividenden in Höhe von 10.000 € erhalten.

Da die KGaA nach der intransparenten Betrachtungsweise das einzige Gewinnermittlungssubjekt ist und ihr sämtliche Einkünfte zuzurechnen sind[441], werden allein die für Körperschaften geltenden Vorschriften angewendet. Auch soweit der Gewinn auf den Komplementär entfällt, sind die enthaltenen Dividendenerträge allein Erträge der KGaA als Anteilseignerin und Zahlungsempfängerin[442]. Auf Ebene der KGaA sind § 8b Abs. 1 und 5 KStG somit uneingeschränkt anwendbar. Ein teilweiser Durchgriff auf den Komplementär erfolgt nicht. Dem Komplementär fließen die Dividenden der Tochter-GmbH nicht originär, sondern nur mittelbar über den Gewinnanteil zu[443]; sie sind damit beim Komplementär keine „Bezüge im Sinne des § 20 Abs. 1 Nr. 1 EStG“ mehr, sondern nur noch Teil eines einheitlichen Gewinnanteils von der KGaA. § 8b Abs. 6 KStG bzw. § 3 Nr. 40 EStG sind auf Ebene des persönlich haftenden Gesellschafters nicht anzuwenden[444].

---

440 Dieses Beispiel ergibt sich aus der konsequenten Fortsetzung der von *Wassermeyer*, in: FS Streck, 2011, S. 259, 266 geforderten Besteuerungsprinzipien.

441 *Märtens*, in: Gosch, KStG[3], 2015, § 9 Rn. 14; *Kopec/Kudert*, IStR 2013, 498, 501.

442 *Ebling*, in: FS Jakob, 2001, 67, 72.

443 *Ebling*, in: FS Jakob, 2001, 67, 72.

444 Darstellend *Hageböke*, Das KGaA-Modell, 2008, S. 119.

Die Dividenden sind nach § 8b Abs. 1, 5 KStG zu 95% steuerfrei zu belassen.

Jahresüberschuss	200.000 €
§ 8b Abs. 1 KStG	./. 10.000 €
§ 8b Abs. 5 KStG	+ 500 €
§ 9 Abs. 1 Nr. 1 KStG	./. 100.000 €
Zu versteuerndes Einkommen der KGaA	90.500 €

Die Dividenden von der Tochter-GmbH werden nach § 8b Abs. 1, 5 KStG zu 95% steuerfrei gestellt. Der Gewinnanteil des Komplementärs wird aber weiterhin als Anteil des handelsrechtlichen Jahresüberschusses ermittelt und enthält somit entsprechend der Beteiligungsquote des A die hälftige Dividende der T-GmbH. Durch § 9 Abs. 1 Nr. 1 KStG wird der Gewinnanteil – und in ihm auch die hälftige Dividende – in Abzug gebracht. Im Ergebnis wird die Dividende somit auf Ebene der KGaA „mehrfach", nämlich zu 145% einkommensmindernd berücksichtig[445].

Bestünde der Jahresüberschuss der KGaA zu einem größeren Anteil aus Dividenden, so könnte das zu versteuernde Einkommen der KGaA hierdurch sogar negativ werden[446]. Würde sich dieser Vorgang über viele Jahre wiederholen, so würden auf Ebene der KGaA Verluste akkumuliert, die weder für den Komplementär, der jedes Jahr eine erhebliche Steuerlast zu tragen hätte, noch für die Kommanditaktionäre nutzbar wären. Bei steuerfreien Dividendeneinkünften zeigt sich somit, dass die intransparente Betrachtung insbesondere bei Holdinggesellschaften, die einen erheblichen Teil ihres Jahresüberschusses aus Beteiligungserträgen erwirtschaften, zu einer „Besteuerungsschieflage" führen kann. Dieselben steuerrechtlichen Auswirkungen ergeben sich freilich auch bei anderen, zum Beispiel nach DBA steuerfreien Einkünften[447].

Diesem Umstand trägt die modifizierte intransparente Betrachtung Rechnung. Sie ermittelt den Gewinnanteil des Komplementärs, der nach § 9 Abs. 1 Nr. 1 KStG in Abzug gebracht wird, erst nach Anwendung des § 8b KStG:

---

445 Kritisch: *Rohrer/Orth*, BB 2007, 1594, 1601; *Wassermeyer*, Aussprache zu Crezelius, JbFStR 2010/2011, S. 484, 490.

446 *Drüen/van Heek*, DStR 2012, 541, 544; *Hageböke*, Das KGaA-Modell, 2008, S. 121; *Kessler*, in: FS Korn, 2005, S. 307, 320; *Mai*, in: F/M, KStG/GewStG/UmwStG, § 9 KStG Rn. 17 (01/2011). *Rohrer/Orth*, BB 2007, 1594, 1597 sehen hierin für die Kommanditaktionäre den Vorteil einer geringen Körperschaftsteuerbelastung und mithin eines größeren Ausschüttungsvolumens. *Hoppe*, Die Besteuerung der KGaA, 2014, S. 90 erkennt die Systemwidrigkeit entsprechender Ergebnisse, geht aber davon aus, dass es allein Aufgabe des Gesetzgebers sei, solche Ergebnisse zu vermeiden.

447 BFH v. 19.5.2010 – I R 62/09, BFHE 230, 18; zum Doppelbesteuerungsrecht vgl. noch § 9 VIII.

Jahresüberschuss	200.000 €
§ 8b Abs. 1 KStG	./. 10.000 €
§ 8b Abs. 5 KStG	+ 500 €
Zwischenergebnis	190.500 €
§ 9 Abs. 1 Nr. 1 KStG	./. 95.250 €
Zu versteuerndes Einkommen der KGaA	95.250 €

Wassermeyer vermeidet hierdurch, dass bereits nach § 8b KStG freigestellte Dividenden erneut nach § 9 Abs. 1 Nr. 1 KStG in Abzug gebracht werden. Nur der nach § 8b Abs. 5 KStG nicht freigestellte Dividendenanteil wird entsprechend der Beteiligungsquote auf A und die KGaA verteilt. Auf diesem Wege wird die ungleiche Verteilung der Steuerlast zwischen Komplementär und KGaA vermieden.

Indem die Steuerfreistellung durch § 8b KStG für die gesamte Dividende erfolgt, wird die Vorschrift auch auf den Teil der Dividendeneinkünfte angewendet, der dem Komplementär zuzurechnen ist. Insofern erscheint es sehr fraglich, ob der Zweck des § 8b KStG noch erfüllt wird[448]. Der Gesetzgeber hat die Vorschrift geschaffen, um Dividendeneinkünfte, die über mehrere Stufen zwischen Kapitalgesellschaften ausgeschüttet werden von einer Akkumulation der Körperschaftsteuer zu verschonen[449]. Im gesetzlichen Regelfall einer natürlichen Person als Komplementär wird dieser Zweck aber nicht erreicht, weil der Komplementär in diesen Fällen nach § 15 Abs. 1 S. 1 Nr. 3 EStG der Einkommensteuer unterliegt. Eine Akkumulation ist somit nicht zu befürchten.

Diesem Gedanken folgend korrigiert Bielinis den Ansatz Wassermeyers im Falle von Beteiligungseinkünften[450]. Er schlägt insoweit eine teleologische Reduktion des § 8b KStG im Rahmen der Gewinnermittlung der KGaA vor[451]. Der Gesetzgeber habe durch die Einführung des § 50d Abs. 11 EStG deutlich gemacht, dass er nicht bereit sei, Steuerfreistellungen für Dividendeneinkünfte der KGaA auch auf den Bereich des Komplementärs auszudehnen[452]. § 8b KStG sei auf Ebene der KGaA

---

448 *Hoppe*, Die Besteuerung der KGaA, 2014, S. 93 geht insoweit von einem „klaren Widerspruch zur Belastungsentscheidung des Gesetzgebers“ aus.

449 *Hey*, in: Tipke/Lang, Steuerrecht[22], 2015, § 11 Rn. 13; *Watermeyer*, in: HHR, EStG/KStG, § 8b KStG Rn. 5 (06/2014).

450 *Bielinis*, Die Besteuerung der KGaA, 2013, S. 147 ff. u.a. unter Bezugnahme auf *Drüen/van Heek*, DStR 2012, 541, 546.

451 Alternativ schlägt *Bielinis*, DStR 2014, 769, 775 vor, § 8b Abs. 1 S. 1 KStG um eine Formulierung entsprechend § 50d Abs. 11 EStG („soweit sie nicht einer anderen Person zuzurechnen sind“) zu ergänzen.

452 Nach der Beschlussempfehlung und dem Bericht des Finanzausschusses v. 5.3.2012, BT-Ds. 17/8867, S. 12 soll es zu keiner „dem Sinn und Zweck des Schachtelprivilegs widersprechenden Begünstigung von natürlichen Personen“ kommen.

demnach nur insoweit anzuwenden, als die Dividendeneinkünfte auf die KGaA selbst entfielen[453]. Für den anderen Teil komme aber ggf. eine Freistellung nach § 3 Nr. 40 lit. d EStG in Betracht. Das Ergebnis, das BIELINIS hierdurch erreicht, entspricht indes der transparenten Betrachtung[454].

c) *Nicht abziehbare Betriebsausgaben*

Abwandlung 3 des Beispiels unter § 8 III: Die A-KGaA hat dem Geschäftspartner X im Jahre 2014 ein Geschenk zu dessen Hochzeit in Höhe von 500 € gemacht.

Auch nicht abziehbare Betriebsausgaben[455] sind nach intransparenter Ansicht allein der KGaA zuzurechnen. Als solche kommen insbesondere die nach § 4 Abs. 5 EStG iVm. § 8 Abs. 1 KStG nicht abzugsfähigen Aufwendungen in Betracht. Dies sind neben Aufwendungen für Geschenke (§ 4 Abs. 5 Nr. 1 EStG) auch beispielsweise Bewirtungskosten (§ 4 Abs. 5 Nr. 2 EStG), Aufwendungen für Gästehäuser (§ 4 Abs. 5 Nr. 3 EStG), Jagd, Fischerei, Segel- oder Motorjachten (§ 4 Abs. 5 Nr. 4 EStG).

Nach § 4 Abs. 5 Nr. 1 EStG iVm. § 8 Abs. 1 KStG dürfen Geschenke an Personen, die nicht Arbeitnehmer des Steuerpflichtigen sind und deren Anschaffungs- bzw. Herstellungskosten pro Empfänger 35 € im Wirtschaftsjahr übersteigen, den Gewinn nicht mindern.

Jahresüberschuss	200.000 €
§ 4 Abs. 5 Nr. 1 EStG iVm. § 8 Abs. 1 KStG	+ 500 €
§ 9 Abs. 1 Nr. 1 KStG	./. 100.000 €
Zu versteuerndes Einkommen der KGaA	100.500 €

Auch hier zeigt sich, dass die steuerrechtliche Korrektur der nicht abziehbaren Betriebsausgaben allein die Gesellschaft belastet, weil der Gewinnanteil des Komplementärs wiederum vom handelsrechtlichen Jahresüberschuss berechnet wird. Dies erscheint in den Fällen des § 4 Abs. 5 EStG insbesondere aufgrund der nahezu alleinigen Entscheidungsgewalt der Komplementäre[456] besonders bedenklich. Als begründungsbedürftige Ausnahme vom objektiven Nettoprinzip[457] sind nach § 4

453 Dies soll selbst dann gelten, wenn der Komplementär selbst Körperschaftsteuersubjekt ist: *Bielinis*, Die Besteuerung der KGaA, 2013, S. 152.

454 Vgl. hierzu später § 10 II 1b.

455 Eine Übersicht zu nicht abziehbaren Betriebsausgaben findet sich bei *Knobbe-Keuk*, Bilanz- und Unternehmenssteuerrecht[9], 1993, § 8 II 2.

456 Zur herausgehobenen Führungsposition der Komplementäre sh. § 4 IV 1.

457 Das BVerfG hat den Verfassungsrang des objektiven Nettoprinzips bisher offen gelassen, so etwa BVerfG v. 9.12.2008 – 2 BvL 1/07, 2 BvL 2/07, 2 BvL 1/08, 2 BvL 2/08, BVerfGE 122, 210. Das objektive Nettoprinzip gehört aber zumindest zu den

Abs. 5 EStG traditionell solche Aufwendungen vom Abzug ausgeschlossen, welche die private Lebenssphäre des Unternehmers zumindest auch berühren und die ohne betriebliche Veranlassung typische Kosten der privaten Lebensführung wären[458]. Der Komplementär kann nun als nahezu alleiniger Entscheidungsträger im Namen der KGaA Geschenke machen, Geschäftsessen ausrichten, Gästehäuser und Segeljachten vorhalten, während die Steuerlast für diese unternehmerischen Entscheidungen im Ergebnis die Kommanditaktionäre tragen.

Durch die alleinige Zurechnung nichtabziehbarer Betriebsausgaben zur KGaA übersteigt in Extremfällen die Körperschaft- und Gewerbesteuerbelastung der KGaA den nach Abzug des Gewinnanteils des Komplementärs verbleibenden Anteil am Jahresüberschuss. Die sodann auftretenden Liquiditätsprobleme werden verstärkt, wenn der Komplementär seinen Gewinnanteil entnimmt. Dadurch kann die KGaA auf Fremdkapital zur Deckung ihrer Steuerverbindlichkeiten angewiesen sein[459].

Nach der modifizierten intransparenten Betrachtung werden die hinzugerechneten Beträge gleichmäßig zwischen Komplementär und KGaA verteilt:

Jahresüberschuss	200.000 €
§ 4 Abs. 5 Nr. 1 EStG iVm. § 8 Abs. 1 KStG	+ 500 €
Zwischenergebnis	200.500 €
§ 9 Abs. 1 Nr. 1 KStG	./. 100.250 €
Zu versteuerndes Einkommen der KGaA	100.250 €

Die Gewinnverteilung entspricht der Beteiligungsquote von KGaA und Komplementär. Anders als bei den steuerfreien Beteiligungseinkünften ergeben sich in der Behandlung nicht abziehbarer Betriebsausgaben nach § 4 Abs. 5 EStG keine Unterschiede durch differenzierende Besteuerungssysteme für Personen- und Kapitalgesellschaften; § 4 Abs. 5 EStG wird gleichermaßen auf beide Gesellschaftsformen angewendet. Hinsichtlich der nicht abziehbaren Betriebsausgaben erscheint die modifizierte intransparente Betrachtung somit plausibel.

d) Unangemessene Vergütungen

Abwandlung 4 des Beispiels unter § 8 III: A vermietet ein unbebautes Grundstück als Lagerplatz an die KGaA. Hierfür zahlt die KGaA dem A monatlich 1.000 €. Einem fremden Dritten hätte die KGaA für ein vergleichbares Grundstück nur 500 € gezahlt. Die KGaA hat genau dieses Grundstück angemietet, weil der Eigentümer A Komplementär der KGaA ist.

---

gesetzgeberischen Grundentscheidungen, die folgerichtig zu verwirklichen sind, vgl. *Hey*, in: Tipke/Lang, Steuerrecht[22], 2015, § 8 Rn. 55.

458 *Heinicke*, in: Schmidt, EStG[34], 2015, § 4 Rn. 521.

459 *Drüen/van Heek*, DStR 2012, 541, 544.

Unangemessene Zahlungen an den Komplementär sind insbesondere Vergütungen für Tätigkeiten oder die Überlassung von Wirtschaftsgütern, die einem Fremdvergleich nicht standhalten. Zahlt die KGaA ihrem Komplementär Vergütungen in einer Höhe, die ein ordentlicher, gewissenhafter Geschäftsmann einem Nicht-Gesellschafter unter sonst gleichen Umständen nicht gezahlt hätte, so ist davon auszugehen, dass die überhöhten Zahlungen durch das Gesellschaftsverhältnis veranlasst sind[460]. Unangemessene Zahlungen an den Komplementär sind bei der KGaA insbesondere aufgrund der gesellschaftsrechtlich besonders starken Stellung des Komplementärs zu besorgen[461].

Nach der intransparenten Betrachtung sind unangemessene Zahlungen der KGaA an den Komplementär verdeckte Gewinnausschüttungen im Sinne des § 8 Abs. 3 S. 2 KStG[462]. Da diese das Einkommen der KGaA nicht mindern dürfen, sind die unangemessenen Vergütungsteile, die zuvor innerbilanziell nach § 4 Abs. 4 EStG iVm. § 8 Abs. 1 KStG abgezogen wurden, außerbilanziell nach § 8 Abs. 3 S. 2 KStG

---

460 Statt aller BFH v. 11.2.1987 – I R 177/83, BStBl. II 1987, 461; v. 17.5.1995 – I R 147/93, BStBl. II 1996, 204; v. 30.1.2013 – II R 6/12, BStBl II 2013, 930.

461 **A.A.** *Ammenwerth*, Die KGaA, 1997, S. 129, 145, der unangemessene Zahlungen an den Komplementär bei der KGaA aufgrund des Interessengegensatzes zwischen Kommanditaktionären und Komplementären für ausgeschlossen hält, da die KGaA bei Rechtsgeschäften mit dem Komplementär durch den Aufsichtsrat vertreten werde. Auch *Frankenheim*, Die Ertrags- und Substanzbesteuerung der KGaA, 1994, S. 124 hält unangemessene Zahlungen an den Komplementär für unwahrscheinlich. **M.E.** zeigt die Praxis, dass allein eine theoretisch unabhängige Vertretung der KGaA durch den Aufsichtsrat nicht in allen Fällen Gewähr dafür bietet, ausschließlich angemessene Entscheidungen zu treffen. Auch vermeintlich unabhängige Vertreter können im Unternehmensalltag von Motivationen geleitet sein, die nicht dem gesetzlichen Leitbild entsprechen. Dies gilt umso mehr, als die Kommanditaktionäre aufgrund der gesellschaftsrechtlich starken Stellung des Komplementärs regelmäßig auf diesen und dessen Tätigkeit angewiesen sind. Zur starken gesellschaftsrechtlichen Stellung des Komplementärs, vgl. § 4 IV 1. Zudem enthalten die Satzungen der KGaAs in der Praxis regelmäßig Befreiungen von § 181 BGB, so etwa § 10 Abs. 2 der Satzung der Hella KGaA Hueck & Co. (Stand: 06.11.2014), § 14 Abs. 3 der Satzung der REWE Deutscher Supermarkt KGaA (Stand: 3.9.2012)§ 6 Nr. 3 der Satzung der Borussia Dortmund GmbH & Co. KGaA (Stand: 24.11.2014), § 8 S. 2 der Satzung der Familie Mankel Industriebeteiligungs GmbH & Co. KGaA (Stand: 16.12.2013).

462 *Grafmüller*, Geeignete Rechtsform für börsenwillige Familienunternehmen, 1994, S. 203 f.; *Mahlow*, DB 2003, 1540, 1544; *Otte*, Die AG & Co. KGaA, 2011, S. 198; *Riotte/Dümichen/Engel*, in: Schütz/Bürgers/Riotte, Die KGaA, 2004, § 9 Rn. 40 ff; ebenso *Bielinis*, Die Besteuerung der KGaA, 2013, S. 212; *Deutschländer*, StBP 2013, 283, 286; *Fischer*, DStR 1997, 1519, 1520; *Halasz/Kloster/Kloster*, GmbHR 2002, 77, 88.

wieder hinzuzurechnen. Um diese der Besteuerungssphäre des Komplementärs zuzuweisen, werden sie als Gewinnanteile nach § 9 Abs. 1 Nr. 1 KStG abgezogen[463].

Abbildung 10: Zuweisung unangemessener Zahlungen an den Komplementär.

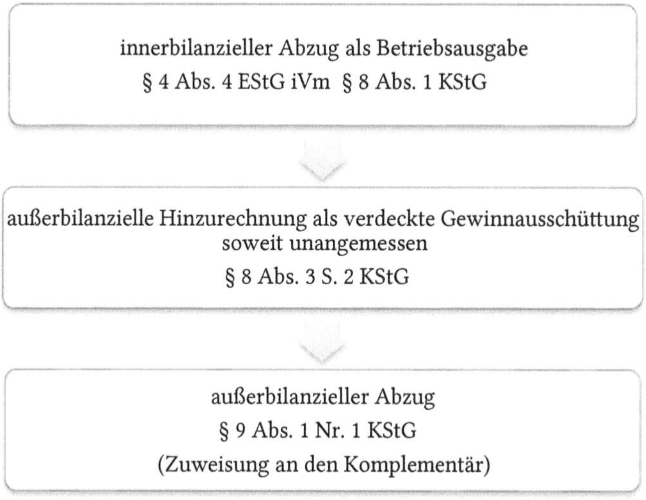

Für die Anwendbarkeit des § 8 Abs. 3 S. 2 KStG soll unbeachtlich sein, dass § 9 Abs. 1 Nr. 1 KStG die Vorschrift des § 8 Abs. 3 KStG – anders als § 9 Abs. 1 *Nr. 2* KStG – nicht ausdrücklich in Bezug nimmt. § 8 Abs. 3 S. 2 KStG sei ein grundlegendes Prinzip des KStG, um die betriebliche Sphäre von der nichtbetrieblichen abzugrenzen[464]. Eine gesonderte Inbezugnahme bei Nr. 1 sei insofern – anders als bei den Spenden nach Nr. 2, bei denen die Verhinderung „gespendeter vGA" erforderlich sei[465] – nicht nötig. Dies gelte umso mehr, weil § 9 Abs. 1 Nr. 1 KStG und § 8 Abs. 3 KStG gleichrangig nebeneinander stünden[466]. Sie seien in der Reihenfolge des Gesetzes nacheinander anzuwenden[467].

---

463 *Ellerbeck*, in: Schnitger/Fehrenbacher, KStG, § 9 Rn. 63; *Fischer*, DStR 1997, 1519; *Riotte/Dümichen/Engel*, in: Schütz/Bürgers/Riotte, Die KGaA, 2004, § 9 Rn. 41; **a.A.** *Malzahn*, in: Forum Steuerrecht 2012, S. 151, 169, der unangemessene Sondervergütungen nach § 8 Abs. 3 S. 2 KStG hinzurechnen, im Anschluss aber nicht § 9 Abs. 1 Nr. 1 KStG unterwerfen will. Vgl. auch *Mahlow*, DB 2003, 1540, 1544.

464 *Fischer*, DStR 1997, 1519 f.

465 *Mahlow*, DB 2003, 1540, 1543.

466 *Mahlow*, DB 2003, 1540, 1543; *Riotte/Dümichen/Engel*, in: Schütz/Bürgers/Riotte, Die KGaA, 2004, § 9 Rn. 41.

467 *Bielinis*, Die Besteuerung der KGaA, 2013, S. 212.

A hat für die Überlassung des Grundstücks im Jahre 2014 insgesamt 12.000 € erhalten, die bereits handelsrechtlich innerbilanziell als Betriebsausgaben verbucht wurden. In Höhe von 6.000 € hielten diese Zahlungen dem Fremdvergleich nicht stand – es handelt sich um verdeckte Gewinnausschüttungen.

Jahresüberschuss	200.000 €
§ 8 Abs. 3 S. 2 KStG	+ 6.000 €
§ 9 Abs. 1 Nr. 1 KStG	**./. 106.000 €**
Zu versteuerndes Einkommen der KGaA	100.000 €

Die verdeckte Gewinnausschüttung nach § 8 Abs. 3 S. 2 KStG wird dem handelsrechtlichen Gewinnanteil hinzugerechnet und beeinflusst somit auch die Höhe des Gewinnanteils nach § 9 Abs. 1 Nr. 1 KStG. Der Komplementär, der die Zahlungen erhalten hat, hat diese in seiner Sphäre zu versteuern. Die Kommanditaktionäre, die aufgrund ihrer eingeschränkten gesellschaftsrechtlichen Kompetenzen kaum Einfluss auf die Höhe der Vergütung nehmen konnten, tragen nicht die hiermit verbundene Steuerlast.

Die modifizierte intransparente Betrachtung kommt in diesem Fall zum selben Ergebnis[468].

e) Pensionszusagen

Abwandlung 5 des Beispiels unter § 8 III: Die KGaA hat dem Komplementär A eine Pensionszusage gemacht. Am 31.12.2014 ist der unter Berücksichtigung des § 6a Abs. 3, 4 EStG und den anerkannten Regeln der Versicherungsmathematik ermittelte Teilwert der Pensionszusage 3.000 € höher als am Bilanzstichtag des Jahres 2013 (steuerrechtlich relevanter Wert). In der Handelsbilanz wurde die Rückstellung nach den Grundsätzen ordnungsmäßiger Buchführung mit dem notwendigen Erfüllungsbetrag nach vernünftiger kaufmännischer Beurteilung (§ 253 Abs. 1 S. 2 HGB) bewertet. Dieser Wert war 4.000 € höher als zum Schluss des vorgegangenen Wirtschaftsjahres.

Mit einer Pensionszusage im Rahmen eines Dienstverhältnisses verspricht der Dienstberechtigte Versorgungsleistungen an den Dienstverpflichteten oder dessen Rechtsnachfolger namentlich für das Erreichen einer bestimmten Altersgrenze, für Erwerbsunfähigkeit oder im Todesfall[469]. Rechtsgrund ist insoweit keine Schenkung unter dem Gesichtspunkt der Fürsorge[470], sondern ein zurückbehaltener Gehaltsanteil als Gegenleistung für eine frühere Tätigkeit im Dienste der

468 *Wassermeyer*, in: FS Streck, 2011, S. 259, 272.
469 *Patt/Rasche*, DB 1993, 2400, 2401.
470 *Patt/Rasche*, DB 1993, 2400, 2401.

Gesellschaft[471]. Eine Pensionszusage ist somit nur eine andere Art der Tätigkeitsvergütung[472].

Nach der intransparenten Betrachtung soll eine steuerrechtliche Anerkennung solcher Pensionszusagen unter den gleichen Voraussetzungen möglich sein, wie dies beim Gesellschafter-Geschäftsführer einer GmbH der Fall ist. Die Gesellschaft muss[473] für Pensionszusagen im Rahmen und nach Maßgabe des § 6a EStG iVm. § 8 Abs. 1 KStG eine Rückstellung für Pensionsverpflichtungen bilden. Voraussetzung ist, neben den allgemeinen Rückstellungsvoraussetzungen insbesondere, dass der Komplementär einen Rechtsanspruch auf die Pension hat, diese nicht unter Widerrufsvorbehalten im Sinne des § 6a Abs. 1 Nr. 2 EStG steht und dem Anspruch eine eindeutige, klare und schriftliche Zusage zu Grunde liegt. Die Aufwendungen zur Rückstellungsbildung sind bereits innerbilanziell Betriebsausgaben der KGaA und mindern damit das zu versteuernde Einkommen. Die Bildung einer Pensionszusage an den Komplementär wird damit steuerrechtlich anerkannt.

Steuerrechtlich darf die Pensionsrückstellung in einem Wirtschaftsjahr maximal um den Unterschiedsbetrag zwischen dem Teilwert der Pensionsverpflichtung am Schluss des Wirtschaftsjahres und am Schluss des vorangegangenen Wirtschaftsjahres erhöht werden, § 6a Abs. 4 EStG. Die Korrektur ist – als spezieller Fall des § 60 Abs. 2 EStDV – außerbilanziell vorzunehmen.

Jahresüberschuss	200.000 €
§ 6a EStG iVm. § 8 Abs. 1 KStG	+ 1.000 €
§ 9 Abs. 1 Nr. 1 KStG	./. 100.000 €
Zu versteuerndes Einkommen der KGaA	101.000 €

Die Anpassung um 1.000 € ergibt sich aus der Differenz zwischen der handelsrechtlichen Rückstellungserhöhung um 4.000 € und der steuerrechtlich nur zulässigen Rückstellungserhöhung um 3.000 €. Dieser Anpassungsbetrag entfällt erneut in vollem Umfang auf die Gesellschaft. Der Komplementär trägt hierfür keine Steuerlast.

Die modifizierte intransparente Betrachtung berechnet den Gewinnanteil nach § 9 Abs. 1 Nr. 1 KStG wiederum als Anteil des korrigierten Jahresüberschusses:

471 So schon RFH v. 21.12.1937 – I 251/37, RStBl. 1938, 334; *Patt/Rasche*, DB 1993, 2400, 2401.

472 Zur neueren Rechtsprechung zu Pensionszusagen an Gesellschafter-Geschäftsführer, vgl. *Demuth/Fuhrmann*, kösdi 2015, 19213 ff.

473 Zur Passivierungspflicht für sog. Neuzusagen, vgl. *Patt/Rasche*, DB 1993, 2400, 2403.

Jahresüberschuss § 6a EStG iVm. § 8 Abs. 1 KStG	200.000 € + 1.000 €
Zwischenergebnis	201.000 €
§ 9 Abs. 1 Nr. 1 KStG	./. 100.500 €
Zu versteuerndes Einkommen der KGaA	100.500 €

Die Steuerlast für die Korrektur der Pensionsrückstellung trifft zumindest teilweise den Komplementär als Empfänger der Pension.

2. Die gewerblichen Einkünfte nach § 15 Abs. 1 S. 1 Nr. 3 EStG

Nach der Behandlung der streitbefangenen Besteuerungssachverhalte auf Ebene der KGaA sollen im Folgenden die Konsequenzen der intransparenten Betrachtung auf der Besteuerungsebene des Komplementärs dargestellt werden.

a) Der Gewinnanteil nach § 15 Abs. 1 S. 1 Nr. 3, 1. Alt. EStG

Nach der intransparenten Betrachtung entspricht der steuerrechtliche Gewinnanteil des Komplementärs nach § 15 Abs. 1 S. 1 Nr. 3, 1. Alt. EStG dem Betrag, der bei der KGaA nach § 9 Abs. 1 Nr. 1 KStG abzuziehen war[474]. Da sich sämtliche Besteuerungstatbestände (Dividendenfreistellung, Korrektur nach § 60 Abs. 2 EStDV etc.) bereits vollumfänglich auf Gesellschaftsebene verwirklicht haben, kommt eine Modifikation des Gewinnanteils auf Ebene des Komplementärs nicht mehr in Betracht[475]. Der Gewinnanteil des Komplementärs ist somit nicht die Zusammenfassung einzelner Geschäftsvorfälle, sondern letztlich nur eine einheitliche „Dividende“, die aufgrund der Sonderregelung des § 15 Abs. 1 S. 1 Nr. 3 EStG ausnahmsweise zu Einkünften aus Gewerbebetrieb umqualifiziert wird.

Auch nach der modifizierten intransparenten Betrachtung kommt die Berücksichtigung der hinter der Gewinnausschüttung stehenden Geschäftsvorfälle nicht in Betracht.

Eine Ausnahme sieht – soweit ersichtlich – nur Bielinis für Beteiligungseinkünfte vor[476]. Soweit im zugerechneten Gewinnanteil der KGaA Beteiligungseinkünfte enthalten seien, sei ausnahmsweise ein Durchgriff auf die einzelnen

---

474 *Bielinis*, Die Besteuerung der KGaA, 2013, S. 175; *Wassermeyer*, in: FS Streck, 2011, S. 259, 270.

475 Soweit ersichtlich nur *Malzahn*, in: Forum Steuerrecht 2012, S. 151, 161 diskutiert nach einer 95%igen Freistellung der Dividende nach § 8b KStG und einer Zuweisung des anteiligen Jahresüberschusses zum Komplementär nach § 9 Abs. 1 Nr. 1 KStG auf Ebene der KGaA eine zusätzliche 40%ige Freistellung nach § 3 Nr. 40 lit. d EStG auf Ebene des Komplementärs, lehnt dies aber i.E. zu Recht ab.

476 *Bielinis*, Die Besteuerung der KGaA, 2013, S. 167.

Geschäftsvorfälle möglich. Der Komplementär könne insoweit eine Steuerbefreiung nach § 3 Nr. 40 lit. d EStG (bzw. § 8b KStG bei der kapitalistischen KGaA) selbst beanspruchen (vgl. § 9 II 1b; zu den Auswirkungen beim Gesellschafter vgl. § 10 II 2a (b)).

b) Der Gewinnanteil nach § 15 Abs. 1 S. 1 Nr. 3, 2. Alt. EStG

(a) Leistungsbeziehungen zwischen KGaA und Komplementär

Abwandlung 6 des Fallbeispiels unter § 8 III: A vermietet der A-KGaA ein unbebautes Grundstück als Lagerplatz zu einem monatlichen Mietzins von 1.000 € und gewährte ihr vor einigen Jahren ein Darlehen in Höhe von 50.000 € gewährt. Das Darlehen wird fremdüblich mit 5% p.a. verzinst.

Zivilrechtlich können die Komplementäre ihrer KGaA als Vertragspartner, beispielsweise als Vermieter oder Darlehensgeber[477], gegenübertreten. Die KGaA ist als juristische Person eigenständiger Rechtsträger. Zudem wird die KGaA im Verhältnis zum Komplementär auch außergerichtlich durch den Aufsichtsrat vertreten (§§ 278 Abs. 3 iVm. 112 AktG). Kollisionsproblematiken im Sinne des § 181 BGB entstehen somit regelmäßig nicht; darüber hinaus ist der Komplementär in der Praxis regelmäßig von den Beschränkungen des § 181 BGB befreit (vgl. § 9 II 1d Note 459).

Nach der intransparenten Betrachtungsweise hat der Komplementär kein Sonderbetriebsvermögen, weil eine Mitunternehmerstellung bei einer Kapitalgesellschaft nicht denkbar sei[478]. Da die Vermögensebenen von KGaA und Komplementär völlig getrennt sind, werden sonstige Zahlungen, die der Komplementär von der KGaA erhält, den jeweiligen Einkunftsarten zugerechnet. Da § 15 Abs. 1 S. 1 Nr. 3, 2. Alt. EStG aber eine spezialgesetzliche Anordnung trifft, werden auch Einkünfte aus der Überlassung von Wirtschaftsgütern und Darlehenszinsen zu Einkünften aus Gewerbebetrieb umqualifiziert[479]. Die Funktion des § 15 Abs. 1 S. 1 Nr. 3, 2. Alt. EStG beschränkt sich somit nach der intransparenten Betrachtung auf die bloße Umqualifikation von Einkünften.

Der monatliche Mietzins von 1.000 € für den Lagerplatz ist Betriebsausgabe der Gesellschaft; der entsprechende Aufwand wurde bereits im Jahresüberschuss berücksichtigt. A erzielt grundsätzlich Einkünfte aus § 21 EStG; diese werden aber wegen der besonderen Anordnung in § 15 Abs. 1 S. 1 Nr. 3, 2. Alt. EStG zu gewerblichen Einkünften

---

477 *Schaumburg/Schulte,* Die KGaA, 2000, Rn. 26; *Sauter,* Die Gewinnverwendung in der kapitalistischen KGaA, 2008, S. 19.

478 *Hempe/Siebels/Uhl,* DB 2001, 2268, 2270. *Bielinis,* Die Besteuerung der KGaA, S. 276 hält das Konstrukt des Sonderbetriebsvermögens für nicht auf die KGaA übertragbar.

479 Zur reinen Umqualifikationsfunktion vgl. *Bielinis,* Die Besteuerung der KGaA, 2013, S. 126 f.

umqualifiziert. Auch die Darlehenszinsen iHv. 2.500 € stellen Betriebsausgaben der KGaA dar. Die Einkünfte des A aus § 20 EStG werden nach § 15 Abs. 1 S. 1 Nr. 3, 2. Alt. EStG zu gewerblichen Einkünften umqualifiziert.

	KGaA	A
Jahresüberschuss	200.000 €	
§ 9 Abs. 1 Nr. 1 KStG	./. 100.000 €	
§ 15 Abs. 1 S. Nr. 3, 1. Alt. EStG		100.000 €
§ 15 Abs. 1 S. 1 Nr. 3, 2. Alt. EStG Miete Zinsen		 12.000 € 2.500
Summe	100.000 €	114.500 €

(b) Pensionszusagen

Nach Auffassung der Vertreter der intransparenten Betrachtung sind Pensionszahlungen Bezüge aus früheren Dienstleistungen im Sinne des § 19 Abs. 1 Nr. 2 EStG, die nach § 15 Abs. 1 S. 1 Nr. 3 EStG zu gewerblichen Einkünften umqualifiziert werden. § 15 Abs. 1 S. 1 Nr. 3 EStG soll darüber hinaus aber keine ausreichende Rechtsgrundlage für die zeitliche Vorverlagerung des Besteuerungszeitpunkts von Pensionszusagen darstellen. Dies ergebe sich bereits aus dem Wortlaut des § 15 Abs. 1 S. 1 Nr. 3, 2. Alt. EStG, wonach der Besteuerung nur unterliege, was der Komplementär bereits „bezogen hat“[480]. Die bloße Aussicht auf künftige Pensionszahlungen, die regelmäßig ungewiss ist, reiche hingegen nicht aus, um die Besteuerung vorzuziehen. Eine Besteuerung nach § 15 Abs. 1 S. 1 Nr. 3 EStG komme demnach erst in dem Zeitpunkt in Betracht, in dem auch die Einkünfte aus § 19 Abs. 1 Nr. 2 EStG zufließen würden[481].

Da die Vertreter der intransparenten Betrachtung die Bildung von Sonderbetriebsvermögen für den Komplementär ablehnen, kommt eine mit der Mitunternehmerschaft vergleichbare korrespondierende Bilanzierung einer Pensionsanwartschaft nicht in Betracht[482].

480 *Busch/Thieme*, FR 2008, 1137, 1143.

481 Für Personengesellschafter *Keuk*, StuW 1974, 1, 33; *Knobbe-Keuk*, Bilanz- und Unternehmenssteuerrecht9, 1993, § 11 IV 6 a. **A.A.** bereits das Königlich Preußische Oberverwaltungsgericht in Staatssteuersachen am 10.12.1913 – III 12/12, PrOVGE 16, 33 ff. Zum Aktivierungszeitpunkt von Geschäftsführungsvergütungen unabhängig vom Zahlungszeitpunkt vgl. BFH v. 4.12.2012 – I R 42/11, BFH/NV 2013, 589, ebenso in der Vorinstanz FG Münster v. 6.4.2011 – 9 K 1046/09 G,F, EFG 2011, 2000; vgl. hierzu auch *Hageböke*, Der Konzern 2014, 134.

482 *Gocke*, DB 1994, 2162, 2163 f.; *Hoppe*, Die Besteuerung der KGaA, 2014, S. 130.

III. Konsequenzen der Intransparenz für die Organschaft

Die KGaA kann sowohl Organgesellschaft als auch Organträger eines Organkreises sein[483].

1. Die KGaA als Organträger

Unter den Voraussetzungen des § 14 KStG kann die KGaA Organträger einer körperschaftsteuerrechtlichen Organschaft sein[484]. Handelsrechtlich fließt der der Organgesellschaft abzuführende Gewinn in den Jahresüberschuss der KGaA ein, aus dem sich sodann der Gewinnanteil des Komplementärs ergibt.

In steuerrechtlicher Hinsicht wird das Einkommen, welches dem Organträger von der Organgesellschaft zugerechnet wird, wie eigenes Einkommen des Organträgers behandelt. Die dargestellten Rechtsfolgen der intransparenten Betrachtungsweise (§ 9 II 1, 2) betreffen das zugerechnete Einkommen der Organgesellschaft damit ebenso, wie das originäre Einkommen des Organträgers.

Abbildung 11: KGaA als Organträger.

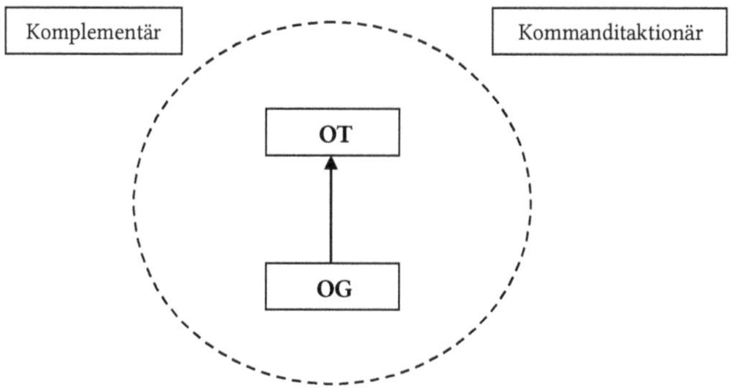

483 *Hölzl*, Die Besteuerung der KGaA, 2003, S. 116; *Koths*, in: Herzig, Organschaft, 2003, S. 65; *Eversberg*, in: Herzig, Organschaft, 2003, S. 76; *Renz*, Die Besteuerung der GmbH & Co. KGaA, 2006, S. 87.

484 *Schaumburg/Schulte*, Die KGaA, 2000, Rn. 114. Eine Organschaft mit einer Komplementärgesellschaft als Organgesellschaft ist allerdings nicht denkbar, da diese kein „anderes gewerbliches Unternehmen" darstellt, vgl. *Renz*, Die Besteuerung der GmbH & Co. KGaA, 2006, S. 88.

2. Die KGaA als Organgesellschaft

§ 14 Abs. 1 S. 1 KStG nennt die KGaA ausdrücklich als mögliche Organgesellschaft im Rahmen einer Organschaft. In diesem Fall ergeben sich zwar keine Auswirkungen durch das intransparente/ transparente Besteuerungskonzept; es erfolgt dennoch der Vollständigkeit halber eine kurze Darstellung.

a) Kommanditaktionär als Organträger

Die KGaA soll jedenfalls dann Organgesellschaft sein können, wenn der Organträger als Kommanditaktionär an der KGaA beteiligt ist[485]. Der Abschluss eines Gewinnabführungsvertrags zwischen dem Kommanditaktionär als Organträger und der KGaA ist unbedenklich, weil der Kommanditaktionär kein Organ der KGaA und damit ein „anderes Unternehmen" im Sinne des § 291 AktG ist[486].

Für die finanzielle Eingliederung nach § 14 Abs. 1 Nr. 1 KStG soll es ausschließlich auf die Mehrheit der Anteile am Grundkapital ankommen[487], denn nur die Kommanditaktionäre haben nach § 285 AktG in der Hauptversammlung ein Stimmrecht[488]. Der Komplementär soll vollständig außerhalb der körperschaftsteuerrechtlichen Organschaft stehen[489]. Auch für die Abführung des „ganzen Gewinns" nach § 14 Abs. 1 S. 1 KStG soll es nur auf den verbleibenden Gewinn nach Abzug des Gewinnanteils des Komplementärs ankommen[490]. Denn dieser steht für die Gewinnverwendung nicht mehr zur Verfügung[491]. Zahlungen an Minderheitsaktionäre sind Ausgleichzahlungen im Sinne des § 16 KStG[492].

---

485 *Schaumburg/Schulte*, Die KGaA, 2000, Rn. 116.

486 *Hölzl*, Die Besteuerung der KGaA, 2003, S. 123; *Renz*, Die Besteuerung der GmbH & Co. KGaA, 2006, S. 88.

487 *Frotscher*, Der Konzern 2005, 139, 142; *Hageböke*, Das KGaA-Modell, 2008, S. 218; *Hölzl*, Die Besteuerung der KGaA, 2003, S. 118; *Nagel/Wittkowski*, Die KGaA, 2012, § 4 Rn. 64; *Riotte/Dümichen/Engel*, in: Schütz/Bürgers/Riotte, Die KGaA, 2004, § 9 Rn. 67.

488 *Frotscher*, Der Konzern 2005, 139, 142; *Hölzl*, Die Besteuerung der KGaA, 2003, S. 118 f; *Schaumburg/Schulte*, Die KGaA, 2000, Rn. 116; *Kolbe*, in: HHR, EStG/KStG, § 14 KStG Rn. 113 (01/2015).

489 *Frotscher*, Der Konzern 2005, 139, 142.

490 *Ernst&Young*, DB 147, 150; *Frotscher*, Der Konzern 2005, 139, 142; *Schaumburg/Schulte*, Die KGaA, 2000, Rn. 117 f.

491 *Schaumburg/Schulte*, Die KGaA, 2000, Rn. 118.

492 *Ernst&Young*, DB 2014, 147, 150.

Abbildung 12: KGaA als OG – OT ist Aktionär.

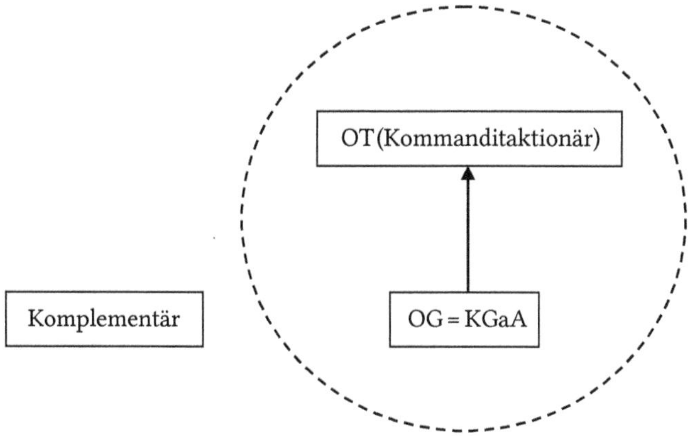

M.E. ist das bloße Abstellen auf die Mehrheit der Stimmrechte in der Hauptversammlung zur Feststellung einer finanziellen Eingliederung bei der KGaA problematisch. § 14 Abs. 1 S. 1 Nr. 1 KStG soll nach seinem *telos* sicherstellen, dass die Rechtsfolgen der Organschaft nur eintreten, wenn der Organträger im Bezug auf die Organgesellschaft bei den Entscheidungen des täglichen Geschäftsverkehrs seinen Willen durchsetzen kann[493]. Bei anderen Kapitalgesellschaften ist hiervon auszugehen, wenn eine Stimmrechtsmehrheit besteht. Aufgrund der herausgehobenen Stellung der Komplementäre in der KGaA und der eingeschränkten und mit Zustimmungsvorbehalten der Komplementäre überlagerten Funktion der Hauptversammlung[494] ist eine Durchsetzung des Willens des Kommanditaktionärs als Organträger jedoch weder im täglichen Geschäft noch bei außergewöhnlichen Geschäften auch nur annähernd gesichert[495]. Eine finanzielle Eingliederung der KGaA in das Unternehmen des Kommanditaktionärs kann m.E. daher bei der gesetzestypischen KGaA nicht vorliegen. Etwas anderes muss freilich gelten, wenn die Entscheidungsbefugnisse der Hauptversammlung auf Satzungsebene erweitert und die Befugnisse des Komplementärs auf gleicher Ebene wesentlich beschnitten wurden.

493 *Kolbe*, in: HHR, EStG/KStG, § 14 KStG Rn. 100 (01/2015).

494 Vgl. hierzu § 4 IV 1, 2.

495 **A.A.** unter Verweis auf den Wortlaut des § 14 KStG *Riotte/Dümichen/Engel*, in: Schütz/Bürgers/Riotte, Die KGaA, 2004, § 9 Rn. 67.

b) Komplementär als Organträger

Der Organträger kann nur dann als Komplementär an der Organgesellschafts-KGaA beteiligt sein, wenn er zugleich mehrheitlicher Kommanditaktionär ist[496]. Hierdurch erhält er einerseits die für die finanzielle Eingliederung notwendigen Mehrheit der Stimmrechte in der Hauptversammlung (§ 285 AktG)[497]. Andererseits verschafft ihm die gesellschaftsrechtlich starke Position des Komplementärs eine Möglichkeit zur Durchsetzung seines Willens im alltäglichen Geschäft.

Allerdings ist der Komplementär als „Organ kraft Gesetzes" kein „anderes" Unternehmen iSd. § 291 AktG[498], so dass der Abschluss eines Gewinnabführungsvertrags nicht möglich ist. Ebenso ist der Komplementär als Organträger auch kein „anders gewerbliches Unternehmen" im Sinne des § 14 Abs. 1 S. 1 KStG.

Diese Einschränkung der körperschaftsteuerrechtlichen Organschaft erscheint verschmerzbar, führt man sich die Rechtsfolgen der Organschaft vor Augen: Denn das auf den Komplementär entfallende Einkommen wird ihm steuerrechtlich auch ohne die Rechtsfolgen des § 14 Abs. 1 S. 2 KStG nach § 9 Abs. 1 Nr. 1 KStG iVm. 15 Abs. 1 S. 1 Nr. 3 EStG zugerechnet[499].

IV. Konsequenzen der Intransparenz für die Anwendung des Umwandlungssteuerrechts

Da die Vertreter der intransparenten Betrachtung davon ausgehen, dass die KGaA insgesamt und ohne „zweite Sphäre" eine Kapitalgesellschaft ist, sind die Vorschriften des UmwStG für Kapitalgesellschaften vollumfänglich anwendbar[500]. Ein Bedarf für sog. Mischumwandlungen[501] bestehe nicht. Da keine gesamthänderische

---

496 *Hölzl*, Die Besteuerung der KGaA, 2003, S. 123; *Renz*, Die Besteuerung der GmbH & Co. KGaA, 2006, S. 88; *Riotte/Dümichen/Engel*, in: Schütz/Bürgers/Riotte, Die KGaA, 2004, § 9 Rn. 68; *Schaumburg/Schulte*, Die KGaA, 2000, Rn. 119.

497 *Riotte/Dümichen/Engel*, in: Schütz/Bürgers/Riotte, Die KGaA, 2004, § 9 Rn. 71; *Schaumburg/Schulte*, Die KGaA, 2000, Rn. 120.

498 *Hölzl*, Die Besteuerung der KGaA, 2003, S. 121; *Schaumburg/Schulte*, Die KGaA, 2000, Rn. 123.

499 *Hölzl*, Die Besteuerung der KGaA, 2003, S. 122; *Schaumburg/Schulte*, Die KGaA, 2000, Rn. 122.

500 So argumentierte auch schon der RFH in seinem Urteil vom 1.5.1928 – II A 160/28, Bd. 23 S. 186 ff. als er die Umwandlung einer KGaA in eine AG sowie von Personengesellschaften untereinander als steuerfrei, die Umwandlung einer KGaA in eine KG aber als steuerpflichtig betrachtete. Da die KGaA mit eigener Rechtspersönlichkeit ausgestattet sei, entspreche sie steuerlich einer AG; das anders lautende Urteil des Kammergerichts v. 31.5.1886, Jahrbuch 6 S. 62, beruhe nur darauf, dass die KGaA seinerzeit noch eine Unterart der KG ohne eigene Rechtspersönlichkeit gewesen sei.

501 Vgl. dazu unter § 10 IV 3.

Beteiligung des Komplementärs am Betriebsvermögen besteht[502], seien im Rahmen von Umwandlungsvorgängen auch keine Ergänzungsbilanzen zu erstellen[503].

1. Kapitalgesellschaft als übertragender Rechtsträger

Für Umwandlungen in eine Vermögenseinlage des Komplementärs einer KGaA soll nach der intransparenten Betrachtung das Folgende gelten:

a) Verschmelzung

Wird eine Kapitalgesellschaft auf eine KGaA verschmolzen und werden die Anteilseigner der Kapitalgesellschaft hierdurch Komplementäre und das Vermögen der Kapitalgesellschaft zu besonderen Vermögenseinlagen[504], so ist steuerrechtlich ungeachtet der gesellschaftsrechtlich herausgehobenen Stellung des Komplementärs von einer Vollübertragung auf eine andere Körperschaft auszugehen. Die Verschmelzung richtet sich nach §§ 11–13, 19 UmwStG[505] (vgl. § 6 III 1a).

b) Auf-/Abspaltung

Wird ein Teil einer Kapitalgesellschaft ab- oder wird die Kapitalgesellschaft aufgespalten und erhalten die Anteilseigner der Kapitalgesellschaft hierfür als Komplementäre besondere Vermögenseinlagen, so richtet sich der Vorgang steuerrechtlich nach §§ 15, 19 UmwStG. Nach § 15 UmwStG sind die für die Verschmelzung geltenden §§ 11–13 UmwStG entsprechend anwendbar.

c) Ausgliederung

Wird ein Teilbetrieb einer Kapitalgesellschaft auf eine KGaA übertragen und erhält die Kapitalgesellschaft hierfür als Komplementärin eine besondere Vermögenseinlage, so sollen steuerrechtlich die §§ 20 ff. UmwStG anzuwenden sein (vgl. § 6 III 1c). Die Komplementäreinlage wäre im Falle einer Einlage unter dem gemeinen Wert sperrfristbehaftet im Sinne des § 22 Abs. 1 UmwStG.

---

502 BFH v. 27.4.2005 – II B 76/04, BFH/NV 2005, 1627, 1628.

503 FG München v. 10.7.2003 – 5 K 2681/97, EFG 2003, 1691, rkr.

504 Zur (letztlich wohl zu bejahenden) Frage nach der zivilrechtlichen Zulässigkeit des Beitritts neuer Komplementäre im Zuge der Verschmelzung vgl. *Schütz*, in: Schütz/Bürgers/Riotte, Die KGaA, 2004, § 11 Rn. 126 ff.

505 *Kusterer*, DStR 1998, 1412, 1413: „immerhin handelt es sich bei dem Unternehmer [...] um die KGaA als solche und nicht um deren Gesellschafter"; darstellend auch: *Kusterer*, FR 2003, 502, 505.

d) *Formwechsel*

Ein Formwechsel einer Kapitalgesellschaft in eine KGaA soll steuerrechtlich auch insoweit irrelevant sein, als Komplementäreinlagen begründet werden, weil die KGaA auch hinsichtlich dieser Sphäre eine Kapitalgesellschaft bleibe.

2. Personengesellschaft als übertragender Rechtsträger

Ist der übertragende Rechtsträger eine Personengesellschaft und erfolgt die Übertragung in den Komplementäranteil der KGaA, so sollen umwandlungssteuerrechtlich stets die §§ 20–23 UmwStG anzuwenden sein[506], im Falle des Formwechsels in Verbindung mit § 25 UmwStG (vgl. insgesamt bereits § 6 III 2). Auch hier käme es zur Sperrfristbehaftung der Komplementäreinlage (§ 22 Abs. 1 UmwStG).

V. Konsequenz der Intransparenz für die Übertragung von Einzelwirtschaftsgütern

Nach der intransparenten Betrachtung ist die KGaA als Kapitalgesellschaft völlig von der Sphäre des Komplementärs zu trennen. Überträgt die Gesellschaft Einzelwirtschaftsgüter in ein Betriebsvermögen des Komplementärs oder in sein Sonderbetriebsvermögen bei einer Mitunternehmerschaft, so liegen steuerpflichtige Veräußerungsvorgänge vor. Finden diese unentgeltlich oder zu nicht fremdüblichen Konditionen statt, so handelt es sich – entsprechend der Behandlung unangemessener Zahlungen[507] – um verdeckte Gewinnausschüttungen nach § 8 Abs. 2 S. 3 KStG an den Komplementär.

§ 6 Abs. 5 EStG, der unter anderem die unentgeltliche oder gegen Gewährung von Gesellschaftsrechten erfolgende Übertragung eines Einzelwirtschaftsguts aus dem Gesamthandsvermögen einer Mitunternehmerschaft in ein Betriebsvermögen des Mitunternehmers steuerneutral möglich macht, soll nicht anzuwenden sein. Denn zum einen sei die KGaA keine Mitunternehmerschaft und zum anderen verfüge sie nicht über Gesamthandsvermögen. Mangels Sonderbetriebsvermögen des Komplementärs bei der KGaA sollen auch die das Sonderbetriebsvermögen betreffenden Übertragungstatbestände nicht einschlägig sein.

---

506 Für die Einbringung: Darstellung bei *Schaumburg/Schulte*, Die KGaA, 2000, Rn. 186a; *Bauschatz*, DStZ 2007, 39, 44.

507 Vgl. § 9 II 1d.

VI. Konsequenzen der Intransparenz für die Anwendung der Zinsschranke

§ 8a KStG iVm. § 4h EStG beschränkt die steuerrechtliche Abzugsfähigkeit für Zinsaufwendungen[508]. Diese sind nach § 4h Abs. 1 S. 1 EStG über die Zinserträge hinaus nur bis zur Höhe des verrechenbaren EBITDA als Betriebsausgabe zu berücksichtigen.

§ 4h EStG dient der Sicherung inländischen Besteuerungssubstrats sowie der Vermeidung missbräuchlicher, insbesondere gewinnverlagernder Steuergestaltungen[509] (qualifizierte Fiskalzwecknorm). Darüber hinaus sollen Anreize für internationale Konzerne geschaffen werden, Gewinne in das Inland zu verlagern, um auf diesem Wege höhere Zinsaufwendungen in Abzug bringen zu können[510]. Die Zinsschranke ist somit auf die Bekämpfung grenzüberschreitender Finanzierungsgestaltungen ausgerichtet; ihr tatsächlicher Anwendungsbereich ist hingegen wesentlich weiter[511]. § 8a KStG iVm. § 4h EStG gehen in ihrem Wortlaut nicht auf Besonderheiten der KGaA-Besteuerung ein.

1. Kein eigener Betrieb des Komplementärs

Die Zinsschranke ist für jeden Betrieb gesondert zu ermitteln. Deshalb stellt sich zunächst die Frage, ob nur die KGaA oder auch der Komplementär einen „Betrieb" im Sinne des § 4h EStG unterhalten. Unstreitig unterhält der Komplementär auch nach der intransparenten Betrachtung einen eigenen Betrieb, wenn er neben seiner Gesellschafterstellung ein eigenes Gewerbe betreibt, wie dies typischerweise bei der kapitalistischen KGaA der Fall ist[512]. In allen anderen Fällen liegt nach der intransparenten Betrachtung kein eigener Betrieb des Komplementärs vor[513], denn der Komplementär erhält als Gesellschafter nur umqualifizierte Dividendeneinkünfte. Den (einzigen) Betrieb der KGaA unterhält die Gesellschaft selbst.

---

508 Zu Zweifeln an der Verfassungsmäßigkeit des § 4h EStG vgl. BFH v. 13.3.2012 – I B 111/11, BStBl. II 2012, 611; ebenso FG Berlin-Brandenburg v. 13.10.2011 – 12 V 12089/11, EFG 2012, 358.

509 So die Begründung zum Gesetzesentwurf BT-Ds. 16/4841, 48.

510 BT-Ds. 16/4841, 48.

511 *Hick*, in: HHR, EStG/KStG, § 4h EStG Rn. 5 (04/2010). Nach BT-Ds. 16/4841, 48 ist „jede Art der Finanzierung" erfasst.

512 Eine ausführliche Darstellung der Belastungswirkungen der Zinsschranke nach intransparenter und transparenter Betrachtung bei der kapitalistischen KGaA findet sich bei *Rohrer/Orth*, BB 2007. 2266 ff.

513 *Kollruss/Weißert/Ilin*, DStR 2009, 88, 92; *Perlitt*, in: MK-AktG[4], 2015, vor § 278 Rn. 82; ebenso BMF v. 4.7.2008 – IV C 7-S 2742-a/07/10001, BStBl. I 2008, 718 (Rn. 8). Allerdings wendet das BMF-Schreiben auch bei Personengesellschaften eine betriebsbezogene, d.h. intransparente Betrachtung an (Rn. 6).

2. Nicht abziehbare Zinsaufwendungen

*Abwandlung 7 des Beispiels unter § 8 III: Die A-KGaA hatte im Jahr 2014 im Jahresüberschuss enthaltene Zinsaufwendungen in Höhe von 100.000 € und Zinserträge in Höhe von 500 €. Abschreibungen sind nicht erfolgt. § 4h Abs. 2 EStG (insbesondere die 3-Millionen-Euro-Grenze) wird zu Darstellungszwecken **nicht** angewendet.*

Nach der intransparenten Betrachtung sind die Zinsen vollständig der KGaA zuzurechnen. Nach § 8a Abs. 1 S. 2 KStG ist das maßgebliche Einkommen das nach den Vorschriften des Einkommensteuergesetzes und des Körperschaftsteuergesetzes ermittelte Einkommen mit Ausnahme der §§ 4h, 10d EStG, sowie § 9 Abs. 1 Nr. 2 KStG[514]. Das verrechenbare EBITDA ist daher wie folgt zu ermitteln:

Jahresüberschuss	200.000 €
./. § 9 Abs. 1 Nr. 1 KStG	100.000 €
Maßgebliches Einkommen	100.000 €
+ Zinsaufwendungen	100.000 €
./. Zinserträge	500 €
EBITDA	199.500 €
davon 30%	59.850 €

Demnach sind bei der KGaA folgende Zinsaufwendungen nicht abziehbar:

Zinsaufwendungen	100.000 €
./. Zinserträge	500 €
./. verrechenbares EBITDA	59.850 €
= nicht abziehbare Zinsaufwendungen	39.650 €

Vergleicht man nun die Gesamthöhe der nicht abziehbaren Zinsaufwendungen (39.650 €) mit den nicht abziehbaren Zinsaufwendungen, die bei anderen Kapitalgesellschaften bei entsprechendem Gewinn und entsprechenden Zinsaufwendungen

514 Die Finanzverwaltung geht davon aus, dass auch § 9 Abs. 1 Nr. 1 KStG entgegen des Wortlauts bei der Ermittlung des maßgeblichen Einkommens nicht anzuwenden sei: BMF v. 4.7.2008 – IV C 7-S 2742-a/07/10001, BStBl. I 2008, 718 (Rn. 44); ebenso *Loschelder*, in: Schmidt, EStG[34], 2015, § 4h Rn. 11; *Möhlenbrock*, Ubg 2008, 1, 5; *Möhlenbrock/Pung*, in: D/P/M, KStG, § 8a Rn. 47 (04/2015). Zur „Unkultur" gesetzeskorrigierender BMF-Schreiben vgl. *Drüen*, DStR 2010, 2, 6 f.

und -erträgen anfallen würden (9.650 €)[515], so zeigt sich, dass die KGaA nach der intransparenten Betrachtung wesentlich stärkeren Belastungen durch die Zinsschrank ausgesetzt ist.

Dieser Unterschied ergibt sich aus dem Ungleichgewicht zwischen dem (wegen des Abzugs nach § 9 Abs. 1 Nr. 1 KStG) nur anteilig berücksichtigten Gewinn und der vollständigen Berücksichtigung des Zinssaldos auf Ebene der KGaA. Da der Komplementäranteil am Gewinn im maßgeblichen Einkommen nach § 8a Abs. 1 S. 2 KStG nicht mehr enthalten ist, wohl aber der entsprechende Zinsanteil Berücksichtigung findet, sind die Zinsaufwendungen im Verhältnis wesentlich höher, als dies bei anderen Einkommens- oder Körperschaftsteuersubjekten der Fall wäre.

Die nicht abziehbaren Zinsaufwendungen entfallen nach Maßgabe und mit den Folgen des unter § 9 II 1c für nicht abziehbare Betriebsausgaben Dargestellten vollständig auf die KGaA selbst. Sie sind nicht anteilig dem Gesellschafter zuzuweisen.

Folgt man indes der modifizierten intransparenten Betrachtung, bei der sich der Gewinnanteil des Komplementärs erst auf Grundlage des steuerrechtlichen Gewinns der KGaA nach Anwendung des § 4h EStG iVm. § 8a KStG ermitteln lässt, so scheidet eine Anwendung des § 9 Abs. 1 Nr. 1 KStG vor § 4h EStG entgegen des Wortlauts des § 8a Abs. 1 S. 2 KStG aus. Denn das Ergebnis des § 4h EStG iVm. § 8a KStG hat gerade Einfluss auf die Höhe des Gewinnanteils im Sinne des § 9 Abs. 1 Nr. 1 KStG[516].

Jahresüberschuss	200.000 €
Maßgebliches Einkommen	200.000 €
+ Zinsaufwendungen	100.000 €
./. Zinserträge	500 €
EBITDA	299.500 €
davon 30%	89.850 €

Demnach wären bei der KGaA folgende Zinsaufwendungen nicht abziehbar:

Zinsaufwendungen	100.000 €
./. Zinserträge	500 €
./. verrechenbares EBITDA	89.850 €
= nicht abziehbare Zinsaufwendungen	9.650 €

515 Bei anderen Betrieben würde das maßgebliche Einkommen 200.000 € betragen, da der Abzug nach § 9 Abs. 1 Nr. 1 KStG nur für die KGaA vorzunehmen ist. Unter Berücksichtigung der Zinsaufwendungen und Zinserträge aus dem Beispiel ergäbe sich ein verrechenbares EBITDA von 89.850 €.

516 *Bielinis*, Die Besteuerung der KGaA, 2013, S. 327.

Erst auf dieser Grundlage wäre der Abzugsbetrag nach § 9 Abs. 1 Nr. 1 KStG zu ermitteln.

	KGaA	*A*
Jahresüberschuss	200.000 €	
+ nicht abziehbare Zinsaufwendungen	9.650 €	
= Zwischenergebnis	209.650 €	
./. Abzugsbetrag (§ 9 Abs. 1 Nr. 1 KStG)	104.825 €	↓
Zu versteuerndes Einkommen der KGaA	104.825 €	↓
§ 15 Abs. 1 S. 1 Nr. 3 EStG des A		104.825 €

Durch eine solche Anwendung des § 4h EStG iVm. § 8a KStG würde die Zinsschranke die KGaA und den Komplementär in einer Gesamtschau ebenso belasten wie andere Rechtsträger. Zudem würde die Belastung entsprechend der Beteiligungsquote auf Gesellschaft und Gesellschafter verteilt.

Eine solche Berechnung widerspricht jedoch dem eindeutigen Wortlaut des § 8a Abs. 1 S. 2 KStG. Aufgrund der ausdrücklichen Erwähnung des § 9 Abs. 1 **Nr. 2** KStG kann m.E. nicht von einer teleologischen Extension auf die Nr. 1 ausgegangen werden. Denn § 9 KStG besteht nur aus zwei Regelungskomplexen. Zum einen wird der Sonderfall des Gewinnanteils des Komplementärs einer KGaA (§ 9 Abs. 1 Nr. 1 KStG) und zum anderen der Spendenabzug (§ 9 Abs. 1 Nr. 2, Abs. 2 und 3 KStG) geregelt. Es erscheint fernliegend, dass es sich bei einer derart deutlichen Inbezugnahme nur eines der beiden Regelungskomplexe in § 8a Abs. 1 S. 2 KStG um ein redaktionelles Versehen bzw. eine sprachliche „Ungenauigkeit" des Gesetzgebers handelt. Die Nichtberücksichtigung des § 9 Abs. 1 Nr. 1 KStG bei der Berechnung des § 4h EStG iVm. § 8a KStG ist damit schlicht *contra legem* (vgl. hierzu auch § 16 I 2).

VII. Konsequenzen der Intransparenz für die Anwendung des Verfahrensrechts

1. Gesonderte und einheitliche Feststellung

Die Vertreter der intransparenten Betrachtung, allen voran bereits der RFH[517] in den zwanziger Jahren des letzten Jahrhunderts, lehnen eine einheitliche und gesonderte Feststellung der Besteuerungsgrundlagen einer KGaA bzw. ihres Komplementärs

517 RFH v. 4.12.1929 – VI A 1843/29, RStBl. 1930, 345.

ab[518]. Dieser Linie scheint die Rechtsprechung bis heute treu zu bleiben. So haben die Finanzgerichte München, Hamburg und Schleswig-Holstein zwischen 2002 und 2011 ebenso entschieden[519] wie der RFH fast 100 Jahre zuvor. Der BFH hatte bisher aufgrund der geringen Zahl entsprechender Fälle keine vergleichbare Entscheidung zu treffen. Auch in seiner grundlegenden HERSTATT-Entscheidung ließ er die Frage mangels Entscheidungserheblichkeit offen[520].

Als Grund für die Ablehnung einer gesonderten und einheitlichen Feststellung wird von den Gerichten und den entsprechenden Literaturstimmen vorgetragen, die Komplementäre einer KGaA seien nicht Mitunternehmer einer gemeinsamen Einkunftsquelle, was § 180 Abs. 1 Nr. 2a AO aber erfordere[521]. Die Komplementäre einer KGaA würden durch § 15 Abs. 1 S. 1 Nr. 3 EStG allenfalls ähnlich einem Mitunternehmer besteuert; verfahrensrechtliche Folgen habe dies aber nicht. Es finde gerade keine Verteilung eines gemeinsamen Gewinnes statt, weil der Gewinnanteil des Komplementärs bei der KGaA Betriebsausgabe sei[522]. Insbesondere da dieser Gewinnanteil betragsmäßig dem in der Handelsbilanz ausgewiesenen Gewinnanteil entspreche[523], sei eine Feststellung auch gar nicht erforderlich[524]. *Kessler* hält eine Feststellung unter der Prämisse der Intransparenz gar für völlig „sinnlos“[525].

---

518 FG Hamburg v. 14.11.2002 – V 231/99, EFG 2003, 711, rkr.; FG München v. 16.1.2003 – 7 K 5340/01, DStRE 2003, 692, rkr.; *Bode*, in: Blümich, EStG/KStG/GewStG, § 15 EStG Rn. 563 (10/2014); *Brandl*, in: Blümich, EStG/KStG/GewStG, § 9 KStG Rn. 30 (11/2014); *Claussen*, in: FS Heinsius, 1991, S. 61, 73; *Hempe/Siebels/Uhl*, DB 2001, 2268, 2270; *Hoppe*, Die Besteuerung der KGaA, 2014, S. 80; *Kauffmann*, in: Frotscher/Geurts, EStG, § 15 Rn. 498 (11/2012); *Mahlow*, DB 2003, 1540, 1541 f.; trotz ansonsten transparenter Betrachtung auch *Hageböke/Koetz*, DStR 2006, 293, 294 (Note 16); *Janssen*, NWB 2001, 2194.

519 FG Hamburg v. 14.11.2002 – V 231/99, EFG 2003, 711, rkr.; FG München v. 16.1.2003 – 7 K 5340/01, DStRE 2003, 692, rkr.; FG Schleswig-Holstein v. 12.4.2011 – 5 K 136/07, EFG 2011, 2038, rkr. Die ebenfalls ablehnende Entscheidung des FG Düsseldorf v. 7.12.2010 – 13 K 1214/06 E, EFG 2011, 878 hat der BFH mit Urteil v. 7.12.2011 – I R 5/11, BFH/NV 2012, 556 aufgehoben, konnte die Frage nach einer gesonderten und einheitlichen Gewinnfeststellung aber mangels Entscheidungserheblichkeit offenlassen.

520 BFH v. 21.6.1989 – X R 14/88, BStBl. II 1989, 881, 883.

521 FG Hamburg v. 14.11.2002 – V 231/99, EFG 2003, 711, rkr.; FG Schleswig-Holstein v. 12.4.2011 – 5 K 136/07, EFG 2011, 2038, rkr*; Mahlow*, DB 2003, 1540, 1541 f.

522 FG Schleswig-Holstein v. 12.4.2011 – 5 K 136/07, EFG 2011, 2038, rkr*; Janssen*, NWB 2001, 2189, 2194 f; trotz ansonsten transparenter Betrachtung *Frankenheim*, Die Ertrags- und Substanzbesteuerung der KGaA, 1994, S. 96.

523 *Kusterer*, FR 2003, 502, 504.

524 FG München v. 16.1.2003 – 7 K 5340/01, DStRE 2003, 692, 693, rkr.: Keine Widersprüche zu besorgen.

525 *Kessler*, in: FS Korn, 2005, S. 307, 331.

2. Hinzuziehung zum Verfahren/ Beiladung

Nach § 360 Abs. 1 AO kann die Finanzverwaltung und nach § 60 Abs. 1 FGO kann das Finanzgericht andere als den Steuerpflichtigen zum Verfahren hinzuziehen/ beiladen, wenn diese ein eigenes rechtliches Interesse am Ausgang des Verfahrens haben, insbesondere wenn sie nach den Steuergesetzen neben dem Steuerpflichtigen haften. Dagegen kommt eine notwendige Hinzuziehung/ Beiladung nur in Betracht, wenn die Entscheidung dem Steuerpflichtigen und den anderen gegenüber nur einheitlich ergehen kann (§ 360 Abs. 3 AO/ § 60 Abs. 3 FGO)[526]. Den Hauptanwendungsfall bildet die notwendige Hinzuziehung/ Beiladung des (einspruchs-/ klagebefugten[527]) Mitunternehmers bei einer Klage gegen den gesonderten und einheitlichen Feststellungsbescheid der Mitunternehmerschaft[528].

Da die Vertreter der intransparenten Betrachtung eine einheitliche und gesonderte Feststellung mangels bestehender Mitunternehmerschaft ablehnen, kommt insofern folgerichtig auch keine notwendige Hinzuziehung/ Beiladung des Komplementärs zu einem Verfahren der KGaA in Betracht. Aber auch unabhängig von einer gesonderten und einheitlichen Feststellung ergibt sich bei der KGaA unter der Prämisse der intransparenten Betrachtung keine Notwendigkeit einer einheitlichen Entscheidung im Sinne des § 360 Abs. 1 S. 1 AO bzw. § 60 Abs. 3 S. 1 FGO. Da der Gewinnanteil des Komplementärs nach intransparenter Betrachtung ein fixer Anteil vom handelsrechtlich festgestellten Jahresüberschuss ist, haben Einspruchsentscheidung oder Urteil keinen Einfluss auf die Höhe seines Gewinnanteils oder dessen Besteuerung. Somit verbleibt lediglich die (im Ermessen der Finanzverwaltung/ des Gerichts stehende[529]) Möglichkeit der einfachen Beiladung.

Die nur einfache Hinzuziehungs- bzw. Beiladungsmöglichkeit stellt ein Risiko für Komplementäre dar, die von der Geschäftsführung und Vertretung ausgeschlossen oder aufgrund einer satzungsmäßigen Aufgabenzuteilung nicht mit Steuersachen befasst sind. Da die einfache Hinzuziehung bzw. Beiladung im Ermessen der Finanzbehörde/ des Finanzgerichts steht, haben sie keinen Rechtsanspruch auf eine Verfahrensbeteiligung, haften aber in jedem Fall für eine im Verfahren erhöhte Steuerschuld unbeschränkt, persönlich und unmittelbar.

Dieses Risiko entspricht zwar im Grunde dem nach § 360 Abs. 3 S. 2 iVm. § 352 AO/ § 60 Abs. 3 S. 2 iVm. 48 FGO geduldeten Risiko für nicht zur Geschäftsführung berufene persönlich haftende Gesellschafter einer Mitunternehmerschaft, die ebenfalls nur einfach beizuladen sind. Für die Wahrung derer besonderen Interessen stehen jedoch § 48 Abs. 1 Nr. 3 bis 5 FGO bzw. § 352 Abs. 1 Nr. 3–5 AO ein. Notwendig

---

526 § 360 AO und § 60 FGO entsprechen sich hinsichtlich der Voraussetzungen vollumfänglich, vgl. *Brandis*, in: T/K, AO/FGO, § 360 AO Rn. 2 (05/2015).

527 Zu der verfahrensökonomischen Einschränkung vgl. § 360 Abs. 3 S. 2 iVm. § 352 AO und § 60 Abs. 3 S. 2 iVm. § 48 FGO; vgl. auch *Brandis*, in: T/K, AO/FGO, § 60 FGO Rn. 24 (Stand: 10/2013).

528 *Brandis*, in: T/K, AO/FGO, § 60 FGO Rn. 24 ff (Stand: 10/2013).

529 *Brandis*, in: T/K, AO/FGO, § 60 FGO Rn. 91 (Stand: 10/2013).

beizuladen sind demnach auch zwischenzeitlich ausgeschiedene[530] Gesellschafter (Nr. 3), sowie jeder bezüglich bei Fragen zur Gewinnverteilung (Nr. 4) oder bei einer persönlichen Betroffenheit (Nr. 5). An einer diese besonderen Interessen des Komplementärs wahrenden Regelung, für den nach der intransparenten Betrachtung gerade keine einheitliche und gesonderte Feststellung erfolgen soll, fehlt es indes.

Auch nach der modifizierten intransparenten Betrachtung kommt eine notwendige Beiladung nicht in Betracht. Zwar besteht hier eine Wechselwirkung zwischen Gewinnanteil im Sinne des § 15 Abs. 1 S. 1 Nr. 3, 1. Alt. EStG und dem steuerrechtlichen Gewinn der KGaA, weil der Gewinnanteil des Komplementärs vom Gewinn der KGaA nach Anwendung der steuerrechtlichen Vorschriften abhängt. Allerdings fehlt es auch hier an einer für die notwendige Beiladung/ Hinzuziehung erforderlichen einheitlich zu treffenden Entscheidung im Sinne des § 360 Abs. 3 S. 1 AO/ § 60 Abs. 3 S. 1 FGO. Es fehlt insoweit an einer verfahrensrechtlichen Verknüpfung der beiden Einkommensermittlungen. Eine Entscheidung im Verfahren gegen die KGaA kann ohne Auswirkungen auf das Einkommen des Komplementärs getroffen werden. Für Folgeänderungen auf Ebene des Komplementärs stellt § 174 Abs. 4, 5 AO nur eine eingeschränkte, im Ermessen der Finanzbehörde stehende Korrekturmöglichkeit dar.

VIII. Konsequenzen der Intransparenz für die Anwendung des Doppelbesteuerungsrechts

Die Vertreter der intransparenten Betrachtung wenden auch die Kollisionsregelungen zur Verteilung des Besteuerungsrechts, die sich insbesondere in den Doppelbesteuerungsabkommen finden, entsprechend der Prämisse an, dass es allein auf die rechtliche Einordnung der KGaA als Kapitalgesellschaft ankomme[531].

1. Abkommensberechtigung

Zunächst gehen die Vertreter der intransparenten Betrachtung davon aus, dass nur die KGaA als Kapitalgesellschaft, nicht aber der Komplementär als solcher abkommensberechtigt sei. Für die Abkommensberechtigung sei es irrelevant, dass die KGaA eine geteilte Binnenstruktur ausweise. Die KGaA sei abkommensrechtlich

530 Auch der ausgeschiedene Komplementär haftet nach der absolut herrschenden Meinung nach § 160 HGB, vgl. statt aller *Hüffer*, AktG[11], 2014, § 278 Rn. 10; kritisch aber: *Wiesner*, ZHR 148 (1984), 56, 69 der dem ausgeschiedenen Komplementär ab dem Zeitpunkt der Eintragung seines Ausscheidens im Handelsregister ein sofortiges Leistungsverweigerungsrecht zugestehen will; gegen dessen Auffassung von einer bloßen „Verhaltensregelungsnorm" aber ausdrücklich BFH v. 21.6.1989 – X R 14/88, BStBl. II 1989, 881, 884.

531 Hessisches FG v. 23.6.2009 – 12 K 3439/01, IStR 2009, 658. Das bestätigende Urteil des BFH v. 19.5.2010 – I R 62/09, BFHE 230, 18 ist in seiner Argumentation zurückhaltender; im Anschluss ans Hessische FG: *Kramer*, IStR 2010, 57, 58.

insgesamt eine Kapitalgesellschaft, auf deren innere (steuer-) rechtliche Struktur es nicht ankomme[532]. Eine vorrangige abkommensrechtliche Regelung (§ 2 AO), nach der juristische Personen abkommensberechtigt seien, dürfe nicht durch die innerstaatliche Ausgestaltung der KGaA unterlaufen werden. Die Einstufung der KGaA als juristische Person schließe eine gleichzeitige Einstufung als Personengesellschaft ebenso aus wie eine daneben bestehende Abkommensberechtigung des Komplementärs[533].

2. Kollisionsregelungen

Auch hinsichtlich der Anwendung der einzelnen Kollisionsregelungen sei die KGaA vollständig unter alle Regelungen für Kapitalgesellschaften zu subsumieren, wenn im Abkommen selbst keine Ausnahme für die KGaA geregelt sei[534]. Nach außen sei die KGaA eine Einheit und nicht „aufgesplittet" in einen transparenten und einen intransparenten Teil[535]. Sie sei alleiniger Träger des Unternehmens, so dass für sie auch nur eine einheitliche Zuweisung der Unternehmensgewinne nach § 7 OECD-MA in Betracht komme[536]. Auch Dividenden sollen alleine der KGaA als Anteilseigner zufließen; eine teilweise Zuordnung zum Gesellschafter komme nicht in Betracht[537]. Dieses alleinige Abstellen auf die Eigenschaft der KGaA als Kapitalgesellschaft soll auch dann erfolgen, wenn die KGaA die Dividende nicht thesauriert, sondern mit dessen Gewinnanteil an den Komplementär ausgezahlt hat[538]. Konsequenz dieser allein auf die Kapitalgesellschaftseigenschaft abstellenden Betrachtung ist insbesondere die volle Inanspruchnahme des DBA-Schachtelprivilegs für an die KGaA als Muttergesellschaft ausgeschüttete Dividenden[539]. Im Vergleich zu den anderen Kapitalgesellschaften hat das DBA-Schachtelprivileg für die KGaA durch die Einführung des § 8b KStG nicht in gleichem Maße an Bedeutung verloren[540], weil die

---

532 *Ebling*, in: FS Jakob, 2001, 67, 74 f; *Kramer*, IStR 2010, 57, 58; *Debatin*, RIW 1991, 355, 356 unter Bezugnahme auf die Regelungen des DBA-CH; **a.A.** *Hoppe*, Die Besteuerung der KGaA, 2014, S. 140.

533 Hessisches FG v. 23.6.2009 – 12 K 3439/01, IStR 2009, 658, 660.

534 *Ebling*, in: FS Jakob, 2001, 67, 80: Dies entspräche einer Auslegung gegen den Wortlaut der Norm zu Lasten des Steuerpflichtigen.

535 Hessisches FG v. 23.6.2009 – 12 K 3439/01, IStR 2009, 658, 660; *Ebling*, in: FS Jakob, 2001, 67, 79.

536 *Hoppe*, Die Besteuerung der KGaA, 2014, S. 148 f; *Wassermeyer*, Ubg 2011, 47, 50.

537 Hessisches FG v. 23.6.2009 – 12 K 3439/01, IStR 2009, 658, 659; *Kramer*, IStR 2010, 63; *Kopec/Kudert*, IStR 2013, 498, 501.

538 *Ebling*, in: FS Jakob, 2001, 67, 80.

539 Vgl. hierzu *Lühn*, in: M/S, KStG[2], 2015, § 9 Rn. 169 ff.

540 Zum Bedeutungsverlust nach dem Systemwechsel vom Anrechnungs- zum Freistellungsverfahren vgl. *Breuninger*, JbFStR 2012/2013, S. 361, 367. Zum Konkurrenzverhältnis zwischen § 8b KStG und dem DBA-Schachtelprivileg vgl. *Hageböke*, IStR 2009, 473.

Anwendung des § 8b KStG auf die KGaA bis heute konzeptionellen Unsicherheiten unterliegt (vgl. § 9 II 1b und § 10 II 1b).

Hinsichtlich der Anwendung des internationalen Schachtelprivilegs nach Art. 20 Abs. 1 lit. a S. 1 iVm. lit b, aa S. 1 DBA-Frankreich a.F. hat sich der BFH jüngst zumindest in einem Punkt den Vertretern der intransparenten Betrachtung angeschlossen[541]: Formuliere ein DBA die Zuweisung eines Besteuerungsrechts dergestalt, dass es darauf ankomme, dass Dividenden an eine deutsche Kapitalgesellschaft *gezahlt* würden, so sei diese Voraussetzung erfüllt, wenn eine KGaA Empfängerin solcher Zahlungen sei. Einschränkend ist jedoch darauf hinzuweisen, dass der BFH seine Entscheidung fast ausschließlich auf spezifisch abkommensrechtliche Überlegungen stützte[542]; hierdurch wurde eine Auseinandersetzung mit grundlegenden nationalen Fragen zur Besteuerung der KGaA überflüssig[543]. Der BFH hat ausdrücklich darauf hingewiesen, dass die „Wurzeltheorie" aus der HERSTATT-Entscheidung[544] von dieser Entscheidung nicht berührt werde; die „(Teil)-Transparenz der hybriden KGaA" wirke sich im konkreten Fall lediglich nicht aus. Insbesondere sei vorliegend eine Entscheidung über eine abkommensrechtliche Regelung zu treffen gewesen, die sich über die materielle Zurechnung des Einkommens abkommensspezifisch hinweggesetzt habe und die KGaA als solche begünstige. Ausschlaggebend sei nach dem Wortlaut der Norm allein die Zahlung an eine inländische Kapitalgesellschaft („... gezahlt..."). Der BFH hat die Frage ausdrücklich offengelassen, ob ein gleichgelagerter Fall nach der (den Nutzungsberechtigten in den Fokus nehmenden) Formulierung des OECD-MA („...bezieht...") ebenso zu entscheiden gewesen wäre[545].

---

541 BFH v. 19.5.2010 – I R 62/09, BFHE 230, 18; zum Vorrang des DBA als *lex specialis* und der Besonderheit durch die DBA-spezifische "besteuerungssystematisch unpräzise Formulierung" im DBA-Frankreich vgl. auch *Hageböke*, IStR 2010, 59, 60 f. Die Finanzverwaltung hat sich dem Vernehmen nach bereits im November 2012 und erneut 2013 gegen eine Veröffentlichung des Urteils im Bundessteuerblatt entschieden, um einer grundsätzlichen Klärung der Besteuerungsfragen hinsichtlich der KGaA, insbesondere auch angesichts aktueller Gestaltungen um künstlich erzeugte Verluste durch Bondstripping unter Ausnutzung des DBA-Schachtelprivilegs, nicht vorzugreifen.

542 *Wassermeyer*, FR 2010, 812.

543 *Breuninger*, JbFStR 2012/2013, S. 361, 369.

544 BFH v. 21.6.1989 – X R 14/88, BStBl. II 1989, 881, 884.

545 Nach *Breuninger*, JbFStR 2012/2013, S. 361, 368 Note 274 und S. 372 sieht die überwiegende Zahl der deutschen DBA als Voraussetzung des Schachtelprivilegs vor, dass die Dividende dem Empfänger *„zuzurechnen"* ist. Nach der Stellungnahme des Deutschen Industrie- und Handelskammertags im Öffentlichen Fachgespräch im Finanzausschuss des Deutschen Bundestages v. 8.2.2012 wird die Zahl der insoweit „fehlerhaften" DBA auf „ca. 7" beziffert, darunter Frankreich, Luxemburg, das Vereinigte Königreich und die USA. Eine – alternativ denkbare – unmittelbare Anwendung des Art. 4 Abs. 1 Mutter-Tochter-Richtlinie v. 30.11.2011 – 2011/96/EU, die ebenfalls auf das „Zufließen" der Dividenden abstellt (für den Fall das § 8b KStG den Komplementär als natürliche Person nach innerstaatlichem Recht

IX. Zwischenergebnis

1. Thesen zur Intransparenz

Die gesellschaftsrechtliche Einordnung der KGaA als juristische Person im Sinne des § 278 Abs. 1 AktG wird uneingeschränkt auf die steuerrechtliche Behandlung der KGaA übertragen. Sie ist mit sämtlichen Einkünften unbeschränkt körperschaftsteuerpflichtig, wenn sie ihre Geschäftsleitung oder ihren Sitz im Inland hat (§ 1 Abs. 1 Nr. 1, Abs. 2 KStG).

Der Abzugsbetrag nach § 9 Abs. 1 Nr. 1 KStG ist ein Anteil am handelsrechtlichen Jahresüberschuss der KGaA. Nach der modifizierten intransparenten Betrachtung ist er ein Anteil am steuerrechtlichen Gewinn der KGaA nach Durchführung sämtlicher steuerrechtlicher Korrekturen mit Ausnahme des § 9 Abs. 1 Nr. 1 KStG selbst.

Steuerrechtliche Änderungsbeträge durch Korrekturen nach § 60 Abs. 2 KStG, steuerfreie Betriebseinnahmen und nicht abziehbare Betriebsausgaben entfallen vollumfänglich auf die KGaA[546]. Nach der modifizierten intransparenten Betrachtung werden sie hingegen entsprechend der Gewinnverteilungsquote auf Gesellschaft und Komplementär verteilt.

Dividenden werden insgesamt nach § 8b KStG freigestellt. Durch den zusätzlichen Abzug nach § 9 Abs. 1 Nr. 1 KStG kommt es zu einer Dividendenfreistellung auf Gesellschaftsebene von regelmäßig über 100%. Auch die modifizierte intransparente Betrachtung wendet § 8b KStG vollumfänglich an, orientiert aber den Abzugsbetrag nach § 9 Abs. 1 Nr. 1 KStG am verbleibenden steuerpflichtigen Gewinn, so dass es nicht zu einer Freistellung über 100% kommt. Bielinis wendet hinsichtlich der Besteuerung von Dividenden punktuell eine transparente Betrachtung an.

Verdeckte Gewinnausschüttungen zwischen Gesellschaft und Komplementär sind möglich. Sie unterfallen dem Abzug nach § 9 Abs. 1 Nr. 1 KStG.

Pensionsrückstellungen sind gewinnmindernd zu bilden. Eine Besteuerung beim Komplementär findet erst im Zeitpunkt des Zuflusses der Pensionszahlungen statt.

§ 15 Abs. 1 S. 1 Nr. 3 EStG erschöpft sich in einer Umqualifikation der Einkünfte. Sonderbetriebsvermögen ist beim Komplementär einer KGaA nicht denkbar.

Das zugerechnete Einkommen einer Organgesellschaft ist wie eigenes Einkommen der KGaA zu behandeln.

Umwandlungssteuerrechtlich sind die Vorschriften für Umwandlungen in Kapitalgesellschaften auch insoweit anwendbar als die Vermögenseinlage des Komplementärs betroffen ist. Hierdurch können die Vermögenseinlagen des Komplementärs nach § 22 Abs. 1 UmwStG sperrfristbehaftet werden, auch wenn der Komplementär vor wie nach der Umwandlung einer Ein-Ebenen-Besteuerung unterliegt.

§ 6 Abs. 5 EStG ist auf die KGaA nicht anwendbar, es besteht weder Sonderbetriebsvermögen noch Gesamthandsvermögen.

---

nicht erfasst) dürfte daran scheitern, dass auch die Mutter-Tochter-Richtlinie keine Privilegierung der natürlichen Person vorsieht.

546 Darstellend: *Drüen/van Heek*, DStR 2012, 541, 544.

Der Komplementär hat grundsätzlich keinen eigenen Betrieb im Sinne der Zinsschranke. Die KGaA ist einer wesentlich stärkeren Belastung durch die Zinsschranke ausgesetzt als andere Betriebe. Die modifizierte intransparente Betrachtung kann diese höhere Belastung zwar korrigieren, verstößt aber gegen den Wortlaut des § 8a KStG.

Eine gesonderte und einheitliche Gewinnfeststellung der Einkünfte des Komplementärs findet nicht statt.

Eine notwendige Beiladung/ Hinzuziehung des Komplementärs im Verfahren der KGaA kommt nicht in Betracht.

Allein die KGaA ist abkommensberechtigt im Sinne der DBA. Nur die KGaA als Kapitalgesellschaft erzielt Unternehmensgewinne im Sinne des Art. 7 OECD-MA. Da der Komplementär an den Dividenden der KGaA nicht beteiligt ist, ist das DBA-Schachtelprivileg vollumfänglich anzuwenden.

2. Stellungnahme

Durch die intransparente Betrachtung kommt es zu einer einseitigen Steuerverlagerung zwischen Komplementär und KGaA. Die Gesellschaft allein trägt die durch steuerrechtliche Korrekturen des Jahresüberschusses ausgelöste Steuerlast oder profitiert von steuerrechtlichen Freistellungen. Der Komplementär partizipiert an diesen nicht. Insbesondere bei der Besteuerung von Dividenden kommt es auf Ebene der KGaA zu einer Freistellung über 100%, während der der Komplementär die in seinem Gewinnanteil enthaltenen Dividenden voll zu versteuern hat. Umwandlungssteuerrechtlich führt die Anwendung der Vorschriften für Umwandlungen in Kapitalgesellschaften zu Sperrfristverhaftungen der Komplementäreinlage, die dem Zweck des § 22 Abs. 1 UmwStG entgegenstehen.

Insgesamt ist die intransparente Betrachtung in der Literatur vielfach auf Kritik gestoßen ist. Kusterer sieht in der intransparenten Betrachtung einen Verstoß gegen das Leistungsfähigkeitsprinzip: Im Extremfall, nämlich wenn die Gesellschaft dem Komplementär seinen handelsrechtlichen Gewinnanteil auszahlen würde und dieser damit nicht mehr als Liquidität zur Verfügung stünde, könnten Fälle auftreten, in denen die Gesellschaft auf Fremdkapital zum Zwecke der Steuerzahlung angewiesen sei[547]. Mai[548] bezeichnet die intransparente Betrachtung gleich als „unlogische und systemwidrige Besteuerung“. Nicht minder deutlich fällt das Fazit von Franz Wassermeyer[549] aus: Der intransparente Besteuerungsansatz sei ein „Widerspruch in sich“.

Wassermeyers aus diesem Grunde modifizierten intransparenten Betrachtung gelingt es vielfach, die Unabgestimmtheiten, die durch eine „herkömmliche“ intransparente Besteuerung ausgelöst werden, auszuräumen und auf diesem Wege

547 *Kusterer*, DStR 2008, 484, 486 f.

548 *Mai*, in: F/M, KStG/GewStG/UmwStG, § 9 Rn. 17 (01/2011).

549 *Wassermeyer*, in: FS Streck, 2011, S. 259, 264; ebenso bereits *E. Becker*, StuW 1936, 80, 96.

eine im Wesentlichen systemgerechte Besteuerung herbeizuführen. Dennoch führt auch seine modifizierte intransparente Betrachtung dort zu einem Konflikt, wo sich die Besteuerungssysteme zwischen Personen- und Kapitalgesellschaften unterscheiden. Da auf der Ebene der steuerrechtlichen Gewinnermittlung ausschließlich die Regelungen des Körperschaftsteuergesetzes angewendet werden, wird § 8b KStG auch für solche Dividendenanteile gewährt, die aufgrund des Zusammenspiels von § 9 Abs. 1 Nr. 1 KStG und § 15 Abs. 1 S. 1 Nr. 3 EStG nicht der Körperschaftsteuer, sondern der Einkommensteuer unterliegen. Durch die Einführung des § 50d Abs. 11 EStG hat der Gesetzgeber jedoch gerade den Rechtsgedanken betont, dass er kapitalgesellschaftsspezifische Dividendenfreistellungen nicht auf die Sphäre des Komplementärs übertragen sehen will.

Gerade am entscheidenden Punkt, nämlich dort, wo sich durch Transparenz und Intransparenz unterschiedliche Besteuerungsfolgen ergeben, muss auch die modifizierte intransparente Betrachtung eine Korrektur erfahren. Diese Korrektur, die namentlich Bielinis[550] vornimmt, steht indes im Widerspruch zum Grundgedanken der Intransparenz. Denn die Berücksichtigung des § 3 Nr. 40 lit. d EStG bzw. § 8b KStG auf Ebene des Komplementärs widerspricht der Behandlung des Gewinnanteils als einheitliche, zu gewerblichen Einkünften umqualifizierte Dividende. Ein Durchgriff auf die einzelnen, hinter diesem stehenden Geschäftsvorfälle, der sich nach der intransparenten Betrachtung gerade verbieten soll, wird durch die Korrektur der modifizierten Betrachtung unumgänglich. Es zeigt sich, dass es letztlich nicht gelingen kann, eine vollumfänglich systemgerechte Besteuerung der KGaA herbeizuführen, solange eine intransparente Betrachtung als Grundlage hierfür angenommen wird.

550 *Bielinis*, Die Besteuerung der KGaA, 2013, S. 167.

§ 10 Transparente Besteuerungskonzepte

I. Grundgedanke der Transparenz

Die transparenten Besteuerungskonzepte gehen davon aus, dass der Komplementär einer KGaA wie ein Mitunternehmer zu besteuern ist[551]. Hierdurch soll die gesellschaftsrechtliche Zweiteilung der KGaA auch steuerrechtlich umgesetzt werden[552].

Wenngleich sich die mitunternehmerischen Besteuerungskonzepte teils erheblich unterscheiden[553], so zielen sie doch im Kern auf die Verwirklichung eines „Mitunternehmerkonzepts"[554] ab. Die KGaA wird in der Sphäre des Komplementärs wie eine KG behandelt[555], wobei die Gesamtheit der Kommanditaktionäre, ohne dass es sich hierbei um einen besonderen Personenverband handelt, technisch die Position des Kommanditisten bekleidet[556]. So soll steuerrechtlich eine Art

---

551 BFH v. 21.6.1989 – X R 14/88, BStBl. II 1989, 881, 883; *Ammenwerth*, Die KGaA, 1997, S. 125; *Bogenschütz*, in: FS Widmann, 2000, S. 163, 171; *Hageböke/Koetz*, DStR 2006, 293, 294; *Halasz/Kloster/Kloster*, GmbHR 2002, 77, 88; *Schaumburg/Schulte*, Die KGaA, 2000, Rn. 146; *Sauter*, Die Gewinnverwendung in der kapitalistischen KGaA, 2008, S. 40; wobei die wohl herrschende Auffassung davon ausgeht, dass er tatsächlich kein solcher ist: Str., gegen eine echte Mitunternehmereigenschaft statt aller *Ammenwerth*, Die KGaA, 1997, S. 125; *Hageböke/Koetz*, DStR 2006, 293, 294; für eine echte Mitunternehmereigenschaft statt aller *Maurer*, Die Besteuerung von Anleger-Kommanditgesellschaften, 1999, S. 181. Eine Ausnahme gilt nach BFH v. 27.4.2005 – II B 76/04, BFH/NV 2005, 1627, 1628 für die Grunderwerbsteuer, da diese nicht an das Ertragsteuerrecht, sondern an das Zivilrecht anknüpft. Zur Mitunternehmereigenschaft des Komplementärs vgl. noch § 12 II.

552 *Hageböke*, Das KGaA-Modell, 2008, S. 110. Nach Auffassung von *Wassermeyer*, Ubg 2011, 47, 51 fehlt es hierfür an einer ausreichenden Rechtsgrundlage.

553 Die Konzepte setzen die mitunternehmerische Besteuerung mit unterschiedlicher Intensität um. So stellt namentlich *Maurer*, Die Besteuerung von Anleger-Kommanditgesellschaften, 1999, S. 29 fest, dass „die KGaA richtiger Ansicht nach eine körperschaftlich strukturierte Publikums-Personengesellschaft und nicht, wie dies weithin angenommen wird, Kapitalgesellschaft", sei. Hiergegen ausdrücklich *Hageböke*, Das KGaA-Modell, 2008, S. 110 unter Bezugnahme auf den Wortlaut des § 278 Abs. 1 AktG und § 1 Abs. 1 Nr. 1 KStG.

554 *Schaumburg/Schulte*, Die KGaA, 2000, Rn. 109.

555 So entschied bereits das Königlich Preußische Oberverwaltungsgericht in Staatssteuersachen am 10.12.1913 – III 12/12, PrOVGE 16, 33 ff.; BFH v. 21.6.1989 – X R 14/88, BStBl. II 1989, 881, 883; v. 17.10.1990 – I R 16/89, BStBl. II 1991, 211, 212.

556 BFH v. 8.11.1974 – III R 76/73, BStBl. II 1975, 470, 471; v. 13.4.1994 – II R 57/90, BStBl. II 1994, 505, 506; *Ammenwerth*, Die KGaA, 1997, S. 22; *Bauschatz*, DStZ 2007, 39, 41 nennt die Aktionäre gar *Kommanditisten* der KGaA; ebenso *Bayreuther*, JuS 1999, 651.

„Innengesellschaft" entstehen[557]. § 1 Abs. 1 Nr. 1 KStG soll – im Zusammenhang mit § 9 Abs. 1 Nr. 1 KStG gelesen – eine Beschränkung der Körperschaftsteuerpflicht auf den Gewinnanteil der Kommanditaktionäre bedeuten[558].

Die transparenten Besteuerungskonzepte wenden die Grundsätze, die für die Besteuerung des Mitunternehmers einer Personengesellschaft gelten, auch auf den Gewinnanteil des Komplementärs der KGaA an. Aufgrund des engen systematischen Zusammenhangs[559] zwischen § 15 Abs. 1 S. 1 Nr. 2 EStG und § 15 Abs. 1 S. 1 Nr. 3 EStG findet somit auch die höchstrichterliche Rechtsprechung zur Besteuerung von Gewinnanteilen, Sondervergütungen, Sonderbetriebsvermögen, Sonderbetriebseinnahmen und -ausgaben[560] Eingang in die Besteuerung der Komplementäre[561]. Dabei unterliegt die steuerrechtliche Stellung des Komplementärs einer „doppelten Fiktion"[562]: Zum einen soll er infolge seiner Organstellung und seiner Außenhaftung, vergleichbar mit einem atypisch stillen Gesellschafter[563], wie ein Mitunternehmer behandelt werden[564]. Zum anderen soll auch das zivilrechtlich im Eigentum der KGaA stehende Vermögen „wie" gesamthänderisches Gesellschaftsvermögen

557 Darstellend: *Bauschatz*, DStZ 2007, 39, 41. Teilweise wird innerhalb der transparenten Betrachtungsweise die These von der Innengesellschaft abgelehnt, vgl. etwa *Hageböke*, Das KGaA-Modell, 2008, S. 112; zu den Auswirkungen auf die gesonderte und einheitliche Feststellung vgl. unter § 10 VII 1.

558 *Kessler*, in: FS Korn, 2005, S. 307, 332; dagegen ausdrücklich *Hoppe*, Die Besteuerung der KGaA, 2014, S. 54: Da es an einer Zurechnungsfunktion des § 9 Abs. 1 S. 1 KStG fehle, gebe es für die Wurzeltheorie keine gesetzliche Grundlage.

559 BFH v. 21.6.1989 – X R 14/88, BStBl. II 1989, 881, 884; *Schaumburg*, DStZ 1998, 525, 535.

560 Vgl. schon *Menzel*, DStR 1972, 562, 563; *Wacker*, in: Schmidt, EStG[34], 2015 § 15 Rn. 400 ff.

561 BFH v. 21.6.1989 – X R 14/88, BStBl. II 1989, 881, 884 f.; *Berg*, JbFStR 2002/2003, S. 232, 236; *Brandenberg*, in: Söffing, Besteuerung der Mitunternehmer[5], 2005, Rn. 1525; *Crezelius*, JbFStR 1998/1999, S. 318, 320; *Krämer*, in: D/P/M, KStG, § 9 Rn. 55 (09/2012); *Mathiak*, DStR 1989, 661, 667; *Fischer*, DStR 1997, 1519, 1522; *Reiß*, in: K/S/M, EStG, § 16 Rn. D4 (12/1991); *Sauter*, Die Gewinnverwendung in der kapitalistischen KGaA, 2008, S. 40; *Schaumburg*, DStZ 1998, 525, 535; *Schaumburg/Schulte*, Die KGaA, 2000, Rn. 146. Kritisch zum gesamten Institut der Sondervergütungen bei Personengesellschaften vgl. *Prinz*, DB 2011, 1415, 1419.

562 *Fischer*, DStR 1997, 1519, 1521; *Schaumburg*, DStZ 1998, 525, 535; *Schaumburg/Schulte*, Die KGaA, 2000, Rn. 146. Es bleibt bei einer einfachen Fiktion, sofern der Komplementär bereits kraft Tätigkeit Mitunternehmer der KGaA ist, vgl. § 12 II 1.

563 *Döllerer*, DStR 1985, 295; *Knobbe-Keuk*, Bilanz- und Unternehmenssteuerrecht[9], 1993, § 9 II 3 c (dd); *Maurer*, Die Besteuerung von Anleger-Kommanditgesellschaften, 1999, S. 152 Note 389; *Schaumburg/Schulte*, Die KGaA, 2000, Rn. 146; ein kritischer Vergleich findet sich bei *Hageböke*, Das KGaA-Modell, 2008, S. 96 ff.

564 *Schaumburg*, DStZ 1998, 525, 535.

anteilig dem Komplementär zugeordnet werden[565]. Für ihn gilt das steuerrechtliche Transparenzprinzip[566].

Mit seinem sog. Herstatt-Urteil vom 21.6.1989 hat sich der X. Senat des BFH erst- und zugleich bisher letztmals *grundlegend* zur Besteuerung der KGaA geäußert und sich zur sog. „Wurzel-Theorie[567]" bekannt. Danach wird jeder Geschäftsvorfall nach dem allgemeinen Gewinnverteilungsschlüssel[568] in einen Komplementär- und einen „Rest"-Anteil aufgespalten und den jeweils anzuwendenden Besteuerungsfolgen unterworfen[569]. Die KGaA ist somit nicht das alleinige Einkünfteerzielungssubjekt; die Einkünfte werden zum Teil auch unmittelbar vom Komplementär der KGaA erzielt[570]. Während für Mitunternehmerschaften seit der Aufgabe der Bilanzbündeltheorie[571] geklärt ist, dass der Mitunternehmer nur an einem Gewinn bzw. Verlust beteiligt ist, nicht aber an jedem einzelnen Geschäftsvorfall[572], muss bei der KGaA wegen der verschiedenen Besteuerungssysteme[573] eine genauere Aufteilung erfolgen. Bei Personengesellschaften erfolgt eine solche Vorgehensweise weiterhin

---

565 BFH v. 13.4.1994 – II R 57/90, BStBl. II 1994, 505, 507; *Schaumburg/Schulte*, Die KGaA, 2000, Rn. 146; *Maurer*, Die Besteuerung von Anleger-Kommanditgesellschaften, 1999, S. 152; zum VStG vgl. auch BFH v. 8.11.1974 – III R 76/73, BStBl. II 1975, 470, 471. Nach Hageböke, Der Konzern 2014, 134, 138 repräsentiert das Kapitalkonto des Komplementärs seinen „Anteil am Betriebsvermögen".

566 *Göz*, in: Schütz/Bürgers/Riotte, Die KGaA, 2004, § 2 Rn. 12.

567 Ursprünglich von *E. Becker*, StuW 1936, 80, 97; BFH v. 21.6.1989 – X R 14/88, BStBl. II 1989, 881, 884.

568 *Rohrer/Orth*, BB 2007, 2266, 2267.

569 In der Praxis wird der Gewinnanteil des Komplementärs aus Vereinfachungsgründen regelmäßig aus dem handelsrechtlichen Jahresüberschuss abzuspalten sein. Denn das Handelsrecht mit seinen Grundsätzen ordnungsmäßiger Buchführung gilt grundsätzlich gleichermaßen für Kapital- und Personengesellschaften. *Wassermeyer*, in: FS Streck, 2011, S. 259 ff. schlägt indes vor, den Gewinnanteil des Komplementärs erst nach Anwendung aller steuerlichen Vorschriften nach seiner Quote zu bemessen. Bei Lichte betrachtet handelt es sich hierbei eher um eine Ausgestaltung der intransparenten Betrachtung; einen ähnlichen Vorschlag machen *Rohrer/Orth*, BB 2007, 1594, 1598 f., sie wollen im Rahmen ihres „integrativen Mitunternehmerkonzepts" auf Ebene der KGaA aber anteilig die personengesellschaftsrechtlichen Vorschriften anwenden, so dass insoweit eine Ausgestaltung der transparenten Betrachtung vorliegt.

570 *Menzel*, DStR 1972, 562, 565 unter Verweis auf die Vorgängervorschrift des § 29 EStG 1925, die den Komplementären einer KGaA noch akzentuiert „*ihren* Anteil am Geschäftsgewinn" zuwies.

571 Zur Bilanzbündeltheorie vgl. *Knobbe-Keuk*, Bilanz- und Unternehmenssteuerrecht[9], 1993, § 9 I 1.

572 BFH v. 26.1.1995 – IV R 23/93, BStBl. II 1995, 467; *Wacker*, in: Schmidt, EStG[34], 2015, § 15 Rn. 408; *Hageböke*, Das KGaA-Modell, 2008, S. 87 f.

573 Beispielsweise § 3 Nr. 40 EStG vs. § 8b KStG.

etwa im Rahmen des § 8b Abs. 6 KStG[574]. Das HERSTATT-Urteil des BFH ist noch heute, mehr als ein Vierteljahrhundert später, richtungsweisend.

Abbildung 13: Das Zusammenspiel von § 9 Abs. 1 Nr. 1 KStG und § 15 Abs. 1 S. 1 Nr. 3 EStG[575].

KGaA	Komplementär
Betriebseinnahmen ./. sonstige Betriebsausgaben ./. als Aufwand verbuchte Sondervergütungen (§ 4 Abs. 4 EStG, § 8 Abs.1 KStG)	
= Jahresüberschuss ./. Gewinnanteil des phG (§ 9 Abs. 1 Nr. 1 KStG)	Gewinnanteil des phG (§ 15 Abs. 1 S. 1 Nr. 1, 1. Alt. EStG) + Sonderbetriebsergebnis
= zvE der KGaA	**= Einkünfte i.S.d. § 15 Abs. 1 S. 1 Nr. 3 EStG**

Auch die transparenten Besteuerungskonzepte werden durch eine Reihe gesetzlicher Vorschriften gestützt:

- **§ 278 Abs. 2 AktG**
  Die Vertreter der transparenten Betrachtung betonen die sphärenorientierte Trennungsanordnung im Zivilrecht und die hierdurch bedingte hybride Struktur der KGaA, wonach für den Bereich der Komplementäre in § 278 Abs. 2 AktG das Recht der Personengesellschaften anwendbar ist. Namentlich gilt für das Rechtsverhältnis der Komplementäre untereinander und gegenüber der Gesamtheit der Kommanditaktionäre, sowie gegenüber Dritten das Recht des Handelsgesetzbuchs über die KG. Dieser Trennungsanordnung soll auch das Steuerrecht Rechnung tragen. Denn die Besteuerung des Komplementärs stellt ein (Steuer-) Rechtsverhältnis des Komplementärs gegenüber dem besteuernden Staat als dritter Person dar.
- **§ 15 Abs. 1 S. 1 Nr. 3 EStG**
  Weiterhin wird auf die nahezu wortgleiche Formulierung von § 15 Abs. 1 S. 1 Nr. 2 EStG für die Personengesellschafter und § 15 Abs. 1 S. 1 Nr. 3 EStG für die Komplementäre der KGaA verwiesen[576]. § 15 Abs. 1 S. 1 Nr. 2 EStG unterwirft die *Gewinnanteile* der Gesellschafter einer OHG, einer KG und einer anderen

574 *Hageböke*, Das KGaA-Modell, 2008, S. 88.
575 *Drüen/van Heek*, DB 2012, 2184, 2185.
576 BFH v. 21.6.1989 – X R 14/88, BStBl. II 1989, 881, 883, 884; *Brandenberg*, in: Söffing, Besteuerung der Mitunternehmer[5], 2005, Rn. 1223 f.; *Hölzl*, Die Besteuerung der KGaA, 2003, S. 44; *Theisen*, DB 1989, 2191, 2192; *Wehrheim/Gehrke*, StuW 2005, 234, 241.

Gesellschaft, bei der der Gesellschafter als Unternehmer (Mitunternehmer) des Betriebs anzusehen ist, *und die Vergütungen, die der Gesellschafter von der Gesellschaft für seine Tätigkeit im Dienst der Gesellschaft oder für die Hingabe von Darlehen oder für die Überlassung von Wirtschaftsgütern bezogen hat*, der Ein-Ebenen-Einkommensbesteuerung beim Gesellschafter. Die nahezu wortgleiche Anordnung trifft § 15 Abs. 1 S. 1 Nr. 3 EStG, wonach die *Gewinnanteile* der Komplementäre einer KGaA, soweit sie nicht auf Anteile am Grundkapital entfallen, *und die Vergütungen, die der persönlich haftende Gesellschafter von der Gesellschaft für seine Tätigkeit im Dienst der Gesellschaft oder für die Hingabe von Darlehen oder für die Überlassung von Wirtschaftsgütern bezogen hat*, ebenso einmalig beim Gesellschafter zu besteuern sind.

- **§ 16 Abs. 1 S. 1 Nr. 3 EStG**
  Der Gesetzgeber hat den Komplementär einer KGaA auch in § 16 Abs. 1 S. 1 Nr. 3 EStG vollständig dem Mitunternehmer gleichgestellt[577]. Hiernach gehören zu den Einkünften aus Gewerbebetrieb auch die Veräußerungsgewinne aus der Veräußerung eines gesamten Anteils eines Komplementärs einer KGaA. Auch diese Formulierung entspricht § 16 Abs. 1 S. 1 Nr. 2 EStG, der den (klassischen) Mitunternehmeranteil betrifft. Eine vergleichbare Gleichstellung für Veräußerungseinkünfte findet sich zudem in § 7 S. 2 Nr. 2 und Nr. 3 GewStG.

- **§ 3 Nr. 40 lit. b EStG**
  Im Zusammenhang mit § 16 Abs. 2 EStG sind nach § 3 Nr. 40 lit. b EStG die Grundsätze des Teileinkünfteverfahrens auch auf die im Veräußerungspreis nach § 16 Abs. 2 EStG enthaltenen Anteile für die Veräußerung von Anteilen an Kapitalgesellschaften anzuwenden. Dies spricht bei der Veräußerung eines gesamten Anteils eines Komplementärs an einer KGaA dafür, dass die Herkunft der Gewinnanteile auch auf der Ebene des Komplementärs von Bedeutung ist. Anders als bei der Veräußerung von Anteilen an „herkömmlichen" Kapitalgesellschaften nach § 20 Abs. 2 EStG wird durch die Beteiligung insoweit hindurchgegriffen, als dass dem Komplementär somit ein Anteil an einzelnen im Betriebsvermögen liegenden Wirtschaftsgütern zugeordnet wird.

- **§ 35 Abs. 1 S. 1 Nr. 2 EStG**
  Nach § 35 Abs. 1 S. 1 Nr. 2 EStG ermäßigt sich die Einkommensteuer des Komplementärs einer KGaA um das 3,8fache des Gewerbesteuer-Messbetrags, soweit im zu versteuernden Einkommen Einkünfte auf Gewerbebetrieb enthalten sind. In dieser Vorschrift wird der Komplementär der KGaA erneut mit dem Mitunternehmer einer Personengesellschaft gleichgestellt und denselben Rechtsfolgen unterworfen[578].

---

577 BFH v. 21.6.1989 – X R 14/88, BStBl. II 1989, 881, 884; *Hölzl*, Die Besteuerung der KGaA, 2003, S. 45.

578 *Hölzl*, Die Besteuerung der KGaA, 2003, S. 44; *Kollruss*, Die Wirtschaftsprüfung 2005, 1040, 1041; *Renz*, Die Besteuerung der GmbH & Co. KGaA, 2006, S. 74.

II. Die steuerrechtliche Gewinnermittlung und -verteilung

1. Der Abzugsbetrag nach § 9 Abs. 1 Nr. 1 KStG

Da die Vertreter der transparenten Betrachtung jeden Geschäftsvorfall nach der Quote von Grundkapital zu Komplementäreinlage in einen KGaA- und einen Komplementäranteil aufteilen, ist der steuerrechtliche Abzugsbetrag nach § 9 Abs. 1 Nr. 1 KStG die Summe der anteiligen, auf den Komplementäranteil entfallenden Geschäftsvorfälle. Aus Vereinfachungsgründen kann der Abzugsbetrag entsprechend der Quote aus dem handelsrechtlichen Jahresabschluss abgeleitet werden[579], weil dieser die Summe aller Geschäftsvorfälle des Wirtschaftsjahres wiederspiegelt. Auf Ebene der KGaA und des Komplementärs sind sodann jeweils anteilig die steuerrechtlichen Folgen zu ziehen.

Kollruss[580] schlug jüngst vor, den Abzugsbetrag nach § 9 Abs. 1 Nr. 1 KStG vom handelsrechtlichen Gewinnanteil des Komplementärs zu lösen. Entsprechend der modifizierten intransparenten Betrachtung nach Wassermeyer (vgl. § 9 II 1), sollen auf Ebene der KGaA zunächst sämtliche steuerrechtliche Korrekturen unter Anwendung der für Kapitalgesellschaften geltenden Vorschriften durchgeführt werden. Der Abzugsbetrag nach § 9 Abs. 1 Nr. 1 KStG ergebe sich im Folgenden durch die Anwendung der Gewinnverteilungsquote auf den steuerrechtlichen Gewinn. Da Kollruss, anders als Wassermeyer, sodann aber den Gewinnanteil nach § 15 Abs. 1 S. 1 Nr. 3 EStG als vom Abzugsbetrag nach § 9 Abs. 1 Nr. 1 KStG unabhängigen Betrag ansieht und auf Ebene des Gesellschafters eine vom handelsrechtlichen Jahresüberschuss ausgehende, eigenständige Gewinnermittlung durchführt, bei der sämtliche für den Komplementär geltenden Vorschriften anzuwenden sind, lässt sich der Vorschlag Kollruss' als *modifizierte transparente Betrachtung* bezeichnen[581]. Kollruss Lösung führt auf körperschaftsteuerrechtlicher Ebene stets zum selben zu versteuernden Einkommen der KGaA wie die traditionelle transparente Betrachtung. Sie ist insoweit eine rein technisch andere Erfassungsart. Aufgrund der abweichenden Höhe des Abzugsbetrags nach § 9 Abs. 1 Nr. 1 KStG können sich jedoch Auswirkungen auf die Gewebesteuer ergeben (zur Abhängigkeit der Hinzurechnung nach § 8 Nr. 4 KStG vom Abzugsbetrag nach § 9 Abs. 1 Nr. 1 KStG vgl. § 14 II 1). In der Folge soll am Ende der ersten drei zu betrachtenden Problemkreise (Unterschiedsbeträge nach § 60 Abs. 2 EStDV, steuerfreie Einnahmen, nicht abziehbare Betriebsausgaben) jeweils kurz der Beweis für die Betragsgleichheit der

---

579 *Witt*, in: HHR, EStG/KStG, § 15 EStG Rn. 905 (05/2013). Nach *Mai*, in: F/M, KStG/GewStG/UmwStG, § 9 KStG Rn. 17 (01/2011) steht der Begriff „Gewinn" in § 9 Abs. 1 Nr. 1 KStG für „Bilanzgewinn" und nicht für „steuerpflichtiger Gewinn". Nach *Olgemöller*, in: Streck, KStG[8], 2014, § 9 Rn. 9 bestimmt sich der Gewinnanteil nach Handelsrecht.

580 *Kollruss*, BB 2012, 3178, 3180; *Kollruss*, DStZ 2012, 650, 652.

581 *Kollruss*, BB 2012, 3178, 3182 selbst nennt sein Konzept *„Transparenz sui generis"*. Ebenso *Kollruss*, DStZ 2012, 650, 651.

modifizierten transparenten Betrachtung mit der traditionellen transparenten Betrachtung angetreten werden. Zur Behandlung von unangemessenen Vergütungen und Pensionszusagen verhält sich KOLLRUSS' Vorschlag nicht.

a) Unterschiedsbeträge nach § 60 Abs. 2 EStDV

Abwandlung 1 des Beispiels unter § 8 III: Die KGaA hat handelsrechtlich zulässig ein im Januar selbst geschaffenes immaterielles Wirtschaftsgut mit 15.000 € aktiviert und schreibt es auf 3 Jahre linear ab (=AfA p.a. 5.000 €).

Nach den Grundsätzen der HERSTATT-Entscheidung ist jeder Geschäftsvorfall der KGaA jeweils an der Wurzel[582] aufzuspalten und den beiden steuerrechtlich unterschiedlich zu behandelnden Sphären der KGaA selbst und des Komplementärs zuzuweisen. Anders als bei der intransparenten Betrachtung, bei der sich Korrekturen nach § 60 Abs. 2 EStDV alleine in der Sphäre der KGaA auswirken (vgl. hierzu § 9 II 1a), sind die Unterschiedsbeträge nach § 60 Abs. 2 EStDV nach der transparenten Betrachtung auf die beiden Sphären aufzuteilen. Sie werden im Rahmen der Ermittlung des zu versteuernden Einkommens der Gesellschaft nur insoweit berücksichtigt, als sie nicht auf den nach § 9 Abs. 1 Nr. 1 KStG abzuziehenden Gewinnanteil entfallen.

Selbst geschaffene, immaterielle Wirtschaftsgüter des Anlagevermögens sind nach § 5 Abs. 2 EStG iVm. § 8 Abs. 1 KStG in der Steuerbilanz nicht aktivierbar, insoweit liegen sofort abzugsfähige Betriebsausgaben vor.

Jahresüberschuss	200.000 €
§ 60 Abs. 2 EStDV	./. 5.000 €
§ 9 Abs. 1 Nr. 1 KStG	./. 100.000 €
Zu versteuerndes Einkommen	95.000 €

Nach der handelsrechtlich zulässigen Abschreibung von 1/3 (5.000 €) ist noch ein Betrag von 10.000 € handelsbilanziell aktiviert. Dieser Betrag ist steuerrechtlich nach § 60 Abs. 2 EStDV gewinnmindernd zu erfassen. Da wegen des Abzugs nach § 9 Abs. 1 Nr. 1 KStG im Beispiel aber nur die Hälfte des Jahresüberschusses der Gesamtgesellschaft in der steuerrechtlichen Sphäre der KGaA verbleibt, ist auch nur die hälftige Korrektur bei der Ermittlung des zu versteuernden Einkommens der Gesellschaft vorzunehmen.

Zu den Auswirkungen auf den Gewinnanteil des Komplementärs nach § 15 Abs. 1 S. 1 Nr. 3 EStG vgl. § 10 II 2a, *(a)*. Auf diese Weise partizipieren Komplementäre und Kommanditaktionäre in dem Maße an den Unterschiedsbeträgen nach § 60 Abs. 2 EStDV, in dem sie aufgrund ihres Anteils am Gesamtkapital am Gewinn teilhaben[583].

582 BFH v. 21.6.1989 – X R 14/88, BStBl. II 1989, 881, 884.

583 *Kusterer*, DStR 2008, 484, 486.

Die modifizierte transparente Betrachtung nach Kollruss kommt betragsmäßig zum selben zu versteuernden Einkommen.

Jahresüberschuss	200.000 €
§ 60 Abs. 2 EStDV	./. 10.000 €
Zwischenergebnis	190.000 €
§ 9 Abs. 1 Nr. 1 KStG	./. 95.000 €
Zu versteuerndes Einkommen	95.000 €

b) Steuerfreie Einnahmen

<u>Abwandlung 2 des Beispiels unter § 8 III:</u> Die A-KGaA hat eine 100%ige Tochter-GmbH mit Sitz in Köln. Von dieser hat die A-KGaA in 2014 Dividenden in Höhe von 10.000 € erhalten.

Auch hinsichtlich steuerfreier Betriebseinnahmen erfolgt eine Aufteilung an der Wurzel[584]. Die Dividenden sind im Folgenden den unterschiedlichen Regelungsregimen zur Vermeidung einer Mehrfachbelastung bei Körperschaftsteuervorbelastung unterworfen. Die KGaA selbst als juristische Person unterfällt der Regelung des § 8b KStG. Ist der Komplementär eine natürliche Person, so unterliegt er der Regelung des § 3 Nr. 40 lit. d EStG[585]; ist er selbst eine juristische Person, so gilt für ihn freilich ebenso § 8b KStG[586].

Die anteiligen Dividenden sind auf Ebene der KGaA nach § 8b Abs. 1, 5 KStG zu 95% steuerfrei zu belassen.

Jahresüberschuss	200.000 €
§ 8b Abs. 1 KStG	./. 5.000 €
§ 8b Abs. 5 KStG	+ 250 €
§ 9 Abs. 1 Nr. 1 KStG	./. 100.000 €
Zu versteuerndes Einkommen	95.250 €

Die 5.000 € der Dividende, die der kapitalistischen Sphäre aufgrund der hälftigen Beteiligungsquote der Kommanditaktionäre zuzurechnen sind, werden zunächst nach § 8b Abs. 1 KStG steuerfrei gestellt; § 8b Abs. 5 KStG fingiert 5% der steuer-

584 BFH v. 21.6.1989 – X R 14/88, BStBl. II 1989, 881, 884.

585 *Deutschländer*, StBP 2013, 307, 308.

586 *Mai*, in: F/M, KStG/GewStG/UmwStG, § 9 KStG Rn. 17 (01/2011).

freien Beträge als nicht abziehbare Betriebsausgaben. Zu den Auswirkungen auf den Gewinnanteil des Komplementärs nach § 15 Abs. 1 S. 1 Nr. 3 EStG vgl. § 10 II 2a, *(b)*.

Nach der modifizierten transparenten Betrachtung ist das zu versteuernde Einkommen der KGaA betragsmäßig gleich.

Jahresüberschuss	200.000 €
§ 8b Abs. 1 KStG	./. 10.000 €
§ 8b Abs. 5 KStG	+ 500 €
Zwischenergebnis	190.500 €
§ 9 Abs. 1 Nr. 1 KStG	./. 95.250 €
Zu versteuerndes Einkommen	95.250 €

c) Nicht abziehbare Betriebsausgaben

Abwandlung 3 des Beispiels unter § 8 III: Die A-KGaA hat dem Geschäftspartner X im Jahre 2014 ein Geschenk zu dessen Hochzeit in Höhe von 500 € gemacht.

Nach § 4 Abs. 5 Nr. 1 EStG iVm. § 8 Abs. 1 KStG dürfen Geschenke an Personen, die nicht Arbeitnehmer des Steuerpflichtigen sind und deren Anschaffungs- bzw. Herstellungskosten pro Empfänger 35 € im Wirtschaftsjahr übersteigen, den Gewinn nicht mindern.

Jahresüberschuss	200.000 €
§ 4 Abs. 5 Nr. 1 EStG iVm. § 8 Abs. 1 KStG	+ 250 €
§ 9 Abs. 1 Nr. 1 KStG	./. 100.000 €
Zu versteuerndes Einkommen	100.250 €

Da auch nicht abziehbare Betriebsausgaben anteilig der KGaA und anteilig den Komplementären zuzurechnen sind, erfolgt auch hier eine Aufteilung. Die Korrektur findet nur zur Hälfte auf Ebene der KGaA statt. Zu den Auswirkungen auf den Gewinnanteil des Komplementärs nach § 15 Abs. 1 S. 1 Nr. 3 EStG vgl. § 10 II 2 a *(c)*.

Auch nach der modifizierten transparenten Betrachtung stellt sich das zu versteuernde Einkommen betragsmäßig gleich dar.

Jahresüberschuss	200.000 €
§ 4 Abs. 5 Nr. 1 EStG iVm. § 8 Abs. 1 KStG	+ 500 €
Zwischenergebnis	200.500 €
§ 9 Abs. 1 Nr. 1 KStG	./. 100.250 €
Zu versteuerndes Einkommen	100.250 €

d) Unangemessene Vergütungen

Abwandlung 4 des Beispiels unter § 8 III: A vermietet ein unbebautes Grundstück als Lagerplatz an die KGaA. Hierfür zahlt die KGaA dem A monatlich 1.000 €. Einem fremden Dritten hätte die KGaA für ein vergleichbares Grundstück nur 500 € gezahlt. Die KGaA hat genau dieses Grundstück angemietet, weil der Eigentümer A Komplementär der KGaA ist.

Anders als die Vertreter der intransparenten Betrachtungsweise gehen die Anhänger der Transparenz davon aus, dass zwischen der KGaA und ihrem Komplementär grundsätzlich keine verdeckten Gewinnausschüttungen mit der Folge der Hinzurechnung nach § 8 Abs. 3 S. 2 KStG möglich sind[587]. Neben der generellen Tatsache, dass es im Personengesellschaftsrecht keine verdeckten Gewinnausschüttung gibt, ergebe sich die Nichtanwendbarkeit des § 8 Abs. 3 KStG insbesondere daraus, dass § 9 Abs. 1 Nr. 1 KStG – anders als § 9 Abs. 1 Nr. 2 KStG – gerade nicht unter dem Vorbehalt des § 8 Abs. 3 KStG stehe[588]. Stattdessen sei § 9 Abs. 1 Nr. 1 KStG ein

587 FG Köln v. 17.8.2006 – 6 K 6170/03, EFG 2006, 1923, 1925 (das bestätigende Urteil des BFH v. 6.10.2009 – I R 102/06, BFH/NV 2010, 463 verhält sich zu dieser Problematik nicht); *Brandl*, in: Blümich, EStG/KStG/GewStG, § 9 KStG Rn. 26 (11/2014); *Flick/Schulte*, FAZ v. 20.12.2005, S. 25; *Gehrke*, Die Stiftung & Co. KGaA, 2007, S. 26; *Janssen*, NWB 2001, 2189, 2193; *Jünger*, DB 1988, 1969, 1981; *Lang*, in: D/P/M, KStG/GewStG/EStG, § 8 KStG Abs. 3 Teil C Rn. 18 (03/2009); *Lühn*, in: M/S, KStG², 2015, § 9 Rn. 114; *Maurer*, Die Besteuerung von Anleger-Kommanditgesellschaften, 1999, S. 175; *Renz*, Die Besteuerung der GmbH & Co. KGaA, 2006, S. 84; *Schaumburg*, DStZ 1998, 525, 533; *Schaumburg/Schulte*, Die KGaA, 2000, Rn. 109; *Wassermeyer*, GmbHR 1999, 18, 23; **a.A.** trotz grds. transparenter Betrachtung *Patt/Rasche*, DB 1993, 2400, 2403.

588 FG Köln v. 17.8.2006 – 6 K 6170/03, EFG 2006, 1923, 1925, das bestätigende Urteil des BFH v. 6.10.2009 – I R 102/06, BFH/NV 2010, 462 verhält sich hierzu nicht; *Brandl*, in: Blümich, EStG/KStG/GewStG, § 9 KStG Rn. 35 (11/2014); *Lühn*, in: M/S, KStG², 2015, § 9 Rn. 111; *Renz*, Die Besteuerung der GmbH & Co. KGaA, 2006, S. 84; *Sauter*, Die Gewinnverwendung in der kapitalistischen KGaA, 2008, S. 35; *Schaumburg*, DStZ 1998, 525, 533; *Schaumburg/Schulte*, Die KGaA, 2000, Rn. 109; zum Unterschied zwischen § 9 Abs. 1 Nr. 1 KStG als Gewinnermittlungs- und § 9 Abs. 1 Nr. 2 KStG als Gewinnverwendungsvorschrift vgl. *Deutschländer*, StBP 2013, 283, 284; ebenso R 47 Abs. 2 KStR 2004.

vollumfänglicher Abzugstatbestand[589], dem auch der unangemessene Teil von Sondervergütungen unterfalle[590].

Da die KGaA das Grundstück von A gerade aufgrund seiner Komplementärstellung angemietet hat, kommt eine verdeckte Gewinnausschüttung nicht in Betracht.

Jahresüberschuss	200.000 €
§ 4 Abs. 1 S. 2 EStG	+ 6.000 €
§ 9 Abs. 1 Nr. 1 KStG	./. 106.000 €
Zu versteuerndes Einkommen	100.000 €

Ein Abzug als Betriebsausgabe nach § 4 Abs. 4 EStG, § 8 Abs. 1 KStG soll nur in Höhe des angemessenen Teils, ansonsten nach § 9 Abs. 1 Nr. 1 KStG erfolgen. Da auch der unangemessene Teil den handelsrechtlichen Jahresüberschuss gemindert hat, muss dieser Gewinnanteil zunächst als Entnahme des Komplementärs „neutralisiert" werden, bevor er nach § 9 Abs. 1 Nr. 1 KStG abgezogen wird.

Alternativ ist es denkbar, unangemessene Betriebsausgaben vollumfänglich dem Betriebsausgabenabzug nach § 4 Abs. 4 EStG, § 8 Abs. 1 KStG zu unterwerfen. Da der Betriebsausgabenabzug nicht unter dem Vorbehalt der Angemessenheit[591] steht und die Vergütung dem Komplementär ohnehin im Wege des § 15 Abs. 1 S. 1 Nr. 3 EStG zuzurechnen ist, müsste eine Korrektur auf Gesellschaftsebene dann nicht erfolgen.

Jahresüberschuss	200.000 €
§ 9 Abs. 1 Nr. 1 KStG	./. 100.000 €
Zu versteuerndes Einkommen	100.000 €

Im Ergebnis ist unumstritten, dass hinsichtlich der gesamten Vergütung eine einmalige Gewinnminderung auf Ebene der KGaA erfolgen muss.

Eine verdeckte Gewinnausschüttung soll aber dann ausnahmsweise möglich sein, wenn der Komplementär zugleich Kommanditaktionär ist[592]. In seiner Rolle als

589 Vgl. RFH v. 21.12.1937 – I 251/37, RStBl. 1938, 334.

590 *Janssen*, NWB 2001, 2189, 2192; *Wassermeyer*, GmbHR 1999, 18, 23: Mangels Beteiligung am Grundkapital erhält der Komplementär unangemessene Zahlungen stets aufgrund der geleisteten Vermögenseinlagen oder seiner Geschäftsführer-Tätigkeit; beides sei von § 9 Abs. 1 Nr. 1 KStG umfasst.

591 *Renz*, Die Besteuerung der GmbH & Co. KGaA, 2006, S. 81; zu § 4 Abs. 1 EStG generell *Heinicke*, in: Schmidt, EStG[34], 2015, § 4 Rn. 483.

592 *Brandl*, in: Blümich, EStG/KStG/GewStG, § 9 KStG Rn. 26 (11/2014); *Gehrke*, Die Stiftung & Co. KGaA, 2007, S. 27; *Wassermeyer*, GmbHR 1999, 18, 23.

Aktionär kann er, wie alle anderen Aktionäre auch, verdeckte Gewinnausschüttungen erhalten. Zur Abgrenzung ist stets zu hinterfragen, ob die Zahlung an den Gesellschafter im Einzelfall aufgrund seiner Stellung als Kommanditaktionär oder als Komplementär gezahlt worden ist[593]. Unproblematisch dürfte dies bei überhöhten Geschäftsführungsvergütungen sein, denn insoweit ist ein Zusammenhang zur Aktionärsstellung regelmäßig auszuschließen. Sind die unangemessenen Zahlungen indes gleichermaßen an alle Aktionäre erfolgt, so spricht viel dafür, dass auch der Komplementär die Zahlung aufgrund seiner Eigenschaft als Kommanditaktionär erhalten hat. Ist eine Zuweisung der Zahlungen zu den einzelnen Sphären einmal nicht möglich, so soll eine Aufteilung erfolgen. Maßstab dieser Aufteilung soll die satzungsmäßige Gewinnverteilungsquote unter Berücksichtigung der vom Komplementär gehaltenen Aktien im Verhältnis zum Nennwert des gesamten Grundkapitals sein[594].

e) Pensionszusagen

<u>Abwandlung 5 des Beispiels unter § 8 III:</u> *Die KGaA hat dem Komplementär A eine Pensionszusage gemacht. Am 31.12.2014 ist der unter Berücksichtigung des § 6a Abs. 3 und 4 EStG und der anerkannten Regeln der Versicherungsmathematik ermittelte Teilwert der Pensionszusage 3.000 € höher als am Bilanzstichtag des Jahres 2013 (steuerrechtlich relevanter Wert). In der Handelsbilanz wurde die Rückstellung nach den Grundsätzen ordnungsmäßiger Buchführung mit dem notwendigen Erfüllungsbetrag nach vernünftiger kaufmännischer Beurteilung (§ 253 Abs. 1 S. 2 HGB) bewertet. Dieser Wert war 4.000 € höher als zum Schluss des vorgegangenen Wirtschaftsjahres.*

Liegen die Voraussetzungen des § 6a EStG vor, muss[595] die KGaA für Pensionszusagen an den Komplementär als besondere Form der Tätigkeitsvergütung[596] eine Pensionsrückstellung bilden. Nach Auffassung der Vertreter der transparenten Betrachtung sollen diese Pensionsrückstellungen den Gewinn der KGaA insgesamt nach § 9 Abs. 1 Nr. 1 KStG mindern[597]. Da der Jahresüberschuss jedoch bereits durch die handelsrechtliche Bildung der Pensionsrückstellung gemindert ist, ist diese handelsrechtliche Aufwandsbuchung zunächst über das Kapitalkonto des

593 *Janssen*, NWB 2001, 2189, 2194; *Lühn*, in: M/S, KStG², 2015, § 9 Rn. 48 unter Hinweis auf praktische Differenzierungsprobleme.

594 *Schaumburg/Schulte*, Die KGaA, 2000, Rn. 111 f.; *Renz*, Die Besteuerung der GmbH & Co. KGaA, 2006, S. 85. Für eine Einzelfallbetrachtung *Ellerbeck*, in: Schnitger/Fehrenbacher, KStG, § 9 Rn. 64.

595 Zur Passivierungspflicht bei sog. Neuzusagen vgl. *Patt/Rasche*, DB 1993, 2400, 2403.

596 *Mai*, in: F/M, KStG/GewStG/UmwStG, § 9 KStG Rn. 19 (01/2011).

597 *Brandl*, in: Blümich, EStG/KStG/GewStG, § 9 KStG Rn. 24 (11/2014); *Frankenheim*, DStR 1999, 481, 482; *Sauter*, Die Gewinnverwendung in der kapitalistischen KGaA, 2008, S. 42.

Komplementärs zu neutralisieren (§ 4 Abs. 1 S. 2 EStG), um einen doppelten Abzug zu vermeiden (ähnlich bereits unter § 10 II 1d)[598]. Daneben ergeben sich die bereits unter § 10 II 1a dargestellten Konsequenzen der unterschiedlichen Bewertung in Handels- und Steuerbilanz.

Zunächst ist der Bewertungsunterschied zwischen Handels- und Steuerrecht anteilig zu korrigieren. Darüber hinaus erfolgt die Neutralisierung der für die Pensionsrückstellung verbleibenden Aufwandsbuchung, um diese dem Gewinnanteil des Komplementärs zuweisen zu können.

Jahresüberschuss	200.000 €
§ 6a EStG iVm. § 8 Abs. 1 KStG	+ 500 €
§ 4 Abs. 1 S. 2 EStG	+ 3.000 €
§ 9 Abs. 1 Nr. 1 KStG	./. 103.000 €
Zu versteuerndes Einkommen der KGaA	100.500 €

Die Hälfte der Korrektur aus § 6a Abs. 4 EStG entfällt auf den Gewinnanteil des Komplementärs, so dass eine Korrektur nur um 500 € erfolgt. Die Korrektur ist vorliegend ein Fall des § 60 Abs. 2 EStDV. Die Korrektur nach § 4 Abs. 1 S. 2 EStG ist notwendiger Zwischenschritt, um die Aufwendungen für die Pensionsrückstellung dem Komplementär nach § 9 Abs. 1 Nr. 1 KStG zuweisen zu können, ohne diese im Ergebnis doppelt zu berücksichtigen. Somit ergibt sich letztlich nur eine „Umbuchung" des handelsrechtlichen Aufwands zu einer Gewinnminderung nach § 9 Abs. 1 Nr. 1 KStG. Zur steuerrechtlichen Behandlung der Pensionszusagen beim Komplementär vgl. § 10 II 2b *(c)*.

Richtigerweise ist an dieser Stelle eine Differenzierung zwischen Betriebsausgaben nach § 4 Abs. 4 EStG iVm. § 8 Abs. 1 KStG und einem Abzug nach § 9 Abs. 1 Nr. 1 KStG vorzunehmen. Diese Differenzierung wirkt sich auf die Höhe der Körperschaftsteuer der Gesellschaft noch nicht aus, weil jedenfalls eine einmalige Gewinnminderung auf Gesellschaftsebene erfolgt. Zu den gewerbesteuerrechtlichen Folgen vgl. §§ 13, 14.

598 Soweit vertreten wird, § 9 Abs. 1 Nr. 1 KStG sei ein umfassender Abzugstatbestand, gleichzeitig aber die Anwendbarkeit des § 8 Abs. 3 KStG verneint wird, würde es bei Aufwendungen, die bereits den Jahresüberschuss gemindert haben, zu einer doppelten Gewinnminderung kommen. Dies soll augenscheinlich nicht der Fall sein.

2. Die gewerblichen Einkünfte nach § 15 Abs. 1 S. 1 Nr. 3 EStG

Die gewerblichen Einkünfte des Komplementärs einer KGaA setzen sich, entsprechend der zweistufigen Gewinnermittlung in der (klassischen) Mitunternehmerschaft[599], aus dem Gewinnanteil der transparenten Sphäre der KGaA und dem Sonderbetriebsergebnis zusammen. Die Einkünfte werden durch Betriebsvermögensvergleich nach § 5 Abs. 1 EStG iVm. § 4 Abs. 1 EStG ermittelt[600], wobei die Erstellung der Sonderbilanzen nach richtiger Auffassung nur auf § 4 Abs. 1 EStG zu stützen ist[601].

Abbildung 14: Zweistufige Gewinnermittlung.

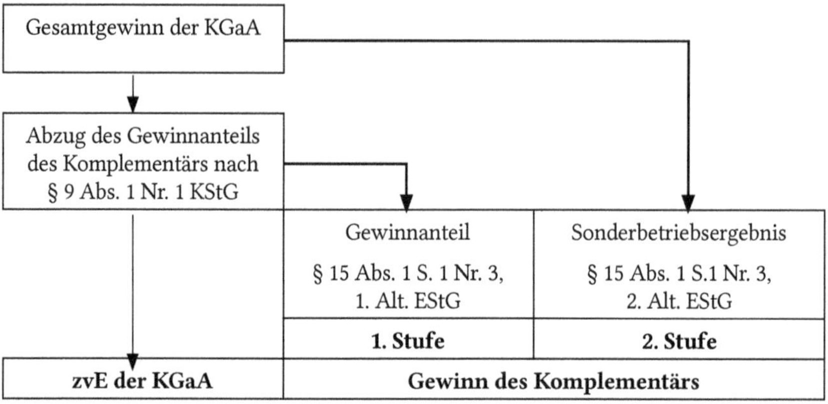

599 *Bode*, in: Blümich, EStG/KStG/GewStG, § 15 EStG Rn. 487 (10/2014); *Riotte/Dümichen/Engel*, in: Schütz/Bürgers/Riotte, Die KGaA, 2004, § 9 Rn. 113; vgl. hierzu *Hennrichs*, in: Tipke/Lang, Steuerrecht[22], 2015, § 10 Rn. 20 ff.

600 BFH v. 21.6.1989 – X R 14/88, BStBl. II 1989, 881, 886; v. 4.12.2012 – I R 42/11, BFH/NV 2013, 589; *Ammenwerth*, Die KGaA, 1997, S. 172; *Brandenberg*, in: Söffing, Besteuerung der Mitunternehmer[5], 2005, Rn. 1527; *Claussen*, in: FS Heinsius, 1991, S. 61, 74; *Frankenheim*, Die Ertrags- und Substanzbesteuerung der KGaA, 1994, S. 132; *Hageböke*, Der Konzern 2014, 134, 138; *Hölzl*, Die Besteuerung der KGaA, 2003, S. 144; *Janssen*, NWB 2001, 2189, 2196; *Lühn*, in: M/S, KStG[2], 2015, § 9 Rn. 88 ff.; *Witt*, in: HHR, EStG/KStG, § 15 EStG Rn. 905 (05/2013); *Woitschell*, in: E&Y, KStG, § 9 Rn. 20 (10/2002). Zur Vermeidung besonderer Härten nach der Entscheidung des BFH v. 21.6.1989 – X R 14/88, BStBl. II 1989, 881, 886 zur Unzulässigkeit einer Ermittlung nach § 4 Abs. 3 EStG enthielt die Verfügung der OFD Köln v. 27.6.1991 – S 2241–36-St111 die Möglichkeit zur Verteilung solcher Übergangsgewinne auf 10 Jahre.

601 *Prinz*, FR 2010, 917, 919; **a.A.** *Witt*, in: HHR, EStG/KStG, § 15 Rn. 905, 912 (05/2013). Gegen die Anwendung jedenfalls des § 5 EStG auch *Keuk*, StuW 1974, 1, 33, die eine Sonderbilanz insgesamt ablehnte und schlicht die Aufwendungen von den Einnahmen abzog. Anders später *Knobbe-Keuk*, Bilanz- und Unternehmenssteuerrecht[9], 1993, § 11 II 1 a.

a) Der Gewinnanteil nach § 15 Abs. 1 S. 1 Nr. 3, 1. Alt. EStG

Auf der ersten Stufe wird dem Komplementär der Gewinnanteil zugerechnet, der ihm von der KGaA als solcher zugewiesen wird. Dies entspricht dem Anteil des Komplementärs am Gewinn der Gesellschaft. Hierzu gehören auch Gewinne aus etwaigen Ergänzungsbilanzen[602].

Der Gewinnanteil der ersten Stufe entspricht im Grundsatz dem Abzugsbetrag nach § 9 Abs. 1 Nr. 1 KStG. Er beinhaltet alle dem Komplementär zuzurechnenden Beträge, die auf Gesellschaftsebene nicht als Betriebsausgabe nach § 4 Abs. 4 EStG iVm. § 8 Abs. 1 KStG abzugsfähig sind[603]. Der Gewinnanteil des Komplementärs wird aber nicht unreflektiert aus § 9 Abs. 1 Nr. 1 KStG übernommen. Immer dann, wenn sich durch außerbilanzielle Korrekturen bei der KGaA Abweichungen ergeben, sind diese Abweichungen auch beim Komplementär innerhalb der ersten Gewinnermittlungsstufe umzusetzen.

Nach der *modifizierten transparenten Betrachtung* nach Kollruss[604] besteht hingegen keine betragsmäßige Identität zwischen dem Abzugsbetrag nach § 9 Abs. 1 Nr. 1 KStG und dem Gewinnanteil des Komplementärs nach § 15 Abs. 1 S. 1 Nr. 3, 1. Alt. EStG. Da er dem Komplementär aber ebenfalls die anteiligen Einkünftetatbestände zurechnet und hierauf die für den KGaA-Komplementär maßgeblichen Steuernormen anwendet, dürften sich zur traditionellen transparenten Betrachtung keine Unterschiede ergeben[605].

---

602 Zur Möglichkeit der Bildung von Ergänzungsbilanzen für den Komplementär einer KGaA vgl. noch § 15 IV, sowie *Beck*, GmbHR 2004, 554, 555; *Bielinis*, Die Besteuerung der KGaA, 2013, S. 246 ff; *Glanegger*, DStR 2004, 1686, 1688; *Hageböke/Koetz*, DStR 2006, 293, 295; *Kusterer*, DStR 2004, 77; *Renz*, Die Besteuerung der GmbH & Co. KGaA, 2006, S. 75.

603 *Hölzl*, Die Besteuerung der KGaA, 2003, S. 145. Auf der ersten Stufe der Gewinnermittlung werden die Vertragsbeziehungen des Gesellschafters mit der Gesellschaft wie im Zivilrecht anerkannt, vgl. *Jacobs*, Unternehmensbesteuerung und Rechtsform[4], 2009, S. 225.

604 *Kollruss*, BB 2012, 3178, 3180.

605 Etwas anderes soll nach *Kollruss*, BB 2012, 3178, 3181 für nach DBA steuerfreie Gewinne gelten. Da die KGaA die Einkünftetatbestände auch mit Wirkung für den Komplementär verwirkliche, werde die „Qualität" der Einkünfte (als Dividenden, steuerfreie Betriebsstätteneinkünfte oder nicht abzugsfähige Betriebsausgaben) für den Komplementär bereits auf Ebene der KGaA festgelegt, vgl. auch *Kollruss*, DStZ 2012, 650, 654. Warum aber einerseits Betriebsstätteneinkünfte dem Komplementär steuerfrei zugerechnet werden, andererseits die Steuerfreiheit von Dividenden nicht auf den Komplementär durchschlägt, bleibt offen. Jedenfalls steht einer Zurechnung der Steuerfreiheit von nach DBA steuerfreien Gewinnen aber nunmehr auch nach Auffassung von *Kollruss*, BB 2012, 3178, 3181, *Kollruss*, DStZ 2012, 650, 661 § 50d Abs. 11 EStG entgegen.

(a) Unterschiedsbeträge nach § 60 Abs. 2 EStDV

Abwandlung 1 des Beispiels unter § 8 III: Die KGaA hat handelsrechtlich zulässig ein im Januar selbst geschaffenes immaterielles Wirtschaftsgut mit 15.000 € aktiviert und schreibt es auf 3 Jahre linear ab (=AfA p.a. 5.000 €).

Selbst geschaffene, immaterielle Wirtschaftsgüter des Anlagevermögens sind nach § 5 Abs. 2 EStG iVm. § 8 Abs. 1 KStG in der Steuerbilanz nicht aktivierbar, insoweit liegen sofort abzugsfähige Betriebsausgaben vor.

Gewinnanteile der Komplementäre	100.000 €
§ 60 Abs. 2 EStDV	./. 5.000 €
Einkünfte nach § 15 Abs. 1 S. 1 Nr. 3, 1. Alt. EStG	95.000 €

Nach der handelsrechtlich zulässigen Abschreibung von 1/3 (5.000 €) ist noch ein Betrag von 10.000 € handelsbilanziell aktiviert. Dieser Betrag ist steuerrechtlich nach § 60 Abs. 2 EStDV gewinnmindernd zu erfassen. Die hälftige Korrektur war bereits bei der Ermittlung des zu versteuernden Einkommens der Gesellschaft vorzunehmen (vgl. § 10 II 1a), so dass auf Ebene des Komplementärs nun der seiner Quote entsprechende Korrekturbetrag zu berücksichtigen ist. Auf diese Weise partizipieren Komplementäre und Kommanditaktionäre in dem Maße an den Unterschiedsbeträgen nach § 60 Abs. 2 EStDV, in dem sie aufgrund ihres Anteils am Gesamtkapital am Gewinn teilhaben[606].

(b) Steuerfreie Einnahmen

Abwandlung 2 des Beispiels unter § 8 III: Die AB-KGaA hat eine 100%ige Tochter-GmbH mit Sitz in Köln. Von dieser hat die AB-KGaA in 2014 Dividenden in Höhe von 10.000 € erhalten.

Da auch hinsichtlich steuerfreier Betriebseinnahmen eine Aufteilung an der Wurzel erfolgt[607], ist der Anteil an der Dividende, die auf den Gewinnanteil des Komplementärs entfällt, auf dessen Besteuerungsebene freizustellen[608]. Ist der Komplementär eine natürliche Person, so unterliegt er der Regelung des § 3 Nr. 40 lit. d EStG[609]; ist er selbst eine juristische Person, so gilt für ihn § 8b KStG[610]. Der Anteil,

606 *Kusterer*, DStR 2008, 484, 486.

607 BFH v. 21.6.1989 – X R 14/88, BStBl. II 1989, 881, 884.

608 Als Ausfluss ihres „integrativen Mitunternehmerkonzepts" wollen *Rohrer/Orth*, BB 2007, 1594, 1598 § 3 Nr. 40 EStG bereits auf Ebene der KGaA noch vor § 9 Abs. 1 Nr. 1 KStG anwenden.

609 *Deutschländer*, StBP 2013, 307, 308; *Malzahn*, in: Forum Steuerrecht 2012, S. 151, 174.

610 *Mai*, in: F/M, KStG/GewStG/UmwStG, § 9 KStG Rn. 17 (01/2011); *Malzahn*, in: Forum Steuerrecht 2012, S. 151, 175.

der auf die KGaA selbst entfällt, wurde bereits auf körperschaftsteuerrechtlicher Ebene § 8b KStG unterworfen (vgl. § 10 II 1b)

Die 5.000 € der Dividende, die auf den Anteil des Komplementärs entfallen, unterliegen § 3 Nr. 40 lit. d EStG und sind somit zu 40% steuerfrei.

Gewinnanteil	100.000 €
§ 3 Nr. 40d EStG	./. 2.000 €
Einkünfte nach § 15 Abs. 1 S. 1 Nr. 3 KStG	98.000 €

An dieser Stelle zeigt sich, dass Gesellschaft und Gesellschafter auch bei der transparenten Betrachtung durchaus unterschiedlicher Steuerlast ausgesetzt sein können. Allerdings liegt der Grund hierfür bei der transparenten Betrachtung im Bereich unterschiedlicher Systeme zur Vermeidung einer Mehrfachbesteuerung bei körperschaftsteuerrechtlicher Vorbelastung der Einkünfte. Der Gesetzgeber selbst hat die Wertung getroffen, Kapitalgesellschaften unter Anwendung des § 8b KStG auf andere Weise von der Körperschaftsteuervorbelastung zu entlasten als natürliche Personen durch das Teileinkünfteverfahren (bzw. Abgeltungssteuersteuer). Dieser Besteuerungsunterschied ist eine konsequente Umsetzung des gesetzgeberischen Willens.

(c) Nicht abziehbare Betriebsausgaben

Abwandlung 3 des Beispiels unter § 8 III: *Die AB-KGaA hat dem Geschäftspartner X im Jahre 2014 ein Geschenk zu dessen Hochzeit in Höhe von 500 € gemacht.*

Der steuerrechtliche Gewinnanteil des Komplementärs erfasst auch die anteiligen nichtabzugsfähigen Betriebsausgaben[611], die somit quotal korrigiert werden.

Nach § 4 Abs. 5 Nr. 1 EStG iVm. § 8 Abs. 1 KStG dürfen Geschenke an Personen, die nicht Arbeitnehmer des Steuerpflichtigen sind und deren Anschaffungs- bzw. Herstellungskosten pro Empfänger 35 € im Wirtschaftsjahr übersteigen, den Gewinn nicht mindern.

Gewinnanteil der Komplementäre	100.000 €
§ 4 Abs. 5 Nr. 1 EStG	+ 250 €
Einkünfte aus § 15 Abs. 1 S. 1 Nr. 3 KStG	100.250 €

Entsprechend der Zuweisung des hälftigen Jahresüberschusses findet auch die hälftige Korrektur nichtabzugsfähiger Betriebsausgaben auf Ebene des Komplementärs statt. Somit wird die steuerliche Mehrbelastung, welche durch die nichtabziehbaren

611 *Hageböke*, Das KGaA-Modell, 2008, S. 81.

Betriebsausgaben insgesamt ausgelöst wurde, entsprechend der Gewinnverteilungsquote auf die Schultern der Komplementäre und der Kommanditaktionäre verteilt.

b) Der Gewinnanteil nach § 15 Abs. 1 S. 1 Nr. 3, 2. Alt. EStG – Sonderbetriebsbereich

Die zweite Stufe der Gewinnermittlung erfasst diejenigen Einkünfte des Komplementärs, die er neben dem nach § 15 Abs. 1 S. 1 Nr. 3, 1. Alt. EStG zugewiesenen Gewinnanteil erzielt. Aus der steuerrechtlichen Behandlung des Komplementärs „wie" ein Mitunternehmer folgt, dass für ihn bei Bedarf Sonderbilanzen zu bilden sind[612]. Insoweit besteht kein Unterschied zur Besteuerung von Mitunternehmern nach § 15 Abs. 1 S. 1 Nr. 2 EStG[613]. Die Rechtsfiguren des Sonderbetriebsvermögens, der Sondervergütungen, der Sonderbetriebseinnahmen und der Sonderbetriebsausgaben sind Bestandteile der Besteuerung der KGaA-Komplementäre[614]. Als Sonderbetriebsvermögen sind in der Sonderbilanz die Wirtschaftsgüter anzusetzen, die der Vermögenssphäre des Komplementärs zuzuordnen sind, aber gleichzeitig auch zur Erwirtschaftung von Einkünften aus § 15 Abs. 1 S. 1 Nr. 3 EStG eingesetzt werden[615]. Sonderbetriebseinnahmen sind alle Vergütungen an den Komplementär einer KGaA die auf Ebene der KGaA Betriebsausgaben im Sinne des § 4 Abs. 4 EStG iVm. § 8 Abs. 1 KStG darstellen[616]. Wie bei der Mitunternehmerschaft gilt der

---

612 BFH v. 21.6.1989 – X R 14/88, BStBl. II 1989, 881, 885; *Berg*, JbFStR 2002/2003, S. 232, 236; *Glanegger, DStR 2004,1686, 1688; Hageböke*, Das KGaA-Modell, 2008, S. 90; *Sauter*, Die Gewinnverwendung in der kapitalistischen KGaA, 2008, S. 40; *Schaumburg*, DStZ 1998, 525, 534; *Schaumburg/Schulte*, Die KGaA, 2000, Rn. 135; *Wacker*, in: Schmidt, EStG[34], 2015, § 15 Rn. 891. Darüber hinaus wird vorgeschlagen, Tätigkeits- und Leistungsvergütungen nur dann als Sonderbetriebsvermögen anzusehen, wenn der Komplementär über das Grundkapital hinausgehende Einlagen erbracht hat – ansonsten sollen sie den allgemeinen Einkunftsarten zuzuordnen sein, vgl. nur *Ernst&Young*, DB 2014, 147, 151.

613 Unter Hinweise auf die wörtliche Übereinstimmung hinsichtlich der Sondervergütungen: BFH v. 21.6.1989 – X R 14/88, BStBl. II 1989, 881, 883; vgl. auch *Gehrke*, Die Stiftung & Co. KGaA, 2007, S. 32; *Hageböke*, Das KGaA-Modell, 2008, S. 90; *Knobbe-Keuk*, Bilanz- und Unternehmenssteuerrecht[9], 1993, § 9 II 3 f; *Mathiak*, DStR 1989, 661, 667.

614 BFH v. 21.6.1989 – X R 14/88, BStBl. II 1989, 881, 885; *Fischer*, DStR 1997, 1519, 1522; *Kollruss*, Die Wirtschaftsprüfung 2005, 1040, 1041; *Mathiak*, DStR 1989, 661, 667; *Schaumburg/Schulte*, Die KGaA, 2000, Rn. 135; *Wacker*, in: Schmidt, EStG[34], 2015, § 15 Rn. 891; *Theisen*, DB 1989, 2191, 2193; *Wehrheim*, DB 2001, 947.

615 *Halasz/Kloster/Kloster*, GmbHR 2002, 77, 88; *Nagel/Wittkowski*, Die KGaA, 2012, § 4 Rn. 108. Vgl. zum Sonderbetriebsvermögen echter Mitunternehmerschaften *Hennrichs*, in: Tipke/Lang, Steuerrecht[22], 2015, § 10 Rn. 130 ff.

616 *Hölzl*, Die Besteuerung der KGaA, 2003, S. 150; *Hallerbach*, in: Söffing, Die Besteuerung der Mitunternehmer[5], 2005, Rn. 890. Für die Personengesellschaft *Bode*, in: Blümich, EStG/KStG/GewStG, § 15 EStG Rn. 492 (10/2014).

allgemeine Vorrang des Sonderbetriebsvermögens vor dem eigenen Betriebsvermögen des Komplementärs[617].

(a) Leistungsbeziehungen zwischen KGaA und Komplementär

<u>Abwandlung 6 des Fallbeispiels unter § 8 III:</u> A vermietet der A-KGaA ein unbebautes Grundstück als Lagerplatz zu einem monatlichen Mietzins von 1.000 €. Außerdem hat er A-KGaA vor einigen Jahren ein Darlehen in Höhe von 50.000 € gewährt. Das Darlehen wird fremdüblich mit 5% p.a. verzinst.

Nach allgemeinen Grundsätzen stellen Einkünfte aus der Vermietung und Verpachtung von unbeweglichem Vermögen Einkünfte aus § 21 Abs. 1 Nr. 1 EStG dar. Erträge aus Kapitalforderungen sind Einkünfte aus Kapitalvermögen, § 20 Abs. 1 Nr. 7 EStG. Allerdings enthalten § 20 Abs. 8 EStG und § 21 Abs. 3 EStG Subsidiaritätsklauseln. Die Einkünfte sind anderen Einkunftsarten zuzurechnen, soweit sie zu diesen gehören. § 15 Abs. 1 S. 1 Nr. 3, 2. Alt. EStG qualifiziert Einkünfte, die ein persönlich haftender Gesellschafter einer KGaA für die Hingabe von Darlehen oder die Überlassung von Wirtschaftsgütern erhält, als gewerbliche Einkünfte[618] in Form von Sonderbetriebseinnahmen. Im Unterschied zur intransparenten Betrachtung (vgl. § 9 II 2b *(a)*) stellen die entsprechenden Darlehen und Wirtschaftsgüter indes Sonderbetriebsvermögen dar.

	KGaA	**A**
Jahresüberschuss	200.000 €	
§ 9 Abs. 1 Nr. 1 KStG	./. 100.000 €	
§ 15 Abs. 1 S. Nr. 3, 1. Alt. EStG		100.000 €
§ 15 Abs. 1 S. 1 Nr. 3, 2. Alt. EStG Miete Zinsen		 12.000 € 2.500 €
Summe	**100.000 €**	**114.500 €**

Der monatliche Mietzins von 1.000 € für den Lagerplatz und die Darlehenszinsen in Höhe von jährlich 2.500 € sind Betriebsausgabe der Gesellschaft; der entsprechende

617 Allgemein zur Mitunternehmerschaft: BFH v. 18.5.1983 – I R 5/82, BStBl. II 1983, 771; v. 6.10.1987 – VIII R 137/84, BStBl. II 1988, 679; kritisch: *Hallerbach*, in: Söffing, Besteuerung der Mitunternehmer[5], 2005, Rn. 1007; *Knobbe-Keuk*, Bilanz- und Unternehmenssteuerrecht[9], 1993, § 11 II 3. Zur KGaA: *Renz*, Die Besteuerung der GmbH & Co. KGaA, 2006, S. 110.

618 BFH v. 17.10.1990 – I R 16/89, BStBl. II 1991, 211, 212.

Aufwand wurde im Jahresüberschuss berücksichtigt. A erzielt hierdurch Einkünfte aus § 15 Abs. 1 S. 1 Nr. 3, 2. Alt. EStG.

(b) Unangemessene Vergütungen

<u>Abwandlung 4 des Beispiels unter § 8 III:</u> A vermietet ein unbebautes Grundstück als Lagerplatz an die KGaA. Hierfür zahlt die KGaA dem A monatlich 1.000 €. Einem fremden Dritten hätte die KGaA für ein vergleichbares Grundstück nur 500 € gezahlt. Die KGaA hat genau dieses Grundstück angemietet, weil der Eigentümer A Komplementär der KGaA ist.

Auf Ebene der KGaA bestand insoweit Konsens innerhalb der transparenten Betrachtung, als dass eine verdeckte Gewinnausschüttung zwischen der KGaA und ihrem Komplementär grundsätzlich nicht möglich ist[619] (vgl. § 10 II 1d).

Soweit vertreten wird, § 9 Abs. 1 Nr. 1 KStG sei ein vollumfänglicher Abzugstatbestand[620], dem auch der unangemessene Teil von Sondervergütungen unterfalle[621], werden diese überhöhten Vergütungen dem Komplementär bereits nach § 15 Abs. 1 S. 1 Nr. 3, 1. Alt. EStG mit dem Anteil am Gesellschaftsgewinn zugewiesen. Das Sonderbetriebsergebnis beschränkt sich somit auf den angemessenen Teil der Vergütungen.

	KGaA	**A**
Jahresüberschuss	200.000 €	
§ 4 Abs. 1 S. 2 EStG	+ 6.000 €	
§ 9 Abs. 1 Nr. 1 KStG	./. 106.000 €	
§ 15 Abs. 1 S. 1 Nr. 3, 1. Alt. EStG		106.000 €
§ 15 Abs. 1 S. 1 Nr. 3, 2. Alt. EStG Angemessene Miete		6.000 €
Summe	**100.000 €**	**112.000 €**

Sofern unangemessene Vergütungen vollumfänglich dem Betriebsausgabenabzug nach § 4 Abs. 4 EStG, § 8 Abs. 1 KStG unterworfen werden sollen (vgl. § 10 II 1d), ist die Vergütung dem Komplementär insgesamt im Wege des § 15 Abs. 1 S. 1 Nr. 3, 2. Alt. EStG zuzurechnen.

619 Sh. Fn. 587.

620 Vgl. RFH v. 21.12.1937 – I 251/37, RStBl. 1938, 334.

621 Nur der unangemessene Teil: *Janssen*, NWB 2001, 2189, 2192.

	KGaA	A
Jahresüberschuss	200.000 €	
§ 9 Abs. 1 Nr. 1 KStG	./. 100.000 €	
§ 15 Abs. 1 S. 1 Nr. 3, 1. Alt. EStG		100.000 €
§ 15 Abs. 1 S. 1 Nr. 3, 2. Alt. EStG Vereinbarte Miete		12.000 €
Summe	**100.000 €**	**112.000 €**

Soweit der Komplementär zugleich Kommanditaktionär ist und als solcher ausnahmsweise verdeckte Gewinnausschüttungen erzielt[622] (vgl. § 10 II 1d), fallen diese trotz § 20 Abs. 8 EStG nicht unter § 15 Abs. 1 S. 1 Nr. 3 EStG. Insoweit liegen Gewinnausschüttungen auf das Grundkapital im Sinne des § 20 Abs. 1 Nr. 1 S. 2 EStG vor.

(c) Pensionszusagen

Abwandlung 5 des Beispiels unter § 8 III: Die KGaA hat dem Komplementär A eine Pensionszusage gemacht. Am 31.12.2014 ist der unter Berücksichtigung des § 6a Abs. 3 und 4 EStG und der anerkannten Regeln der Versicherungsmathematik ermittelte Teilwert der Pensionszusage 3.000 € höher als am Bilanzstichtag des Jahres 2013 (steuerrechtlich relevanter Wert). In der Handelsbilanz wurde die Rückstellung nach den Grundsätzen ordnungsmäßiger Buchführung mit dem notwendigen Erfüllungsbetrag nach vernünftiger kaufmännischer Beurteilung (§ 253 Abs. 1 S. 2 HGB) bewertet. Dieser Wert war 4.000 € höher als zum Schluss des vorgegangenen Wirtschaftsjahres.

Soweit die KGaA nach § 6a EStG verpflichtet ist[623], für ihren Komplementär eine Pensionsrückstellung zu bilden, soll diese den Gewinn der KGaA nach § 9 Abs. 1 Nr. 1 KStG mindern[624]. Demnach sind die entsprechenden Anwartschaften dem Komplementär nach § 15 Abs. 1 S. 1 Nr. 3, **1. Alt.** EStG zuzuweisen[625]. Eine Auswirkung auf das Sonderbetriebsergebnis ergibt sich nicht.

622 *Gehrke*, Die Stiftung & Co. KGaA, 2007, S. 27; *Wassermeyer*, GmbHR 1999, 18, 23.
623 Zur Passivierungspflicht bei sog. Neuzusagen vgl. *Patt/Rasche*, DB 1993, 2400, 2403.
624 *Frankenheim*, DStR 1999, 481, 482; *Sauter*, Die Gewinnverwendung in der kapitalistischen KGaA, 2008, S. 42.
625 Sofern richtigerweise vertreten wird, Zuführungen zu Pensionsrückstellungen führten beim Komplementär in gleicher Höhe zu Sonderbetriebseinnahmen (*Frankenheim*, Die Ertrags- und Substanzbesteuerung der KGaA, 1994, S. 151; *Hölzl*, Die Besteuerung der KGaA, 2003, S. 154 f.; *Krämer*, in: D/P/M, KStG, § 9 Rn. 50 (09/2012)), so ist dies nicht mit der herrschenden Auffassung einer Erfassung über § 9 Abs. 1 Nr. 1 KStG vereinbar. Da angemessene Pensionsrückstellung nach richtiger Auffassung aber nicht § 9 Abs. 1 Nr. 1 KStG unterfallen (zur Korrekturfunktion

Auf Ebene des Komplementärs ist insoweit nur die hälftige Korrektur des Bewertungsunterschiedes zwischen Handels- und Steuerbilanz vorzunehmen.

	KGaA	A
Jahresüberschuss	200.000 €	
§ 6a EStG iVm. § 8 Abs. 1 KStG	+ 500 €	
§ 4 Abs. 1 S. 2 EStG	+ 3.000 €	
§ 9 Abs. 1 Nr. 1 KStG	./. 103.000 €	
§ 15 Abs. 1 S. 1 Nr. 3, 1. Alt. EStG (§ 6a EStG)		103.000 € + 500 €
§ 15 Abs. 1 S. 1 Nr. 3, 2. Alt. EStG		- €
Summe	**100.500 €**	**103.500 €**

Gleichzeitig soll die Pensionszusage an den Komplementär im Sonderbereich korrespondierend zu bilanzieren sein[626]. Spätestens ab Unverfallbarkeit des Anspruchs[627] habe eine entsprechende Aktivierung[628] zu erfolgen, so dass die Gewinnminderung auf Ebene der KGaA in der Gesamtschau beider Sphären im Ergebnis rückgängig gemacht wird[629]. Die Pensionszusage wird somit beim Komplementär bereits versteuert, bevor entsprechende Zahlungen zufließen[630], nämlich im Jahre ihrer wirtschaftlichen Entstehung[631].

des § 9 Abs. 1 Nr. 1 KStG vgl. § 13) ist einer Erfassung als Sonderbetriebseinnahmen zuzustimmen.

626 *Ammenwerth*, Die KGaA, 1997, S. 175; *Bode*, in: Blümich, EStG/KStG/GewStG, § 15 EStG Rn. 563 (10/2014); *Lühn*, in: M/S, KStG², 2015, § 9 Rn. 136; *Wacker*, in: Schmidt, EStG³⁴, 2015, § 15 Rn. 891. Zur zeitkongruenten, korrespondierenden Bilanzierung im Sonderbetriebsvermögen des Komplementärs einer KGaA vgl. *Hageböke*, Der Konzern 2014, 134, 140.

627 Zu den diesbezüglichen Auswirkungen des Realisationsprinzips aus § 252 Abs. 1 Nr. 4, 2. Hs. HGB und den steuerrechtlichen Bilanzierungsgrundsätzen im Sonderbetriebsvermögen über die GoB hinaus vgl. *Patt/Rasche*, DB 1993, 2400, 2401 f.

628 *Janssen* NWB 2001, 2189, 2196 f; *Jünger*, DB 1988, 1969, 1972; Patt/Rasche, DB 1993, 2400, 2401; *Patt/Rasche*, DB 1994, 2164; *Renz*, Die Besteuerung der GmbH & Co. KGaA, 2006, S. 113; *Sauter*, Die Gewinnverwendung in der kapitalistischen KGaA, 2008, S. 42; *Schaumburg*, DStZ 1998, 525, 535; *Schaumburg/Schulte*, Die KGaA, 2000, Rn. 147; *Theisen*, DB 1989, 2191, 2193; mit Bedenken auch *Frankenheim*, DStR 1999, 481, 482; **a.A.:** *Gocke*, DB 1994, 2162, 2163 f.

629 *Patt/Rasche*, DB 1993, 2400, 2401 f; *Schaumburg/Schulte*, Die KGaA, 2000, Rn. 147.

630 *Sauter*, Die Gewinnverwendung in der kapitalistischen KGaA, 2008, S. 42.

631 *Patt/Rasche*, DB 1993, 2400, 2401; *Riotte/Dümichen/Engel*, in: Schütz/Bürgers/Riotte, Die KGaA, 2004, § 9 Rn. 129.

Bemerkenswert ist an dieser Stelle, der Zusammenhang zwischen dem Abzug nach § 9 Abs. 1 Nr. 1 KStG und der Bildung von Sonderbetriebsvermögen. Denn der Abzug nach § 9 Abs. 1 Nr. 1 KStG auf Gesellschaftsebene führt beim Gesellschafter zu einer Erfassung nach § 15 Abs. 1 S. 1 Nr. 3, **1. Alt** EStG und damit gerade nicht zu Sonderbetriebseinnahmen (vgl. hierzu Abbildung 14). Eine Pensionszusage im Sonderbetriebsvermögen könnte damit allenfalls erfolgsneutral (als Einlage) abgebildet werden.

(d) Die Kommanditaktien des Komplementärs

Angesichts der anerkannten Zuordnung der GmbH-Anteile des Kommanditisten bei der GmbH & Co. KG zum Sonderbetriebsvermögen II[632] erscheint es zunächst naheliegend, die Kommanditaktien des Komplementärs einer KGaA ebenfalls als Sonderbetriebsvermögen anzusehen. Denn eine Beteiligung auch am Grundkapital der KGaA erscheint geeignet, den Einfluss des Komplementärs auf die Gesellschaft zu stärken. Die absolut herrschende Ansicht innerhalb der transparenten Betrachtungsweise geht gleichwohl davon aus, dass die Kommanditaktien des Komplementärs nicht zum Sonderbetriebsvermögen des Komplementärs bei der KGaA gehören[633]. Hierzu wird vertreten, dass der Komplementär einer KGaA seine

---

632 *Bode*, in: Blümich, EStG/KStG/GewStG, § 15 EStG Rn. 284 (10/2014); *Hennrichs*, in: Tipke/Lang, Steuerrecht[22], 2015, § 10 Rn. 137; *Wacker*, in: Schmidt, EStG[34], 2015, § 15 Rn. 714. Nach st. Rspr. stellen Kapitalgesellschaftsanteile Sonderbetriebsvermögen II dar, wenn sie geeignet sind, die Position des Gesellschafters in der Mitunternehmerschaft zu stärken, vgl. etwa BFH v. 15.10.1998 – IV R 18/98, BStBl. II 1999, 286; vgl. auch *G. Söffing*, Besteuerung der Mitunternehmer[5], 2005, Rn. 623 ff. Zu einer jeweils nur 5%igen Beteiligung an KG und Komplementär-GmbH ist beim BFH unter dem Az. IV R 1/12 ein Verfahren anhängig. In der Vorinstanz hat das FG München 10.12.2010 – 13 K 1724/07, n.v., n. rkr. das Vorliegen von Sonderbetriebsvermögen bejaht.

633 BFH v. 21.6.1989 – X R 14/88, BStBl. II 1989, 881, 886; H 15.8 Abs. 4 EStHB 2013 „Sonderbetriebsvermögen“; *Berg*, JbFStR 2002/2003, S. 232, 236; *Bödefeld*, in: FS Rädler, 1999, S. 33, 60; *Brandenberg*, in: Söffing, Besteuerung der Mitunternehmer[5], 2005, Rn. 1530; *Deutschländer*, StBP 2013, 307, 309; *Ellerbeck*, in: Schnitger/Fehrenbacher, KStG, § 9 Rn. 41; *Ernst&Young*, DB 2014, 147, 151; *Fischer*, DStR 1997, 1519, 1522; *Frankenheim*, Die Ertrags- und Substanzbesteuerung der KGaA, 1994, S. 143; *Mai*, in: F/M, KStG/GewStG/UmwStG, § 9 KStG Rn. 20 (01/2011); *Grafmüller*, Geeignete Rechtsform für börsenwillige Familienunternehmen, 1994, S. 213; *Hageböke*, Das KGaA-Modell, 2008, S. 91; *Hageböke/Koetz*, DStR 2006, 293; *Halasz/Kloster/Kloster*, GmbHR 2002, 77, 88; *Hölzl*, Die Besteuerung der KGaA, 2003, S. 153; *Jünger*, DB 1988, 1969, 1971; *Knobbe-Keuk*, Bilanz- und Unternehmenssteuerrecht[9], 1993, § 9 II 3 f; *Maurer*, Die Besteuerung von Anleger-Kommanditgesellschaften, 1999, S. 182; *Nagel/Wittkowski*, Die KGaA, 2012, § 4 Rn. 109; *Perlitt*, in: MK-AktG[4], 2015, vor § 278 Rn. 85; *Renz*, Die Besteuerung der GmbH & Co. KGaA, 2006, S. 114; *Reiß*, in: K/S/M, EStG, § 16 Rn. D4 (12/1991); *Schaumburg*, DStZ 1998, 525, 534 f; *Schaumburg/Schulte*, Die KGaA, 2000, Rn. 142; *Wacker*, in: Schmidt, EStG[34], 2015,

besondere, beherrschende Machtstellung auch ohne Anteile am Grundkapital innehabe. Das Halten von Kommanditaktien sei nicht geeignet, den Einfluss des Komplementärs zu stärken[634]. Dies unterscheide ihn insbesondere vom Gesellschafter einer GmbH bei der GmbH & Co. KG. Denn dieser erlange nur durch seine Beteiligung an der Komplementär-GmbH Einfluss auf die Geschäftsführung der KG[635].

Dieses Argument verfängt m.E. nicht. Denn zum einen stellen auch geringfügige Beteiligungen an der Komplementär-GmbH Sonderbetriebsvermögen II des Gesellschafters bei der KG dar, wenngleich sie keinen ernstzunehmenden Einfluss auf die Geschäftsführung der KG versprechen[636]. Die „Stärkung der Gesellschafterstellung" scheint im Bereich der Personengesellschaften somit über den bloßen Einfluss auf die Geschäftsführung hinauszugehen. Zum anderen kann eine Beteiligung am Grundkapital auch die Stellung des Komplementärs einer KGaA stärken. Zwar ist er geborenes Geschäftsführungsorgan. Durch eine Mehrheit der Stimmrechte in der Hauptversammlung, in der ihm nur die Stimmrechte für seine Aktien zustehen (§ 285 Abs. 1 S. 1 AktG), kann er seine Machstellung dennoch intensivieren[637]. Er ist zwar in seiner Stimmrechtsausübung hinsichtlich einiger Beschlussfassungen beschränkt (§ 285 Abs. 1 S. 2, 3 AktG); in allen anderen Belangen könnte er die Hauptversammlung jedoch in seinem Sinne lenken. Dies gilt umso mehr, wenn der Hauptversammlung durch Satzungsregelung zusätzliche Entscheidungsgewalt eingeräumt wird und der Komplementär als Aktionär diese Entscheidungen sodann in Hauptversammlung zu seinen Gunsten beeinflussen kann.

Dafür, dass Kommanditaktien entsprechend der herrschenden Meinung dennoch kein Sonderbetriebsvermögen sind, sprechen im Kern zwei Argumente:

Zum einen kann Sonderbetriebsvermögen nach Auffassung des X. Senats des BFH nur sein, was auch Betriebsvermögen der Gesellschaft werden könnte[638]. In Bezug auf Kommanditaktienaktien scheint es aber bereits fraglich, ob eigene Anteile an einer Kapitalgesellschaft nach dem BilMoG noch als Betriebsvermögen der Gesellschaft

§ 15 Rn. 891; *Wehrheim/Gehrke*, StuW 2005, 234, 241; *Woitschell*, in: E&Y, KStG, § 9 Rn. 26 (08/2010); **a.A.** *Theisen*, DB 1989, 2191, 2193; *Schlütter*, StuW 1978, 295, 298, der davon ausgeht, dass die Beschränkung in § 15 Abs. 1 S. 1 Nr. 3 EStG nicht die Kommanditaktien als solche betreffe. Die Norm sei insoweit nicht abschließend.

634 *Bode*, in: Blümich, EStG/KStG/GewStG, § 15 EStG Rn. 564 (10/2014).

635 BFH v. 21.6.1989 – X R 14/88, BStBl. II 1989, 881, 886; *Halasz/Kloster/Kloster*, GmbHR 2002, 77, 88; *Nagel/Wittkowski*, Die KGaA, 2012, § 4 Rn. 109.

636 Zu einer jeweils nur 5%igen Beteiligung an Komplementär-GmbH und KG vgl. Fn. 632.

637 Zur Einflussmöglichkeit des Inhabers aller Kommanditaktien auf die Geschäftsführung der KGaA allein durch entsprechende Beschlussfassung in der Hauptversammlung vgl. BFH v. 27.8.2003 – II R 35/01, BFH/NV 2004, 467.

638 BFH v. 21.6.1989 – X R 14/88, BStBl. II 1989, 881, 886.

anzusehen sind[639]. Seit der Einführung des § 272 Abs. 1a und 1b HGB durch das BilMoG[640] kommt eine Aktivierung eigener Anteile als Betriebsvermögen insgesamt nicht mehr in Betracht[641]. Dies gilt auch dann, wenn die Anteile im Rahmen des § 71 AktG rechtmäßig erworbenen wurden. Beim Erwerb eigener Anteile handelt es sich nunmehr stets – und unabhängig davon, ob die Anteile zur Einziehung erworben wurden – um eine Kapitalherabsetzung und nicht um einen Anschaffungsvorgang. Leitet man hieraus ab, dass eigene Kommanditaktien nunmehr kein Betriebsvermögen der KGaA mehr werden können, so würde auch eine Aktivierung der Kommanditaktien als Sonderbetriebsvermögen des Komplementärs ausscheiden; jedenfalls sofern man der Prämisse des BFH in dieser Allgemeinheit folgen mag.

Entscheidend steht einer Einordnung der Kommanditaktien als Sonderbetriebsvermögen aber der Wortlaut des § 15 Abs. 1 S. 1 Nr. 3 EStG entgegen, wonach zu den Einkünften aus Gewerbebetrieb nur Gewinnanteile gehören, „soweit sie nicht auf Anteile am Grundkapital entfallen“[642]. Aufgrund dieser spezialgesetzlichen Anordnung stellen Dividenden jedenfalls keine gewerblichen Einkünfte nach § 15 Abs. 1 S. 1 Nr. 3 EStG[643], sondern Einkünfte aus Kapitalvermögen nach § 20 Abs. 1 Nr. 1 EStG dar, sofern die Aktien nicht im Betriebsvermögen liegen. Eine Einbeziehung der Kommanditaktien in das Sonderbetriebsvermögen widerspräche damit sowohl dem Wortlaut des § 15 Abs. 1 S. 1 Nr. 3 EStG[644], als auch dem hieraus abzuleitenden Gedanken des Gesetzgebers, auch bei Personenidentität eine Trennung zwischen Komplementär- und Aktionärssphäre vorzunehmen. Mit dieser Trennung folgt der steuerrechtliche Gesetzgeber dem Zivilrecht. Auch das Aktienrecht trennt beim Komplementär, der gleichzeitig Kommanditaktien hält, etwa hinsichtlich seiner Beteiligung an den Entscheidungsgremien (§ 285 Abs. 1 S. 1 AktG) danach, ob der Komplementär als solcher oder als Aktionär handelt[645]. Anlehnend an diese Differenzierung der Gesellschafterstellungen unterscheidet auch der steuerrechtliche Gesetzgeber in § 15 Abs. 1 S. 1 Nr. 3 EStG, indem er Gewinnanteile ausgrenzt, soweit sie auf Anteile am Grundkapital entfallen. Diese Ausgrenzung ist als solche hinzunehmen und kann nicht ohne eine Gesetzesänderung umgangen werden kann.

---

639 Zur Vermögensgegenstandseigenschaft eigener Anteile vor und nach dem BilMoG vgl. *Falk*, Die bilanzielle und ertragsteuerliche Behandlung eigener Anteile nach dem BilMoG, 2013, S. 93 ff.

640 Gesetz zur Modernisierung des Bilanzrechts (Bilanzrechtsmodernisierungsgesetz – BilMoG) v. 25.5.2009, BGBl. I 2009, 1102, 1105.

641 BMF v. 27.11.2013 – IV C 2 S 2742/07/10009, 2013/1047768, Rn. 2.

642 *Schaumburg*, DStZ 1998, 525, 535; *Schaumburg/Schulte*, Die KGaA, 2000, Rn. 146, 152.

643 *Witt*, in: HHR, EStG/KStG, § 15 EStG Rn. 913 (05/2013).

644 *Brandenberg*, in: Söffing, Besteuerung der Mitunternehmer[5], 2005, Rn. 1530.

645 Kritisch *Seer*, in: Kernfragen des Unternehmenssteuerrechts, 2010, S. 97, 199 der es mit Blick auf den Gesellschafter-Geschäftsführer einer GmbH für nicht möglich hält, danach zu differenzieren, in welcher Funktion (als Organ oder als Mitglied der Gesellschaft) eine Person handelt.

III. Konsequenzen der Transparenz für die Organschaft – Die KGaA als Organträger

Unter den Voraussetzungen des § 14 KStG kann die KGaA Organträger einer körperschaftsteuerrechtlichen und gewerbesteuerrechtlichen Organschaft sein[646]. Das transparente Besteuerungskonzept wirkt sich in diesem Fall aber nicht nur auf die eigenen Einkünfte des Organträgers, sondern auch auf das von der Organgesellschaft zugerechnete Einkommen aus[647]. Dieses ist letztlich ebenso zu behandeln wie das eigene Betriebsergebnis[648] (vgl. hierzu § 10 II 1). Damit ist auch bei den nach § 14 Abs. 1 S. 2 KStG zugerechneten Einkünften der Organgesellschaft der Komplementäranteil „an der Wurzel[649]" abzuspalten, nach § 9 Abs. 1 Nr. 1 KStG vom Einkommen des Organträgers abzuziehen und einer mitunternehmerischen Besteuerung zu unterwerfen.

Abbildung 15: KGaA als Organträger.

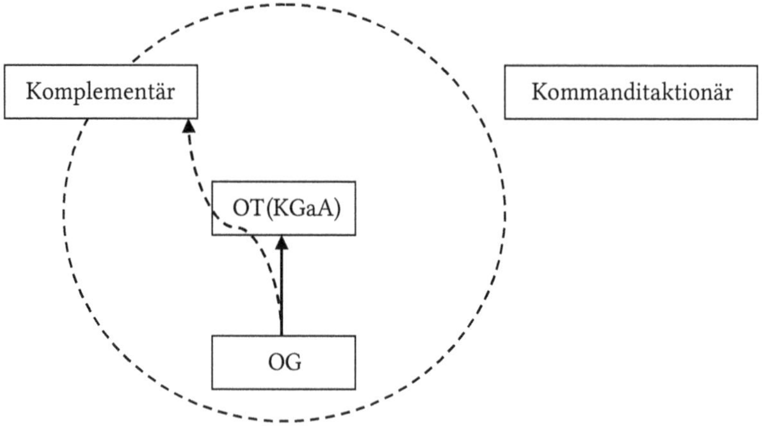

646 *Schaumburg/Schulte*, Die KGaA, 2000, Rn. 114. Eine Organschaft mit einer Komplementärgesellschaft als Organgesellschaft ist nicht denkbar, da diese kein „anderes gewerbliches Unternehmen" darstellt, vgl. *Renz*, Die Besteuerung der GmbH & Co. KGaA, 2006, S. 88

647 *Schaumburg/Schulte*, Die KGaA, 2000, Rn. 115.

648 *Ernst&Young*, DB 2014, 147, 150.

649 BFH v. 21.6.1989 – X R 14/88, BStBl. II 1989, 881, 884.

Ist die KGaA Organgesellschaft ergeben sich keine Unterschiede durch die transparente bzw. intransparente Betrachtung, vgl. hierzu aber § 9 III 2.

IV. Konsequenzen der Transparenz für die Anwendung des Umwandlungssteuerrechts

Mangels spezieller Regelungen im Umwandlungssteuergesetz für die Umwandlung in eine KGaA[650], behilft sich die transparente Betrachtung mit Analogien[651]. Da die Vertreter der transparenten Betrachtung davon ausgehen, dass die „Komplementärsphäre" der KGaA wie eine Mitunternehmerschaft zu behandeln ist, sollen die Vorschriften des UmwStG für Personengesellschaften anwendbar sein.

So soll der Erwerber eines Komplementäranteils auch die Möglichkeit haben, etwaiges Mehrkapital über Ergänzungsbilanzen abzuschreiben[652]. Diese Möglichkeit dränge sich aufgrund der Regelung des § 16 Abs. 1 S. 1 Nr. 3, Abs. 2 S. 1 EStG geradezu auf[653], wodurch dem Komplementär ein eigener Anteil am Betriebsvermögen als Abzugsposten vom Veräußerungspreis zugesprochen wird. Zudem werde § 24 UmwStG, der die Bildung von Ergänzungsbilanzen typischerweise nötig mache,

650 *Bauschatz*, DStZ 2007, 39, 44; *Hoppe*, Die Besteuerung der KGaA, 2014, S. 168.

651 *Schaumburg*, DStZ 1998, 525, 541; *Schaumburg/Schulte*, Die KGaA, 2000, Rn. 199 f.

652 *Beck*, GmbHR 2004, 554, 555; *Berg*, JbFStR 2002/2003, S. 232, 239; *Glanegger*, DStR 2004, 1686, 1688; *Hageböke/Koetz*, DStR 2006, 293, 295; *Kusterer*, DStR 2004, 77; *Renz*, Die Besteuerung der GmbH & Co. KGaA, 2006, S. 75; auch für die modifizierte transparente Betrachtung *Kollruss*, DStZ 2012, 650, 651; **a.A.** trotz ansonsten transparenter Betrachtung *Lühn*, in: M/S, KStG², 2015, § 9 Rn. 145. Trotz auf Gesellschaftsebene intransparenter Betrachtung für die Bildung von Ergänzungsbilanzen auch *Hoppe*, Die Besteuerung der KGaA, 2014, S. 125. *Kroniger/Thies*, IStR 2002, 397, 399 sehen ein Risiko, dass Ergänzungsbilanzen auf die Ebene des Komplementärs verlagert werden könnten, wenn § 15 EStG nur als Zurechnungsnorm verstanden würde. M.E. scheidet die Bildung von Ergänzungsbilanzen unter dieser Prämisse aber von vornherein aus.

653 *Beck*, GmbHR 2004, 554, 556.

auch bei atypisch stillen Gesellschaften angewendet, obwohl wie bei der KGaA keine gesamthänderische Bindung bestehe[654]. Daher müsse für KGaA das Gleiche gelten[655].

Für Umwandlungen in die Vermögenseinlage des Komplementärs einer KGaA soll das Folgende gelten:

1. Kapitalgesellschaft als übertragender Rechtsträger

a) Verschmelzung

Wird eine Kapitalgesellschaft auf eine KGaA verschmolzen und werden die Anteilseigner der Kapitalgesellschaft hierdurch Komplementäre und das Vermögen der Kapitalgesellschaft zu Komplementäreinlagen, so ist umwandlungssteuerrechtlich aufgrund der mitunternehmergleichen Stellung des Komplementärs von einer Vollübertragung auf eine Personengesellschaft auszugehen. Die Verschmelzung richtet sich demnach nach §§ 3 ff., 18 UmwStG analog[656].

Der übertragende Rechtsträger hat die übergehenden Wirtschaftsgüter nach § 3 Abs. 1 UmwG mit dem gemeinen Wert anzusetzen. Unter den Voraussetzungen des § 3 Abs. 2 UmwStG erfolgt aber auf Antrag der Ansatz eines Buch- oder Zwischenwertes. Ein Übertragungsgewinn durch Aufdeckung stiller Reserven entsteht nur, wenn ein Buchwertansatz nicht möglich ist oder der übertragende Rechtsträger freiwillig einen höheren Wert wählt.

---

654 BFH v. 15.10.2009 – IV B 123/08, BFH/NV 2010, 625. Die Finanzverwaltung hat die Entscheidung nicht im Bundessteuerblatt veröffentlicht und wendet § 24 UmwStG über den entschiedenen Einzelfall hinaus nicht auf die atypisch stille Gesellschaft an. Aus dieser Haltung der Finanzverwaltung können indes nur eingeschränkt Rückschlüsse auf die KGaA gezogen werden. Denn anders als die KGaA ist die (atypisch) stille Gesellschaft nach dem UmwG weder aktiv noch passiv umwandlungsfähig, § 3 UmwG. Die Finanzverwaltung macht die zivilrechtlich wirksame Umwandlung nach dem UmwG aber zur Voraussetzung für die Anwendung des Umwandlungssteuergesetzes, BMF v. 11.11.2011 – IV C 2 – S 1978-b/08/10001, Rn. 01.02. Die KGaA ist von dieser Friktion nicht betroffen. Zur atypisch stillen Gesellschaft ist beim BFH unter dem Az. IV R 5/12 erneut ein Verfahren anhängig. Das Hessische FG v. 07.12.2011 – 13 K 367/07, n.v., n.rkr., hat sich in der Vorinstanz für eine Anwendung des § 24 UmwStG auf die atypisch stille Gesellschaft ausgesprochen. In der Literatur wird die Anwendbarkeit des § 24 UmwStG auf die atypisch stille Gesellschaft bejaht: *Döllerer*, DStR 1985, 295, 301; *Prinz*, FR 2013, 1, 5; *Schlößer/Schley*, in: Haritz/Menner, UmwStG[4], 2015, § 24 Rn. 59.

655 *Renz*, Die Besteuerung der GmbH & Co. KGaA, 2006, S. 75; *Hageböke*, Das KGaA-Modell, 2008, S. 228, 243 hält zwar Ergänzungsbilanzen für denkbar, spricht sich aber gegen die Anwendung des § 24 UmwStG aus.

656 *Schumacher*, in: Lutter, UmwG[5], 2014, Anh. 1 nach § 122 l Rn. 6; *Schaumburg*, DStZ 1998, 525, 542; *Haarmann*, JbFStR 2010/2011, S. 300, 306 f; *Haritz*, DStR 1996, 1192, 1193; *Haritz*, GmbHR 2009, 1194, 1195; *Brinkhaus/Grabbe*, in: Haritz/Menner, UmwStG[4], 2015, § 3 Rn. 38; *Schaumburg/Schulte*, Die KGaA, 2000, Rn. 201.

Die KGaA als übernehmender Rechtsträger kann einen Beteiligungskorrektur-, einen Übernahme- und einen Übernahmefolgegewinn zu versteuern haben. Ein Beteiligungskorrektur- oder Übernahmegewinn kommt im Grundsatz nur in Betracht, wenn die KGaA vor der Verschmelzung an der übertragenden Kapitalgesellschaft beteiligt war. Im Falle einer Übertragung von einem intransparent zu besteuernden auf einen transparent zu besteuernden Rechtsträger fällt jedoch eine Besteuerungsebene weg. Die übertragenen Wirtschaftsgüter sind nach der Umwandlung nicht mehr bei der übertragenden (intransparenten) Kapitalgesellschaft, sondern (zumindest anteilig) auf Ebene des Komplementärs selbst steuerverhaftet, weil die KGaA insoweit transparent ist. Waren daneben auch die Anteile an der übertragenden Kapitalgesellschaft beim Gesellschafter steuerverhaftet, so fällt diese zusätzliche Steuerverhaftung mit der Umwandlung weg. Nach § 5 Abs. 2 UmwStG gelten deshalb die nach § 17 EStG beim Anteilseigner steuerverhafteten Anteile an der übertragenden Körperschaft als in das Betriebsvermögen der KGaA eingelegt. Dasselbe gilt für Anteile, die in einem Betriebsvermögen des Anteilseigners steuerverhaftet waren (§ 5 Abs. 3 UmwStG). Durch diese Fiktion hat die KGaA somit u.U. einen Beteiligungskorrektur- oder Übernahmegewinn zu ermitteln, obwohl sie am übertragenden Rechtsträger vor der Umwandlung nicht beteiligt war. Darüber hinaus kann ein Übernahmefolgegewinn im Sinne des § 6 UmwStG entstehen.

Da durch die Verschmelzung eine Besteuerungsebene wegfällt, muss auch sichergestellt werden, dass die offenen Rücklagen der übertragenden Kapitalgesellschaft versteuert werden. Nach § 7 UmwStG haben die Anteilseigner deshalb das in der Steuerbilanz der übertragenden Kapitalgesellschaft ausgewiesene Eigenkapital abzüglich des Bestandes des steuerlichen Einlagekontos (§ 27 KStG) als fiktive Dividende im Sinne des § 20 Abs. 1 Nr. 1 EStG zu versteuern. Da die Anteilseigner des übertragenden Rechtsträgers als neue Komplementäre auch den Übernahmegewinn der (transparenten) KGaA zu versteuern haben, wird die fiktive Dividende vom Übernahmegewinn II in Abzug gebracht.

Insgesamt ist somit festzuhalten, dass durch den Wegfall einer Besteuerungsebene systemwechselbedingte Anpassungsgewinne entstehen. Zwar ist ein Vermögensübergang regelmäßig auch zum Buchwert und damit gewinnneutral möglich; durch die Einlagefiktionen des § 5 Abs. 2 und 3 UmwStG und die fiktive Dividende des § 7 UmwStG ist eine Verschmelzung von einer Kapitalgesellschaft auf die transparente Sphäre einer KGaA aber regelmäßig mit steuerrechtlichen Folgen verbunden.

b) Auf-/Abspaltung

Wird ein Teil einer Kapitalgesellschaft ab- oder wird die Kapitalgesellschaft aufgespalten und erhalten die Anteilseigner der Kapitalgesellschaft hierfür als Komplementäre besondere Vermögenseinlagen, so richtet sich der Vorgang steuerrechtlich nach §§ 16, 18 UmwStG analog[657]. Nach § 16 UmwStG gelten die §§ 3 ff. UmwStG entsprechend, so dass die Rechtsfolgen denen der Verschmelzung entsprechen.

c) Ausgliederung

Wird ein Teilbetrieb einer Kapitalgesellschaft auf eine KGaA übertragen und erhält die Kapitalgesellschaft hierfür als Komplementärin eine besondere Vermögenseinlage, so ist steuerrechtlich § 24 UmwStG analog anzuwenden[658].

§ 24 UmwStG modifiziert § 16 EStG, weil es sich bei einer Ausgliederung um eine Veräußerung eines Teilbetriebs handelt. Nach § 24 Abs. 2 S. 1 UmwStG sind die übergehenden Wirtschaftsgüter bei der KGaA mit dem gemeinen Wert anzusetzen; auf Antrag können aber unter den Voraussetzungen des § 24 Abs. 2 S. 2 UmwStG die Buchwerte fortgeführt werden. Ist eine Buchwertfortführung nicht möglich oder wählt die KGaA freiwillig einen höheren Ansatz, werden die stillen Reserven aufgedeckt. Nur in diesem Falle hat die übertragende Körperschaft einen Einbringungsgewinn zu versteuern. Zu einer Versteuerung des Veräußerungsgewinns nach § 16 EStG kommt es im Übrigen nicht.

Für die KGaA als übernehmende Körperschaft ist die Ausgliederung grundsätzlich eine erfolgsneutrale Sacheinlage, wenn nicht ausnahmsweise ein Übernahmefolgegewinn entsteht (§ 24 Abs. 4 iVm. §§ 23 Abs. 6, 6 UmwStG).

Wenn es nicht ausnahmsweise kollusionsbedingt zum Wegfall wechselseitiger Forderungen kommt, kann eine Ausgliederung somit in der Regel erfolgsneutral erfolgen. Die Sperrfristverhaftung nach § 22 Abs. 1 UmwStG nimmt § 24 V UmwStG ausdrücklich nicht in Bezug[659].

d) Formwechsel

Ein Formwechsel einer Kapitalgesellschaft in eine KGaA ist steuerrechtlich nach §§ 9 iVm. 3 ff., 18 UmwStG analog[660] zu behandeln, soweit hierbei Vermögen auf einen neuen Komplementäranteil übergeht. Allerdings ist zu beachten, dass § 247 Abs. 1 UmwG zwingend die vollständige Umwandlung des Stamm-/ Grundkapitals der übertragenden Kapitalgesellschaft in Grundkapital der KGaA vorschreibt[661], so

---

657 *Schaumburg*, DStZ 1998, 525, 542; *Schaumburg/Schulte*, Die KGaA, 2000, Rn. 202.

658 *Menner*, in: Haritz/Menner, UmwStG[4], 2015, § 20 Rn. 198; *Schaumburg*, DStZ 1998, 525, 542; *Schaumburg/Schulte*, Die KGaA, 2000, Rn. 187, 200; *Bauschatz*, DStZ 2007, 39, 44 geht von einer direkten Anwendbarkeit des § 24 UmwStG aus, empfiehlt aber eine verbindliche Auskunft nach § 89 Abs. 2 AO.

659 Eine solche besteht aber nach § 24 Abs. 5 iVm. 22 Abs. 2, 3, 5–7 UmwStG für Fälle des Anteilstausches.

660 *Berg*, JbFStR 2002/2003, S. 232, 236; *Bogenschütz*, in: FS Widmann, 2000, S. 163, 181 (zu § 14 UmwStG a.F.); *Kroniger/Thies*, IStR 2002, 397, 399; *Schumacher*, in: Lutter, UmwG[5], 2014, Anh. nach § 304 Rn. 22; *Uelner*, in: FS Haas, 1996, 365, 373; *Schaumburg/Schulte*, Die KGaA, 2000, Rn. 205.

661 *Riotte/Renner*, in: Schütz/Bürgers/Riotte, Die KGaA, 2004, § 11 Rn. 574.

dass es bereits zivilrechtlich nicht zu einem Vermögensübergang in eine Komplementäreinlage kommen kann[662].

2. Personengesellschaft als übertragender Rechtsträger

Ist der übertragende Rechtsträger eine Personengesellschaft und erfolgt die Übertragung in den Komplementäranteil der KGaA, so ist umwandlungssteuerrechtlich stets § 24 UmwStG analog anzuwenden[663] (vgl. bereits § 10 IV 1c). Hiernach ist eine Umwandlung in der Regel steuerneutral möglich. Dies erfordert freilich zumindest die Fiktion von Gesamthandsvermögen[664].

3. Mischumwandlung

Nach den Vorstellungen der Vertreter der transparenten Betrachtung sind auch sog. Mischumwandlungen[665] denkbar. Dies wäre etwa der Fall, wenn Vermögen teilweise in das Grundkapital und teilweise in eine besondere Vermögenseinlage des Komplementärs übertragen wird. Insoweit wären auf jede der beiden Sphären die jeweils spezielleren Vorschriften anzuwenden[666]. Die durch das Fehlen spezieller Vorschriften für die KGaA entstehende Gesetzeslücke sei mittels entsprechender Analogien zu schließen[667]:

---

662 Nach **a.A.** *Bogenschütz*, in: FS Widmann, 2000, S. 163, 180 gilt § 247 Abs. 1 UmwG in diesem Fall nicht, da die Vorschrift nur verhindern soll, dass der Formwechsel Anlass zu weiteren Kapitaländerungsmaßnahmen bietet.

663 Für die Einbringung: *Schaumburg/Schulte*, Die KGaA, 2000, Rn. 186a; *Bauschatz*, DStZ 2007, 39, 44; *Fischer*, DStR 1997, 1519, 1525 f.; *Hartel*, DB 1992, 2329, 2333; *Patt*, in: Dötsch/Patt/Pung/Möhlenbrock, UmwStR^{6}, 2007, § 20 Rn. 186; *Fuhrmann*, in: Widmann/Mayer, Umwandlungsrecht, § 24 UmwStG Rn. 115 ff. (06/2012); für den Formwechsel: *Patt*, in: Dötsch/Patt/Pung/Möhlenbrock, UmwStR^{6}, 2007, § 25 (SEStEG) Rn. 28; *Uelner*, in: FS Haas, 1996, S. 365, 372; für die umgekehrte Übertragung bzw. Umwandlung eines Komplementäranteils auf bzw. in eine atypisch stille Gesellschaft/Beteiligung vgl. auch BFH v. 16.4.2010 – IV B 94/09, BFH/NV 2010, 1272, 1274.

664 *Rohrer/Orth*, BB 2007, 1594, 1599.

665 *Bogenschütz*, in: FS Widmann, 2000, S. 163, 183; *Dötsch*, in: D/P/M, KStG/UmwStG, vor §§ 11–13 UmwStG Rn. 43 (08/2015); *Dötsch*, in: Dötsch/Patt/Pung/Möhlenbrock, UmwStR^{6}, 2007, vor §§ 11–13 (SEStEG) Rn. 24 f.; *Haritz*, DStR 1996, 1192; *Haritz*, in: Haritz/Menner, UmwStG^{4}, 2015, § 1 Rn. 92.

666 *Ernst&Young*, DB 2014, 147, 150 f; *Haritz*, in: Haritz/Menner, UmwStG^{4}, 2015, § 1 Rn. 92; *Hartel*, DB 1992, 2329, 2333; *Kusterer*, FR 2003, 502, 505; *Nagel/Wittkowski*, Die KGaA, 2012, § 5 Rn. 30.

667 *Haritz*, GmbHR 2009, 1194, 1195; *Riotte/Renner*, in: Schütz/Bürgers/Riotte, Die KGaA, 2004, § 11 Rn. 502; *Uelner*, in: FS Haas, 1996, S. 365, 372.

- Soweit eine Umwandlung das Grundkapital der KGaA berührt, sind die Vorschriften über Kapitalgesellschaften, d.h. §§ 11–13, 15, 19, 20 ff. UmwStG anzuwenden.
- Soweit eine Umwandlung eine Vermögenseinlage des Komplementärs betrifft, sind die für Mitunternehmerschaften geltenden Regelungen, d.h. §§ 3–10, 18, 24 UmwStG, anzuwenden.

Dabei soll Beachtung finden, dass es sich um einheitliche Umwandlungsvorgänge handelt, die nur in Ermangelung spezialgesetzlicher Regelungen mehreren steuerrechtlichen Vorschriften unterliegen, so dass die Übertragung eines Betriebs auf die KGaA auch dann die Übertragung eines „gesamten" Betriebs darstellt, wenn er teilweise auf das Grundkapital und teilweise auf eine Sondereinlage übertragen wird[668]. Die Anwendung zweier verschiedener Umwandlungsvorschriften nebeneinander bei einer einheitlichen Umwandlung hat der BFH jüngst anerkannt[669].

Würde im Beispielfall aus § 8 III eine 100%ige Tochter-GmbH auf die A-KGaA verschmolzen, so würde sich dieser Vorgang zu 50% auf die Vermögenseinlage des A und zu 50% auf das Grundkapital beziehen. Damit unterliegt die Verschmelzung der Tochter-GmbH auf die A-GmbH zu 50% den §§ 3–10 UmwStG und zu 50% den §§ 11–13 UmwStG[670].

Mit der Anwendung der jeweils spezielleren Vorschriften geht die transparente Betrachtung den Weg konsequent weiter, den sie bereits bei der Ermittlung des Abzugsbetrags nach § 9 Abs. 1 Nr. 1 KStG beschritten hat. Das Umwandlungssteuerrecht ist, auch wenn die amtlichen Überschriften anderes andeuten, nicht darauf angelegt, die steuerrechtlichen Folgen des Übergangs zwischen Personengesellschaften und Körperschaften zu regeln. Vielmehr nimmt es die den Personengesellschaften und Körperschaften regelmäßig anhaftenden Eigenschaften der transparenten und intransparenten Besteuerung in Bezug. Die insbesondere durch § 5 Abs. 2 und 3, § 7 UmwStG herbeigeführten Folgen eines steuerrechtlichen Systemwechsels sind bei einer Übertragung auf die transparente Sphäre einer KGaA ebenso angezeigt wie bei einer Übertragung auf eine Personengesellschaft. Die transparente Betrachtung differenziert nach den Sphären der KGaA und kommt somit im Grundsatz zu sachgerechten Ergebnissen.

Erste Entwürfe des neuen Umwandlungssteuererlasses regelten für die KGaA noch ausdrücklich die Mischumwandlung[671], was einer Legitimierung der transpa-

---

668 *Riotte/Renner*, in: Schütz/Bürgers/Riotte, Die KGaA, 2004, § 11 Rn. 506; **a.A.** *Menner*, in: Haritz/Menner, UmwStG[4], 2015, § 20 Rn. 198: §§ 20, 24 UmwStG sind nur nebeneinander anwendbar, wenn jeweils ein Teilbetrieb eingebracht wird.

669 BFH v. 18.9.2013 – X R 42/10, BFHE 242, 489 zu § 6 Abs. 3 EStG und § 24 UmwStG; entgegen BMF v. 11.11.2011 – IV C 2 – S 1978-b/08/10001, Rn. 01.47 a.E.

670 Zu einem ähnlichen Fallbeispiel vgl. *Haarmann*, JbFStR 2010/2011, S. 300, 305.

671 In Tz. 11.11 des Entwurfs v. 16.2.2012 hieß es noch: *„Die Umwandlung unter Beteiligung einer KGaA ist als Mischumwandlung zu behandeln, die insoweit, als das*

renten Betrachtung durch die Finanzverwaltung gleichgekommen wäre. Die Endfassung verhält sich hierzu jedoch nicht mehr[672]. Ebenso war es bereits dem früheren Umwandlungssteuererlass aus dem Jahre 1998 ergangen[673]. Auch dort enthielt die Entwurfsfassung noch eine ausdrückliche Regelung zur Mischumwandlung[674], die in der Endfassung entfiel. Bereits seinerzeit konnte sich die entsprechende Regelung dem Vernehmen nach nicht bei den Vertretern aller Länder durchsetzen und wurde aus der endgültigen Fassung ersatzlos gestrichen. Demgemäß muss die Meinung der Finanzverwaltung weiterhin als „offen" bewertet werden[675]. HAARMANN[676] rät deshalb aus gutem Grund in entsprechenden Umwandlungsfällen zur Einholung einer verbindlichen Auskunft.

V. Konsequenzen der Transparenz für die Übertragung von Einzelwirtschaftsgütern

Für die Übertragung von Einzelwirtschaftsgütern aus dem Betriebsvermögen soll § 6 Abs. 5 EStG Anwendung finden[677]. Begründet wird dies mit der Anwendbarkeit der Norm auf die atypisch stille Gesellschaft[678]. Werden somit Einzelwirtschaftsgüter von einem eigenen Betriebsvermögen des Komplementärs in dessen Sonderbetriebsvermögen bei der KGaA überführt, so wäre dies nach § 6 Abs. 5 S. 2 EStG zum Buchwert möglich. Dasselbe gilt bei der Überführung vom Sonderbetriebsvermögen bei einer KGaA in ein Betriebsvermögen desselben Steuerpflichtigen oder bei Überführungen zwischen verschiedenen Sonderbetriebsvermögen. Die KGaA gilt insoweit als Mitunternehmerschaft im Sinne des § 6 Abs. 5 EStG.

Aktienkapital der KGaA betroffen ist, unter die §§ 11–13 UmwStG fällt und insoweit als der persönlich haftende Gesellschafter beteiligt ist, unter die §§ 3–10 UmwStG fällt", zitiert nach *Breuninger*, JbFStR 2012/2013, S. 361, 366 Note 266; vgl. auch *Haarmann*, JbFStR 2010/2011, S. 300, 306. Zu Einzelheiten: *Haritz*, GmbHR 2009, 1194.

672 BMF v. 11.11.2011 – IV C 2-S 1978-b/08/10001//2011/0903665, S 1978 A-43-St 51, BStBl. I 2011, 1314, der Erlass erwähnt die KGaA nur im Zusammenhang mit dem Umwandlungsgesetz.

673 BMF v. 25.3.1998 – 1998–03–25 IV B 7-S 1978–21/98, BStBl. I 1998, 268.

674 Stand November 1997, zitiert nach *Riotte/Renner*, in: Schütz/Bürgers/Riotte, Die KGaA, 2004, § 11 Rn. 494; *Bogenschütz*, in: FS Widmann, 2000, S. 163, 172.

675 *Breuninger*, JbFStR 2012/2013, S. 361, 366.

676 JbFStR 2010/2011, S. 300, 307; ebenso *Breuninger*, JbFStR 2012/2013, S. 361, 367; *Haritz*, in: Haritz/Menner, UmwStG[4], 2015, § 1 Rn. 93; *Riotte/Renner*, in: Schütz/Bürgers/Riotte, Die KGaA, 2004, § 11 Rn. 509.

677 *Renz*, Die Besteuerung der GmbH & Co. KGaA, 2006, S. 75. Zu den Einzelfällen des § 6 Abs. 5 EStG vgl. *Brandenberg*, in: Söffing, Besteuerung der Mitunternehmer[5], 2005, Rn. 737 ff.

678 BMF v. 8.12.2011 – IV C 6-S 2241/10/10002, Rn. 9; zu Gesellschaften ohne Gesamthandsvermögen vgl. *Kulosa*, in: Schmidt, EStG[34], 2015, § 6 Rn. 691.

Auch unentgeltliche oder gegen Gewährung von Gesellschaftsrechten erfolgende Übertragungen von Einzelwirtschaftsgütern aus einem Betriebsvermögen oder Sonderbetriebsvermögen des Komplementärs in das Vermögen der KGaA wären demnach, ebenso wie die unentgeltliche Übertragung zwischen verschiedenen Sonderbetriebsvermögen mehrerer Komplementäre derselben KGaA, ohne Aufdeckung stiller Reserven möglich. Insoweit gilt das Vermögen der KGaA als Gesamthandsvermögen[679]. Soweit das Wirtschaftsgut dabei auf die KGaA übertragen wird, ist jedoch § 6 Abs. 5 S. 5 EStG zu beachten. Soweit sich durch die Übertragung der Anteil einer Körperschaft an dem Wirtschaftsgut begründet oder erhöht, ist bei der Übertragung der Teilwert mit der Folge der Aufdeckung der stillen Reserven anzusetzen. Dies muss auch gelten, soweit das Wirtschaftsgut nach der Übertragung auf die kapitalistische Sphäre der KGaA entfällt.

VI. Konsequenzen der Transparenz für die Anwendung der Zinsschranke

1. Eigener Betrieb des Komplementärs

Die Zinsschranke ist für jeden Betrieb einzeln anzuwenden. Nach der transparenten Betrachtung verfügt der Komplementär auch dann über einen von der KGaA zu trennenden, eigenen Betrieb, wenn er ausschließlich Gesellschafter der KGaA ist[680]. Da der Komplementär selbst Einkünfte aus Gewerbebetrieb erziele sei ihm der insoweit abgespaltene Betrieb der KGaA als eigener Betrieb zuzurechnen. Entsprechend der Wertung des § 16 Abs. 1 Nr. 3, Abs. 2 S. 1 EStG verfüge dieser Betrieb auch über anteiliges Betriebsvermögen.

---

679 Zur sog. doppelten Fiktion vgl. § 10 I. Zur uneingeschränkten Anwendung auf Mitunternehmerschaften ohne Gesamthandsvermögen vgl. *Kulosa*, in: Schmidt, EStG[34], 2015, § 6 Rn. 691.

680 *Frotscher*, in: F/M, KStG/GewStG/UmwStG, § 8a KStG Rn. 25 (07/2014); *Hick*, in: HHR, EStG/KStG, § 4h EStG Rn. 25 (04/2010); *Rödder/Hageböke/Stangl*, DB 2009, 1561, 1563. Für eine personenbezogene Auslegung des § 8a KStG auch *Schaden/Käshammer*, BB 2007, 2259. Nach *Witt*, in: HHR, EStG/KStG, § 15 Rn. 905 (05/2013) liegen die Voraussetzungen eines eigenen Betriebs des Komplementärs nicht automatisch vor, da dieser nur „wie" ein Mitunternehmer zu behandeln sei. Nach *Prinz*, in: HHR, Jahresband 2008, § 8a KStG Rn. J07–7 (02/2008) ist die Einbeziehung des Komplementärs in den Betrieb der KGaA ohne besondere gesetzliche Anordnung problematisch.

2. Nicht abziehbare Zinsaufwendungen

Abwandlung 7 des Beispiels unter § 8 III: Die A-KGaA hatte im Jahr 2014 im Jahresüberschuss enthaltene Zinsaufwendungen in Höhe von 100.000 € und Zinserträge in Höhe von 500 €. Abschreibungen sind nicht erfolgt. § 4h Abs. 2 EStG *(insbesondere die 3-Millionen-Euro-Grenze) wird zu Darstellungszwecken* ***nicht*** *angewendet.*

Da nach der transparenten Betrachtung sowohl der Komplementär als auch die KGaA über einen eigenen Gewerbebetrieb verfügen, sind für die Zwecke der Zinsschranke zwei unabhängige Berechnungen durchzuführen. Dazu sind Zinsaufwendungen und Zinserträge anteilig im Betrieb des Komplementärs und der KGaA anzusetzen.

a) Zinsschranke auf Ebene der KGaA

Das maßgebliche Einkommen ist nach § 8a Abs. 1 S. 2 KStG das nach den Vorschriften des EStG und KStG ermittelte Einkommen mit Ausnahme der §§ 4h, 10d EStG, sowie § 9 Abs. 1 *Nr. 2* KStG. Eine Nichtanwendung des § 9 Abs. 1 Nr. 1 KStG über den Wortlaut hinaus kommt nicht in Betracht[681].

Jahresüberschuss	200.000 €
./. § 9 Abs. 1 Nr. 1 KStG	./.100.000 €
Maßgebliches Einkommen	100.000 €
+ Zinsaufwendungen	+50.000 €
./. Zinserträge	./.250 €
EBITDA	149.750 €
davon 30%	44.925 €

Demnach sind bei der KGaA folgende Zinsaufwendungen nicht abziehbar:

Zinsaufwendungen	50.000 €
./. Zinserträge	./.250 €
./. verrechenbares EBITDA	./. 44.925 €
= nicht abziehbare Zinsaufwendungen	4.825 €

b) Zinsschranke auf Ebene des Komplementärs

Auf Ebene des Komplementärs stellt sich die Zinsschranke wie folgt dar:

681 *Rödder/Hageböke/Stangl*, DB 2009, 1561, 1562 f.

Der nach § 4h Abs. 3 S. 1 EStG maßgebliche Gewinn ist der nach den Vorschriften des EStG mit Ausnahme des § 4h Abs. 1 EStG ermittelte Gewinn.

Maßgeblicher Gewinn	100.000 €
+ Zinsaufwendungen	+50.000 €
./. Zinserträge	./. 250 €
EBITDA	149.750 €
davon 30%	44.925 €

Demnach sind beim Komplementär folgende Zinsaufwendungen nicht abziehbar:

Zinsaufwendungen	50.000 €
./. Zinserträge	./. 250 €
./. verrechenbares EBITDA	./. 44.925 €
= nicht abziehbare Zinsaufwendungen	4.825 €

Betrachtet man nun beide Sphären, die der KGaA und die des Komplementärs, gemeinsam, so zeigt sich, dass insgesamt eine Belastung durch die Zinsschranke in Höhe von 9.650 € ausgelöst wurde. Dies entspricht exakt dem Betrag, dem auch andere Einkommens- oder Körperschaftsteuersubjekte mit einem einheitlichen Betrieb ausgesetzt wären[682] (vgl. auch § 9 VI 2 Note 513). Die transparente Betrachtung führt somit im direkten Vergleich zu anderen Gesellschaftsformen zu einer angemessenen Gesamtbelastung durch die Zinsschranke. Darüber hinaus ist es ihr möglich, Refinanzierungsaufwendungen des Komplementärs im steuerrechtlichen Sonderbetriebsbereich ein verrechenbares EBITDA aus dem Gewinnanteil des Komplementärs am Gesamtgewinn der KGaA gegenüberzustellen[683].

3. Anteilige Zuweisung der nicht abziehbaren Betriebsausgaben zum Komplementär

Soweit es sich bei den nicht abziehbaren Zinsaufwendungen um solche handelt, die originär dem „Betrieb" des Komplementärs im Sinne des § 4h EStG iVm. § 8a KStG entstammen, sind ihm diese auch alleine zuzuweisen. Auf diese Weise werden KGaA und Komplementär gleichmäßig mit den Auswirkungen der Zinsschranke belastet. Die Auswirkungen entsprechen den unter § 10 II 1c (zu nichtabziehbaren Betriebsausgaben) dargestellten.

682 Hinsichtlich der Belastungsgleichheit vgl. *Rohrer/Orth*, BB 2007, 2266, 2268.

683 *Rödder/Hageböke/Stangl*, DB 2009, 1561, 1564 f.

VII. Konsequenzen der Transparenz für die Anwendung des Verfahrensrechts

1. Gesonderte und einheitliche Feststellung

Nach § 180 Abs. 1 Nr. 2 lit. a AO erfolgt eine gesonderte Feststellung der Besteuerungsgrundlagen, wenn an Einkünften mehrere Personen beteiligt sind und die Einkünfte diesen Personen steuerrechtlich zuzurechnen sind. Hauptanwendungsfall dieser Regelung ist die gesonderte Feststellung bei der originären Mitunternehmerschaft, insbesondere also bei der OHG und KG. Da die Vertreter der transparenten Betrachtungsweise den Komplementär der KGaA aber wie einen Mitunternehmer behandeln, gehen sie auch davon aus, dass eine gesonderte und einheitliche Feststellung nach § 180 Abs. 1 Nr. 2a AO erfolgen müsse[684]. Grundlage für eine solche Feststellung sei eine doppelte Fiktion[685]: Der Komplementär würde wie ein Mitunternehmer und das Gesellschaftsvermögen wie Gesamthandsvermögen behandelt. Die Organstellung des Komplementärs der KGaA rechtfertige ebenso wie beim atypisch stillen Gesellschafter aufgrund seiner vermögensrechtlich herausgehobenen Stellung[686]; für den atypisch stillen Gesellschafter werde eine Feststellung indes kaum infrage gestellt[687].

Differenzierter betrachtet wird die Frage, wer die Beteiligten einer solchen Feststellung sind. Insbesondere FALTER[688] setzt sich mit den möglichen Konstellationen

---

684 *Bacher*, DB 1985, 2117, 2119; *Berg*, JbFStR 2002/2003, S. 232, 236; *Bielinis*, Die Besteuerung der KGaA, 2013, S. 361; *Bogenschütz*, in: FS Widmann, 2000, S. 163, 172; *Bünning*, in: Lademann, EStG, § 15 Rn. 492/1 (11/2013); *Fischer*, DStR 1997, 1519, 1522; *Glanegger*, DStR 2004, 1686,1688; *Kunz*, in: B/G, AO/FGO, § 180 AO Rn. 32 (07/2007); *Kusterer*, DStR 2008, 484, 488; *Mathiak*, DStR 1989, 661, 667f.; *Maurer*, Die Besteuerung von Anleger-Kommanditgesellschaften, 1999, S. 179; *Renz*, Die Besteuerung der GmbH & Co. KGaA, 2006, S. 59; *Schaumburg*, DStZ 1998, 525, 534; *Schaumburg/Schulte*, Die KGaA, 2000, Rn. 136; *Schlütter*, StuW 1978, 295, 297; *Wehrheim*, DB 2001, 947, 948. **Nur unter mehreren Komplementären**: BFH v. 21.7.1967 – VI 270/65 n.v. (zitiert in BFH v. 21.6.1989 – X R 14/88, BStBl. II 1989, 881, 883); *Brandis*, in: T/K, AO/FGO, § 180 AO Rn. 17 (08/2014); *Hölzl*, Die Besteuerung der KGaA, 2003, S. 116; *Mai*, in: F/M, KStG/GewStG/UmwStG, § 9 KStG Rn. 12 (01/2011); *Olgemöller*, in: Streck, KStG[8], 2014, § 9 Rn. 9 und *Riotte/Dümichen/Engel*, in: Schütz/Bürgers/Riotte, Die KGaA, 2004, § 9 Rn. 12. **A.A.** *Hageböke*, Das KGaA-Modell, 2008, S. 117; *Janssen*, NWB 2001, 2189, 2194 f.; *Jünger*, DB 1988, 1969, 1973; *Märtens*, in: Gosch, KStG[3], 2015, § 9 Rn. 14 und *Lühn*, in: M/S, KStG[2], 2015, § 9 Rn. 141, die eine Feststellung insgesamt ablehnen.

685 Vgl. Fn. 562; ebenso *Berg*, JbFStR 2002/2003, S. 232, 238; *Renz*, Die Besteuerung der GmbH & Co. KGaA, 2006, S. 76.

686 BFH v. 21.6.1989 – X R 14/88, BStBl. II 1989, 881, 884.

687 *Brandis*, in: T/K, AO/FGO, § 180 AO Rn. 23 (08/2014); *Renz*, Die Besteuerung der GmbH & Co. KGaA, 2006, S. 77; *Söhn*, in: H/H/Sp, AO/FGO, § 180 Rn. 316 (08/2011).

688 *Falter*, in: FS Spiegelberger, 2009, S. 115 ff.

ausführlich auseinander und kommt zu dem Schluss, eine Feststellung müsse zwischen dem Komplementär und der KGaA als solcher stattfinden[689]; da der BFH davon ausgehe, dass die Aufspaltung der Einkünfte von der Kapitalgesellschaft an den Komplementär an der Wurzel erfolge[690], müsse es insoweit eine gemeinsame Quelle geben. Eine Feststellung zwischen den Komplementären und den einzelnen Kommanditaktionären soll hingegen daran scheitern, dass die Aktionäre nach dem unstreitig für sie geltenden Trennungsprinzip über eigene, von der Gesellschaft unabhängige Einkünfte verfügten. Auch eine Feststellung zwischen den Komplementären und der Gesamtheit der Kommanditaktionäre[691] komme wegen der fehlenden Parteifähigkeit[692] letzterer nicht in Betracht.

Eine gesonderte und einheitliche Feststellung soll im Falle der KGaA zu mehr Rechtssicherheit führen[693]. Die Gefahr divergierender Auffassungen zwischen verschiedenen Finanzämtern oder gar unterschiedlicher Bezirke desselben Finanzamts sei erheblich; zudem seien sachgerechte Änderungen nach einer Betriebsprüfung ohne § 175 Abs. 1 Nr. 1 AO regelmäßig nicht möglich. Dass ein solches Bedürfnis für die KGaA bestehe, manifestiere insbesondere § 35 Abs. 2 EStG, der die gesonderte und einheitliche Feststellung des auf den persönlich haftenden Gesellschafter entfallenden Anteils am Gewerbesteuer-Messbetrag und an der tatsächlich zu zahlenden Gewerbesteuer anordne[694]. Ohne die Bindungswirkung einer gesonderten und einheitlichen Feststellung soll das „unhaltbare Nebeneinander verschiedener Steuerregime eine in sich widersprüchliche Gesamtbesteuerung und die amtliche Manifestierung eines unsystematischen Besteuerungskonzepts“ bedeuten[695]. Die Finanzverwaltung hat eine gesonderte und einheitliche Feststellung zwischenzeitlich

---

689 So auch *Kusterer*, DStR 2008, 484, 488.

690 BFH v. 21.6.1989 – X R 14/88, BStBl. II 1989, 881, 884.

691 So aber *Bacher*, DB 1985, 2117, 2119; *Fischer*, DStR 1997, 1519, 1522; *Mathiak*, DStR 1989, 661, 668; *Maurer*, Die Besteuerung von Anleger-Kommanditgesellschaften, 1999, S. 179; *Schaumburg*, DStZ 1998, 525, 534; *Schaumburg/Schulte*, Die KGaA, 2000, Rn. 136, 152; *Schlütter*, StuW 1978, 295, 297; *Söhn*, in: H/H/Sp, AO, § 180 Rn. 176 (08/2011).

692 Ebenso: *Jünger*, BB 1988, 1969, 1973; *Kessler*, NZG 2005, 145; *Hageböke*, Das „KGaA-Modell“, 2008, S. 44, 112; *Philbert*, Die KGaA zwischen Personengesellschaftsrecht und Aktienrecht, 2005, S. 96 ff.; *Fett*, in: Schütz/Bürgers/Riotte, Die KGaA, 2004, § 3 Rn. 6; *K. Schmidt*, in: Schmidt/Lutter, AktG[3], 2015, § 278 Rn. 10. **A.A.** *Bacher*, DB 1985,2117: Gesamtheit der Kommanditaktionäre ist parteifähiger Verband.

693 *Falter*, in: FS Spiegelberger, 2009, S. 117.

694 *Falter*, in: FS Spiegelberger, 2009, S. 119.

695 *Falter*, in: FS Spiegelberger, 2009, S. 118; *Kusterer*, DStR 2008, 484, 488 sieht hingegen zwar die Vorteile einer gesonderten und einheitlichen Feststellung – geht aber abschließend davon aus, dass sich die Besteuerungskonzepte nicht an Verfahrensfragen entscheiden.

in der Form eines Bund-/Länder-Beschlusses der AO-Referenten bejaht[696], diesen Beschluss aber mittlerweile wieder ersatzlos aufgehoben.

2. Hinzuziehung zum Verfahren/ Beiladung

§ 360 Abs. 1 AO und § 60 Abs. 1 FGO ermächtigen Finanzverwaltung und Finanzgericht, andere als den Steuerpflichtigen zum Verfahren hinzuzuziehen/ beizuladen, wenn diese ein eigenes rechtliches Interesse am Ausgang des Verfahrens haben, insbesondere wenn sie nach den Steuergesetzen neben dem Steuerpflichtigen haften. Eine notwendige Hinzuziehung/ Beiladung findet statt, wenn die Entscheidung dem Steuerpflichtigen und den anderen gegenüber nur einheitlich ergehen kann (§ 360 Abs. 3 AO/ § 60 Abs. 3 FGO)[697]. Regelmäßig erfolgt eine solche notwendige Beiladung/Hinzuziehung im Falle der (einspruchs-/ klagebefugten[698]) Mitunternehmer bei einer Klage gegen den gesonderten und einheitlichen Feststellungsbescheid der Mitunternehmerschaft[699].

Da die Vertreter der transparenten Betrachtung eine gesonderte und einheitliche Gewinnfeststellung zwischen den Komplementären und der KGaA vornehmen wollen, stellt ein Verfahren einer Partei stets einen Grund für eine notwendige Hinzuziehung/ Beiladung der jeweils anderen Partei dar. Freilich findet diese notwendige Beiladung eine Einschränkung im Rahmen des § 360 Abs. 3 S. 2 iVm. § 352 AO bzw. § 60 Abs. 3 S. 2 iVm. 48 FGO, wonach nur die einspruchsbefugten Mitberechtigten notwendig beizuziehen sind. Im Verfahren der KGaA gegen die gesonderte und einheitliche Feststellung müsste eine Hinzuziehung/ Beiladung des Komplementärs regelmäßig nach § 352 Abs. 1 S. 1 iVm. § 360 Abs. 3 AO erfolgen. Aber auch sofern einzelne Komplementäre nicht geschäftsführungsbefugt sind, besteht aufgrund der gesonderten und einheitlichen Feststellung zu ihrem Schutz eine notwendige Hinzuziehung/ Beiladung nach § 352 Abs. 1 Nr. 3–5 iVm. § 360 Abs. 3 AO. Der Schutz der Komplementäre reicht damit wesentlich weiter als der einer bloß einfachen Hinzuziehungs-/ Beiladungsmöglichkeit im Rahmen der intransparenten Betrachtung. Ein solcher Schutz ist angesichts der umfassenden Haftung der Komplementäre jedoch nicht nur angemessen, sondern auch erforderlich.

---

696 AO-Referenten Bund/Länder, Sitzung AO III/2002, TOP 19, zitiert nach *Mahlow*, DB 2003, 1540, 1541 Note 8.

697 § 360 AO und § 60 FGO entsprechen sich hinsichtlich der Voraussetzungen vollumfänglich, vgl. Fn. 526.

698 Zu der verfahrensökonomischen Einschränkung vgl. § 360 Abs. 3 S. 2 iVm. § 352 AO und § 60 Abs. 3 S. 2 iVm. § 48 FGO; vgl. auch *Brandis*, in: T/K, AO/FGO, § 60 FGO Rn. 24 (Stand: 05/2014).

699 *Brandis*, in: T/K, AO/FGO, § 60 FGO Rn. 24 ff (Stand: 10/2013).

VIII. Konsequenzen der Transparenz für die Anwendung des Doppelbesteuerungsrechts

Auch in Bezug auf die internationalen Abkommen zur Vermeidung der Doppelbesteuerung stellen die Vertreter des transparenten Besteuerungskonzepts auf die hybride Struktur der KGaA ab.

1. Abkommensberechtigung

Maßnahmen zur Vermeidung der Doppelbesteuerung können sowohl von der KGaA selbst, als auch vom Komplementär in Anspruch genommen werden[700]. Die KGaA selbst ist als Person iSd. Art. 3 Abs. 1a OECD-MA und als Gesellschaft nach Art. 3 Abs. 1b OECD-MA abkommensberechtigt[701]. Daneben soll eine Abkommensberechtigung aber auch dem Komplementär als Person iSd Art. 3 Abs. 1a OECD-MA selbst zukommen[702]; bei transparenten Gesellschaften ist der Gesellschafter selbst und nicht die Gesellschaft abkommensberechtigt[703]. Dies ergebe sich insbesondere daraus, dass es regelmäßig an einer speziellen DBA-Regelung fehle. In einem solchen Fall sei die nationale Qualifikation abkommensrechtlich verbindlich[704].

2. Kollisionsregelungen

Hinsichtlich der Qualifikation der Einkünfte gehen die Vertreter der transparenten Betrachtung davon aus, dass sowohl die KGaA als auch der Komplementär abkommensrechtlich eigene Unternehmensgewinne im Sinne des § 7 OECD-MA erzielen[705]. Früher wurde an dieser Stelle darauf hingewiesen, dass Sondervergü-

---

700 *Ellerbeck*, in: Schnitger/Fehrenbacher, KStG, § 9 Rn. 53; *Janssen*, NWB 2001, 2194; *Schaumburg/Schulte*, Die KGaA, 2000, Rn. 173; darstellend auch *Krämer*, in: D/P/M, KStG, § 9 Rn. 44 (09/2012).

701 *Wassermeyer*, in: Wassermeyer, DBA, Art. 7 MA Rn. 142 iVm. Rn. 385 (10/2013); *Riotte/Dümichen/Engel*, in: Schütz/Bürgers/Riotte, Die KGaA, 2004, § 9 Rn. 209; *Schaumburg/Schulte*, Die KGaA, 2000, Rn. 177. Zur Abkommensberechtigung juristischer Personen insgesamt, vgl. *Schaumburg*, Internationales Steuerrecht^3, 2011, Rn. 16.171.

702 *Wassermeyer*, in: Wassermeyer, DBA, Art. 7 MA Rn. 142 (152) (10/2013); *Nagel/Wittkowski*, Die KGaA, 2012, § 4 Rn. 208; *Schaumburg/Schulte*, Die KGaA, 2000, Rn. 177. Trotz ansonsten intransparenter Betrachtung ebenso *Hoppe*, Die Besteuerung der KGaA, 2014, S. 140.

703 BMF v. 26.9.2014 – IV B 5-S 1300/09/10003, 2014/0599097, BStBl I 2014, 1258, Rn. 2.1.1; ebenso *Wassermeyer*, in: Wassermeyer, DBA, Art. 7 MA Rn. 91 (96) (10/2013).

704 BFH v. 17.10.1990 – I R 16/89, BStBl. II 1991, 211, 212; *Schaumburg/Schulte*, Die KGaA, 2000, Rn. 177.

705 *Bödefeld*, in: FS Rädler, 1999, S. 33, 43; *Lühn*, in: M/S, KStG^2, 2015, § 9 Rn. 167; *Riotte/Dümichen/Engel*, in: Schütz/Bürgers/Riotte, Die KGaA, 2004, § 9 Rn. 213;

tungen abkommensrechtlich vorrangig nach Art. 15 OECD-MA (Tätigkeitsvergütungen), Art. 11 OECD-MA (Darlehenszinsen) und Art. 6 OECD-MA (Mietzinsen für unbewegliches Vermögen) zu behandeln seien[706]. Mittlerweile ist jedoch für alle offenen Fälle das treaty override des § 50d Abs. 10 EStG zu beachten[707], wonach Sondervergütungen für Zwecke des Abkommens ausschließlich als Unternehmensgewinne zu behandeln sind. Dass auch der Komplementär eigene Unternehmensgewinne erzielt, wird besonders durch eine Entscheidung des I. Senats des BFH aus dem Jahre 1990 gestützt: Hiernach ist die KGaA, „soweit es das Verhältnis des persönlich haftenden Gesellschafters zu der KGaA angeht, nach dem DBA Schweiz als Personengesellschaft anzusehen.[708]" Bei Personengesellschaften sind, in Ermangelung spezifischer abkommensrechtlicher Regelungen, die Gesellschafter selbst abkommensberechtigt[709].

Entsprechend dieses Gedankens wären deshalb auch – anders als in der jüngsten Entscheidung des BFH vom 19.5.2010[710] – zufließende Schachteldividenden „an der Wurzel[711]" in einen Komplementär- und einen Gesellschaftsanteil aufzuteilen. Beim Komplementär würde daraufhin eine Steueranrechnung (Art. 23B OECD-MA; insoweit scheidet eine Steuerfreistellung aus, vgl. Beteiligung über eine Personengesellschaft[712]) und nur im Übrigen eine Steuerfreistellung aufgrund des internationalen Schachtelprivilegs (Art. 23B OECD-MA) stattfinden[713].

Wassermeyer, in: Wassermeyer, DBA, Art. 7 MA Rn. 143 (155) (10/2013); *Schaumburg*, DStZ 1998, 525, 538; *Schaumburg/Schulte*, Die KGaA, 2000, Rn. 177.

706 *Wassermeyer*, in: Wassermeyer, DBA, Art. 7 MA Rn. 144 (156) (10/2013); *Riotte/Dümichen/Engel*, in: Schütz/Bürgers/Riotte, Die KGaA, 2004, § 9 Rn. 216; *Schaumburg*, Internationales Steuerrecht[3], 2011, Rn. 16.237; *Schaumburg*, DStZ 1998, 525, 538; *Schaumburg/Schulte*, Die KGaA, 2000, Rn. 179.

707 Nach § 52 Abs. 59a S. 8 EStG ist § 50d Abs. 10 EStG in allen Fällen anzuwenden, in denen die Einkommens- oder Körperschaftsteuer noch nicht bestandskräftig festgesetzt ist. Zur Völkerrechts- und ggf. Verfassungswidrigkeit von *treaty overrides* und deren Auswirkungen auf die innerstaatliche Geltung vgl. später unter § 16 V 2.

708 BFH v. 17.10.1990 – I R 16/89, BStBl. II 1991, 211, 212.

709 *Wassermeyer*, in: Wassermeyer, DBA, Art. 7 MA Rn. 91 (96) (10/2013); ausführlich zur Abkommensberechtigung von Personengesellschaften: *Gschwandtner*, Unternehmensgewinne von Personengesellschaften im Abkommensrecht im Spannungsfeld zwischen Art. 7 OECD-MA und § 15 EStG, 2007, S. 93 ff.

710 BFH v. 19.5.2010 – I R 62/09, BFHE 230, 18, zur eingeschränkten Übertragbarkeit dieser Entscheidung vgl. § 9 VIII 2.

711 BFH v. 21.6.1989 – X R 14/88, BStBl. II 1989, 881, 884.

712 BFH v. 13.9.1972 – I R 130/70, BStBl. II 1973, 57; *Schaumburg/Schulte*, Die KGaA, 2000, Rn. 181 Note 347.

713 *Riotte/Dümichen/Engel*, in: Schütz/Bürgers/Riotte, Die KGaA, 2004, § 9 Rn. 218 auch entgegen den anderen Wortlaut einzelner DBA.

IX. Zwischenergebnis

1. Thesen zur Transparenz

Der Komplementär einer KGaA ist – entsprechend § 278 Abs. 2 AktG – wie ein Mitunternehmer zu besteuern. Die Einkünfte des Komplementärs werden an der Wurzel von den Einkünften der KGaA abgespalten. Der Komplementär erzielt nach § 15 Abs. 1 S. 1 Nr. 3 EStG unmittelbar einen eigenen gewerblichen Gewinn. Dieser enthält auch Sonderbetriebsergebnisse. Für den Komplementär sind Sonderbilanzen zu bilden. An die KGaA zur Nutzung überlassene Wirtschaftsgüter sind Sonderbetriebsvermögen. Nicht zum Sonderbetriebsvermögen gehören die Kommanditaktien des Komplementärs.

Der Abzugsbetrag nach § 9 Abs. 1 Nr. 1 KStG enthält den Komplementäranteil jedes einzelnen Geschäftsvorfalls der KGaA. Aus Vereinfachungsgründen kann er vom handelsrechtlichen Jahresüberschuss der KGaA abgeleitet werden, weil dieser der Summe aller Geschäftsvorfälle entspricht. Nach der modifizierten transparenten Betrachtung nach Kollruss[714] ist der Abzugsbetrag nach § 9 Abs. 1 Nr. 1 KStG ein Anteil am steuerrechtlichen Gewinn der KGaA nach sämtlichen Korrekturen mit Ausnahme des § 9 Abs. 1 Nr. 1 KStG selbst.

Steuerrechtliche Änderungsbeträge durch Korrekturen nach § 60 Abs. 2 KStG, steuerfreie Betriebseinnahmen und nicht abziehbare Betriebsausgaben entfallen anteilig auf die KGaA und den Komplementär. Sie werden entsprechend der Gewinnverteilungsquote unmittelbar den beiden Sphären zugeordnet.

Dividenden werden nur insoweit nach § 8b KStG freigestellt, wie die Dividenden in der kapitalistischen Sphäre der KGaA verbleiben. Auf Ebene des Komplementärs werden die für ihn selbst geltenden Freistellungsnormen (insb. § 3 Nr. 40 lit. d EStG) angewendet. Hierdurch wird in den beiden Sphären jeweils die systematisch richtige Freistellung gewährt.

Verdeckte Gewinnausschüttungen zwischen Gesellschaft und Komplementär sind grundsätzlich nicht möglich.

Pensionsrückstellungen sind auf Ebene der KGaA gewinnmindernd zu bilden und dem Komplementär nach § 9 Abs. 1 Nr. 1 KStG unmittelbar zuzurechnen. Gleichzeitig soll eine korrespondierende Bilanzierung einer Pensionsanwartschaft im Sonderbetriebsvermögen des Komplementärs erfolgen.

Das zugerechnete Einkommen einer Organgesellschaft ist wie eigenes Einkommen der KGaA zu behandeln.

Umwandlungssteuerrechtlich sind die Vorschriften für Umwandlungen in Personengesellschaften anwendbar, soweit der Übertragende die Rechtsstellung eines Komplementärs erlangt. Hierdurch finden die Einlagefiktionen des § 5 Abs. 2, 3 UmwStG und die Dividendenfiktion des § 7 UmwStG auch Anwendung, wenn durch Umwandlungen in eine KGaA ein Übergang von einer Zwei-Ebenen-Besteuerung zu einer Ein-Ebenen-Besteuerung stattfindet.

---

714 *Kollruss*, BB 2012, 3178, 3180; *Kollruss*, DStZ 2012, 650, 652.

Auf Übertragungen von Einzelwirtschaftsgütern ist § 6 Abs. 5 EStG anwendbar. Die KGaA gilt insoweit als Mitunternehmerschaft und das Vermögen der KGaA als Gesamthandsvermögen.

Der Komplementär hat einen eigenen Betrieb im Sinne der Zinsschranke. Die Belastung von Komplementär und KGaA durch die Zinsschranke entspricht in der Summe der Belastung, der bei sonst gleichen Parametern auch andere Betriebe ausgesetzt wären.

Da an den Einkünften der KGaA zum einen der Komplementär und zum anderen die KGaA selbst beteiligt und die Einkünfte den beiden Parteien auch steuerrechtlich zuzurechnen sind, findet eine gesonderte und einheitliche Gewinnfeststellung nach § 180 Abs. 1 Nr. 2 lit. a AO statt.

Im Verfahren gegen die KGaA ist der Komplementär regelmäßig notwendig beizuladen.

KGaA und Komplementär sind jeweils selbst abkommensberechtigt im Sinne der DBA. Beide erzielen Unternehmensgewinne im Sinne des Art. 7 OECD-MA. Das DBA-Schachtelprivileg ist nur insoweit anzuwenden, als Dividenden der KGaA selbst zugerechnet werden oder der Komplementär selbst eine Kapitalgesellschaft ist.

2. Stellungnahme

Die Unterschiedsbeträge nach § 60 Abs. 2 EStDV, die steuerfreien Betriebseinnahmen und die nicht abziehbaren Betriebsausgaben werden bei der transparenten Betrachtung auf Gesellschaft und Komplementär verteilt[715]. Hierdurch ausgelöste steuerrechtliche Korrekturen belasten oder entlasten Komplementär und KGaA entsprechend der Gewinnverteilungsquote in dem Maße, in denen ihnen auch die zugrunde liegenden Sachverhalte steuerrechtlich zuzurechnen sind. Zwar gelingt es auch der modifizierten intransparenten Betrachtung, die durch die einseitige Verteilung außerbilanzieller Korrekturen verursachte Schieflage zu vermeiden. Allerdings finden nach der transparenten Betrachtung auch die jeweils spezielleren Begünstigungsnormen Anwendung[716] (insbesondere § 3 Nr. 40 lit. d EStG, § 8b KStG). Bielinis versucht, diesen Vorteil der transparenten Betrachtung nur für den Bereich der Beteiligungserträge in die modifizierte intransparente Betrachtung einzubeziehen (vgl. hierzu § 9 II 1b). Hierdurch wird zwar der größte Konflikt zwischen Transparenz und Intransparenz bei der Berechnung des Gewinnanteils behoben, so dass man zu dem Schluss gelangen kann, es sei am Ende auch ein Stück weit eine „Glaubensfrage", an welcher Stelle das Spannungsverhältnis zwischen Körperschafts- und Mitunternehmerbesteuerung aufzulösen ist. Es erscheint aber schwierig, einzelne Ausnahmen von einem Besteuerungskonzept zu bilden und an

715 *Drüen/van Heek*, DStR 2012, 541, 545; *Kollruss/Weißert/Ilin*, DStR 2009, 88, 89.
716 *Drüen/van Heek*, DStR 2012, 541, 545.

bestimmte Geschäftsvorfälle anzuknüpfen. Eine solche Lösung droht ihre Flexibilität zu verlieren und unterliegt einer stetigen Überarbeitung.

Die transparente Betrachtung entspricht hingegen insgesamt dem System aus § 9 Abs. 1 Nr. 1 KStG und § 15 Abs. 1 S. 1 Nr. 3 EStG. Sie trägt insbesondere auch dem engen systematischen Zusammenhang zwischen § 15 Abs. 1 S. 1 Nr. 2 und Nr. 3 EStG Rechnung[717]. Insgesamt ist die transparente Betrachtung wesentlich näher am steuerrechtlichen Leistungsfähigkeitsprinzip orientiert als die originäre intransparente Betrachtung[718], weil der steuerrechtlichen Zurechnung von Einkünften auch die entsprechende Steuerbe- oder -entlastung gegenübersteht. Ihr ist insgesamt der Vorzug zu gewähren. Die Finanzverwaltung soll ursprünglich das intransparente Besteuerungskonzept vertreten haben[719]. Da die Entwürfe zum neuen Umwandlungssteuererlass jedoch eine Regelung zur Mischumwandlung enthielten[720], lässt sich hieraus ableiten, dass sie zwischenzeitlich zur transparenten Betrachtung neigte. Allerdings wurde die entsprechende Passage in der Endfassung[721] ersatzlos gestrichen, so dass die Position der Verwaltung erneut völlig offen erscheint. Zwischenzeitlich wurde auf Bund-Länder-Ebene eine Arbeitsgruppe eingesetzt, die sich mit den grundsätzlichen Besteuerungsfragen um die KGaA auseinandersetzen soll. Bis *dato* liegt dem Vernehmen nach kein Bericht der Arbeitsgruppe vor; wann mit einem Ergebnis zu rechnen ist, ist offen. Für die Praxis bleibt es damit bei dem anfänglichen Befund einer unsicheren Rechtslage. Aus diesem Anlass soll im Folgenden eine detaillierte Untersuchung der KGaA erfolgen, welche zeigen wird, dass sich die vorzugswürdige transparente Betrachtung auch mit den grundlegenden Prinzipien des Unternehmenssteuerrechts deckt.

---

717 BFH v. 21.6.1989 – X R 14/88, BStBl. II 1989, 881, 883; *Brandenberg*, in: Söffing, Besteuerung der Mitunternehmer[5], 2005, Rn. 1524.

718 *Kusterer*, DStR 2008, 484, 487; *Rohrer/Orth*, BB 2007, 1594, 1600.

719 *Rohrer/Orth*, BB 2007, 2266, 2267.

720 *Drüen/van Heek*, DStR 2012, 541, 545; *Haarmann*, JbFStR 2010/2011, S. 300, 306; *Haritz*, GmbHR 2009, 1194.

721 BMF v. 11.11.2011 – IV C 2-S 1978-b/08/10001//2011/0903665, S 1978 A-43-St 51, BStBl. I 2011, 1314.

Vierter Teil

Der Komplementär als Mitunternehmer der KGaA

§ 11 Verfassungsrechtliche und gesetzliche Rahmenbedingungen im Unternehmenssteuerrecht

I. Vereinbarkeit des Dualismus der Unternehmensbesteuerung mit einem verfassungslimitierten Unternehmenssteuerrecht

1. Transparenz und Intransparenz als systemtragende Prinzipien des Unternehmenssteuerrechts

Der Gesetzgeber hat das Unternehmenssteuerrecht an das Zivilrecht und dessen Rechtsformkategorien gebunden[722]. Er folgt der zivilrechtlichen Einteilung der Unternehmen in Personenunternehmen und Kapitalgesellschaften[723] und knüpft hieran die transparente Besteuerung der Personenunternehmen und die intransparente Besteuerung der Kapitalgesellschaften[724]. Als Folge dieser Grundentscheidung ist das deutsche Unternehmenssteuerrecht wesentlich durch das Nebeneinander von Trennungs- und Transparenzprinzip[725] geprägt.

Während für das Verhältnis zwischen Kapitalgesellschaften und ihren Anteilseignern das Trennungsprinzip gilt[726], wonach sich Anteilseigner und Gesellschaft wie fremde Dritte mit getrennten Vermögenssphären gegenüberstehen[727], zwischen denen Vertragsbeziehungen grundsätzlich steuerrechtlich anzuerkennen sind, gilt für Personengesellschaften das Transparenzprinzip[728]. Durch die transparente

---

722 Rechtshistorisch sicherte die Körperschaftsteuer auf der Ebene der Unternehmen die Besteuerung von Markteinkommen, das auf Ebene der natürlichen Personen (durch Thesaurierung) nicht erfasst wurde. Insoweit hatte die Körperschaftsteuer eine unverzichtbare Komplementärfunktion zur Erfassung des gesamten Markteinkommens, vgl. *Lang*, DStJG 24 (2001), 59 f.

723 *Tipke*, Steuerrechtsordnung I², 2000, S. 46.

724 *Böhmer*, StuW 33, 34; *Drüen*, GmbHR 2008, 393; *Grafmüller*, Geeignete Rechtsform für börsenwillige Familienunternehmen, 1994, S. 198; *Rau*, Verfassungsdirigierte Prinzipien für das Unternehmenssteuerrecht, 2007, S. 28; *Seer*, in: Kernfragen des Unternehmenssteuerrechts, 2010, S. 97.

725 *Birk*, StuW 2000, 328, 333; *Hey*, in: Tipke/Lang, Steuerrecht²², 2015, § 11 Rn. 1 f.; *Maurer*, Die Besteuerung von Anleger-Kommanditgesellschaften, 1999, S. 47 f.

726 *Drüen*, GmbHR 2008, 393, 395; *Hölzl*, Die Besteuerung der KGaA, 2003, S. 56 ff.; *Rohrer/Orth*, BB 2007, 1594, 1596; *Seer*, in: Kernfragen des Unternehmenssteuerrechts, 2010, S. 97, 98; *Witt*, Die Konzernbesteuerung, 2006, S. 415.

727 *Böhmer*, StuW 2012, 33, 34; *Hey*, in: Tipke/Lang, Steuerrecht²², 2015, § 11 Rn. 1.

728 *Drüen*, StStud 2005, 199, 200; *Hölzl*, Die Besteuerung der KGaA, 2003, S. 50 ff.; *Rau*, Verfassungsdirigierte Prinzipien für das Unternehmenssteuerrecht, 2007,

Personengesellschaft wird zum Zwecke der Besteuerung „hindurchgegriffen"; die Einkommens- bzw. Körperschaftsbesteuerung erfolgt nur einmalig bei den Gesellschaftern[729]. Der Steuergesetzgeber sieht den Gesellschafter einer Personengesellschaft, ungeachtet ihrer partiellen Rechtsfähigkeit[730], als mit einem Einzelunternehmer vergleichbar an[731]. Da beim Einzelunternehmer Rechtsgeschäfte zwischen seinen verschiedenen Vermögenssphären schon zivilrechtlich nicht möglich sind[732] und demnach keine Steuerfolgen haben, wirken sich auch Leistungsbeziehungen zwischen der Personengesellschaft und ihren Gesellschaftern in einer Gesamtschau steuerlich nicht aus[733]. Vergütungen, die ein Gesellschafter von der Personengesellschaft erhält, sind zwar auf Ebene der Gesellschaft als Betriebsausgaben anzuerkennen, wenn die Aufwendungen durch den Betrieb veranlasst sind (§ 4 Abs. 4 EStG); sie mindern die den Gesellschaftern auf der ersten Stufe zuzuweisenden Gewinnanteile (§ 15 Abs. 1 S. 1 Nr. 2, 1. Alt. EStG). Auf der Ebene der Gesellschafter führen sie aber zu Sonderbetriebseinnahmen (§ 15 Abs. 1 S. 1 Nr. 2, 2. Alt. EStG), so dass sich Aufwendungen im Gesamthandsbereich und Erträge im Sonderbereich neutralisieren.

Durch die Unterscheidung zwischen Transparenz und Intransparenz ergeben sich in der Unternehmensbesteuerung erhebliche rechtsformabhängige Belastungsunterschiede[734]. So werden etwa Gewinne bei der Personengesellschaft (sofern nicht ausnahmsweise § 34a EStG zur Anwendung kommt) bereits mit ihrer Entstehung mit bis zu 45% vollständig (einkommens-) versteuert, unabhängig davon, ob sie im Unternehmen thesauriert werden. Kapitalgesellschaften trifft für thesaurierte Gewinne zunächst nur eine Körperschaftsteuerbelastung von 15%[735]; die Besteuerung beim Gesellschafter findet erst im Falle einer Ausschüttung statt.

Erwirtschaftet eine Personengesellschaft hingegen Verluste, werden die Verlustanteile der Gesellschaft dem Personengesellschafter unmittelbar zugerechnet. Er

---

S. 27; *Seer*, in: Kernfragen des Unternehmenssteuerrechts, 2010, S. 97, 98; *Witt*, Die Konzernbesteuerung, 2006, S. 417.

729 *Drüen*, GmbHR 2008, 393, 395; *Rohrer/Orth*, BB 2007, 1594, 1596.

730 Zusammenfassend hierzu *G. Söffing*, in: Söffing, Besteuerung der Mitunternehmer[5], 2005, Rn. 158 f. Für die OHG und KG gilt § 124 Abs. 1 HGB.

731 *Hey*, in: Tipke/Lang, Steuerrecht[22], 2015, § 11 Rn. 2; *Musil/Leibohm*, FR 2008, 807, 810; *Rohrer/Orth*, BB 2007, 1594, 1596; kritisch *Prinz*, FR 2010, 736, 741 ff.

732 *Hey*, in: Tipke/Lang, Steuerrecht[22], 2015, § 11 Rn. 2 unter Verweis auf § 181 BGB. M.E. scheitern Verträge jedoch nicht erst an § 181 BGB; in Ermangelung zweier Rechtssubjekte kann es schon nicht zu einem Vertragsschluss kommen.

733 *Hey*, in: Tipke/Lang, Steuerrecht[22], 2015, § 11 Rn. 2.

734 *Montag*, in: Tipke/Lang, Steuerrecht[22], 2015, § 13 Rn. 1 ff; *Pelka*, StuW 2000, 389, 390 ff.

735 Jeweils zuzüglich des Solidaritätszuschlags. Die Gewerbesteuer entsteht daneben für Personengesellschaften und Kapitalgesellschaften gleichermaßen; wegen der typisierten Anrechnung nach § 35 EStG bleibt es aber regelmäßig nur bei Kapitalgesellschaften bei einer finalen Belastung.

kann diese Verluste (freilich begrenzt durch §§ 15 IV, 15a EStG u.a.) zum innerperiodischen Verlustausgleich und intraperiodischen Verlustabzug nutzen und damit seine Gesamtsteuerbelastung mindern. Bei der Kapitalgesellschaft ist eine solche Verlustnutzung durch den Gesellschafter nur im Ausnahmefall einer körperschaftsteuerrechtlichen Organschaft möglich. Die Verluste verbleiben stattdessen auf der Ebene der Kapitalgesellschaft; insbesondere in langen Verlustperioden sind die Verluste der Kapitalgesellschaft steuerlich nicht nutzbar.

Weiterhin sind Leistungsvergütungen für Gesellschafter bei der Personengesellschaft Sonderbetriebseinnahmen und damit Einkünfte aus Gewerbebetrieb nach § 15 Abs. 1 S. 1 Nr. 2, 2. Alt. EStG; bei der Kapitalgesellschaft finden die jeweils speziellen Einkunftsnormen und damit auch entsprechende Pausch- oder Freibeträge Anwendung.

Diese Aufzählung steuerlicher Belastungsunterschieden zwischen transparenten und intransparenten Besteuerungssubjekten ist nur angerissen und ließe sich noch weiter fortführen[736].

2. Kein verfassungsrechtliches Gebot rechtsformneutraler Besteuerung

Die steuerverfassungsrechtliche Literatur geht zum Teil davon aus, dass diese durch den Dualismus der Unternehmensbesteuerung ausgelösten Belastungsunterschiede einen nicht gerechtfertigten Eingriff in Art. 3 Abs. 1 GG oder in die Freiheitsgrundrechte aus Art. 9 GG, Art. 12 Abs. 1, Art. 14 Abs. 1 GG darstellen. Es bestehe ein Gebot rechtsformneutraler Unternehmensbesteuerung[737]. Die zivilrechtliche Rechtsform sei kein sachgerechter, quantifizierbarer Belastungsmaßstab[738] für die

736 Eine umfassende Darstellung der steuerlichen Belastungsunterschiede findet sich bei *Montag*, in: Tipke/Lang, Steuerrecht[22], 2015, § 13 Rn. 1 ff; vgl. auch *Balmes*, DStJG Sonderband, 2001, 25, 26 ff.

737 *Balmes*, DStJG Sonderband, 2001, 25, 33, 36 f; *Hennrichs/Lehmann*, StuW 2007, 16, 17; *Hey*, DStJG 24 (2001), 155, 180; *Hölzl*, Die Besteuerung der KGaA, 2003, S. 215 ff.; *P. Kirchhof*, StuW 2002, 3, 11; *Kraft*, Rechtsformabhängige Besteuerung mittelständischer Unternehmen, S. 9; *Lang*, StuW 1990, 107, 115 f.; *Lauterbach*, Ein neues Unternehmenssteuerrecht für Deutschland?, 2008, S. 83; *Weinelt*, Rechtsformneutralität der Besteuerung, 2006, 99, 138; darstellend: *Maurer*, Die Besteuerung von Anleger-Kommanditgesellschaften, 1999, S. 61 ff; kritisch aber *Birk*, StuW 2000, 328, 333; *Drüen*, GmbHR 2008, 393, 397; *Rau*, Verfassungsdirigierte Prinzipien für das Unternehmenssteuerrecht, 2007, S. 182. *Musil/Leihbohm*, FR 2008, 807, 813; *Pelka*, StuW 2000, 389, 398 und Stapperfend, FR 2005, 74, 77 empfinden die unterschiedlichen steuerlichen Regelungen zwar als unbefriedigend, sehen aber keinen *verfassungsrechtlichen* Handlungsbedarf – die Frage nach Rechtsformneutralität sei indes eine rechtspolitische. *Weber*, JZ 1980, 545, 549 geht von einer verfassungsrechtlichen Pflicht zur rechtsformabhängigen Besteuerung aus.

738 *Tipke*, Steuerrechtsordnung II[2], 2003, S. 1198.

Unternehmensbesteuerung. Sie sei eine ungeeignete Typisierung[739], da das Leitbild der personenbezogenen Personengesellschaft und der kapitalorientierten Körperschaft heute nicht mehr zutreffend sei[740]. Eine Besteuerung nach der Unternehmensform sei mit einer Besteuerung nach der Leistungsfähigkeit nicht vereinbar[741] und verletze damit das Prinzip gleichmäßiger Besteuerung. Demnach könne zumindest aus Art. 3 GG ein verfassungsrechtliches Gebot der Rechtsformneutralität abgeleitet werden.

An einem verfassungsrechtlichen Gebot rechtsformneutraler Besteuerung bestehen jedoch Zweifel. Zum einen muss Beachtung finden, dass Art. 106 Abs. 3 GG, der an tradierte Steuertypen anknüpft, sowohl die Körperschaft- als auch die Einkommensteuer namentlich erwähnt. Zwar enthält Art. 106 Abs. 3 GG weder eine institutionelle, noch eine Bestandsgarantie für die erfassten Steuern[742]. Auch macht Art. 106 Abs. 3 GG keinerlei Aussagen zur Verfassungsmäßigkeit von Belastungsunterschieden, die aus dem Nebeneinander von Einkommensteuer und Körperschaftsteuer folgen[743]. Dennoch ist zu beachten, dass das Grundgesetz das Nebeneinander von Körperschafts- und Einkommensteuer zumindest toleriert[744].

---

739 *Weinelt*, Rechtsformneutralität der Unternehmensbesteuerung, 2006, S. 230.

740 *Lauterbach*, Ein neues Unternehmenssteuerrecht für Deutschland?, 2008, S. 64. Dem widersprechen die Angaben aus der Umsatzsteuerstatistik des Statistischen Bundesamtes. Im Jahre 2012 waren 81,3% der umsatzsteuerpflichtigen Unternehmen als Personenunternehmen organisiert, erwirtschafteten aber nur einen Umsatzanteil von 35,4%. Nur 16,4% der umsatzsteuerpflichtigen Unternehmen waren Kapitalgesellschaften; dennoch erzielten sie einen Umsatzanteil von 56,2 %, vgl. https://www.destatis.de/DE/Publikationen/Thematisch/FinanzenSteuern/Steuern/Umsatzsteuer/Umsatzsteuer2140810127004.pdf?__blob=publicationFile, zuletzt aufgerufen am 15.5.2015.

741 *Tipke*, Steuerrechtsordnung II^2, 2003, S.1198.

742 *Tipke*, Steuerrechtsordnung I^2, 2000, S. 300 ff.; **a.A.** *Wacke*, Das Finanzwesen der Bundesrepublik, 1950, S. 64: „Sowohl die Ausprägung der einzelnen Steuern in ihrem wesentlichen Charakter wie überhaupt in ihrem Bestande durch die bisherigen Steuergesetze als auch ihre gegenseitige Relation ist, da im GG in Bezug genommen, in die Ebene des Verfassungsrechts erhoben. Beider Abänderung würde eine Änderung des GG voraussetzen".

743 *Hey*, DStJG 24 (2001), 155, 173. Nach *Weinelt*, Rechtsformneutralität der Unternehmensbesteuerung, 2006, S. 132 sagt Art. 106 Abs. 3 GG nichts zur Rechtfertigung einer Steuer in ihrer konkreten Ausgestaltung; ebenso *Kraft*, Rechtsformabhängige Besteuerung mittelständischer Unternehmen, S. 16. Zur Verfassungswidrigkeit der (ebenfalls in Art. 106 GG genannten) Vermögensteuer vgl. BVerfG v. 22.6.1995 – 2 BvL 37/91, BVerfGE 93, 121. Daraufhin ist die Vermögenssteuer zum 31.12.1996 außer Kraft getreten.

744 *Böhmer*, StuW 2012, 33, 34; *Waldhoff*, StuW 2000, 217, 219: Der Verfassungsgeber hat die Steuern in ihrer historisch gewachsenen Ausprägung als prinzipiell leistungsfähigkeitsgerechte Steuertypen rezipiert.

Das bloße Nebeneinander der beiden Steuerarten kann an sich nicht verfassungswidrig sein[745].

Darüber hinaus dürften die Anforderungen an eine verfassungsrechtliche Rechtfertigung nicht überhöht angesetzt werden, denn dass angewandte Differenzierungskriteriums der zivilrechtlichen Rechtsform ist beeinflussbar[746]. Immerhin stellt der Gesetzgeber dem Unternehmer eine ganze Reihe unterschiedlichster Rechtsformen zu Verfügung und lässt auch Typenmischungen (wie etwa die GmbH & Co. KG) zu. Dem Unternehmer steht es frei, die für sein Unternehmen steuerlich und wirtschaftlich geeignetste Rechtsform zu wählen; sei es durch Neugründung oder durch (regelmäßig steuerneutrale) Umwandlung[747]. Die steuerliche Belastung einzelner Rechtsformen wirkt sich dabei auch nicht in einem erdrosselnden Sinne aus, so dass sich letztlich nur eine Rechtsform realisieren ließe[748]. Stattdessen können die steuerrechtlichen Vorzüge von Personenunternehmen und Kapitalgesellschaften differenziert nach Thesaurierungsneigung, Verlustrisiko usw. im Einzelfall abgewogen werden.

Das Bundesverfassungsgericht lehnt ein verfassungsrechtliches Gebot rechtformneutraler Besteuerung in ständiger Rechtsprechung ab und billigt die durch den Dualismus der Unternehmensbesteuerung ausgelösten Belastungsunterschiede[749]. So heißt es in einer Entscheidung vom 21.6.2006[750]:

> „Art. 3 Abs. 1 GG enthält kein allgemeines Verfassungsgebot der Rechtsformneutralität in dem Sinn, dass ausgeschüttete Gewinne von Kapitalgesellschaften beim Anteilseigner einkommensteuerlich ebenso zu behandeln sind wie entnommene Gewinne von Personengesellschaften."

Und weiter:

> „Für eine Beurteilung am Maßstab des allgemeinen Gleichheitssatzes (Art. 3 Abs. 1 GG) ist dabei entscheidend, ob es einen hinreichenden sachlichen Grund gibt,

745 *Waldhoff*, StuW 2000, 217, 219.

746 Nach *Lauterbach*, Ein neues Unternehmenssteuerrecht für Deutschland?, 2008, S. 72 rechtfertigt die Möglichkeit der Rechtsformwahl zwar nicht die Ungleichbehandlung, hat aber Auswirkungen auf die Intensität der Beeinträchtigung; ebenso *Balmes*, DStJG Sonderband, 2001, 25, 35. A.A. *Kraft*, Rechtsformabhängige Besteuerung mittelständischer Unternehmen, S. 17, der einen Einfluss der Möglichkeit zur Rechtsformwahl auf die Rechtfertigung völlig ablehnt, da die zivilrechtliche Entscheidung für eine Rechtsform nicht durch steuerliche Erwägungen motiviert sein dürfe.

747 *Birk*, StuW 2000, 328, 335.

748 *Weinelt*, Rechtsformneutralität der Unternehmensbesteuerung, 2006, S. 128.

749 BVerfG v. 24.1.1962 – 1 BvR 845/58, BVerfGE 13, 331; v. 11.11.1964 – 1 BvR 488/62, 1 BvR 562/63, 1 BvR 216/64, BVerfGE 18, 224; v. 18.6.1975 – 1 BvR 528/72, BVerfGE 40, 109; v. 21.6.2006 – II BvL 2/99, BVerfGE 116, 164; **a.A.** nur für die Umsatzsteuer vgl. BVerfG v. 10.11.1999 – 2 BvR 2861/93, BVerfGE 101, 151.

750 II BvL 2/99, BVerfGE 116, 164.

unternehmerische Tätigkeiten steuerlich unterschiedlich zu behandeln, je nachdem, ob sie in Gestalt von Personen- oder Kapitalgesellschaften ausgeübt werden. Einen solchen Grund liefert die Abschirmung der Vermögenssphäre einer Kapitalgesellschaft gegenüber ihren Anteilseignern. Diese Abschirmung bewirkt, dass in der abgeschirmten Vermögenssphäre eine eigenständige und objektive Leistungsfähigkeit Sentsteht, die von der individuellen und subjektiven Leistungsfähigkeit der hinter der Kapitalgesellschaft stehenden Personen getrennt und unabhängig von ihr besteuert werden darf. Das Steuerrecht nimmt damit bei der Bestimmung verschiedener Zurechnungssubjekte steuerlicher Leistungsfähigkeit verfassungsrechtlich bedenkenfrei die zivilrechtliche Grundentscheidung auf, nach der bei Personengesellschaften das Gesellschaftsvermögen den Gesellschaftern zugerechnet wird (vgl. § 718 BGB i.V.m. § 105 Abs. 3, § 161 Abs. 2 HGB), während das Vermögen der Kapitalgesellschaften gegenüber dem Vermögen ihrer Gesellschafter grundsätzlich selbständig ist."

Die Differenzierung zwischen Transparenz- und Trennungsprinzip als grundlegende Prinzipien des Unternehmenssteuerrechts war für den Gesetzgeber keineswegs zwingend. Das Grundgesetz enthält keine konkreten materiellen Vorgaben für ein bestimmtes Unternehmenssteuerrecht[751]. Stattdessen ist die Ausgestaltung des Unternehmenssteuerrechts dem Gesetzgeber überlassen; es lebt, wie es das Bundesverfassungsgericht ausdrückt, aus dem "*Diktum des Gesetzgebers*"[752]. Hieraus lässt sich freilich nicht ableiten, dass die Unternehmensbesteuerung einer verfassungsrechtlichen Überprüfung entzogen wäre. Das „*Diktum des Gesetzgebers*" darf nicht in einem beliebigen Diktat bestehen[753]. Dies wäre ein „Rückfall in die Geisteshaltung eines wertungsfreien Gesetzespositivismus", der „in der juristischen Wissenschaft und Praxis seit langem überwunden" ist[754]. Stattdessen ist der Gesetzgeber an die rechtsstaatliche Ordnung des Grundgesetzes, dessen Wertungen und Maßstäbe, vor allem in der Form der Grundrechte, gebunden; er ist bei der Ausgestaltung der Steuergesetze neben der formellen, auch der materiellen Rechtsstaatlichkeit verpflichtet[755]. Das Unternehmenssteuerrecht ist Eingriffsrecht[756], für das die allgemeinen verfassungsrechtlichen Grenzen für hoheitliches Handeln uneingeschränkt Geltung entfalten. Es ist somit zwar nicht verfassungsdeterminiert, wohl aber verfassungslimitiert[757].

---

751 *Drüen*, Ubg 2009, 23; *Friauf*, DStJG 12 (1989), 3, 5; *Lang*, StuW 1990, 107, 110.

752 Vgl. jüngst BVerfG v. 5.11.2014 – 1 BvF 3/11, BGBl I 2014, 1764 unter Verweis auf BVerfG v. 24.1.1962 – 1 BvR 232/60, BVerfGE 13, 318; *Friauf*, DStJG 12 (1989), 3, 5. *Drüen*, in: FS Spindler, 2011, S. 29, 40: Eine Pflicht zur Entfaltung eines durch die Verfassung unmittelbar vorgegebenen Systems besteht im Steuerrecht nicht.

753 *Tipke*, Steuerrechtsordnung I², 2000, S. 110.

754 BVerfG v. 18.12.1953 – 1 BvL 106/53, BVerfGE 225, 232.

755 *Weinelt*, Rechtsformneutralität der Unternehmensbesteuerung, 2006, S. 60.

756 *P. Kirchhof*, StuW 2002, 3: Steuerrecht ist Eingriffsrecht. Der Steuerzugriff ist ein Grundrechtseingriff und unterliegt dem Gesetzesvorbehalt.

757 *Drüen*, GmbHR 2008, 393, 403; **a.A.** *Rau*, Verfassungsdirigierte Prinzipen für das Unternehmenssteuerrecht, 2007, S. 79 ff.

Demgemäß müssen sich Abweichungen von der einmal getroffenen Belastungsentscheidung ihrerseits am Gleichheitssatz messen lassen[758]; die Belastungsentscheidung ist folgerichtig im Sinne einer Belastungsgleichheit umzusetzen[759]. Zwar hat der Gesetzgeber auch insoweit einen gewissen Gestaltungsspielraum, als es mehrere wertungsmäßig folgerichtige Lösungen geben kann[760]. Eine Durchbrechung der getroffenen Grundentscheidung zur rechtsformabhängigen Unternehmensbesteuerung ist aber nur in begründungsbedürftigen Ausnahmefällen möglich[761]. Erforderlich hierfür sind belastbare, sachliche Gründe[762].

II. Die transparente Besteuerung der KGaA als folgerichtige Umsetzung des Dualismus der Unternehmensbesteuerung

Da die KGaA nach § 278 Abs. 1 AktG eine juristische Person ist, könnte diese verfassungsrechtliche Ausgangslage allzu schnell zu dem Schluss verleiten, eine folgerichtige Umsetzung des Dualismus der Unternehmensbesteuerung fordere eine Einordnung der KGaA als intransparentes Besteuerungssubjekt. Dieser Befund täuscht indes. Denn der Dualismus der Unternehmensbesteuerung knüpft zwar typisierend an das Zivilrecht an – bei Lichte betrachtet stellt die Umsetzung der transparenten Betrachtung im Falle der KGaA jedoch gerade die folgerichtige Umsetzung zivilrechtlicher Wertentscheidungen dar.

Knüpft der Steuergesetzgeber seine Belastungsentscheidung an zivilrechtliche Begriffe, wie etwa die Rechtsform einer Gesellschaft, so umschreibt er hierdurch den zu besteuernden Sachverhalt in seiner typischen zivilrechtlichen Gestaltung[763]. Da

---

758 Jüngst nochmals BVerfG v. 17.12.2014 – 1 BvL 21/12, BGBl. I 2015, 4.

759 BVerfG v. 9.12.2008 – 2 BvL 1/07 u.a., BVerfGE 122, 210; BVerfG v. 27.6.1991 – 2 BvR 1493/89, BVerfGE 84, 239. *Jochum*, Grundfragen des Steuerrechts, 2012, S. 31; *Kirchhof*, DStJG 24 (2001), 9, 19; *Selder*, FR 2014, 174, 176; *Tipke*, Steuerrechtsordnung I², 2000, S. 263. Nach *Hennrichs/Lehmann*, StuW 2007, 16, 27 soll es die „behauptete zivilrechtliche Grundentscheidung“ zum Dualismus der transparenten und intransparenten Besteuerung indes heute nicht mehr geben. Nach *Drüen*, in: FS Spindler, 2011, S. 29, 41 f. ist der Gesetzgeber nicht zu absoluter Systemtreue verpflichtet; ein Systemwechsel setzt aber ein Mindestmaß einer neuen Systemorientierung voraus. Das Gebot der Folgerichtigkeit lässt Durchbrechungen zu, dies verschärft jedoch die Rechtfertigungsanforderungen.

760 *Tipke*, Steuerrechtsordnung I², 2000, S. 281.

761 Zu den Rechtfertigungsanforderungen an Durchbrechungen des Folgerichtigkeitsgebots vgl. *Drüen*, in: FS Spindler, 2011, S. 29, 42 ff.

762 BVerfG v. 9.12.2008 – 2 BvL 1/07 u.a., BVerfGE 122, 210; *Böhmer*, StuW 2012, 33, 37 f; *Drüen*, in: FS Spindler, 2011, S. 29, 42. *Hey*, in: FS Herzig, 2010, S. 7, 22 fordert indes, die sachlichen Gründe aus ihre Sachgerechtigkeit und die hierauf gestützten Differenzierungen auf ihre Verhältnismäßigkeit zu überprüfen.

763 *Tipke*, Steuerrechtsordnung I², 2000, S. 44 f.

sich derjenige, der einen besteuerungswürdigen Sachverhalt erfüllt, regelmäßig zunächst zivilrechtlicher Gestaltungen bedient, erspart sich der Steuergesetzgeber mit der Übernahme dieser Begriffe eine unmittelbare Bezeichnung des für steuerwürdig befundenen wirtschaftlichen Zustands. Hieraus ergibt sich indes kein Vorrang des Zivilrechts[764], sondern nur eine gewisse „Vorherigkeit"[765]. Da Zivil- und Steuerrecht jeweils ihre eigene Teleologie besitzen, besteht keine Rangpriorität des Zivilrechts[766]. Denn während das Zivilrecht dem Interessenausgleich zwischen privaten Rechtssubjekten dient und den organisatorischen Rahmen für eine Güterzuordnung stellt, bezweckt das Steuerrecht eine gerechte Steuerlastverteilung. Das Steuerrecht will nicht die zivilrechtliche Form, sondern den damit verbundenen „wirtschaftlichen Inhalt" erfassen; im US-amerikanischen Recht wird dieser Grundsatz als *„substance over form"* bezeichnet[767].

Die KGaA ist nach § 278 Abs. 1 AktG unstreitig eine Kapitalgesellschaft. Das Zivilrecht selbst ordnet in § 278 Abs. 2 AktG aber die Geltung sämtlicher handelsrechtlicher Vorschriften über die KG – und damit die Geltung des Personengesellschaftsrechts – für die Sphäre des Komplementärs an[768]. Der „wirtschaftliche Inhalt" der KGaA in der Sphäre des Komplementärs ist damit der einer Personengesellschaft. Die Anordnung einer transparenten Besteuerung des Komplementärs steht damit systematisch nicht auf der Ebene einer Durchbrechung der zivilrechtlichen „Vorherigkeit", sondern setzt sie folgerichtig um. Im Sonderfall der KGaA fallen zivilrechtliche Ausgestaltung und Rechtsform ausnahmsweise auseinander. Somit spricht die „Vorherigkeit" des Zivilrechts bei der KGaA gerade nicht gegen, sondern für ein Abweichen vom Grundsatz der rechtsformabhängigen Besteuerung. Denn bereits zivilrechtlich ist die KGaA als Hybrid ausgestaltet.

III. Folgen für Gesetzgeber und Rechtsanwendung

Der steuerrechtliche Gesetzgeber kann sich demnach von der zivilrechtlichen Einordnung der KGaA als juristische Person lösen, um hierdurch ihrer hybriden gesellschaftsrechtlichen Struktur Rechnung zu tragen. Normiert er Vorschriften, durch die die Sphäre des Komplementärs sowohl auf Ebene der KGaA als auch auf der Ebene des Gesellschafters einer Personengesellschaft gleichgestellt wird, so liegt hierin keine Durchbrechung, sondern eine folgerichtige Umsetzung der Grundentscheidung zum Dualismus der Unternehmensbesteuerung.

---

764 Zur Eigenständigkeit des Steuerrechts neben dem Zivilrecht als eigene Rechtsordnung vgl. BVerfG v. 3.6.1992 – 1 BvR 583/86, DStR 1993, 274; *P. Kirchhof*, in: FS Röhricht, 2005, S. 919, 925; *Schön*, StuW 2005, 247, 248 f.

765 *Haas/Drüen*, in: FS Priester, 2007, S. 133, 154; *P. Kirchhof*, in: FS Röhricht, 2005, S. 919, 925; *Tipke*, Steuerrechtsordnung I², 2000, S. 45.

766 *Tipke*, Steuerrechtsordnung I², 2000, S. 50.

767 *Tipke*, Steuerrechtsordnung I², 2000, S. 51.

768 *G. Söffing*, in: Söffing, Besteuerung der Mitunternehmer⁵, 2005, Rn. 201: Das Steuerrecht folgt nur dieser handelsrechtlichen „Zwitterstellung".

Fehlt es hingegen an solchen Sondervorschriften für die KGaA, so kann die zivilrechtliche hybride Ausgestaltung der KGaA zur teleologischen Normauslegung herangezogen werden. Die Gesetzesauslegung findet jedoch dort ihre Grenze, wo der Wortsinn der Norm überschritten wird. Eine Auslegungshypothese, die auch bei extensivstem Verständnis nicht mit dem Wortsinn vereinbar ist, kann nicht Inhalt des Gesetzes sein[769] – mag sie teleologisch auch noch so sinnvoll sein. Über den Wortsinn hinaus, im Bereich der Rechtsfortbildung, kommt eine Berücksichtigung der hybriden Struktur der KGaA nur dann in Betracht, wenn das Gesetz lückenhaft ist[770].

---

769 *Koschek*, in: Bertling/Koschek/Krähmer/Krebbers, Rechtsmethodische Fragen des Unternehmenssteuerrechts, 2013, S. 45, 60.

770 Zur Methodik der Rechtsfortbildung vgl. *Krebbers*, in: Bertling/Koschek/Krähmer/Krebbers, Rechtsmethodische Fragen des Unternehmenssteuerrechts, 2013, S. 95, 102.

§ 12 Transparenz und Intransparenz auf dem Prüfstand

I. Die KGaA – eine transparente oder intransparente Gesellschaft?

1. Haftung als dominantes Unterscheidungskriterium

Die bisherige Untersuchung zeigt, dass sich die KGaA aufgrund ihres hybriden Charakters nicht eindeutig in die üblichen Kategorien des Unternehmenssteuerrechts einfügt, wonach Kapitalgesellschaften intransparent, Personengesellschaften aber transparent zu besteuern sind. Stattdessen finden sich im Gesetz Anhaltspunkte sowohl für die Einordnung der KGaA als intransparente, als auch als transparente Gesellschaft (vgl. §§ 9 I, 10 I). Es erscheint daher lohnend, die Hintergründe von Transparenz und Intransparenz im deutschen Unternehmenssteuerrecht einmal näher zu reflektieren.

Anders als etwa im US-amerikanischen Rechtsraum, wo der Steuerpflichtige eine Vielzahl von Gesellschaftsformen nach seiner Wahl einer transparenten oder intransparenten Besteuerung zuzuführen kann („Check-the-box"[771]), orientieren sich Transparenz und Intransparenz im deutschen Steuerrecht an festen Kriterien. Das wohl augenscheinlichste Differenzierungskriterium zwischen Transparenz und Intransparenz im deutschen Steuerrecht ist die Haftung[772]. Haftet ein Gesellschafter für seine Gesellschaft unbeschränkt, persönlich und unmittelbar, so folgt diesem „Haftungsdurchgriff" regelmäßig auch ein steuerrechtlicher Durchgriff, d.h. eine transparente Besteuerung. Die unternehmerischen und wirtschaftlichen Sphären

---

771 Ein Überblick über das US-amerikanische check-the-box-System, seine Entstehungsgeschichte, Voraussetzungen, Wahlmöglichkeiten und Funktionen findet sich bei *Kroniger/Thies*, IStR 2002, 397, 400 ff.

772 *Kollruss*, DStZ 2012, 650, 653 f. Die Anknüpfung an die Rechtsfähigkeit ist mit Blick auf die partielle Rechtsfähigkeit der Personenhandelsgesellschaft gem. § 124 Abs. 1 HGB wohl nicht mehr zeitgemäß, vgl. hierzu *Hennrichs/Lehmann*, StuW 2007, 17, 20. Zur zivilrechtlichen Dimension des Trennungsprinzips vgl. *Böhmer*, StuW 2012, 33 f., der auf § 1 Abs. 1 AktG und § 13 Abs. 1 und 2 GmbHG verweist; *Rau*, Verfassungsdirigierte Prinzipien für das Unternehmenssteuerrecht, 2007, S.20. Zur Notwendigkeit eines „zweispurigen" steuerlichen Systems im deutschen Steuerrecht vgl. *Maurer*, Die Besteuerung von Anleger-Kommanditgesellschaften, 1999, S. 92. Auch *Weber*, JZ 1980, 545, 553 schlägt perspektivisch vor, das Unternehmenssteuerrecht u.a. in „Unternehmertätigkeit mit unbeschränkter Haftung" und „unternehmerischen Kapitalanlagen" zu unterteilen. Er hält die Gleichbehandlung von Einzelunternehmer, OHG-Gesellschafter und Komplementären von KG und KGaA teilweise für verfassungsrechtlich geboten, im Übrigen aber zumindest für verfassungspolitisch erwünscht und zweckmäßig.

von Gesellschaft und Gesellschafter werden in diesem Falle als so eng miteinander verflochten angesehen, dass es gerechtfertigt erscheint, die Einkünfte der Gesellschaft unmittelbar dem Gesellschafter zuzurechnen und dort zu versteuern. Haftet ein Gesellschafter indes nicht für seine Gesellschaft, hat er sozusagen der Haftung „einen Riegel vorgeschoben", so geht auch der Steuergesetzgeber regelmäßig davon aus, dass die steuerrechtlichen Leistungsfähigkeitssphären der Gesellschaften voneinander abgeriegelt sind und so weit auseinander liegen, dass es gerechtfertigt erscheint, die Steueranknüpfung völlig unabhängig von der Gesellschaft und deren Ertragslage vorzunehmen.

Plastisches Beispiel für diese Unterscheidung ist § 15a EStG. Der Kommanditist einer KG haftet den Gläubigern der KG handelsrechtlich nur bis zur Höhe seiner im Handelsregister eingetragenen (Haft-)Einlage (§§ 171, 172 HGB). Handelsrechtliche Verluste sind hingegen auch dann vom Kapitalanteil des Kommanditisten abzuschreiben, wenn dieser negativ wird (§§ 161 Abs. 2, 120 Abs. 2, 2. Alt. HGB). Da ein negatives Kapitalkonto mit zukünftigen Gewinnen ausgeglichen werden kann, steht § 167 Abs. 3 HGB dem nicht entgegen[773]. § 15a EStG verhindert nun, dass der Komplementär diese Verluste, die zu einem negativen Kapitalkonto führen, ertragsteuerlich nutzt – d.h. mit positiven Einkünften verrechnet oder in späteren Jahren nach § 10d EStG abzieht – obwohl er gesellschaftsrechtlich weder gegenüber den Gläubigern der KG haftet, noch der KG zum Nachschuss verpflichtet ist[774]. Er begrenzt die grundsätzlich geltende Transparenz zwischen Gesellschaft und Gesellschafter somit betragsmäßig auf die Haftung und *trennt* diese Verluste der Gesellschaft vom Einkommen des Gesellschafters in einen gesonderten Verlustverrechnungskreis ab[775].

2. Einordnungskriterien im deutschen Steuerrecht

Für ausländische Gesellschaften, insbesondere für US-amerikanische LLCs (Limited Liability Companies), hat das Bundesministerium der Finanzen im Jahre 2004 Grundsätze herausgegeben, die eine Einordnung einer LLC als transparente oder intransparente Gesellschaft für Zwecke des deutschen Steuerrechts ermöglichen

773 § 167 Abs. 3 HGB gilt nur für endgültige Verluste; zur Möglichkeit eines negativen Kapitalanteils vgl. *Brandenberg*, in: Söffing, Besteuerung der Mitunternehmer[5], 2005, Rn. 1223 f.; *Roth*, in: Baumbach/Hopt, HGB[36], 2014, § 167 Rn. 5; zur Wirkung des § 167 Abs. 3 im Falle der Liquidation bzw. des Ausscheidens vgl. *Roth*, in: Baumbach/Hopt, HGB[36], 2014, § 167 Rn. 4.

774 *Wacker*, in: Schmidt, EStG[34], 2015, § 15a Rn. 10; *Brandenberg*, in: Söffing, Besteuerung der Mitunternehmer[5], 2005, Rn. 1225 ff.

775 Entsprechend hatte bereits der IV. Senat im Jahre 1979 in einem Vorlagebeschluss an den Großen Senat die Erwägung angestellt, die wirtschaftliche Leistungsfähigkeit des Gesellschafters sei durch Verlustposten, deren einzige Sanktion in einer späteren gewinnabhängigen Auffüllungspflicht bestehe, nicht berührt, BFH v. 26.4.1979 – IV R 134/78, BStBl. II 1979, 414.

sollen[776]. Denn die LLC-Gesetze der US-Bundesstaaten bestehen überwiegend aus dispositivem Recht. Zudem können die LLCs frei wählen, ob sie für Zwecke der US-Besteuerung als Personengesellschaft oder Körperschaft behandelt werden wollen. Aufgrund dieser „offenen" Rechtslage ist es nicht möglich, LLCs für das deutsche Steuerrecht allgemein als transparent oder intransparent zu betrachten. Vielmehr kommt es auf die Ausgestaltung der Gesellschaft im Einzelfall an. Muss sich aber schon eine ausländische Gesellschaft für die Einordnung als transparente oder intransparente Gesellschaft an den vom BMF offiziell aufgestellten Kriterien messen lassen, so liegt es nicht fern, auch eine inländische Gesellschaft, deren steuerrechtliche Einordnung unsicher ist, an diesen Eckpunkten typologisch zu verproben. Denn obwohl der Anwendungsbereich des BMF-Schreibens nicht unmittelbar eröffnet ist, liegen diesem doch Wertungen zu Grunde, die auch im nationalen Kontext fruchtbar gemacht werden können.

Das BMF bedient sich der von der Rechtsprechung aufgestellten Grundsätze zum „zweistufigen Rechtstypenvergleich"[777]. Für den Vergleich sind alle Elemente heranzuziehen, die nach deutschem Recht die wesentlichen Strukturmerkmale einer intransparenten Körperschaft ausmachen. Hieran sind die Merkmale der zu prüfenden Gesellschaft in einer Gesamtbetrachtung zu messen.

- **Zentralisierte Geschäftsführung und Vertretung**
  Eine zentralisierte Geschäftsführung und Vertretung soll als Indiz für eine intransparente Gesellschaft gelten, wenn eine oder mehrere Personen auf Dauer ausschließlich befugt sind, Entscheidungen ohne Zustimmung der übrigen Gesellschafter zu treffen. Dies soll insbesondere bei eingesetzten Fremdgeschäftsführern der Fall sein (sog. Board of Managers). Führen die Gesellschafter die Gesellschaft hingegen selbst und sind sie allein vertretungsbefugt, so liegt eine Zentralisierung nicht vor. Ist ein Teil der Gesellschafter von der Geschäftsführung ausgeschlossen, so steht dies der Annahme einer dezentralisierten Eigengeschäftsführung nicht entgegen, wenn die Gesellschaft von den geschäftsführenden Gesellschaftern nur in deren Eigenschaft als Gesellschafter und nicht durch ernannte oder gewählte Geschäftsführer geleitet wird.
  Nach diesen Vorgaben entspricht die KGaA eher einer Personengesellschaft. Denn die Komplementäre sind zwar in ihrer Eigenschaft als geborene Geschäftsführungsorgane befugt, ohne Zustimmung der Kommanditaktionäre zu handeln. Allerdings führen sie die Geschäfte nur in ihrer Eigenschaft als Gesellschafter nach dem personengesellschaftsrechtlichen Grundsatz der Selbstorganschaft. Sie werden weder ernannt noch gewählt. Eine Zentralisierung liegt somit nicht vor.

776 BMF v. 19.3.2004 – IV B 4-S 1301 USA-22/04, BStBl. I 2004, 411.

777 RFH v. 12.2.1930 – VI A 899/27, RStBl 1930, 444; BFH v. 17.7.1968 – I 121/64, BStBl. II 1968, 695; v. 3.2.1988 – I R 134/84, BStBl. II 1988, 588; v. 23.6.1992 – IX R 182/87, BStBl. II 1992, 972; v. 16.12.1992 – I R 32/92, BStBl. II 1993, 399; v. 24.8.2011 – I R 46/10, BStBl. II 2014, 764.

- **Beschränkte Haftung**
Nach den Vorgaben des BMF ist die für eine Körperschaft typische Haftungsbeschränkung dann gegeben, wenn keiner der Gesellschafter für die Schulden der Gesellschaft persönlich mit seinem Vermögen haftet.
Auch insoweit ist die KGaA somit als transparente Gesellschaft zu betrachten. Zwar haften die Kommanditaktionäre nicht persönlich für die Schulden der KGaA[778], wohl aber die Komplementäre. Diese haften den Gesellschaftsgläubigern persönlich, unmittelbar und unbeschränkt (§ 278 Abs. 1, 2 AktG iVm. §§ 161, 128 HGB). Dies gilt selbst dann, wenn es sich um eine kapitalistische KGaA handelt. Wie jeder andere Komplementär haftet auch eine Kapitalgesellschaft als Komplementärin mit ihrem gesamten Vermögen. Soweit eine Haftungsbeschränkung auf das Vermögen der Kapitalgesellschaft einen weiteren Durchgriff auf wiederum deren Gesellschafter verhindert, so ist diese Beschränkung allenfalls für die Einordnung der Komplementär-Kapitalgesellschaft, nicht aber für die Einordnung der KGaA selbst relevant. Die für intransparente Gesellschaften geltende Voraussetzung, dass keiner der Gesellschafter persönlich haftet, ist somit bei der KGaA nicht erfüllt.

- **Freie Übertragbarkeit der Anteile**
Nach den Grundsätzen des BMF soll die freie Übertragbarkeit der Anteile auf Nichtgesellschafter eine wesentliche Eigenschaft der Körperschaft darstellen. Sie soll vorliegen, wenn die Vermögens- und Mitgliedschaftsrechte aus der Beteiligung ohne Zustimmung der anderen Gesellschafter auf Dritte übertragen werden können.
Die Kommanditaktionäre können ihre Anteile völlig frei, wie Aktien einer AG, an Dritte übertragen, sofern die Aktien nicht vinkuliert sind[779]. Die Zustimmung anderer Gesellschafter ist insoweit nicht erforderlich. Der Komplementär unterliegt indes den handelsrechtlichen Hemmnissen und Zustimmungserfordernissen bei der Übertragung von Gesellschaftsanteilen. Denn die Möglichkeit einer Anteilsübertragung ist im gesetzlichen Leitbild der KG nicht explizit vorgesehen[780]. Da ein solcher Vorgang jedenfalls einer Satzungsänderung bedarf, ist grundsätzlich ein Beschluss aller Komplementäre und der Hauptversammlung mit satzungsändernder Mehrheit erforderlich[781]. An diesem Punkt ist die Einordnung der gesetzestypischen KGaA zweigeteilt, mithin im Ergebnis offen.

- **Gewinnzuteilung**
Für eine Körperschaft soll die Zuteilung eines Gewinnanteils von einem Beschluss der Gesellschafterversammlung abhängen.

---

778 *Motte/Schlawien*, Die GmbH & Co. KGaA, 2001, 38.
779 *Bödefeld*, in: FS Rädler, 1999, S. 33, 49; *Kroniger/Thies*, IStR 2002, 397, 398; *Motte/Schlawien*, Die GmbH & Co. KGaA, 2001, 38.
780 *Ammenwerth*, Die KGaA, 1997, S. 49.
781 *Bödefeld*, in: FS Rädler, 1999, S. 33, 52, 69, 71.

Im Falle der KGaA bedarf indes allein die Zuteilung des Gewinns an die Kommanditaktionäre eines Beschlusses, nicht jedoch die Zuteilung an die Komplementäre. Ihnen wird ihr Gewinnanteil unmittelbar und unabhängig von einem Gewinnverwendungsbeschluss zugeordnet[782], auch wenn ihr Gewinnbezugsanspruch lediglich schuldrechtlicher Art ist. Ihnen stehen, mit der Begrenzung des § 288 AktG, dieselben Entnahmerechte wie den Gesellschaftern einer Personengesellschaft zu, § 122 HGB[783]. Somit bleibt auch dieser Punkt für die KGaA offen.

- **Kapitalaufbringung**
  Bei einer Körperschaft sind die Gesellschafter verpflichtet, Einlagen zu erbringen. Für die Aktiengesellschaft sichern insbesondere § 9 Abs. 1 AktG (Verbot der Unterpariemission), § 33 AktG (Gründungsprüfung), § 36 Abs. 2, § 36a und 66 AktG (Leistung der Einlagen vor Eintragung), 38 Abs. 2 S. 2 AktG und § 52 AktG (Ablehnung der Eintragung bei Minderwert der Sacheinlagen/ Nachgründung) die Aufbringung des Kapitals als Haftungsmasse für die Gesellschaftsgläubiger[784]. Bei Personengesellschaften steht es den Gesellschaftern frei, Kapitaleinlagen zu erbringen. Ihr Gesellschafterbeitrag kann auch durch die Übernahme der Haftung oder durch Dienstleistungen, zum Beispiel Geschäftsführungstätigkeiten für die Gesellschaft, erbracht werden, § 706 Abs. 3 BGB. Besondere Kapitalaufbringungsvorschriften bestehen nicht[785].
  Für die KGaA ist im Bereich der Kapitalaufbringung zwischen den Gesellschaftertypen zu unterscheiden. Die Kommanditaktionäre müssen ihre Einlagen beim Anteilserwerb nach den allgemeinen aktienrechtlichen Vorschriften erbringen. Die Komplementäre brauchen hingegen weder Kommanditaktien erwerben, noch sonstige Vermögenseinlagen erbringen[786]. Bezüglich der Kapitalaufbringung enthält die KGaA somit Elemente beider Gesellschaftstypen.

---

782 BFH v. 21.7.1989 – X R 14/88, BStBl. II 1989, 881, 884; v. 4.12.2012 – I R 42/11, BFH/NV 2013, 589; *Bödefeld*, in: FS Rädler, 1999, S. 33, 55.

783 *Perlitt*, in: MK-AktG[4], 2015, § 288 Rn. 29 ff.

784 *Philbert*, Die KGaA zwischen Personengesellschaftsrecht und Aktienrecht, 2005, S. 71 f.

785 *Philbert*, Die KGaA zwischen Personengesellschaftsrecht und Aktienrecht, 2005, S. 72.

786 *Ammenwerth*, Die KGaA, 1997, S. 42; *Berg*, JbFStR 2002/2003, S. 232, 233; *Drüen*, in: HHR, EStG/KStG, § 9 KStG Rn. 22 (12/2011); *Ernst&Young*, DB 2014, 147, 148; *Fett*, INF 2005, 872, 873; *Hageböke*, Das KGaA-Modell, 2008, S. 45; *Janssen*, NWB 2001, 2189, 2190; *Ladwig/Motte*, DStR 1996, 800, 805; *Nagel/Wittkowski*, Die KGaA, 2012, § 2 Rn. 176; *Philbert*, Die KGaA zwischen Personengesellschaftsrecht und Aktienrecht, 2005, S. 73; *Schaumburg/Schulte*, Die KGaA, 2000, Rn. 22; *Schimpfle*, Die Besteuerung der KGaA, 2006, S. 4; *Schütz/Reger*, in: Schütz/Bürgers/Riotte, Die KGaA, 2004, § 5 Rn. 232; *Westphal*, Steuerwarte 2002, 133

- **Unbegrenzte Lebensdauer der Gesellschaft**
  Für die Annahme einer intransparenten Gesellschaft spricht eine vom Gesellschafterbestand unabhängige Lebensdauer der Gesellschaft; der Tod eines Gesellschafters darf keine Auswirkungen auf den Bestand der Gesellschaft haben. Denn die Anteile an einer Kapitalgesellschaft gehen im Rahmen der Gesamtrechtsnachfolge auf die Erben über, die fortan die entsprechenden Rechte ausüben. Für eine Personengesellschaft spricht hingegen, wenn der Tod eines Gesellschafters zur Auflösung der Gesellschaft führt[787].
  Der Tod eines Kommanditaktionärs hat tatsächlich keine Auswirkungen auf den Bestand der Gesellschaft; ebenso der Tod eines von mehreren Komplementären (§ 278 Abs. 2 AktG, §§ 161 Abs. 2, 131 Abs. 3 Nr. 1 HGB). Allerdings führt der Tod des letzten oder einzigen Komplementärs grundsätzlich zur Auflösung der KGaA bzw. zur Umwandlung in eine AG[788]. Da es somit Gesellschafter gibt, von deren „Bestand" die Gesellschaft zumindest beim Vorliegen ihrer Urform als nicht kapitalistische KGaA abhängig ist, ist eine *per se* unbegrenzte Lebensdauer nicht anzunehmen. Dieser Punkt spricht somit für die Einordnung der KGaA als Personengesellschaft.

- **Gewinnverteilung**
  Bei Kapitalgesellschaften erfolgt regelmäßig eine Gewinnverteilung nach dem Verhältnis der Aktiennennbeträge, während bei Personengesellschaften die Gewinne nach Maßgabe der Einlage und danach nach Köpfen verteilt werden. Auf diesem Wege kann der persönliche Einsatz der Gesellschafter gewichtet werden. In der KGaA richtet sich die Gewinnverteilung zwischen Komplementären und der kapitalistischen Sphäre der KGaA in Ermangelung einer abweichenden Satzungsregelung[789] nach den Regelungen für die Kommanditgesellschaft, § 278 Abs. 2 AktG iVm. 168, 121 HGB. Nach Verzinsung des Kapitalanteils erfolgt damit eine Verteilung nach einem angemessenen Verhältnis der Kapitalanteile[790]. Erst innerhalb des so zugewiesenen Gewinnanteils erfolgt die Verteilung auf die einzelnen Aktionäre nach dem Verhältnis der Aktiennennbeträge. Da sich die Gesamtgewinnverteilung primär nach personengesellschaftsrechtlichen und nur

787 Zu den Unterschieden zwischen GbR, OHG und KG vgl. *Brandenberg*, in: Söffing, Besteuerung der Mitunternehmer[5], 2005, Rn. 1340 f.

788 *Bödefeld*, in: FS Rädler, 1999, S. 33, 65. Nach *Bunnemann*, Das Ausscheiden des letzten Komplementärs, 2008, S. 47 f, 54 ff kommt es nicht zur Auflösung, sondern zur automatischen Umwandlung in eine AG. Nach *Haase*, GmbHR 1997, 917, 922 hängt die Frage, ob das Ausscheiden des letzten Komplementärs zur Auflösung oder zur Umwandlung in eine AG führt, von der Satzung ab.

789 In der Praxis finden die gesetzlichen Vorschriften wie bei den Personengesellschaften nur in den seltensten Fällen Anwendung, vgl. *Hallerbach*, in: Söffing, Besteuerung der Mitunternehmer[5], 2005, Rn. 1158; *Roth*, in: Baumbach/Hopt[36], 2014, § 121 Rn. 8.

790 Zur Gewinnverteilung bei der KG vgl. *Hallerbach*, in: Söffing, Besteuerung der Mitunternehmer[5], 2005, Rn. 1154 f.

sekundär und hinsichtlich eines Teilgewinns nach aktienrechtlichen Strukturen richtet, hat die Gewinnverteilung in der KGaA eine leicht stärkere Personengesellschaftstendenz.

- **Formale Gründungsvoraussetzungen**
  Die Gründung von Körperschaften setzt eine Eintragung ins Handelsregister voraus, vgl. § 11 Abs. 1 GmbHG, § 41 Abs. 1 S. 1 AktG. Personengesellschaften entstehen hingegen im Innenverhältnis bereits mit Abschluss des Gesellschaftsvertrags, im Außenverhältnis mit dem Beginn der Geschäftstätigkeit, § 123 Abs. 2 HGB.
  Über § 278 Abs. 3 AktG gilt § 41 Abs. 1 S. 1 AktG auch für die Gründung einer KGaA[791]. Das Registergericht prüft die Gründung der KGaA auf ihre Konformität mit den entsprechenden gesetzlichen Vorschriften (§ 278 Abs. 3 iVm. § 38 AktG). Erst durch die anschließende Registereintragung entsteht die KGaA als solche[792]. Die KGaA entspricht an dieser Stelle somit der AG als Kapitalgesellschaft.

3. Die KGaA als transparente Gesellschaft

Kriterium	Personengesellschaft	Kapitalgesellschaft
Geschäftsführung	x	-
Haftung	x	-
Freie Übertragbarkeit der Anteile	-	-
Gewinnzuteilung	-	-
Kapitalaufbringung	-	-
Unbegrenzte Lebensdauer	x	-
Gewinnverteilung	x	-
Formale Gründungsvoraussetzungen	-	x

In einer Gesamtschau der vom BMF aufgestellten Kriterien zur Einordnung von ausländischen Gesellschaften als transparent oder intransparent, erscheint die KGaA in einigen wesentlichen Punkten zweigeteilt. Durch das Vorhandensein verschiedener

791 *Philbert*, Die KGaA zwischen Personengesellschaftsrecht und Aktienrecht, 2005, S. 41.

792 *Bödefeld*, in: FS Rädler, 1999, S. 33, 47, 64; *Nagel/Wittkowski*, Die KGaA, 2012, § 2 Rn. 37.

Gesellschaftertypen, auf die unterschiedliche gesellschaftsrechtliche Regelungen anzuwenden sind, ergibt sich dieses geteilte Bild. Zudem ist die Einordnung der KGaA insbesondere im Bereich der Gewinnverteilung eher als Tendenz anzusehen. Dennoch zeigt sich deutlich, dass die KGaA, sofern Einzelkriterien des zweistufigen Rechtstypenvergleichs eindeutig zu beantworten sind, mit Ausnahme des Vorhandenseins formaler Gründungsvoraussetzungen, nicht den steuerrechtlichen Voraussetzungen an eine Kapitalgesellschaft entspricht. Eine ausländische Gesellschaft, die die Struktur einer gesetzestypischen KGaA aufweisen würde, wäre demnach eher als transparentes Besteuerungssubjekt einzuordnen.

Folgt man dieser Einordnung, so lässt es sich zumindest vertreten, dass die KGaA steuerrechtlich bei Lichte betrachtet einer Personengesellschaft, und damit einem transparenten Besteuerungssubjekt, näher steht als einer Kapitalgesellschaft, wenngleich § 278 Abs. 1 AktG und § 1 Abs. 1 Nr. 1 KStG etwas anderes vermuten lassen. In einem Urteil aus dem Jahre 1990 hat sich auch der I. Senat des BFH entsprechend geäußert[793]. Er stellte fest:

> „Die KGaA ist, soweit es das Verhältnis des persönlich haftenden Gesellschafters zu der KGaA angeht, nach dem DBA-Schweiz als Personengesellschaft anzusehen."

Diese Einordnung basiere jedoch nicht auf spezifischen abkommensrechtlichen Normen, sondern auf nationalem Steuerrecht:

> „Da der Begriff der Personengesellschaft im DBA-Schweiz nicht definiert ist, hat er bei Anwendung des Abkommens durch die Bundesrepublik, wenn der Zusammenhang nichts anderes erfordert, die Bedeutung die ihm nach dem Recht der Bundesrepublik über Steuern zukommt, welche Gegenstand des Abkommens sind (Art. 3 Abs. 2 DBA-Schweiz)."

Weiter heißt es:

> „Entscheidend ist dabei, dass die KGaA insoweit für die Besteuerung nicht wie eine juristische Person behandelt wird [...] Das Einkommen der KGaA mindert sich um den Gewinnanteil des persönlich haftenden Gesellschafters (§ 9 Nr. 2 KStG 1977), während es bei juristischen Personen normalerweise für die Ermittlung des steuerpflichtigen Einkommens ohne Bedeutung ist, ob das Einkommen verteilt wird (§ 8 Abs. 3 Satz 1 KStG 1977). Die Gewinnanteile des persönlich haftenden Gesellschafters einer KGaA zählen zu den Einkünften aus Gewerbebetrieb (§ 15 Abs. 1 Nr. 3 EStG); es besteht insoweit eine Regelung, die der für die Gewinnanteile einer OHG bzw. KG entspricht (§ 15 Abs. 1 Nr. 2 EStG)."

Auch in einem Urteil des II. Senats des BFH aus dem Jahre 1994[794] findet sich eine entsprechende Passage:

---

793 BFH v. 17.10.1990 – I R 16/89, BStBl. II 1991, 211, 212.
794 BFH v. 13.4.1994 – II R 57/90, BStBl. II 1994, 505, 506.

„[...] ist das Vermögen einer KGaA, obwohl diese eine juristische Person ist, für die Zurechnung bei der Besteuerung wie das Vermögen einer KG zu behandeln, deren einziger Kommanditist die Gesamtheit der Kommanditaktionäre ist."

Auch der Rechtsprechung des BFH lässt sich somit die Wertung entnehmen, die KGaA sei nach deutschem Steuerrecht eher eine Personengesellschaft als einer Kapitalgesellschaft angenähert. Insgesamt erscheint es folgerichtig, die Besteuerung der KGaA zumindest in der Sphäre des Komplementärs an die Besteuerung einer Personengesellschaft anzulehnen[795]. Dies betrifft freilich allein die *steuerrechtliche* Behandlung der KGaA – auf die gesellschaftsrechtliche Einordnung nach § 278 Abs. 1 AktG haben die Kriterien des BMF keinen Einfluss.

II. Der Komplementär als Mitunternehmer der KGaA

1. (Mit-) Unternehmerschaft kraft Betätigung des Komplementärs

Der Begriff des Mitunternehmers wird im alltäglichen steuerrechtlichen Sprachgebrauch regelmäßig mit dem „Gesellschafter einer Personengesellschaft" gleichgesetzt[796]. Betrachtet man die heute anerkannten Voraussetzungen einer Mitunternehmerschaft jedoch genauer, so zeigt sich, dass diese Gleichsetzung fehlgeht. Denn zum einen ist nicht jeder Gesellschafter einer OHG, KG oder sonst einer von § 15 Abs. 1 Nr. 2 EStG erfassten Gesellschaft Mitunternehmer[797]. So ist in der Praxis

795 Nach *Hageböke*, Der Konzern 2014, 134, 140, 143 ist der Komplementäranteil „ertragsteuerlich kein Anteil an einer Kapitalgesellschaft". Er widerspricht aus steuerrechtlicher Sicht auch deutlich dem klägerischen Vortrag in BFH v. 4.12.2012 – I R 42/11, BFH/NV 2013, 589, wonach „bei einer KGaA gesellschaftsrechtlich die Merkmale einer Kapital- gegenüber einer Personengesellschaft überwögen". *Maurer*, Die Besteuerung von Anleger-Kommanditgesellschaften, 1999, S. 29 geht davon aus, dass die KGaA insgesamt eine körperschaftlich strukturierte Publikums-Personengesellschaft und nicht [...] eine Kapitalgesellschaft" sei.

796 Zu dieser Entsprechung noch im EStG 1925 vgl. *Knobbe-Keuk*, StuW 1986, 106, 113: Ursprünglich diente der Relativsatz „bei der der Gesellschafter als Unternehmer (Mitunternehmer) des Gewerbebetriebs anzusehen ist" nur dazu, Gesellschaften zu kennzeichnen, deren Gesellschafter – entsprechend der Gesellschafter der OHG oder KG – Inhaber des Unternehmens waren. Ohne nähere Erläuterung auch noch BFH v. 13.4.1962 – IV 91/60 U, BStBl. III 1962, 382. Zur dies andeutenden Grammatik des § 15 Abs. 1 S. 1 Nr. 2 EStG vgl. *Tipke*, StuW 1972, 55, 56; *Seer*, in: Kernfragen des Unternehmenssteuerrechts, 2010, S. 97, 99; *Knobbe-Keuk*, Bilanz- und Unternehmenssteuerrecht[9], 1993, § 9 II 3. Anders aber schon *Woerner*, BB 1974, 592, 594.

797 St. Rspr. vgl. etwa BFH v. 3.5.1993 – GrS 3/92, BStBl. II 1993, 616; v. 25.6.1984 – GrS 4/82, BStBl. II 1984, 751; v. 25.4.2006 – VIII R 74/03, BStBl. II 2006, 595; ebenso *Haas/Drüen*, in: FS Priester, 2007, S. 144: keine hinreichende Bedingung; *G. Söffing*, in: Söffing, Besteuerung der Mitunternehmer[5], 2005, Rn. 123. **A.A.** *Tipke*, StuW 1972,

häufig etwa bei Kommanditisten einer KG streitig, ob sie aufgrund ihrer wirtschaftlichen Stellung steuerrechtlich noch als „Unternehmer“ des Betriebs angesehen können, etwa weil ihre Mitwirkungsbefugnisse aufgrund von Nießbrauchsverhältnissen vollständig ausgehöhlt wurden. Zum anderen lässt die Rechtsprechung des BFH auch dann in Ausnahmefällen die Annahme einer Mitunternehmerschaft zu, wenn zivilrechtlich gar keine Gesellschafterstellung vorliegt[798]. Dies kann dann der Fall sein, wenn der Betroffene eine mit dem Gesellschafter einer Personengesellschaft wirtschaftlich vergleichbare Stellung innehat[799].

Der Teilhaber einer Personengesellschaft oder wirtschaftlich vergleichbaren Gemeinschaft ist steuerrechtlich dann als Mitunternehmer des Betriebes anzusehen, wenn er sowohl Mitunternehmerrisiko trägt als auch Mitunternehmerinitiative entfalten kann[800]. Als Mitunternehmerrisiko wird gemeinhin das Einstehenmüssen für das wirtschaftliche Betriebsrisiko eines Unternehmens bezeichnet. Mitunternehmerrisiko trägt, wer *unmittelbar* am Erfolg oder Misserfolg des Unternehmens beteiligt ist[801]. Dieses zeigt sich etwa in der Beteiligung an laufenden Verlusten, an den stillen Reserven oder durch eine Haftungsübernahme. Mitunternehmerinitiative ist im Gegensatz dazu die Möglichkeit der Einflussnahme auf den Betrieb des Unternehmens und wesentliche Unternehmensentscheidungen[802]. Diese Möglichkeit

---

55, 59, der den Gesamthänder deshalb stets als Mitunternehmer ansieht, weil er an Wertschwankungen des Gesellschaftsvermögens partizipiert.

798 BFH v. 28.9.1995 – IV R 34/93, BFH/NV 1996, 314; *G. Söffing*, in: Söffing, Besteuerung der Mitunternehmer[5], 2005, Rn. 252. Ablehnend *Knobbe-Keuk*, Bilanz- und Unternehmenssteuerrecht[9], 1993, § 9 II 3 b, c; *Priester*, in: FS L. Schmidt, 1993, S. 331, 353; *Tipke*, StuW 1972, 55, 57.

799 Zu Treuhandverhältnissen vgl. BFH v. 25.6.1984 – GrS 4/82, BStBl. II 1984, 751. Zuvor waren die Rechtsprechung noch wesentlich großzüger mit der Vergabe des Prädikats „Mitunternehmer“ bei Nichtgesellschaftern, vgl. BFH v. 29.1.1976 – IV R 97/74, BStBl. II 1976, 332; v. 11.12.1980 – IV R 91/76, BStBl. II 1981, 310.

800 BFH v. 25.6.1985 – GrS 4/82, BStBl. II 1984, 751; v. 11.6.1985 – VIII R 252/80, BStBl. II 1987, 33; v. 14.8.1986 – IV R 131/84, BStBl. II 1987, 60; *Janssen*, NWB 2001, 2189, 2195; *Hennrichs*, in: Tipke/Lang, Steuerrecht[22], 2015, § 10 Rn. 35; *Hölzl*, Die Besteuerung der KGaA, 2003, S. 142; *Priester*, in: FS L. Schmidt, München 1993, 331, 345; *Rau*, Verfassungsdirigierte Prinzipien für das Unternehmenssteuerrecht, 2007, S. 42; *G. Söffing*, in: Söffing, Besteuerung der Mitunternehmer[5], 2005, Rn. 251. Kritisch hingegen *Knobbe-Keuk*, StuW 1986, 106, 114, die das Merkmal der „Mitunternehmerinitiative“ für überflüssig hielt.

801 BFH v. 14.8.1986 – IV R 131/84, BStBl. II 1987, 60: „Teilnahme am Erfolg oder Misserfolg eines gewerblichen Unternehmens“; *Hennrichs*, in: Tipke/Lang, Steuerrecht[22], 2015, § 10 Rn. 36; *Haas/Drüen*, in: FS Priester, 2007, S. 147; *Seer*, in: Kernfragen des Unternehmenssteuerrechts, 2010, S. 97, 100; *G. Söffing*, in: Söffing, Besteuerung der Mitunternehmer[5], 2005, Rn. 256.

802 *Haas/Drüen*, in: FS Priester, 2007, S. 147; *Hennrichs*, in: Tipke/Lang, Steuerrecht[22], 2015, § 10 Rn. 37; *G. Söffing*, in: Söffing, Besteuerung der Mitunternehmer[5], 2005,

kann etwa durch Geschäftsführungs- oder Vertretungsrechte, aber auch schon durch Zustimmungsvorbehalte, Widerspruchs- oder Kontrollrechte ausgeübt werden.

Der Mitunternehmerbegriff ist ein Typusbegriff[803], mithin eine besondere Form des unbestimmten Rechtsbegriffs[804]. Er verweist auf ein mehr oder minder konkretes „Bild“[805] des traditionellen Mitunternehmers und seiner typischen Eigenschaften. Dabei müssen nicht beide Elemente der Mitunternehmerschaft gleich stark ausgeprägt sein; ein besonders hohes Maß an Mitunternehmerrisiko kann eine geringe Mitunternehmerinitiative aufwiegen und umgekehrt[806]. Allerdings müssen beide unternehmertypischen Elemente zumindest im Ansatz vorhanden sein[807]; es kommt entscheidend auf das Gesamtbild[808] an, das am gesetzlichen Wertungsmaßstab des Gesellschafters von Personenhandelsgesellschaften zu orientieren ist[809]. Es ist dem Typusbegriff immanent, dass er für den Rechtsanwender eine besondere „Begründungsbürde“ bedeutet[810]. Die Annahme einer Mitunternehmerschaft bedeutet stets einen Abgleich mit dem Idealbild des Mitunternehmers der gesetzgeberischen Vorstellung. Bei diesem Abgleich dürfen an den Mitunternehmerbegriff indes keine überzogenen Anforderungen gestellt werden[811]; denn die Rechtsprechung legt den Mitunternehmerbegriff traditionell weit aus[812].

Misst man die wirtschaftliche und gesellschaftsrechtliche Stellung des Komplementärs einer KGaA an diesen Voraussetzungen, so scheint dieser die Voraussetzungen weit mehr zu erfüllen als der HGB-Regelkommanditist, welcher als

---

Rn. 261. Kritisch *Knobbe-Keuk*, Bilanz- und Unternehmenssteuerrecht[9], 1993, § 9 II 3 a; ebenso *Seer*, in: Kernfragen des Unternehmenssteuerrechts, 2010, S. 97, 100.

803 BFH v. 25.4.2006 – VIII R 74/03, BStBl. II 2006, 595; *Haas/Drüen*, in: FS Priester, 2007, S. 147; *Hennrichs*, in: Tipke/Lang, Steuerrecht[22], 2015, § 10 Rn. 38; *Maurer*, Die Besteuerung von Anleger-Kommanditgesellschaften, 1999, S. 47; *Rau*, Verfassungsdirigierte Prinzipien für das Unternehmenssteuerrecht, 2007, S.43. Zum Typusbegriff vgl. auch *Drüen*, StuW 1997, 261 ff.

804 *Haas/Drüen*, in: FS Priester, 2007, S. 146.

805 *van Heek*, in: van Heek/Lehmann, Die Kernbrennstoffsteuer als Verbrauchsteuer?, 2012, S. 15, 22 zum Verbrauchsteuertypus.

806 *G. Söffing*, in: Söffing, Besteuerung der Mitunternehmer[5], 2005, Rn. 252; *Wernsmann*, DStR-Beih. 2011, 72, 76. Zur Verzichtbarkeit einzelner Merkmale vgl. *Drüen*, StuW 1997, 261, 266.

807 BFH v. 25.4.2006 – VIII R 74/03, BStBl. II 2006, 595.

808 BFH v. 21.4.1988 – IV R 47/85, BStBl. II 1989, 722; v. 10.2.1992 – XI R 45/88, BStBl. II 1993, 538; *G. Söffing*, in: Söffing, Besteuerung der Mitunternehmer[5], 2005, Rn. 252.

809 *Haas/Drüen*, in: FS Priester, 2007, S. 147.

810 Zu den besonderen Herausforderungen an die Gebote der Normenklarheit und Justiziabilität von Eingriffsnormen vgl. *Haas/Drüen*, in: FS Priester, 2007, S. 146; vgl. auch *Drüen*, in: T/K, AO/FGO, § 4 AO Rn. 398 (08/2014).

811 *Glanegger*, DStR 2004, 1686,1687.

812 *Seer*, in: Kernfragen des Unternehmenssteuerrechts, 2010, S. 97, 99; kritisch zum sehr weiten Mitunternehmerbegriff *Knobbe-Keuk*, StuW 1986, 106, 113; *Schön*, StuW 1996, 275, 286.

Mitunternehmer der KG anzusehen ist[813]. Der Komplementär der KGaA trägt durch seine persönliche, unmittelbare und unbeschränkte Haftung[814] ein erhebliches wirtschaftliches Risiko (Mitunternehmerrisiko), welches weit über die auf die Einlage beschränkte Haftung eines Kommanditisten einer KG hinausgeht. Darüber hinaus entfaltet der Komplementär der KGaA als geborenes Geschäftsführungs- und Vertretungsorgan ein großes Maß an unternehmerischer Initiative (Mitunternehmerinitiative). Er hat nicht nur die Möglichkeit der Einflussnahme auf den Betrieb, er lenkt ihn nahezu völlig unabhängig von anderen Organen innerhalb des Unternehmens. Im Vergleich mit Widerspruchs- und Kontrollrechten, welche für die Annahme einer Mitunternehmerstellung ausreichen sollen[815], besteht somit ein kaum zu übertreffendes „Mehr" an unternehmerischer Initiative.

Gemessen am steuerrechtlichen Mitunternehmertypus ist der Komplementär einer KGaA in einer Gesamtschau damit als Mitunternehmer *par excellence* anzusehen[816]. Er übererfüllt sowohl die Voraussetzungen an Mitunternehmerrisiko als auch an Mitunternehmerinitiative. Dies entspricht auch dem Wortlaut des § 35 Abs. 1 Nr. 2 EStG a.F.: Dort wurde der Komplementär einer KGaA bis zum Unternehmenssteuerreformgesetz 2008[817] als „Mitunternehmer" bezeichnet[818]. Auch die Rechtsprechung von RFH und BFH sah den Komplementär zeitweise als originären Mitunternehmer an[819]. Der Komplementär einer KGaA kann demnach bereits unter

---

813 Die Rechtsprechung sieht die Stellung des HGB-Regelkommanditisten quasi als Nulllinie für die Mitunternehmerkriterien an, vgl. *Haas/Drüen*, in: FS Priester, 2007, S. 148; *Seer*, in: Kernfragen des Unternehmenssteuerrechts, 2010, S. 97, 100.

814 Dies gilt auch, wenn sich, insbesondere im Fall von Nullbeteiligungen, die Beteiligung am Verlust nur aus der Übernahme der Haftung ergibt, vgl. zur Komplementär-GmbH einer Personengesellschaft BFH v. 11.12.1986 – IV R 222/84, BStBl. II 1987, 553.

815 *Reiß*, in: Kirchhof, EStG[14], 2015, § 15 Rn. 212.

816 Ebenso bereits *E. Becker*, StuW 1936, 80, 96 f.; *Maurer*, Die Besteuerung von Anleger-Kommanditgesellschaften, 1999, S. 181. Es mag Fälle geben, in denen es schwer fällt, die Mitunternehmereigenschaft des Komplementärs zu bejahen, wenngleich solche schwer zu konstruieren sein dürften, da sich die Mitunternehmereigenschaft beim Komplementär einer praktisch aus dem Gesetz (§ 278 AktG) ergibt, vgl. *Schnädter*, FR 1985, 659, 661. Gegen eine Mitunternehmerstellung des Komplementärs ausdrücklich *Hoppe*, Die Besteuerung der KGaA, 2014, S. 35; *Wassermeyer*, Ubg 2011, 47, 48.

817 Unternehmensteuerreformgesetz 2008 v. 14.8.2007, BGBl. I 2008, 1912, 1920.

818 *Kollruss*, DStR 2007, 378, 381; *Hageböke*, Das KGaA-Modell, 2008, S. 87. Mit der Änderung der Bezeichnung sollte offenbar keine materielle Änderung verbunden sein; jedenfalls finden sich in der Gesetzesbegründung keine Angaben zum insoweit abweichenden Wortlaut, BT-Ds. 16/4841, 65.

819 RFH v. 6.9.1932 – VI A 1387[32], StuW 1932, Sp. 1978, 1979 („Unternehmer des von der Gesellschaft betriebenen Gewerbes"); v. 20.2.1936 – III A 376/34, RStBl. 1936, 231, 233 („je ein besonderer Unternehmer"); BFH v. 4.5.1965 – I 186/64 U, BStBl. III 1965, 418, 419 („als Mitunternehmer").

§ 15 Abs. 1 S. 1 Nr. 2 EStG zu subsumieren sein[820]. Er ist dann Gesellschafter „einer anderen Gesellschaft, bei der der Gesellschafter als Unternehmer (Mitunternehmer) des Betriebs anzusehen ist".[821]

Aus heutiger Sicht spricht gegen die Anwendung des § 15 Abs. 1 S. 1 Nr. 2 EStG auf den Komplementär der KGaA auch nicht die Tatsache, dass der BFH eine Subsumtion der KGaA unter den Begriff der „Gesellschaft, bei der die Gesellschafter als Unternehmer (Mitunternehmer) des Gewerbebetriebs anzusehen sind" im Hinblick auf den insoweit wortgleichen § 9 Nr. 2 GewStG im Jahre 1985[822] abgelehnt hat. Der BFH begründete seine Ablehnung in den 1980er Jahren anhand einer Kollision des § 9 Nr. 2 GewStG mit dem Wortlaut des § 2 Abs. 2 GewStG 1978. Dort waren in Nr. 1 die „offenen Handelsgesellschaften, Kommanditgesellschaften und anderen Gesellschaften, bei denen die Gesellschafter als Unternehmer (Mitunternehmer) des Gewerbebetriebs anzusehen sind" und in Nr. 2 die „Kapitalgesellschaften (Aktiengesellschaften, Kommanditgesellschaften auf Aktien [...]" aufgezählt. Der BFH leitete hieraus – zumindest für die Gewerbesteuer – ein Alternativverhältnis her.

Ein solches Alternativverhältnis lässt sich heute indes nicht mehr aus dem Gesetz herleiten. Denn zum einen wurde § 2 Abs. 2 Nr. 1 GewStG mit Wirkung vom 25.12.1985[823] aufgehoben. Zum anderen enthält auch die Regelung des § 15 Abs. 3 Nr. 1 EStG, anlässlich dessen Einführung § 2 Abs. 2 Nr. 1 GewStG entbehrlich geworden war[824], keine Anhaltspunkte für ein solches Alternativverhältnis[825].

Gegen die Einordnung des Komplementärs einer KGaA als Mitunternehmer spricht auch nicht, dass die KGaA kein Gesamthandsvermögen innehat. Dies zeigt der Vergleich mit der atypisch stillen Gesellschaft[826], die ertragsteuerrechtlich als Mitunternehmerschaft anerkannt ist[827].

---

820 Ebenso *G. Söffing*, in: Söffing, Besteuerung der Mitunternehmer[5], 2005, Rn. 134.

821 Daneben sollen § 15 Abs. 1 S. 1 Nr. 2 EStG auch mit Gesellschaften vergleichbare Gemeinschaftsverhältnisse unterfallen, die einen *numerus clausus* bilden und nicht beliebig erweiterbar sind, vgl. *Priester*, in: FS L. Schmidt, 1993, 331, 338, der jedoch i.E. stets das Vorliegen einer Gesellschafterstellung fordert; *Hageböke*, Das KGaA-Modell, 2008, S. 112 f. Da die KGaA eine Außengesellschaft ist, bereitet die Feststellung eines Gesellschaftsverhältnisses keine Schwierigkeiten. Die Problematik der „faktischen Mitunternehmerschaft" stellt sich bei der KGaA somit nicht.

822 BFH v. 23.10.1985 – I R 235/81, BStBl. II 1986, 72, 73; ebenso FG München – 7 K 2218/90, n.v.

823 Art. 10 Nr. 1 lit. a des Steuerbereinigungsgesetzes 1986 v. 19.12.1985, BGBl. I 1985, 2436.

824 Vgl. hierzu die Gesetzesbegründung BT-Ds. 10/3663, S. 8.

825 § 15 Abs. 3 Nr. 1 EStG stellte schon in der Entwurfsfassung (BT-Ds. 10/3663, S. 4) und stellt bis heute nur auf eine „andere Personengesellschaft" und nicht auf die Eigenschaft der Gesellschafter als Mitunternehmer ab.

826 *Rohrer/Orth*, BB 2007, 1594, 1598.

827 Statt aller BFH v. 24.4.2014 – IV R 34/10, BFHE 245, 253; v. 25.7.1995 – VIII R 54/93, BStBl. II 1995, 794; v. 13.7.1993 – VIII R 85/91, BStBl. II 1994, 243; *Hageböke*, Der Konzern 2013, 334, 335; *Knobbe-Keuk*, Bilanz- und Unternehmenssteuerrecht[9], 1993, § 9 II 3 c (dd).

Zwar besteht bei dieser insoweit ein systematischer Unterschied[828] zur KGaA, weil eine zivilrechtliche Innengesellschaft als „Subjekt der Gewinnerzielung, Gewinnermittlung und Einkünftequalifikation“[829] vorliegt. Es ergeben sich jedoch auch wesentliche Parallelen: Auch bei der atypisch stillen Gesellschaft gibt es kein Gesamthandsvermögen[830]. Die Vermögenseinlage des atypisch Stillen geht zivilrechtlich ebenso in das Eigentum des Betriebsinhabers über, wie die besondere Vermögenseinlage in das Vermögen der KGaA übergeht. Die Ansprüche des Stillen beschränken sich allein auf schuldrechtliche Ansprüche[831]. Die atypisch stille Gesellschaft wird steuerrechtlich aber dennoch vollständig wie eine Außengesellschaft mit Gesamthandsvermögen behandelt[832]. So wie der atypisch stille Gesellschafter aufgrund seiner vermögensrechtlich herausgehobenen Position Mitunternehmer ist, gilt dies auch für den Komplementär der KGaA aufgrund seiner Organstellung[833].

Die Annahme einer Mitunternehmerschaft scheitert auch nicht daran, dass die KGaA eine juristische Person ist und damit alle Rechte und Pflichten des Unternehmens in eigener Person unabhängig und getrennt vom Komplementär trägt[834]. Denn auch der Personengesellschaft als typischer Mitunternehmerschaft wird im Zivilrecht in fortschreitendem Maße eigene Rechtsfähigkeit zuerkannt[835]. So ging bereits KEUK im Jahre 1974 davon aus[836]:

---

828 *Hageböke*, Das KGaA-Modell, 2008, S. 103.

829 BFH v. 26.11.1996 – VIII R 42/94, BStBl. II 1998, 328; v. 5.2.2002 – VIII R 31/01, BStBl. II 2002, 464; *Hageböke*, Das KGaA-Modell, 2008, S. 98; *Wacker*, in: Schmidt, EStG[34], 2015, § 15 Rn. 347; **a.A.** *Döllerer*, DStR 1985, 295, 296

830 BFH v. 13.7.1993 – VIII R 85/91, BStBl. II 1994, 243; v. 3.6.1997 – VIII B 73/96, BFH/NV 1997, 838; *Döllerer*, DStR 1985, 295; *Hageböke*, Das KGaA-Modell, 2008, S. 97; *Rohrer/Orth*, BB 2007, 1594, 1599.

831 *Hageböke*, Das KGaA-Modell, 2008, S. 97.

832 BFH v. 13.7.1993 – VIII R 85/91, BStBl. II 1994, 243; *Hageböke*, Der Konzern 2013, 334, 338; *Rohrer/Orth*, BB 2007, 1594, 1599. Nach *Knobbe-Keuk*, Bilanz- und Unternehmenssteuerrecht[9], 1993, § 9 II 3 c (dd) macht es steuerlich keinen Unterschied, ob Gesamthandsvermögen vorhanden ist oder das Geschäftsvermögen nur wie ein Vermögen zur gesamten Hand behandelt wird.

833 BFH v. 21.6.1989 – X R 14/88, BStBl. II 1989, 881, 884; *Rohrer/Orth*, BB 2007, 1594, 1598 f.

834 Nach *Seer*, in: Kernfragen des Unternehmenssteuerrechts, 2010, S. 97, 109, 120, 123 könne die überkommene Ansicht, nur die juristische Person (und nur sie) könne Unternehmer sein, in dieser Absolutheit nicht gelten. Vielmehr sei bei einem beherrschenden GmbH-Gesellschafter zwingend von einer selbstständigen unternehmerischen Tätigkeit auszugehen.

835 Für die OHG und KG gilt § 124 Abs. 1 HGB. Vgl. auch *Hennrichs/Lehmann*, StuW 2007, 16, 18: Nach heute herrschender Ansicht ist aber auch bei der Personenhandelsgesellschaft die *Gesellschaft selbst* Träger des Vermögens uns sind die Vermögenssphären der Gesellschaft und der Gesellschafter ebenso getrennt wie bei den Kapitalgesellschaften. **A.A.** *Uelner*, in: FS Haas, 1996, S. 365: § 124 HGB dient nur der Vereinfachung im Rechtsverkehr.

836 *Keuk*, StuW 1974, 1, 3.

„Der Gesellschafter aber führt nicht den Gewerbebetrieb. Er führt auch nicht, wie es in der auf der Bilanzbündeltheorie beruhenden herkömmlichen Terminologie heißt, den Gewerbebetrieb belastet mit den Rechten der anderen Gesellschafter. [...] Die Gesamthand, die Gruppe, ist die Beteiligte aller rechtlich relevanten Vorgänge im Gesamthandsbereich. Sie ist Eigentümerin der Sachen, die Inhaberin von Forderungen und Rechten, die Verpflichtete aus Verbindlichkeiten. [...] Nicht anders aber ist es auch die Gesamthand, die den Gewerbebetrieb führt."

Es widerspricht damit nicht der Annahme der Mitunternehmerschaft, dass der Inhaber aller Rechte und Pflichten aus der Gesellschaft selbst, nicht der Mitunternehmer, sondern die Gesellschaft selbst als Gesamthand ist. Was dem Personengesellschafter aber die Gesamthand als von ihm zu trennender Träger von Rechten und Pflichten ist, ist dem Komplementär der KGaA die KGaA als juristische Person. Allein die zivilrechtliche Selbstständigkeit der Gesellschaft selbst kann einer Mitunternehmerschaft somit nicht entgegenstehen[837].

Allerdings wird das Vorliegen einer echten, originären Mitunternehmerschaft im Sinne des § 15 Abs. 1 S. 1 Nr. 2 EStG vielfach daran scheitern, dass ein Unternehmer alleine kein Mitunternehmer sein kann[838]. Um etwas „*mit* zu unternehmen" bedürfte es eines zweiten Unternehmers[839]. Die einzelnen Aktionäre kommen in Ermangelung von Mitunternehmerrisiko und -initative als weitere Mitunternehmer ebenso wenig in Betracht, wie die Aktionäre in ihrer Gesamtheit – schon weil diese keinen besonderen, mit eigener Rechtsstellung ausgestatteten Personenverband darstellen[840]. Auch die KGaA selbst scheidet als Mitunternehmer neben dem Komplementär aus. Denn der Komplementär ist Teil dieser KGaA; er unternimmt „durch" sie und

837 *Seer*, in: Kernfragen des Unternehmenssteuerrechts, 2010, S. 97, 108 hält § 15 Abs. 1 S. 1 Nr. 2 EStG zwar für auf Kapitalgesellschafter (insbesondere den Gesellschafter-Geschäftsführer einer GmbH) nicht anwendbar, verweist aber zur Begründung auf das Trennungsprinzip. Er wendet stattdessen § 15 Abs. 1 S. 1 Nr. 1 EStG auf den Gesellschafter-Geschäftsführer einer GmbH als „*Unternehmer hinter dem Unternehmer*" an. Zwischen KGaA und Komplementär findet jedoch das Transparenzprinzip Anwendung, so dass der Ausschluss des Kapitalgesellschafters aus dem Anwendungsbereich der Nr. 2 wohl nicht für den Komplementär der KGaA gelten dürfte.

838 Nach *Bode*, in: Blümich, EStG/KStG/GewStG, § 15 EStG Rn. 222 (10/2014) ist eine Mitunternehmerschaft die Vereinigung mehrerer Personen zum Betrieb eines gewerblichen Unternehmens.

839 So formulierte der Große Senat des BFH: „Der Mitunternehmer unterscheidet sich vom Einzelunternehmer dadurch, dass er seine unternehmerische Tätigkeit nicht allein, sondern zusammen mit anderen (Mit-) Unternehmern in gesellschaftsrechtlicher Verbundenheit ausübt.", BFH v. 3.5.1993 – GrS 3/92, BStBl. II 1993, 616. Ebenso *G. Söffing*, in: Söffing, Besteuerung der Mitunternehmer[5], 2005, Rn. 241.

840 Vgl. hierzu bereits Fn. 223.

nicht „mit“ ihr. Ohne einen zweiten Komplementär[841] ist der Komplementär somit kein Mitunternehmer, sondern bleibt einfacher Unternehmer[842] der KGaA[843].

Es geht daher zu weit, den Komplementär einer KGaA *stets* als Mitunternehmer[844] anzusehen, wenngleich er den Idealtypus des Mitunternehmers erfüllt. Er ist nur dann echter Mitunternehmer, wenn ein zweiter Komplementär ebenfalls als solcher anzusehen ist[845]. § 15 Abs. 1 S. 1 Nr. 3 EStG ist in diesem Fall deklaratorisch; er läuft aber nicht insgesamt leer, nur weil sich der Komplementär einer KGaA unter bestimmten Umständen auch unter § 15 Abs. 1 S. 1 Nr. 2 EStG subsumieren lässt[846].

2. Mitunternehmerschaft kraft gesetzlicher Anordnung

Der Gesetzgeber hat in § 15 Abs. 1 S. 1 Nr. 3 EStG einen Sondertatbestand für den Komplementär einer KGaA geschaffen. Dieser regelt, parallel zu § 15 Abs. 1 S. 1 Nr. 2 EStG dieselben Besteuerungsfolgen ausschließlich für den Komplementär, wie sie beim Vorliegen einer „echten“ Mitunternehmerschaft eintreten würden.

Aus dieser Anordnung las der I. Senat des BFH im Jahre 1985 im Umkehrschluss, dass der Komplementär einer KGaA gerade kein Mitunternehmer sei, sondern nur *wie* ein solcher behandelt werde. Der Gesetzgeber habe bewusst darauf verzichtet, den Komplementär im Gesetz als Mitunternehmer zu bezeichnen. Die noch im BFH-Urteil vom 4.5.1965[847] beiläufig getroffene Aussage, dass das Steuerrecht den Komplementär als Mitunternehmer ansehe, sei in diesem Sinne zu verstehen[848]. Dieser

---

841 *Hageböke*, Das KGaA-Modell, 2008, S. 86; *Reiß*, in: Kirchhof, EStG[14], 2015, § 15 Rn. 405; Reiß, in: K/S/M, EStG, § 16 Rn. D3 (12/1991); *Rödder*, in: Beck'sches HB AG[2], 2009, § 13 Rn. 700; *Werner*, NWB 2008, 447, 449.

842 Zur Definition des Unternehmers vgl. BFH v. 29.8.1969 – VI R 318/67, BStBl. II 1970, 20; *G. Söffing*, in: Söffing, Besteuerung der Mitunternehmer[5], 2005, Rn. 246.

843 Der Komplementär als einfacher Unternehmer unterfiele demnach § 15 Abs. 1 S. 1 Nr. 1 EStG. Diese Norm bleibt aber – da sie nicht auf Gesellschaftsstrukturen ausgelegt ist – in ihrer Reichweite hinter § 15 Abs. 1 S. 1 Nr. 2 und 3 EStG zurück. Denn für die Regelungen zum Sonderbereich besteht bei einem Einzelunternehmer – anders als bei Gesellschaftern von transparenten Gesellschaften – kein Bedarf.

844 So aber *Maurer*, Die Besteuerung von Anleger-Kommanditgesellschaften, 1999, S. 181.

845 *Olgemöller*, in: Streck, KStG[8], 2014, § 9 Rn. 9.

846 So aber FG Hamburg v. 14.11.2002 – V 231/99, EFG 2003, 711, rkr.; *Hageböke*, Das KGaA-Modell, 2008, S. 87, 114; darstellend: *Renz*, Die Besteuerung der GmbH & Co. KGaA, 2006, S. 108.

847 I 186/64 U, BStBl. III 1965, 418.

848 Zum Ganzen BFH v. 23.10.1985 – I R 235/81, BStBl. II 1986, 72, 73; v. 28.11.2007 – X R 6/05, BFH/NV 2008, 459, 460; ebenso: FG München v. 23.1.1995 – 7 K 2218/90, n.v.; FG München v. 16.1.2003 – 7 K 5340/01, DStRE 2003, 692, 693, rkr.; FG München v. 10.7.2003 – 5 K 2681/97, EFG 2003, 1691, rkr.; FG Schleswig-Holstein v. 12.4.2011 – 5 K 136/07, EFG 2011, 2038, rkr.

Auffassung hat sich die mittlerweile wohl herrschende Literatur angeschlossen[849]; der Gesetzgeber habe eine völlige Angleichung an den Mitunternehmer nicht gewollt. Auch in seiner HERSTATT-Entscheidung geht der X. Senat davon aus, dass der Komplementär der KGaA *wie* ein Mitunternehmer zu behandeln ist. Beachtlich ist indes, dass sich der X. Senat aber nicht derart deutlich gegen eine tatsächliche Mitunternehmerstellung des Komplementärs ausspricht – vielmehr geht er davon aus, dass es hierauf nicht ankomme:

> „Danach erzielt der Kläger als persönlich haftender Gesellschafter der KGaA Einkünfte aus Gewerbebetrieb, *unabhängig* davon, *ob* er *auch* als Mitunternehmer einzuordnen wäre“[850].

Ebenso formulierte jüngst auch das Hessische Finanzgericht[851]:

> „Der phG einer KGaA ist nicht *notwendig* Mitunternehmer“

Diese letzte Formulierung ist insbesondere deshalb überraschend, weil das Urteil im Übrigen von einer besonders strikten Anwendung einer intransparenten Besteuerung der KGaA ausgeht.

Es ginge wohl zu weit, dem I. Senat zu unterstellen, er habe sich mit seinem ausdrücklich Vorbehalt ein „Hintertürchen“ für bisher nicht aufgetretene Fallkonstellationen offenhalten wollen, in Annahme einer echten Mitunternehmerschaft zu unerwünschten Effekten führen würde. M.E. – und offenbar auch nach Ansicht des X. Senats – handelt es sich hierbei aber um eine dogmatische Spitzfindigkeit ohne praktische Relevanz. Auf die tatsächliche Besteuerung hat die Einordnung als Mitunternehmer oder (nur) *wie* ein Mitunternehmer keinerlei Einfluss, wenn auch die Besteuerung *wie* ein Mitunternehmer ernstgenommen und mit aller Konsequenz umgesetzt wird. Der Komplementär einer KGaA ist damit zumindest *wie* ein Mitunternehmer zu besteuern, völlig gleich, ob im Einzelfall die Kriterien der Mitunternehmerschaft erfüllt sind[852] oder ob der Komplementär der einzige Komplementär

---

849 Stellvertretend die herrschende Kommentarliteratur *Bode*, in: Blümich, EStG/KStG/GewStG, § 15 EStG Rn. 561 (10/2014); *Bünning*, in: Lademann, EStG, § 15 Rn. 490/1 (11/2013); *Drüen*, in: HHR, EStG/KStG, § 9 KStG Rn. 25 (12/2011); *Brandl*, in: Blümich, EStG/KStG/GewStG, § 9 KStG Rn. 11 (11/2014); *Kaufmann*, in: Frotscher/Geurts, EStG, § 15 Rn. 494 (11/2012); *Wacker*, in: Schmidt, EStG[34], 2015, § 15 Rn. 891; ebenso *Kollruss*, DStZ 2012, 650, 653; *Rohrer/Orth*, BB 2007, 1594, 1598.

850 BFH v. 21.6.1989 – X R 14/88, BStBl. II 1989, 881, 884, Hervorhebung durch Verfasser.

851 Hessisches FG v. 23.6.2009 – 12 K 3439/01, EFG 2010, 1418 [Hervorhebung durch Verfasser], das bestätigende Urteil des BFH v. 19.5.2010 – I R 62/09, BFHE 230, 18 verhält sich zu dieser Problematik nicht.

852 BFH v. 8.2.1984 – I R 11/80, BStBl. II 1984, 381, 382; v. 23.10.1985 – I R 235/81, BStBl. II 1986, 72, 73; v. 21.6.1989 – X R 14/88, BStBl. II 1989, 881, 883; v. 11.6.1985 – VIII R 252/80, BStBl. II 1987, 33; *Bauschatz*, DStZ 2007, 39, 40; *Bode*, in: Blümich,

in „seiner“ KGaA und damit nur „Unternehmer“ ist. Es kommt schlicht nicht darauf an[853].

III. Zwischenergebnis

Die KGaA ist, gemessen an den Standards, die das Bundesministerium der Finanzen für ausländische Gesellschaften aufstellt, eine transparente Gesellschaft. Darüber hinaus erfüllt auch der Komplementär der KGaA den Unternehmerbegriff, beim Vorliegen mehrerer Komplementäre auch den des Mitunternehmers. Dessen ungeachtet ist der Komplementär einer KGaA kraft gesetzlicher Anordnung zumindest „wie“ ein Mitunternehmer zu behandeln. Vor dem Hintergrund eines weitestgehend freien, verfassungslimitierten Unternehmenssteuerrechts spricht alles dafür, das steuerrechtliche Transparenzprinzip auch für das Verhältnis zwischen KGaA und Komplementär anzuwenden. Ein Verstoß gegen das Folgerichtigkeitsgebot ergibt sich hieraus gerade nicht, weil die Anwendung der steuerrechtlichen Transparenz ebenso einer zivilrechtlichen „Vorherigkeit“ entspricht wie die Orientierung an der Rechtsform.

EStG/KStG/GewStG, § 15 EStG Rn. 561 f. (10/2014); *Deutschländer*, StBP 2013, 307, 308; *Hageböke*, Das KGaA-Modell, 2008, S. 100; *Hölzl*, Die Besteuerung der KGaA, 2003, S. 142; *Janssen*, NWB 2001, 2189, 2195; *Patt/Rasche*, DB 1993, 2400, 2401; *Witt*, in: HHR, EStG/KStG, § 15 Rn. 902 (05/2013). *Ammenwerth*, Die KGaA, 1997, S. 164 ff. hält diese Auslegung des BFH für nicht sachgerecht. Es solle auch bei der KGaA darauf ankommen, ob der Komplementär Mitunternehmerrisiko und Mitunternehmerinitiative entfalte. Er schlägt deshalb vor, einen mit § 15 Abs. 1 S. 1 Nr. 2 EStG vergleichbaren Vorbehalt auch in § 15 Abs. 1 S. 1Nr. 3 EStG aufzunehmen.

853 BFH v. 21.6.1989 – X R 14/88, BStBl. II 1989, 881, 883; *Bauschatz*, DStZ 2007, 39, 40; *Knobbe-Keuk*, Bilanz- und Unternehmenssteuerrecht[9], 1993, § 9 II 3 f; *Malzahn*, in: Forum Steuerrecht 2012, S. 151, 171; *Witt*, in: HHR, EStG/KStG, § 15 Rn. 902 (05/2013).

§ 13 Die Korrekturfunktion des § 9 Abs. 1 Nr. 1 KStG

Die Prämisse des Systems aus § 9 Abs. 1 Nr. 1 KStG und § 15 Abs. 1 S. 1 Nr. 3 EStG ist die steuerrechtliche Gleichstellung des Komplementärs einer KGaA mit dem Mitunternehmer (vgl. §§ 10, 12). Der Gewinn der KGaA soll, soweit er auf den Komplementär als Mitunternehmer entfällt, aus dem körperschaftsteuerrechtlich zu versteuernden Einkommen ausgeschieden und einer Ein-Ebenen-Besteuerung beim Komplementär zugewiesen werden. § 9 Abs. 1 Nr. 1 KStG regelt daher spezialgesetzlich für den Sonderfall der KGaA eine „Herauslösung" des Komplementäranteils aus dem zu versteuernden Einkommen der KGaA und übernimmt damit eine Korrekturfunktion.

Eine Korrektur nach § 9 Abs. 1 Nr. 1 KStG ist freilich nur für solche Zuweisungen an den Komplementär erforderlich, die überhaupt noch im Gewinn der KGaA enthalten sind[854]. Sofern Zahlungen an den Komplementär hingegen bereits handelsrechtlich Aufwand bzw. Betriebsausgaben nach § 4 Abs. 4 EStG darstellen, besteht keine Notwendigkeit, diese Ausgaben erneut über § 9 Abs. 1 Nr. 1 KStG zu erfassen. Dies entspricht dem Wortlaut des Einleitungssatzes des § 9 KStG. Die Formulierung „Abziehbare Aufwendungen sind *auch*" spiegelt eine Subsidiarität des § 9 KStG gegenüber anderen Abzugstatbeständen.

I. Die Überlassung von Darlehen und sonstigen Wirtschaftsgütern

Vergütungen für die Überlassung von Darlehen und sonstigen Wirtschaftsgütern werden in § 9 Abs. 1 Nr. 1 KStG nicht erwähnt und können aufgrund des eindeutigen Wortlauts auch nicht unter diesen subsumiert werden[855]. § 15 Abs. 1 S. 1 Nr. 3, 2. Alt. EStG erfasst diese jedoch als gewerbliche Einkünfte beim Komplementär. Eine Gefahr einer Doppelbelastung mit Einkommens-und Körperschaftsteuer besteht dennoch nicht[856], denn solche Leistungsbeziehungen sind regelmäßig auf

---

854 Zur Korrekturfunktion des § 9 Abs. 1 Nr. 1 KStG schon *Menzel*, DStR 1972, 562, 565 zur Vorgängernorm des § 11 Nr. 3 KStG und *Ammenwerth*, Die KGaA, 1997, S. 134. Zur Erweiterung des § 4 Abs. 4 EStG und der Nichtanwendbarkeit beim Vorliegen originärer Betriebsausgaben vgl. *Lühn*, in: M/S, KStG[2], 2015, § 9 Rn. 41, 46, 49.

855 BFH v. 28.11.2007 – X R 6/05, BFH/NV 2008, 459, 460, mit Anmerkung *Zipfel*, BB 2008, 544; ebenso bereits in der Vorinstanz FG Düsseldorf v. 18.2.2005 – 1 K 897/00 E, EFG 2005, 880; *Brandl*, in: Blümich, EStG/KStG/GewStG, § 9 KStG Rn. 26 (11/2014); *Hölzl*, Die Besteuerung der KGaA, 2003, S. 99.

856 *Drüen/van Heek*, DB 2012, 2184, 2185.

schuldrechtlicher Basis vereinbart[857]. Sie stehen im unmittelbaren Leistungsaustauschverhältnis[858] und sind daher, zumindest soweit sie angemessen sind, bereits originäre Betriebsausgaben der KGaA nach § 4 Abs. 4 EStG iVm. § 8 Abs. 1 KStG[859]. Es bedarf insoweit keines besonderen, mit § 9 Abs. 1 Nr. 1 KStG vergleichbaren Abzugstatbestandes[860].

II. Geschäftsführungsvergütungen

1. Umfassender Abzugstatbestand

Nach verbreiteter Auffassung in Rechtsprechung und Schrifttum fallen unter § 9 Abs. 1 Nr. 1 KStG alle Arten von Vergütungen, die der persönlich haftende Gesellschafter als Gegenleistung für seine gegenwärtige oder frühere Geschäftsführungstätigkeit erhält[861]. Bemerkenswert ist, dass diese Auffassung nicht danach

---

857 Zur zivilrechtlichen Möglichkeit solcher Vereinbarungen vgl. *Grafmüller*, Geeignete Rechtsform für börsenwillige Familienunternehmen, 1994, S. 203.

858 *Drüen/van Heek*, DB 2012, 2184, 2185.

859 BFH v. 21.6.1989 – X R 14/88, BStBl. II 1989, 881, 885; v. 28.11.2007 – X R 6/05, BFH/NV 2008, 459, 460, deutlicher in der Vorinstanz FG Düsseldorf v. 18.2.2005 – 1 K 897/00 E, EFG 2005, 880; *Ammenwerth*, Die KGaA, 1997, S. 135; *Brandl*, in: Blümich, EStG/KStG/GewStG, § 9 KStG Rn. 26 (11/2014); *Deutschländer*, StBP 2013, 283, 286; *Drüen*, in: HHR, EStG/KStG, § 9 KStG Rn. 33 (12/2011); *Ellerbeck*, in: Schnitger/Fehrenbacher, KStG, § 9 Rn. 22; *Fischer*, DStR 1997, 1519; *Frankenheim*, Die Ertrags- und Substanzbesteuerung der KGaA, 1994, S. 92 f; *Frotscher*, Der Konzern 2005, 139, 140; *Gehrke*, Die Stiftung & Co. KGaA, 2007, S. 26; *Hageböke*, Das KGaA-Modell, 2008, S. 55, 79; *Hesselmann*, BB 1989, 2344, 2348; *Janssen*, NWB 2001, 2189, 2192; *Jünger*, DB 1988, 1969, 1971; *Kauffmann*, in: Frotscher, EStG, § 15 Rn. 495 (11/2012); *Krämer*, in: D/P/M, KStG, § 9 Rn. 31 (09/2012); *Malzahn*, in: Forum Steuerrecht 2012, S. 151, 173; *Märtens*, in: Gosch, KStG[3], 2015, § 9 Rn. 5, 18; *Olgemöller*, in: Streck, KStG[8], 2014, § 9 Rn. 9; *Riotte/Dümichen/Engel*, in: Schütz/Bürgers/Riotte, Die KGaA, 2004, § 9 Rn. 33; *Rohrer/Orth*, BB 2007, 1594, 1595; *Schaumburg*, DStZ 1998, 525, 533; *Schaumburg/Schulte*, Die KGaA, 2000, Rn. 108; *Schulte*, in: E/S, KStG[3], 2010, § 9 Rn. 39; *Wehrheim/Gehrke*, StuW 2005, 234, 241; *Woitschell*, in: E&Y, KStG, § 9 Rn. 22 (10/2002).

860 Soweit ersichtlich geht nur *Mahlow*, DB 2003,1540, 1543 genau umgekehrt davon aus, dass unter § 9 Abs. 1 Nr. 1 KStG nur solche Aufwendungen fallen dürfen, die gleichzeitig Betriebsausgaben nach § 4 Abs. 4 EStG sind. Scheinbar sollen nach seiner Auffassung verdeckte Gewinnausschüttung an den Komplementär über § 8 Abs. 3 S. 2 KStG ohne gegenläufigen Abzug nach § 9 Abs. 1 Nr. 1 KStG das zu versteuernde Einkommen der KGaA und damit die Steuerlast der Kommanditaktionäre erhöhen. *Brandenberg*, in: Söffing, Besteuerung der Mitunternehmer[5], 2005, Rn. 1525 ist indes der Ansicht, die Vorschrift sei insoweit „zu eng geraten".

861 BFH v. 4.5.1965 – I 186/64 U, BStBl. III 1965, 418; v. 8.2.1984 – I R 11/80, BStBl. II 1984, 381, 382; v. 31.10.1990 – I R 32/86, BStBl. II 1991, 253; v. 6.10.2009 – I R 102/06, BFH/NV 2010, 462, 463, ebenso in der Vorinstanz FG Köln v. 17.8.2006 –

differenziert, ob die Vergütungen bereits innerbilanziell Betriebsausgaben nach § 4 Abs. 4 EStG iVm. § 8 Abs. 1 KStG der KGaA waren. Stattdessen sollen Leistungen an den Komplementär stets und insgesamt nach § 9 Abs. 1 Nr. 1 KStG abzuziehen sein[862]. Dies soll insbesondere gelten für:

- Festgehälter[863]
- Gratifikationen[864]
- gewinn- und umsatzabhängige Vergütungen[865]
- Rückstellungen für Pensionszusagen und Ruhegehälter[866].

Ausgenommen seien lediglich Zahlungen, die als Aufwendungsersatz geleistet werden[867].

---

6 K 6170/03, EFG 2006, 1923, 1924; BFH v. 4.12.2012 – I R 42/11, BFH/NV 2013, 589, ebenso in der Vorinstanz FG Münster v. 6.4.2011 – 9 K 1046/09 G, F, EFG 2011, 2000; *Deutschländer,* StBP 2013, 283, 285; *Ellerbeck,* in: Schnitger/Fehrenbacher, KStG, § 9 Rn. 58; *Gehrke,* Die Stiftung & Co. KGaA, 2007, S. 25; *Märtens,* in: Gosch, KStG³, 2015, § 9 Rn. 16; *Brandl,* in: Blümich, EStG/KStG/GewStG, § 9 KStG Rn. 22 (11/2014); *Krämer,* in: D/P/M, KStG, § 9 Rn. 23 (09/2012); *Malzahn,* in: Forum Steuerrecht 2012, S. 151, 172; *Maurer,* Die Besteuerung von Anleger-Kommanditgesellschaften, 1999, S. 173; *Riotte/Dümichen/Engel,* in: Schütz/Bürgers/Riotte, Die KGaA, 2004, § 9 Rn. 30; *Schulte,* in: E/S, KStG³, 2010, § 9 Rn. 32. Eine zusammenfassende Darstellung findet sich bei *Bielinis,* Die Besteuerung der KGaA, 2013, S. 178 ff. und *Janssen,* NWB 2001, 2189, 2191.

862 *Ellerbeck,* in: Schnitger/Fehrenbacher, KStG, § 9 Rn. 58; *Hageböke,* Das KGaA-Modell, 2008, S. 71.

863 BFH v. 4.5.1965 – I 186/64 U, BStBl. III 1965, 418; v. 8.2.1984 – I R 11/80, BStBl. II 1984, 381, 382; *Deutschländer,* StBP 2013, 283, 286; *Lühn,* in: M/S, KStG², 2015, § 9 Rn. 107; *Woitschell,* in: E&Y, KStG, § 9 Rn. 17 (01/2015); **a.A.:** nur soweit als Gewinnvorab verteilt: *Drüen/van Heek,* DB 2012, 2184, 2185; nur gewinnabhängige Vergütungen: *Busch/Thieme,* FR 2008, 1137, 1138; *Frankenheim,* Die Ertrags- und Substanzbesteuerung der KGaA, 1994, S. 101 ff; *Menzel,* DStR 1972, 562, 564; *Renz,* Die Besteuerung der GmbH & Co. KGaA, 2006, S. 80.

864 BFH v. 4.5.1965 – I 186/64 U, BStBl. III 1965, 418; *Deutschländer,* StBP 2013, 283, 286; *Lühn,* in: M/S, KStG², 2015, § 9 Rn. 107; *Woitschell,* in: E&Y, KStG, § 9 Rn. 17 (01/2015).

865 *Bielinis,* Die Besteuerung der KGaA, 2013, S. 176 f.; *Deutschländer,* StBP 2013, 283, 286; *Woitschell,* in: E&Y, KStG, § 9 Rn. 17 (01/2015).

866 RFH v. 21.12.1937 – I 251/37, RStBl. 1938, 334; BFH v. 31.10.1990 – I R 32/86, BStBl. II 1991, 253; R 8.2 GewStR 2009; *Brandl,* in: Blümich, EStG/KStG/GewStG, § 9 KStG Rn. 24 (11/2014); *Deutschländer,* StBP 2013, 283, 286; *Märtens,* in: Gosch, KStG³, 2015, § 9 Rn. 16; *Lühn,* in: M/S, KStG², 2015, § 9 Rn. 107; *Patt/Rasche,* DB 1993, 2400, 2401 f; *Woitschell,* in: E&Y, KStG, § 9 Rn. 17 (01/2015).

867 BFH v. 31.10.1990 – I R 32/86, BStBl. II 1991, 253; *Brandl,* in: Blümich, EStG/KStG/GewStG, § 9 KStG Rn. 26 (11/2014); *Deutschländer,* StBP 2013, 283, 286; *Frankenheim,* Die Ertrags- und Substanzbesteuerung der KGaA, 1994, S. 81; *Märtens,* in: Gosch, KStG³, 2015, § 9 Rn. 18; *Krämer,* in: D/P/M, KStG, § 9 Rn. 25 (09/2012); *Lühn,*

Diese umfassende Auslegung des § 9 Abs. 1 Nr. 1 KStG wird teilweise mit dem Grundsatz der Selbstorganschaft begründet[868]. Aufgrund ihrer gesellschaftsrechtlichen Stellung als geborene Geschäftsführungsorgane seien die Komplementäre zur Geschäftsführung ebenso berechtigt wie verpflichtet, sodass alle hierfür erlangten Vergütungen alleine auf diese gesellschaftsrechtliche Position zurückzuführen seien. Sie würden stets *causa societatis* geleistet und stellten daher keine Betriebsausgaben nach § 4 Abs. 4 EStG iVm. § 8 Abs. 1 KStG dar.

In ständiger Rechtsprechung und Literatur ist jedoch anerkannt, dass auch Personengesellschaften mit ihren Gesellschaftern schuldrechtliche Vereinbarungen über die Geschäftsführung treffen können und dass diese *auf Gesellschaftsebene* auch steuerrechtlich als Betriebsausgaben nach § 4 Abs. 4 EStG anzuerkennen sind[869]. Dem steht der gerade auch für Personengesellschaften geltende Grundsatz der Selbstorganschaft nicht entgegen.

Die eigentliche Intention der umfassenden Subsumtion unter § 9 Abs. 1 Nr. 1 KStG dürfte wohl eher in der spiegelbildlichen Hinzurechnung des § 8 Nr. 4 GewStG und damit im Bereich der Gewerbesteuer liegen (hierzu später unter § 14 II)[870]. Betriebsausgaben nach § 4 Abs. 4 EStG iVm. § 8 Abs. 1 KStG auf Gesellschaftsebene führen auf Gesellschafterebene zu Sonderbetriebseinnahmen. Diese unterliegen aber nach absolut herrschender Meinung nicht der Gewerbesteuer[871]. Werden die

in: M/S, KStG², 2015, § 9 Rn. 108; *Riotte/Dümichen/Engel*, in: Schütz/Bürgers/Riotte, Die KGaA, 2004, § 9 Rn. 31; *Woitschell*, in: E&Y, KStG, § 9 Rn. 17 (10/2002).

868 BFH v. 4.5.1965 – I 186/64 U, BStBl. III 1965, 418, zwischenzeitlich wohl angesichts der ständigen Rechtsprechung zu Personengesellschaften überholt; das den früheren Grundsätzen folgende Urteil des FG Berlin vom 17.9.1997 – VI 537/91, DStRE 1998, 551 wurde vom BFH aufgehoben, BFH v. 13.10.1998 – VIII R 4/98, BStBl. II 1999, 284; Hageböke, DB 2012, 2709, 2712: Die Komplementäre sind geborene Geschäftsführungsorgane. Die Vergütung hat daher stets mitgliedschaftlicher Charakter. Zur Selbstorganschaft vgl. *Schaumburg/Schulte*, Die KGaA, 2000, Rn. 12.

869 BFH v. 13.10.1998 – VIII R 4/98, BStBl. II 1999, 284; v. 23.1.2001 – VIII R 30/99, BStBl. II 2001, 621; v. 11.9.2008 – IV B 113/07, n.v., ebenso in der Vorinstanz FG Düsseldorf v. 20.6.2007 – 2 K 6576/04 F, n.v.; zuletzt FG Berlin-Brandenburg v. 15.1.2013 – 6 K 6188/08, EFG 2013, 928, rkr.; *Bode*, in: Blümich, EStG/KStG/GewStG, § 15 EStG Rn. 492, 501 (10/2014); *Drüen/van Heek*, DB 2012, 2184, 2185; *Jacobs*, Unternehmensbesteuerung und Rechtsform⁴, 2009, S. 259; *Tiede*, in: HHR, EStG/KStG, § 15 EStG Rn. 476 (05/2013).

870 Auch im Zusammenhang mit nicht dem Beitragsgedanken entsprechenden Tätigkeitsvergütungen an Mitunternehmer einer Personengesellschaft erwähnte bereits *Keuk*, StuW 1974, 1, 28, dass es bei der Auslegung des Begriffs der Tätigkeitsvergütungen in der Sache vornehmlich um die Gewerbesteuerbelastung gehe.

871 Zu Vergütungen für die Überlassung von Darlehen und anderen Wirtschaftsgütern als Sonderbetriebseinnahmen R 8.2 GewStR 2009; vgl. auch *Fischer*, DStR 1997, 1519, 1521; *Gehrke*, Die Stiftung & Co. KGaA, 2007, S. 28; *Kollruss*, Die Wirtschaftsprüfung 2005, 1040, 1046; *Sauter*, Die Gewinnverwendung in der kapitalistischen

Geschäftsführungsvergütungen hingegen unter § 9 Abs. 1 Nr. 1 KStG gefasst, sind sie nach § 8 Nr. 4 GewStG Teil des Gewerbeertrags der KGaA.

Sowohl im Urteil des BFH vom 4.5.1965[872] als auch in den Urteilen vom 8.2.1984[873] und vom 31.10.1990[874], welche regelmäßig zur Bestimmung des Abzugsbetrags nach § 9 Abs. 1 Nr. 1 KStG herangezogen werden, hatte der BFH tatsächlich zu § 8 Nr. 4 GewStG zu entscheiden[875]. Im ersten Urteil wird besonders deutlich, dass die Erfassung sämtlicher Vergütungen deshalb erfolgen soll, weil *„nicht einzusehen"* sei, warum einzelne Vergütungen nicht der Gewerbesteuer unterliegen sollten. Auch das FG Köln formulierte noch im Jahre 2006[876]:

> „Da die [Anm.: gewerbesteuerrechtliche] Besteuerungslücke gerade in dem Umfang entsteht, der durch die weitere Fassung des § 15 Abs. 1 S. 1 Nr. 3 EStG herbeigeführt wird, muss sie bei § 8 Nr. 4 GewStG und bei § 9 Nr. 2 KStG [Anm.: a.F., heute § 9 Abs. 1 Nr. 1 KStG] durch eine entsprechend ebenso weite Gesetzesauslegung geschlossen werden, die auch gewinnunabhängige Tätigkeitsvergütungen wie im Streitfall einschließt."

Ich halte es indes für verfehlt, originär gewerbesteuerrechtliche Probleme unter Durchbrechung allgemeiner Grundsätze auf Ebene der Körperschaftsteuer zu lösen[877]. Vielmehr sollte eine Lösung auf gewerbesteuerrechtlicher Ebene gefunden werden (vgl. hierzu § 14).

2. Überschreitung der Korrekturfunktion

Eine umfassende Subsumtion sämtlicher Vergütungen an den Komplementär der KGaA unter § 9 Abs. 1 Nr. 1 KStG kollidiert mit der Korrekturfunktion des § 9 Abs. 1 Nr. 1 KStG. Diese besteht darin, diejenigen Gewinnanteile aus dem zu versteuernden Einkommen der KGaA auszuscheiden, die noch hierin enthalten sind, obwohl sie nach § 15 Abs. 1 S. 1 Nr. 3 EStG beim Komplementär zu versteuern sind. Für eine Subsumtion unter § 9 Abs. 1 Nr. 1 KStG muss es sich daher um einen Gewinnanteil des Komplementärs handeln, der noch im Einkommen der KGaA enthalten ist.

Dass es sich bei den nach § 9 Abs. 1 Nr. 1 KStG abziehbaren Vergütungen um einen Gewinnanteil des Komplementärs aus dem Gewinn der KGaA handeln muss, ergibt sich unmittelbar aus dem Wortlaut der Norm. Denn hiernach ist „der *Teil des Gewinns*, der an den persönlich haftenden Gesellschafter [...] als Vergütung

---

KGaA, 2008, S. 38; *Frankenheim*, Die Ertrags- und Substanzbesteuerung der KGaA, 1994, S. 122 f.

872 I 186/64 U, BStBl. III 1965, 418.

873 I R 11/80, BStBl. II 1984, 381.

874 I R 32/86, BStBl. II 1991, 253.

875 In BFH v. 4.12.2012 – I R 42/11, BFH/NV 2013, 589 ging es um die Reichweite des § 9 Nr. 2b GewStG.

876 FG Köln v. 17.8.2006 – 6 K 6170/03, EFG 2006, 1923, 1925, bestätigt durch BFH v. 6.10.2009 – I R 102/06, BFH/NV 2010, 462.

877 Kritisch auch *Hölzl*, Die Besteuerung der KGaA, 2003, S. 94.

(Tantieme) für die Geschäftsführung verteilt wird" abziehbar. Der Gewinn im Sinne des § 4 Abs. 1 S. 1 EStG entspricht in einer doppelten Buchführung dem Ergebnis der Gewinn- und Verlustrechnung; mithin dem Saldo zwischen Erträgen und Aufwendungen. Vergütungen die bereits handelsrechtlich Aufwendungen und steuerrechtliche Betriebsausgaben sind, können somit keine Gewinnanteile des Komplementärs auf Ebene der KGaA mehr sein. Rechtmäßig verbuchter Aufwand und Anteil am Gewinn der KGaA schließen sich aus. Hinzu kommt, dass die nach § 9 Abs. 1 Nr. 1 KStG abzuziehenden Gewinnanteile noch im Einkommen der KGaA enthalten sein müssen. Was bereits handels- und/ oder steuerrechtlich Aufwand bzw. Betriebsausgabe ist, ist im zu versteuernden Einkommen nicht mehr enthalten und braucht nicht mehr abgezogen werden[878].

Die Korrekturfunktion des § 9 Abs. 1 Nr. 1 KStG ist überschritten, wenn Geschäftsführungsvergütungen bereits Aufwand nach § 4 Abs. 4 EStG iVm. § 8 Abs. 1 KStG sind. Dies ist der Fall, wenn sie auf einer gesonderten schuldrechtlichen Vereinbarung beruhen. Dass der (ehemalige) Komplementär der KGaA aufgrund gesonderter arbeitsvertraglicher Beziehung gegenübertreten kann, hat nicht nur der BFH jüngst ausdrücklich anerkannt[879], sondern zeigt auch der Vergleich mit der Personengesellschaft als Vorbild der Mitunternehmerschaft der KGaA. Bei einer Personengesellschaft sind Vergütungen, die aufgrund einer gesonderten schuldrechtlichen Vereinbarung geleistet werden, handelsrechtlicher Aufwand der Gesellschaft und auch steuerrechtlich nach § 4 Abs. 4 EStG als Betriebsausgaben auf Ebene der Gesellschaft abziehbar[880]. Sie werden dem Gesellschafter im Rahmen seiner Sonderbilanz, also im Rahmen des § 15 Abs. 1 S. 1 Nr. 2 EStG, wieder zugerechnet[881]. Eine Angleichung an dieses Vorgehen für den Komplementär der KGaA entspräche einer konsequenten, transparenten Umsetzung der Besteuerung „wie" ein Mitunternehmer.

Die Abziehbarkeit von Geschäftsführungsvergütungen nach § 4 Abs. 4 KStG auf Gesellschaftsebene steht darüber hinaus nicht in einem Spannungsverhältnis zwischen Kapital- und Personengesellschaftsbesteuerung. Denn auch bei einer

---

878 Nach *Mai*, in: F/M, KStG/GewStG/UmwStG, § 9 KStG Rn. 18b (01/2011) läuft § 9 Abs. 1 Nr. 1 KStG ins Leere, wenn die Aufwendungen den Handels- bzw. Steuerbilanzgewinn bereits gemindert haben. § 8 Nr. 4 GewStG soll aber gleichwohl anzuwenden sein.

879 BFH v. 7.12.2011 – I R 2011, BFH/NV 2012, 556, ebenso in der (aufgehobenen) Vorinstanz FG Düsseldorf v. 7.12.2010 – 13 K 1214/06 E, EFG 2011, 878 im Vergleich zum Gesellschafter einer Personengesellschaft; ebenso schon *Bödefeld*, in: FS Rädler, 1999, S. 33, 59.

880 *Hallerbach*, in: Söffing, Besteuerung der Mitunternehmer[5], 2005, Rn. 890; *Keuk*, StuW 1974, 1, 10; *Knobbe-Keuk*, Bilanz- und Unternehmenssteuerrecht[9], 1993, § 10 I 2 b. Zur Differenzierung zwischen gesellschaftsrechtlicher und schuldrechtlicher Vereinbarung vgl. bereits *Woerner*, BB 1974, 592, 597.

881 *Hölzl*, Die Besteuerung der KGaA, 2003, S. 54 f.; *Hallerbach*, in: Söffing, Besteuerung der Mitunternehmer[5], 2005, Rn. 890.

Körperschaft sind angemessene Geschäftsführungsvergütungen nach § 4 Abs. 4 EStG iVm. § 8 Abs. 1 KStG als Betriebsausgaben abziehbar. § 8 Abs. 3 KStG steht dem Abzug angemessener Vergütungen nicht entgegen, er umfasst nur einen ggf. unangemessenen Teil der Geschäftsführungsvergütungen. Hier zeigt sich der Widerspruch in der recht pauschalen Ansicht in Rechtsprechung und Literatur. Vereinfacht gesagt: Warum sollte etwas, was bei der KG und der AG einheitlich gehandhabt wird, bei der KGaA als „Mischform" zwischen den beiden Gesellschaftsformen anderen Besteuerungsfolgen unterliegen[882]?

Dies lässt den Schluss zu, dass Vergütungen für die Geschäftsführung, die auf einer gesonderten schuldrechtlichen Vereinbarung beruhen, in ihrer Höhe angemessen sind und einem Fremdvergleich standhalten, nicht erst nach § 9 Abs. 1 Nr. 1 KStG, sondern bereits nach § 4 Abs. 4 EStG iVm. § 8 Abs. 1 KStG abziehbarer Aufwand sind[883]. Hiervon umfasst sind freilich nicht nur feste Vergütungen, sondern auch angemessene Tantiemen[884], soweit diese sowohl bei der Personengesellschaft als auch bei der Körperschaft Betriebsausgaben darstellen würden. Konsequent betrachtet, würde eine (erneute) Berücksichtigung der Vergütungen, die bereits originäre Betriebsausgaben darstellen, im Rahmen des § 9 Abs. 1 Nr. 1 KStG, ohne den Kunstgriff einer Entnahmebuchung (vgl. § 10 II 1e), zu einer „Doppelbegünstigung" auf Gesellschaftsebene führen. Sondervergütungen sind somit gerade keine „Teile des Gewinns" im Sinne des § 9 Abs. 1 Nr. 1 KStG.

Dieses Ergebnis steht auch nicht im Widerspruch zur HERSTATT-Entscheidung des BFH[885]. Zwar bezeichnet der BFH in diesem Urteil Tantiemen ohne weitere Differenzierung als „Gewinnanteile". Gemeint ist an dieser Stelle allerdings nicht der Abzugsbetrag nach § 9 Abs. 1 Nr. 1 KStG und damit der Gewinnanteil auf Gesellschaftsebene, sondern der Gesamt-Gewinnanteil des Komplementärs nach § 15

---

882 *Drüen/van Heek*, DB 2012, 2184, 2185.

883 So jüngst *Bielinis*, Die Besteuerung der KGaA, 2013, S. 196 und *Hoppe*, Die Besteuerung der KGaA, 2014, S. 67, beide unter Verweis auf *Drüen/van Heek*, DB 2012, 2184, 2185 f; ebenso *Busch/Thieme*, FR 2008, 1137/1138; *Crezelius*, JbFStR 1998/1999, S. 318, 323; *Fischer*, DStR 1997, 1519, 1520; *Grafmüller*, Geeignete Rechtsform für börsenwillige Familienunternehmen, 1994, S. 208; *Janssen*, NWB 2001, 2189, 2192; *Scheffler*, Besteuerung von Unternehmen I[12], 2012, S. 206. Nach *Menzel*, DStR 1972, 562, 565 gilt dies nur für gewinnunabhängige Vergütungen, nach *Ammenwerth*, Die KGaA, 1997, S. 140 hingegen für alle Sondervergütungen. *Perlitt*, in: MK-AktG[4], 2015, vor § 278 Rn. 82 differenziert insoweit richtigerweise zwischen Sondervergütungen und Gewinnvorab.

884 *Fischer*, DStR 1997, 1519, 1520; für gewinnabhängige Sondervergütungen im Allgemeinen: *Frankenheim*, Die Ertrags- und Substanzbesteuerung der KGaA, 1994, S. 87 ff; *Kollruss*, Die Wirtschaftsprüfung 2005, 1040, 1041. Zumindest hinsichtlich gewinnunabhängiger Vergütungen wird diese Ansicht auch von § 288 Abs. 3 S. 1 AktG gestützt, der solche Tätigkeitsvergütungen der Komplementäre von den Entnahmebeschränkungen ausnimmt und sie somit vom Gewinnanteil differenziert.

885 BFH v. 21.6.1989 – X R 14/88, BStBl. II 1989, 881, 887.

Abs. 1 S. 1 Nr. 3 EStG[886]. Dieser setzt sich, anders als der Gewinnanteil nach § 9 Abs. 1 Nr. 1 KStG und entsprechend der zweistufigen Gewinnermittlung bei der Mitunternehmerschaft, aus dem letztgenannten und dem Sonderbetriebsergebnis zusammen. Insoweit wird derselbe Begriff für zwei verschiedene Größen verwendet; zur insoweit unterschiedlichen Verwendung des Begriffs „Gewinnanteil" aus Sicht der KGaA und aus Sicht des Komplementärs hat der I. Senat des BFH bereits im Jahre 1990 Ausführungen gemacht[887]. Im „Gesamt-Gewinnanteil" nach § 15 Abs. 1 S. 1 Nr. 3 EStG sind aber unstreitig alle Geschäftsführungsvergütungen enthalten.

3. Beschränkung des § 9 Abs. 1 Nr. 1 KStG auf Gewinnvorab

§ 9 Abs. 1 Nr. 1 KStG als systemdurchbrechende Sondervorschrift zu § 8 Abs. 3 KStG kommt nur subsidiär[888] und nur dann zur Anwendung, wenn Besonderheiten der KGaA im Körperschaftsteuerrecht Korrekturen erfordern.

Nachdem angemessene, im Leistungsaustauschverhältnis vereinbarte Sondervergütungen bereits Betriebsausgaben im Sinne des § 4 Abs. 4 EStG iVm. § 8 Abs. 1 KStG sind, bleiben für den Anwendungsbereich des § 9 Abs. 1 Nr. 1 KStG, nur solche Vergütungen zurück, die als „Gewinnvorab" auf gesellschaftsrechtlicher Basis vereinbart wurden[889]. Denn nur diese haben sich nicht bereits (handelsrechtlich und in der Folge steuerrechtlich nach § 4 Abs. 4 EStG) gewinnmindernd ausgewirkt[890]. Diese Beschränkung auf den „Gewinnvorab" wird auch (erneut) vom Wortlaut der Norm getragen. Denn § 9 Abs. 1 Nr. 1 KStG stellt ausdrücklich darauf ab, dass ein Teil des Gewinns „als Vergütung (Tantieme) für die Geschäftsführung *verteilt* wird"[891]. Sondervergütungen werden indes nicht verteilt, sondern allenfalls im von der Gesellschaftsbesteuerung zu trennenden Sonderbereich der Komplementäre als Sonderbetriebseinnahmen zugewiesen.

---

886 Anders *Hageböke*, DB 2012, 2709.

887 BFH v. 31.10.1990 – I R 32/86, BStBl. II 1991, 253.

888 *Drüen*, in: HHR, EStG/KStG, § 9 KStG Rn. 29 (12/2011); *Drüen/van Heek*, DB 2012, 2184, 2185. *Hoppe*, Die Besteuerung der KGaA, 2014, S. 67 geht stattdessen davon aus, dass § 9 Abs. 1 Nr. 1 KStG im Übrigen nur deklaratorische Wirkung hat.

889 *Drüen/van Heek*, DB 2012, 2184, 2185; vgl. auch *Hölzl*, Die Besteuerung der KGaA, 2003, S. 86 f, 92 für eine Subsumtion von Gewinnvorab bereits unter § 9 Abs. 1 Nr. 1, 1. Alt. KStG; ähnlich *Ammenwerth*, Die KGaA, 1997, S. 140. Für eine Ausscheidung von Vergütungen, die originäre Betriebsausgaben sind aus dem Anwendungsbereich von § 9 Abs. 1 Nr. 1 KStG auch *Knobbe-Keuk*, Bilanz- und Unternehmenssteuerrecht[9], 1993, § 16 IV 2.

890 Für die Personengesellschaft: *Hallerbach*, in: Söffing, Besteuerung der Mitunternehmer[5], 2005, Rn. 893.

891 *Drüen*, in: HHR, EStG/KStG, § 9 Rn. 29 (12/2011); *Drüen/van Heek*, DB 2012, 2184, 2185; freilich ist hiermit die Verteilung des KGaA-Gewinns gemeint – dies trägt umso mehr die These, nur solche Vergütungen einzubeziehen, die auch als Gewinnanteil geleistet wurden, a.A. *Hageböke*, DB 2012, 2709, 2710.

a) Abgrenzung zwischen Gewinnvorab und Sondervergütungen

Bei der Besteuerung der Geschäftsführungsvergütungen bei Personengesellschaften findet stets, insbesondere auch für Zwecke der Umsatzsteuer, eine Differenzierung zwischen Gewinnvorab und Sondervergütung statt[892]. Denn die Personengesellschaft kann im Rahmen ihrer handelsrechtlich gewährleisteten Vertragsfreiheit (§ 109 HGB) selbst bestimmen, ob sie Vergütungen für die Geschäftsführung an die mit der Geschäftsführung betrauten Gesellschafter als Gewinnvorab oder als besondere vertragliche Leistungsbeziehung vereinbart[893]. Dieselbe handelsrechtliche Vertragsfreiheit steht über § 278 Abs. 2 AktG auch der KGaA hinsichtlich der Befugnis zur Geschäftsführung der persönlich haftenden Gesellschafter zu[894]. Für die Frage, ob es sich bei den an den Komplementär gezahlten Geschäftsführungsvergütungen um Betriebsausgaben oder Vorabgewinne handelt, ist auf die Ausgestaltung der entsprechenden (Satzungs-/Vertrags-) Regelung im Einzelfall[895] abzustellen.

(a) Irrelevanz von Zahlungsmodalitäten und Bezeichnung

Für die Einordnung kommt es nicht darauf an, ob es sich um monatliche oder jährliche, gewinnabhängige oder gewinnunabhängige Vergütungen handelt[896]. Auch die Bezeichnung der Vergütung in der Vertragsregelung ist irrelevant[897]. Im Rahmen des § 42 AO kommt es ausschließlich darauf an, was die Parteien im Rahmen ihrer Vertragsfreiheit vereinbaren wollten[898]. Zur Ermittlung des Parteiwillens durch Auslegung der entsprechenden Regelung hat die Rechtsprechung drei – im folgenden näher dargestellte – Kriterien aufgestellt, nämlich die innerbilanzielle Verbuchung, die zivilrechtliche Grundlage und die Behandlung im Verlustfall. Lässt sich aus diesen Kriterien kein Parteiwille entnehmen, so ist im Zweifel vom Vorliegen eines Gewinnvorab auszugehen[899].

---

892 BMF v. 14.11.2011 – IV D 2-S 7100/07/10028:003, 2011/0877938, BStBl. I 2011, 1158; § 1 Abschn. 1.6 (3) UStAE; *Oelmaier*, in: Sölch/Ringleb, UStG, § 1 Rn. 77 ff. (09/2015); *Hallerbach*, in: Söffing, Besteuerung der Mitunternehmer[5], 2005, Rn. 1163 ff.; *Woerner*, BB 1974, 592, 597; zur Aufgabe der sog. Organtheorie vgl. *Lippross*, Umsatzsteuer[22], 2008, S. 129 f.; zur Differenzierung bei der KGaA vgl. schon *Drüen/van Heek*, DB 2012, 2184, 2185.

893 Für die KG: BFH v. 13.10.1998 – VIII R 4/98, BStBl. II 1999, 284; *Husmann*, in: Rau/Dürrwächter, UStG, § 1 Rn. 340 ff. (08/2007).

894 *Drüen/van Heek*, DB 2012, 2184, 2185 f.

895 *Keuk*, StuW 1974, 1, 11.

896 *Drüen/van Heek*, DB 2012, 2184, 2186.

897 Für die Umsatzsteuer vgl. § 1 Abschn. 1.6 (4) S. 4 UStAE. Nach FG Düsseldorf v. 21.8.2008 – 16 K 1014/05 F, n.v. kann der Wortlaut des Gesellschaftsvertrags den Willen der Vertragspartner aber ggf. indizieren.

898 BFH v. 13.10.1998, VIII R 4/98, BStBl. II 1999, 284; *Drüen/van Heek*, DB 2012, 2184, 2186.

899 *Tiede*, in HHR, EStG/KStG, § 15 EStG Rn. 476 (05/2013).

(b) Innerbilanzielle Verbuchung

Eine innerbilanzielle Aufwandsverbuchung indiziert das Vorliegen einer Sondervergütung. Im Rahmen der Handelsbilanz steht es der Gesellschaft frei, ob sie Geschäftsführungsvergütungen an den Komplementär als Aufwand oder über das Kapitalkonto des Komplementärs als Entnahme verbucht[900]. Ein Ausweis der Gewinnanteile des Komplementärs in der Gewinn- und Verlustrechnung ist nach § 286 Abs. 3 AktG ausdrücklich nicht erforderlich, aber auch nicht verboten, so dass insoweit ein Wahlrecht der Gesellschaft besteht. Eine Verbuchung der Geschäftsführungsvergütungen als Aufwand wird in der Literatur teilweise kritisiert. Sie sei nicht sachgerecht, weil es sich bei den Geschäftsführungsvergütungen um Ergebnisverwendung, nicht um einen Teil der Ergebnisermittlung handele[901]. Diese Kritik führt in diesem Kontext indes zu einem Zirkelschluss – denn durch die Differenzierung zwischen (fremdüblicher, im Leistungsaustausch vereinbarter) Sondervergütung und Gewinnvorab soll gerade zwischen Ergebnisermittlung und Ergebnisverwendung unterschieden werden.

Indizielle Bedeutung für die steuerrechtliche Einordnung hat, wie sich die Zahlung *de facto* im innerbilanziellen Gewinn der KGaA niedergeschlagen hat. Denn ein Gewinnvorab wird regelmäßig gewinnneutral verbucht[902]. Er mindert das Eigenkapital der Gesellschaft, in der Regel das bewegliche Kapitalkonto des Komplementärs[903]. Werden die Zahlungen hingegen bereits innerbilanziell als Aufwand erfasst, so spricht dies für das Vorliegen von Sondervergütungen[904]. Entscheidend ist insoweit die Gewinnauswirkung am Stichtag[905]; aufwandsneutralisierende Abschlussbuchungen sind zu berücksichtigen[906].

---

900 Zur Möglichkeit, als Gewinnanteile gezahlte Vergütungen in der Überleitungsrechnung nach § 158 Abs. 1 AktG zu erfassen vgl. darstellend *Hageböke*, Das KGaA-Modell, 2008, S. 56 ff. Zur Erfassung im Bilanzgewinn, sofern dies durch Satzung zugelassen ist, vgl. darstellend *Hageböke*, Das KGaA-Modell, 2008, S. 58 ff. Kritisch hierzu unter Verweis auf das Recht der Aktionäre auf den Bilanzgewinn: *Philbert*, Die KGaA zwischen Personengesellschaftsrecht und Aktienrecht, 2005, S. 216 Note 440; vgl. auch *Ammenwerth*, Die KGaA, 1997, S. 58.

901 *Mertens/Cahn*, in: KK-AktG[3], 2015, § 286 Rn. 12; *Hageböke*, Das KGaA-Modell, 2008, S. 61: Handelsrechtlich nicht sachgerecht.

902 *Bode*, in: Blümich, EStG/KStG/GewStG, § 15 EStG Rn. 497 (10/2014); *Wacker*, in: Schmidt, EStG[34], 2015, § 15 Rn. 440.

903 *Reiß*, in: K/S/M, EStG, § 15 Rn. A 16 (07/2005).

904 *Drüen*, StStud 2005, 199, 203; *Drüen/van Heek*, DB 2012, 2184, 2186; a.A. *Hageböke*, DB 2012, 2709, 2713.

905 Zum Stichtagsprinzip vgl. *Knobbe-Keuk*, Bilanz- und Unternehmenssteuerrecht[9], 1993, § 3 IV; zum Stichtagsprinzip als bloßes Zweckmäßigkeitsprinzip vgl. *Hey*, in: Tipke/Lang, Steuerrecht[22], 2015, § 3 Rn. 18;.

906 Zur Schwächung der Indizwirkung einer Aufwandsbuchung bei Rückgängigmachung im Rahmen der Abschlussbuchungen vgl. FG Düsseldorf v. 21.8.2008 – 16 K 1014/05 F, n.v.

Die Relevanz innerbilanzieller Buchungen darf indes nicht überschätzt werden. Handelt es sich bei den Zahlungen an den Komplementär nach der zivilrechtlichen Grundlage und der Behandlung im Verlustfall eindeutig um Sondervergütung oder Gewinnvorab, so ändert eine innerbilanzielle Falschbuchung hieran nichts[907].

(c) Zivilrechtliche Grundlage

In Ermangelung einer gesetzlichen Anspruchsgrundlage für eine Geschäftsführungsvergütung des Komplementärs, bedarf ein entsprechender Zahlungsanspruch stets einer besonderen Vereinbarung zwischen KGaA und Komplementär[908].

Gewinnverteilungsabreden sind im Gesellschaftsvertrag zu schließen. Dies bedeutet, dass eine Geschäftsführungsvergütung, die als Gewinnvorab gezahlt werden soll, zumindest im Gesellschaftsvertrag angelegt sein muss[909]. Insoweit reicht eine „Rahmenvereinbarung", wenn auch Details entsprechender Zahlungen gesonderten Dokumenten vorbehalten bleiben.

Anders verhält es sich bei Sondervergütungen. Sie beruhen auf besonderen, schuldrechtlichen Vertragsbeziehungen zwischen der KGaA und dem Komplementär[910]. Die (zivilrechtliche) Möglichkeit solcher „arbeitsvertraglicher Beziehungen" hat der BFH ausdrücklich anerkannt[911]. Dabei kann nicht formalistisch darauf abgestellt werden, ob ein vom Gesellschaftsvertrag getrenntes Dokument vorliegt. Denn auch schuldrechtliche Vereinbarungen können als Vertragsklausel des Gesellschaftsvertrags oder zumindest in einem gemeinsamen Dokument getroffen werden[912]. Der BFH mahnt insoweit erneut zur Gesamtschau: Im Gesellschaftsvertrag vereinbarte Tätigkeitsvergütungen sind Sondervergütungen, wenn sie handelsrechtlich nach den Bestimmungen des Gesellschaftsvertrags als Unkosten zu behandeln und auch dann zu zahlen sind, wenn die Gesellschaft keinen Gewinn erwirtschaftet[913].

(d) Verlustfall

Ob eine Geschäftsführungsvergütung Sondervergütung oder Gewinnvorab ist, zeigt sich auch daran, ob sie auch gezahlt wird, wenn die KGaA Verluste macht. Denn wird eine Vergütung auch dann gezahlt, wenn die Gesellschaft keinen Gewinn erzielt, so liegt (schon wörtlich) kein „*Teil des Gewinns*" vor.

---

907 *Drüen/van Heek*, DB 2012, 2184, 2186.

908 BGH v. 21.5.1955 – IV ZR 7/55, BGHZ 17, 299.

909 *Drüen/van Heek*, DB 2012, 2184, 2186.

910 BFH v. 25.2.1991 – GrS 7/89, BStBl. II 1991, 691; *Tiede*, in: HHR, EStG/KStG, § 15 Rn. 476 (05/2013).

911 BFH v. 7.12.2011 – I R 5/11, BFH/NV 2012, 556; ebenso in der (aufgehobenen) Vorinstanz FG Düsseldorf v. 7.12.2010 – 13 K 1214/06 E, EFG 2011, 878 im direkten Vergleich zum Gesellschafter einer Personengesellschaft.

912 Für die Umsatzsteuer vgl. § 1 Abschn. 1.6 (4) S. 3 UStAE.

913 BFH v. 14.11.1985 – IV R 63/83, BStBl. II 1986, 58.

Der Gegenschluss ist indes nicht ohne Weiteres möglich. Denn nur weil eine Geschäftsführungsvergütung im Verlustfall nicht gezahlt wird, muss es sich bei dieser nicht zwingend um einen Gewinnvorab handeln. Da Sondervergütungen auch variabel sein können, solche dann aber regelmäßig in Prozent vom Gewinn o.ä. vereinbart sein werden, können diese Zahlungen im Verlustfall ebenfalls entfallen, in dem sie in der Höhe von 0 € festgesetzt werden.

Im Ergebnis sind die Kriterien gegeneinander abzuwägen; es ist eine Einordnung nach einer Gesamtschau vorzunehmen.

Abbildung 16: Gewinnvorab und Sondervergütung[914].

Gewinnvorab	**Sondervergütung**
Innerbilanziell neutrale Verbuchung	Innerbilanzielle Aufwandserfassung
Zumindest Rahmenregelung im Gesellschaftsvertrag	Vereinbarung als schuldrechtlicher Vertrag (gemeinsames Dokument mit dem Gesellschaftsvertrag unschädlich)
Keine Zahlung in Verlustjahren	Bei gewinnunabhängiger Bemessung: Zahlung auch in Verlustjahren

b) Keine Hinzurechnung angemessener Geschäftsführungsvergütungen nach § 8 Abs. 3 KStG

Nach § 8 Abs. 3 KStG dürfen Gewinnausschüttungen an Gesellschafter den Gewinn der Gesellschaft nicht mindern. Namentlich Hageböke[915] geht davon aus, dass § 8 Abs. 3 KStG einer Beschränkung des Abzugsbetrags nach § 9 Abs. 1 Nr. 1 KStG auf Vergütungen, die nicht bereits Betriebsausgaben nach § 4 Abs. 4 EStG iVm. § 8 Abs. 1 KStG sind, entgegensteht.

Nach Hageböke sollen innerbilanziell als Aufwand verbuchte Geschäftsführungsvergütungen zunächst nach § 8 Abs. 3 KStG außerbilanziell wieder hinzuzurechnen und sodann im „Folgeschritt nach § 9 Abs. 1 Nr. 1 KStG konstitutiv“ abzuziehen sein[916]. Durch ein solches Vorgehen würden sämtliche Geschäftsführungsvergütungen stets

914 Abbildung vgl. *Drüen/van Heek*, DB 2012, 2184, 2186.

915 *Hageböke*, DB 2012, 2709.

916 *Hageböke*, DB 2012, 2709, 2712; zu dieser Technik vgl. auch § 9 II 1 d. Eine Erfassung der Vergütung als „Gewinn“ nach § 8 Abs. 3 KStG hat sodann die Anwendbarkeit des § 9 Abs. 1 Nr. 1 KStG zur Folge, da Normgegenstand auch dort der „Gewinnanteil“ ist.

§ 9 Abs. 1 Nr. 1 KStG unterworfen. Die Anwendbarkeit von § 8 Abs. 3 KStG und § 9 Abs. 1 Nr. 1 KStG auf Geschäftsführungsvergütungen wird damit begründet, dass für die KGaA das Prinzip der Selbstorganschaft gelte. Der Komplementär sei geborenes Geschäftsführungsorgan, sodass eine Tätigkeitsvergütung mitgliedschaftlichen Charakter habe. Sie erfolge *causa societatis* und sei damit stets Gewinnanteil des Komplementärs[917]. Im Ergebnis führt die aufeinander folgende Anwendung von § 8 Abs. 3 KStG und § 9 Abs. 1 Nr. 1 KStG folgerichtig zu einer einmaligen körperschaftsteuerlichen Gewinnminderung auf Gesellschaftsebene. Im Übrigen bestehen gegen diesen Vorschlag aber Bedenken.

Zunächst setzt die Anwendung des § 8 Abs. 3 KStG – ebenso wie die Anwendung des § 9 Abs. 1 Nr. 1 KStG – voraus, dass es sich bei den als Sondervergütungen gezahlten Tätigkeitsvergütungen auf Ebene der Gesellschaft um Gewinnanteile handelt. Sondervergütungen, sind aber auf Gesellschaftsebene, anders als auf Gesellschafterebene (!), gerade keine *Teile des Gewinns* (vgl. § 13 II 3). Der Anwendungsbereich des § 8 Abs. 3 KStG ist damit schon gar nicht eröffnet.

Eine Anwendbarkeit der Norm ließe sich indes herleiten, wenn man davon ausgehen würde, dass von § 8 Abs. 3 KStG alle Vorgänge erfasst seien, bei denen Vergütungen an den Komplementär aufgrund eines gesellschaftsrechtlichen Zusammenhangs gezahlt werden. Denn Geschäftsführungsvergütungen an Gesellschafter haben zugegebenermaßen notwendig einen gewissen gesellschaftsrechtlichen Zusammenhang, auch wenn sie schuldrechtlich vereinbart sind.

Hieraus lässt sich jedoch nicht ableiten, dass sie deshalb stets Gewinnausschüttungen sind; dies zeigt bereits der Vergleich mit den sonstigen Sondervergütungen. Sondervergütungen, sind auf Gesellschaftsebene Aufwand und auf Ebene des Mitunternehmers Sonderbetriebseinnahmen (vgl. Abbildung 14)[918]. Einnahmen aus einer Rechtsbeziehung zur Gesellschaft sind jedoch nur dann dem Sonderbereich zuzuordnen, wenn die Leistung durch das Gesellschaftsverhältnis (mit-) veranlasst wurde, sog. Beitragstheorie[919]. Werden Leistungen hingegen völlig unabhängig

917 *Hageböke*, DB 2012, 2709, 2712.

918 Nach *Bode*, in: Blümich, EStG/KStG/GewStG, § 15 EStG Rn. 492 (10/2014) mindern Sondervergütungen aufgrund eines besonderen Schuldverhältnisses den handels- und steuerbilanziellen Gewinn und sind zeit- und betragskonform Ertrag in der Sonderbilanz des Gesellschafters zu erfassen.

919 Grundlegend *Woerner*, BB 1974, 592, 597. St. Rspr., statt aller BFH v. 10.5.1973 – IV R 74/67, BStBl. II 1973, 630; v. 8.12.1982 – I R 9/79, BStBl. II 1983, 570; v. 6.7.1999 – VIII R 46/94, BStBl. II 1999, 720; v. 1.2.2001 – IV R 3/00, BStBl. II 2001, 520; ebenso *Bode*, in: Blümich, EStG/KStG/GewStG, § 15 EStG Rn. 501a (10/2014); *Hallerbach*, in: Söffing, Besteuerung der Mitunternehmer[5], 2005, Rn. 911 ff.; *Hennrichs*, in: Tipke/Lang, Steuerrecht[22], 2015, § 10 Rn. 140; *Rau*, Verfassungsdirigierte Prinzipien für das Unternehmenssteuerrecht, 2007, S. 52; *Wacker*, in: Schmidt, EStG[34], 2015, § 15 Rn. 562; *Woerner*, BB 1975, 645. Zur einschränkenden Auslegung des Begriffs der Tätigkeitsvergütungen: *Knobbe-Keuk*, Bilanz- und Unternehmenssteuerrecht[9], 1993, § 11 IV 6 b. Kritisch zu § 15 Abs. 1 S. 1 Nr. 2, 2. Alt. EStG: *Tipke*, StuW 1978, 193, 197.

von der Gesellschaft wie von jedem Dritten ausgeführt, kommt es nicht zu einer Umqualifizierung der Einkünfte[920]. Dies ist der Fall, wenn die Vergütung seitens der Gesellschaft und die Stellung des Komplementärs als Leistungsempfänger nur zufällig bzw. kurzzeitig zusammentreffen und ein wirtschaftlicher Zusammenhang zwischen Leistung und Stellung als Gesellschafter ausgeschlossen erscheint[921]. Nur der besondere gesellschaftsrechtliche Verursachungszusammenhang rechtfertigt eine Umqualifikation von Einkünften aus nichtselbstständiger Tätigkeit, Kapitalvermögen oder Vermietung und Verpachtung mit den damit verbundenen weitereichenen ertragsteuerrechtlichen Folgen (insbesondere Steuerverhaftung stiller Reserven, Gewerbesteuerpflicht).

Hieraus ergeben sich zwei Schlüsse: Zum einen zeigt die Behandlung von Sonderbetriebseinnahmen, dass es Vergütungen gibt, die trotz eines gesellschaftsrechtlichen Zusammenhangs Aufwand auf Gesellschaftsebene darstellen. Zum anderen besteht dieser gesellschaftsrechtliche (Mit-) Veranlassungszusammenhang somit auch bei Vergütungen für die Hingabe von Darlehen und die Überlassung von Wirtschaftsgütern erforderlich, weil diese auf Gesellschafterebene im Sonderbetriebsvermögen erfasst werden.

Würde man nun aus jeder gesellschaftsrechtlichen (Mit-) Veranlassung schließen, dass diese Vergütungen sodann auf Ebene der Gesellschaft stets Gewinnausschüttungen sein müssten, so müsste diese Qualifikation auch die Vergütungen für die Überlassung von Darlehen und anderen Wirtschaftsgütern treffen. Auch sie müssten unter dieser Prämisse bei der KGaA nach § 8 Abs. 3 KStG außerbilanziell hinzugerechnet werden. Anderes als für Geschäftsführungsvergütungen würde es hier aber an einer Abzugsnorm fehlen. Insoweit offenbart sich gerade der elementare Unterschied zwischen § 9 Abs. 1 Nr. 1 KStG und § 15 Abs. 1 S. 1 Nr. 3 EStG[922], denn im Gegensatz zu § 15 Abs. 1 S. 1 Nr. 3 EStG erfasst § 9 Abs. 1 Nr. 1 KStG gerade nicht die sonstigen Sondervergütungen. Es würde zu einer, von § 9 Abs. 1 Nr. 1

920 Vgl. beispielsweise BFH v. 28.10.1999 – VIII R 41/98, BStBl. II 2000, 339. Ebenso *Hallerbach*, in: Söffing, Besteuerung der Mitunternehmer[5], 2005, Rn. 927. In BFH v. 8.1.1975 – I R 142/72, BStBl II 1975, 437 zählt der I. Senat u.a. beispielhaft die Lieferung von Waren im üblichen Geschäftsverkehr und die Gewährung eines üblichen Lieferantenkredits als typische „beitragsfremde“ Leistungen auf, die nicht unter § 15 Abs. 1 S. 1 Nr. 2, 2. Alt. EStG fallen. BFH v. 24.1.1980 – IV R 154–155/77, BStBl. II 1980, 269 hält entsprechende Fallgestaltung zumindest für „denkbar“.

921 BFH v. 24.1.1980 – IV R 154–155/77, IV R 154/77, IV R 155/77, BStBl. II 1980, 269; v. 25.1.1980 – IV R 159/78, BStBl. II 1980, 275; *Riotte/Dümichen/Engel*, in: Schütz/Bürgers/Riotte, Die KGaA, 2004, § 9 Rn. 127 Note 165: Teleologische Reduktion des § 15 Abs. 1 S. 1 Nr. 2 EStG.

922 Für die Erfassung beim Komplementär nach § 15 Abs. 1 S. 1 Nr. 3 EStG kommt es indes nicht auf eine Differenzierung zwischen Sondervergütungen und Gewinnanteilen an, denn beide sind vom „Gesamt-Gewinnanteil“ des § 15 Abs. 1 S. 1 Nr. 3 EStG unstreitig erfasst; vgl. schon *Theisen*, DB 1989, 2191, 2192.

KStG gerade zu vermeiden gesuchten[923], Doppelbelastung mit Körperschaftsteuer und Einkommensteuer kommen.

Abbildung 17: Sondervergütungen unter der – m.E. falschen – Prämisse einer globalen Anwendung des § 8 Abs. 3 KStG.

Geschäftsführungsvergütungen	Vergütungen für die Überlassung von Wirtschaftsgütern
Innerbilanzieller Abzug (4 Abs. 4 EStG iVm § 8 Abs. 1 KStG)	Innerbilanzieller Abzug (4 Abs. 4 EStG iVm § 8 Abs. 1 KStG)
Außerbilanzielle Hinzurechnung (§ 8 Abs. 3 KStG)	Außerbilanzielle Hinzurechnung (§ 8 Abs. 3 KStG)
Außerbilanzieller Abzug (§ 9 Abs. 1 Nr. 1 KStG)	-
= einmalige Gewinnminderung auf Gesellschaftebene	= keine Gewinnminderung auf Gesellschaftsebene

Hageböke selbst geht davon aus, dass § 8 Abs. 3 KStG für sonstige Sondervergütungen gerade nicht anwendbar sei, weil insoweit keine Einkommensverwendung vorliege[924]. Dem ist uneingeschränkt zuzustimmen. Allerdings gilt dasselbe für angemessene Geschäftsführungsvergütungen.

Darüber hinaus ist § 8 Abs. 3 KStG m.E. neben § 9 Abs. 1 Nr. 1 KStG schon deshalb nicht anwendbar, weil § 9 Abs. 1 Nr. 1 KStG *lex specialis* zu § 8 Abs. 3 KStG ist[925]. Hierfür spricht bereits der Wortlaut des § 9 Abs. 1 Nr. 1 KStG. Anders als § 9 Abs. 1 Nr. 2 KStG steht § 9 Abs. 1 Nr. 1 KStG nämlich gerade nicht unter dem Vorbehalt des § 8 Abs. 3 KStG[926]. Zwar muss der Gesetzgeber die Geltung einer allgemeinen Norm nicht gesondert anordnen. Erfolgt dies aber innerhalb einer Aufzählung an nur einer Stelle nicht, so darf unterstellt werden, dass es sich hierbei nicht um ein redaktionelles Versehen handelt (vgl. hierzu bereits § 9 II 1d). Zudem würde das gleichgeordnete Nebeneinander von § 8 Abs. 3 KStG und § 9 Abs. 1 Nr. 1 KStG ohne die Annahme eines Spezialitätsverhältnisses zu einem Zirkelschluss führen: § 8 Abs. 3 KStG verbietet den Abzug von Gewinnanteilen – § 9 Abs. 1 Nr. 1 KStG erlaubt

923 BFH v. 21.6.1989 – X R 14/88, BStBl. II 1989, 881, 883.

924 *Hageböke*, DB 2012, 2709, 2713.

925 *Brandl*, in: Blümich, EStG/KStG/GewStG, § 9 KStG Rn. 35 (11/2014); *Halasz/Kloster/Kloster*, GmbHR 2002, 77, 88; *Malzahn*, in: Forum Steuerrecht 2012, S. 151, 157.

926 FG Köln v. 17.8.2006 – 6 K 6170/03, EFG 2006, 1923, 1925, das bestätigende Urteil des BFH v. 6.10.2009 – I R 102/06, BFH/NV 2010, 462 verhält sich hierzu nicht.

ihn – § 8 Abs. 3 KStG verbietet ihn wiederum usw. Allein eine „Anwendung der Normen in der Reihenfolge des Gesetzes", wie sie die Vertreter der intransparenten Betrachtung bei der Behandlung unangemessener Vergütungen vornehmen wollen, ist nicht geeignet diesen Widerspruch aufzulösen. Denn ein allgemeiner Grundsatz, dass Normen in der Reihenfolge ihrer gesetzlichen Normierung anzuwenden sind, besteht nicht[927]. Somit steht § 9 Abs. 1 Nr. 1 KStG als speziellere Norm für die steuerrechtliche Berücksichtigung des Gewinnanteils des Komplementärs einer KGaA der Anwendung des § 8 Abs. 3 KStG entgegen.

Zuletzt würde die Erfassung angemessener Sondervergütungen für die Geschäftsführung unter § 8 Abs. 3 KStG bei der KGaA auch über das hinausgehen, was § 8 Abs. 3 KStG bei anderen Kapitalgesellschaften leistet: Denn bei allen anderen Gesellschaften fallen angemessene Vergütungen für die Geschäftsführung gerade nicht unter § 8 Abs. 3 KStG.

III. Unangemessene Vergütungen

Erhält ein Mitunternehmer von der Gesellschaft unangemessene Zahlungen, so sind diese auf Ebene der Gesellschaft als Betriebsausgaben abziehbar, wenn sie durch den Betrieb veranlasst sind (§ 4 Abs. 4 EStG); die Angemessenheit der Aufwendungen ist keine Voraussetzung für den Betriebsausgabenabzug[928]. Aufgrund der zweistufigen Gewinnermittlung ist eine Angemessenheitsprüfung auch entbehrlich: Sämtliche Betriebsausgaben, die nach dem Grundsatz der Beitragstheorie[929] im Zusammenhang mit der Gesellschafterstellung des Mitunternehmers stehen, werden diesem korrespondierend im Rahmen des Sonderbetriebsergebnisses zugerechnet. Da auch der Gewerbeertrag das Sonderbetriebsergebnis umfasst, haben unangemessene Zahlungen keinen Einfluss auf die Ertragsbesteuerung der Mitunternehmerschaft im Ganzen.

Ein Abzug unangemessener Vergütungen auf Gesellschaftsebene kommt aber dann nicht in Betracht, wenn die Zahlungen nicht durch den Betrieb des abgebenden Unternehmens veranlasst sind[930]. Soweit überhöhte Zahlungen durch das

927 So wird im Einkommensteuerrecht etwa der Altersentlastungsbetrag nach § 24a EStG schon von der Summe der Einkünfte, der Verlustabzug nach § 10d EStG aber erst vom Gesamtbetrag der Einkünfte abgesetzt, obwohl die „Reihenfolge des Gesetzes" eine Anwendung des § 10d EStG vor § 24a EStG nahelegen würde. Auch im Körperschafsteuerrecht erfolgt der Abzug nach § 9 Abs. 1 Nr. 2 KStG erst vom steuerlichen Gewinn, während die nicht abziehbaren Aufwendungen nach § 10 KStG vom Steuerbilanzgewinn abzusetzen sind.

928 *Heinicke*, in: Schmidt, EStG[34], 2015, § 4 Rn. 483.

929 Vgl. Fn. 919.

930 Zu gewerblichen Schwesterpersonengesellschaften wegen fehlender Veranlassung durch den abgebenden Betrieb vgl. BFH v. 26.1.1995 – IV R 73/93, BStBl. II 1995, 589; zu stiller Beteiligung BFH v. 21.9.2000 – IV R 50/99, BStBl. II 2001, 299; vgl. auch *Reiß*, in Kirchhof, EStG[14,] 2015, § 15 Rn 293a.

Gesellschaftsverhältnis veranlasst sind und es hierdurch zu dem Gesellschaftsvertrag widersprechenden Gewinnverschiebungen zwischen den Mitunternehmern kommt, wird auf Gesellschaftsebene nur der angemessene Teil der Vergütung als Betriebsausgabe erfasst. Der unangemessene Teil wird als „verdeckte Entnahme"[931] über das Kapitalkonto des begünstigten Gesellschafters korrigiert und dem Gesellschafter in der Gewinnverteilung zugerechnet[932]. Durch die Korrektur des überhöhten Aufwands beschränkt sich die Auswirkung auf den Gewinn auf Gesellschaftsebene auf den angemessenen Betrag.

Zahlt die KGaA unangemessene Vergütungen an den Komplementär, so kommt es hierdurch zu einer Gewinnverschiebung. Denn in diesem Fall werden Gewinne zwischen dem (mit nur 15% Körperschaftsteuer belasteten) kapitalistischen Bereich und dem mitunternehmerischen (nach h.M. gewerbesteuerfreien, vgl. noch kritisch § 14 III) Sonderbereich verschoben. Durch die Zulassung eines unbeschränkten Betriebsausgabenabzugs ergäbe sich ein erhebliches Gestaltungspotenzial. Dies erfordert eine Reduzierung des Betriebsausgabenabzugs auf den angemessenen Teil und eine Korrektur des überschießenden Betrages über das Kapitalkonto des begünstigten Komplementärs.

In der Abwandlung 5 des Beispiels aus Teil 3 hieße dies zur Verdeutlichung:

Abwandlung 5 des Beispiels aus § 8 III: A vermietet ein unbebautes Grundstück als Lagerplatz an die KGaA. Hierfür zahlt die KGaA dem A monatlich 1.000 €. Einem fremden Dritten hätte die KGaA für ein vergleichbares Grundstück nur 500 € gezahlt. Die KGaA hat genau dieses Grundstück angemietet, weil der Eigentümer A Komplementär der KGaA ist.

Da zunächst die gesamte Mietzahlung in Höhe von 12.000 € auf Gesellschaftsebene als Aufwand behandelt wurde, ist der unangemessene Teil der Zahlung über das Kapitalkonto als Entnahme (§ 4 Abs. 1 S. 2 EStG) des A in Höhe von 6.000 € zu korrigieren. Der Gesamtgewinn der KGaA erhöht sich um 6.000 €. Danach ist der Gewinn der KGaA nur noch mit dem angemessenen Teil der Zahlung belastet. Den unangemessenen Teil erhält der Komplementär zusätzlich zu seinem quotalen

931 *Keuk*, StuW 1974, 1, 13. Kritisch zum Verhältnis zwischen verdeckter Gewinnausschüttung und verdeckter Einlage vgl. *Hellwig*, in: FS Döllerer, 1988, S. 205 ff.

932 Soll der Gesellschafter durch die unangemessene Zahlung einen zusätzlichen Vorteil erhalten, so ist die Entnahme dem begünstigten Gesellschafter allein zuzurechnen. Soll die Begünstigung nur eine Vorausleistung auf den vereinbarten Gewinnanteil darstellen, so ist die Entnahme auf alle Gesellschafter zu verteilen. Zu dieser Differenzierung vgl. *Keuk*, StuW 1974, 1, 19; *Knobbe-Keuk*, Bilanz- und Unternehmenssteuerrecht[9], 1993, § 10 II 2 a. Bei verdeckten Entnahmen dürfte regelmäßig davon auszugehen sein, dass es sich nicht um eine reguläre Vorausleistung auf den Gewinnanteil handelt, sodass die Entnahme dem Gesellschafter allein zuzurechnen ist. Zur Zurechnung vgl. auch BFH v. 29.11.1960 – I 117/60 S, BStBl. III 1961, 183; **a.A.** *Hellwig*, in: FS Döllerer, 1988, S. 205, 211 f.

Anteil am Jahresüberschuss; er ist ihm daher als Vorabgewinn zuzuweisen[933]. Im Sonderbereich ist bei A konsequenterweise nur noch der angemessene Teil der Vergütung zu erfassen, weil nur dieser letztlich eine Gewinnminderung auf Gesellschaftsebene herbeigeführt hat.

	KGaA	A
Jahresüberschuss	200.000 €	
§ 4 Abs. 1 S. 2 EStG	6.000 €	
§ 9 Abs. 1 Nr. 1 KStG - vorab - Rest nach Quote	 6.000 € 100.000 €	
§ 15 Abs. 1 Nr. 1, 1. Alt. EStG		106.000 €
§ 15 Abs. 1 Nr. 1, 2. Alt. EStG		6.000 €
Summe	**100.000 €**	**112.000 €**

Zusammenfassend kann daher nur ein angemessener Teil der Vergütung als Betriebsausgabe abgezogen werden. Der unangemessene Teil der Vergütung stellt eine verdeckte Entnahme dar. Diese Vergütung, die der Komplementär über seine ihm zustehende Quote hinaus erhält, ist ihm als Vorabgewinn zuzurechnen und demnach von § 9 Abs. 1 Nr. 1 KStG umfasst[934].

Ein Bedürfnis, darüber hinaus verdeckte Gewinnausschüttungen zu erfassen, besteht nicht. Zwar unterliegt die KGaA als Kapitalgesellschaft der Körperschaftsteuer, so dass grundsätzlich auch verdeckte Gewinnausschüttungen denkbar sind (vgl. § 9 II 1d). Die Annahme verdeckter Gewinnausschüttungen an den Komplementär einer KGaA ist m.E. dennoch abzulehnen[935]. Hierzu ist zunächst erneut festzuhalten, dass § 9 Abs. 1 Nr. 1 KStG lex specialis zu § 8 Abs. 3 KStG und damit auch zu § 8 Abs. 3 S. 2 KStG ist, der die Hinzurechnung verdeckter Gewinnausschüttungen regelt (vgl. hierzu bereits § 13 II 3b). § 8 Abs. 3 S. 2 KStG ist somit schon deshalb nicht anwendbar. Darüber hinaus besteht bei der KGaA auch kein Bedürfnis für eine Hinzurechnung verdeckter Gewinnausschüttungen. Denn wie dargestellt führt auch die Besteuerung „wie“ ein Mitunternehmer zu folgerichtigen Ergebnissen.

933 Aus Darstellungsgründen ist davon auszugehen, dass der Komplementär den Vorteil nicht als Vorwegleistung auf seinen vertraglichen Gewinnanteil, sondern zusätzlich zu diesem erhalten soll. Zur Differenzierung vgl. auch schon Note 930.

934 Im Ergebnis ebenso *Hölzl*, Die Besteuerung der KGaA, 2003, S. 87; *Jünger*, DB 1988, 1969, 1971; *Fischer*, DStR 1997, 1519, 1520.

935 Dies gilt freilich nicht, wenn der Komplementär auch Kommanditaktien hält und die unangemessene Vergütung in seiner Rolle als Kommanditaktionär erhält.

IV. Haftungsvergütungen

Die Komplementäre einer KGaA erhalten für die Übernahme der persönlichen Haftung regelmäßig eine Vergütung von der KGaA. Dies entspricht den üblichen Vereinbarungen in Gesellschaftsverträgen von Personengesellschaften. Diese Haftungsvergütung ist nach der absolut herrschenden Meinung Gewinnanteil im Sinne des § 9 Abs. 1 Nr. 1 KStG[936]. Dies wird damit begründet, dass es sich bei der Haftungsübernahme um einen Gesellschafterbeitrag handele[937], für den dem Komplementär ein Gewinnanteil zustehe[938].

Dem ist im Ergebnis zuzustimmen; allein die Argumentation verfängt nicht. Denn auch die Übernahme von Geschäftsführungstätigkeiten stellt nach dem Grundsatz der Selbstorganschaft einen Gesellschafterbeitrag dar. Hierdurch ist aber nicht entschieden, ob es sich bei diesem Gesellschafterbeitrag um einen im Leistungsaustausch vereinbarten Beitrag handelt, der zu originären Betriebsausgaben bei der KGaA und Sonderbetriebseinnahmen beim Gesellschafter führt (vgl. Abbildung 14) oder ob die Zahlungen als Gewinnvorab vereinbart wurden, die bei der KGaA unter § 9 Abs. 1 Nr. 1 KStG fallen und beim Gesellschafter zu Einnahmen im Sinne des § 15 Abs. 1 S. 1 Nr. 3, *1. Alt.* EStG führen.

Diese Differenzierung ist im Grundsatz zunächst einmal auch auf Haftungsvergütungen zu übertragen[939]. Anders als bei der Geschäftsführung und Vertretung, von der auch einzelne Komplementäre ausgeschlossen werden können, handelt es sich bei der Haftung aber um eine unabdingbare Rechtsfolge der Gesellschafterstellung. Zumindest im Grundsatz werden Haftungsvergütungen deshalb nicht im Rahmen eines echten Leistungsaustauschverhältnisses gewährt, denn die Gesellschafter haben letztlich keine Wahl, ob sie die (Haftungs-)Leistung erbringen wollen oder nicht, was dem schuldrechtlichen Grundsatz der Vertragsfreiheit zuwiderläuft. Es handelt sich insoweit regelmäßig, wobei es aber stets auf Besonderheiten individueller Vereinbarungen ankommt, um Gewinnvorab und damit auf Ebene der KGaA um Gewinnanteile des Komplementärs.

Unter der Prämisse einer folgerichtigen Besteuerung muss letztlich unstreitig sein, dass Haftungsvergütungen den körperschaftsteuerrechtlichen Gewinn der KGaA mindern und dem Komplementär, der die entsprechenden Vergütungen

---

936 FG Münster v. 6.4.2011 – 9 K 1046/09 G,F, EFG 2011, 2000, rkr. (ohne Ausführungen hierzu die Zurückweisung der Revision BFH v. 4.12.2012 – I R 42/11, BFH/NV 2013, 292); *Brandl*, in: Blümich, EStG/KStG/GewStG, § 9 KStG Rn. 25 (11/2014); *Crezelius*, JbFStR 1998/1999, S. 318, 323; *Ellerbeck*, in: Schnitger/Fehrenbacher, KStG, § 9 Rn. 48; *Fischer*, DStR 1997, 1519, 1520; *Gehrke*, Die Stiftung & Co. KGaA, 2007, S. 25; *Märtens*, in: Gosch, KStG[3], 2015, § 9 Rn. 19; *Lühn*, in: M/S, KStG[2], 2015, § 9 Rn. 105.

937 *Deutschländer*, StBP 2013, 283, 285; *Brandl*, in: Blümich, EStG/KStG/GewStG, § 9 Rn. 25 (11/2014); *Ellerbeck*, in: Schnitger/Fehrenbacher, KStG, § 9 Rn. 48.

938 *Brandl*, in: Blümich, EStG/KStG/GewStG, § 9 Rn. 25 (11/2014).

939 1.6 (6) S. 2 UStAE; *Bielinis*, Die Besteuerung der KGaA, 2013, S. 198.

erhält, zuzurechnen und bei ihm der Einkommens- oder Körperschafsteuer zu unterwerfen sind. Da es sich hierbei wie dargelegt regelmäßig um einen Gewinnvorab und nicht um Betriebsausgaben nach § 4 Abs. 4 EStG iVm. § 8 Abs. 1 KStG handelt, sind solche Vergütungen unter § 9 Abs. 1 Nr. 1 KStG zu subsumieren. Im Wortlaut der Norm fehlt es jedoch an einer entsprechenden Anknüpfungsmöglichkeit. Denn Haftungsvergütungen stellen weder Gewinnanteile *„für ihre nicht auf das Grundkapital gemachten Einlagen"* noch Gewinnanteile *„als Vergütung (Tantieme) für die Geschäftsführung"* dar. Der Auffassung, Haftungsvergütungen seien letztlich nur spezielle Tätigkeitsvergütungen[940] kann nicht gefolgt werden. Denn § 9 Abs. 1 Nr. 1, 2. Alt. KStG nimmt eindeutig Vergütungen *„für die Geschäftsführung"* in Bezug. Geschäftsführung und Haftung können aber, auch wenn sie beide grundsätzlich Gesellschafterbeiträge darstellen, auseinanderfallen, wenn einzelne Komplementäre von der Geschäftsführung ausgeschlossen sind. Außerdem handelt es sich um zwei völlig verschiedene Vorgänge. Eine Subsumtion unter den Wortlaut ist nicht möglich.

Somit ist der Wortlaut des § 9 Abs. 1 Nr. 1 KStG letztlich eine sprachlich unzureichende Umsetzung der gesetzgeberischen Wertentscheidung, die Gewinnanteile des Komplementärs aus der Körperschaftsbesteuerung auszuscheiden und der Einkommens- oder Körperschaftsbesteuerung des Komplementärs zu unterwerfen. Ausnahmsweise muss damit eine teleologische Extension über den Wortlaut des § 9 Abs. 1 Nr. 1 KStG hinaus erfolgen[941].

---

940 *Hageböke*, Das KGaA-Modell, 2008, S. 79.

941 *Fischer*, DStR 1997, 1519, 1520; *Hölzl*, Die Besteuerung der KGaA, 2003, S. 101.

§ 14 Gewerbesteuer

I. Steuergegenstand der Gewerbesteuer

Nach § 2 Abs. 1 S. 1 GewStG unterliegt der Gewerbesteuer jeder stehende Gewerbebetrieb, soweit er im Inland betrieben wird. Unter „Gewerbebetrieb" ist ein gewerbliches Unternehmen im Sinne des Einkommensteuergesetzes zu verstehen.

1. Die KGaA als Gewerbebetrieb kraft Rechtsform

Nach § 2 Abs. 2 S. 1 GewStG unterliegen die Einkünfte einer KGaA unabhängig vom Vorliegen eines gewerblichen Unternehmens der Gewerbesteuer[942]. Denn als Gewerbebetrieb kraft Rechtsform[943] gilt stets und in vollem Umfang die Tätigkeit der Kapitalgesellschaften, wobei die Vorschrift die KGaA ausdrücklich als solche in einem Klammerzusatz aufführt. Der hybride Charakter der KGaA spielt für die Gewerbesteuer somit im Ausgangspunkt keine Rolle. Die KGaA ist nach § 5 Abs. 1 S. 1 GewStG auch Schuldner der Gewerbesteuer[944].

2. Kein eigener Gewerbebetrieb des Komplementärs

Der Komplementär selbst ist hingegen nicht schon wegen seiner Eigenschaft als solcher gewerbesteuerpflichtig[945]. Das Halten eines Komplementäranteils an einer KGaA vermittelt – nach wohl allgemeiner Auffassung[946] – keinen stehenden Gewerbebetrieb.

---

942 *Schaumburg*, DStZ 1998, 525, 534; *Theisen*, DB 1989, 2191, 2193; *Werner*, NWB 2008, 447, 449: Gewerbebetrieb kraft Rechtsform.

943 BFH v. 28.11.2007 – X R 6/05, BFH/NV 2008, 459, 460.

944 Im Gewerbesteuerrecht erschöpft sich die Frage nach der persönlichen Steuerpflicht in der Steuerschuldnerschaft, vgl. *Knobbe-Keuk*, Bilanz- und Unternehmenssteuerrecht[9], 1993, § 21 I.

945 BFH v. 4.5.1965 – I 186/64 U, BStBl. III 1965, 418; v. 23.10.1985 – I R 235/81, BStBl. II 1986, 72; *Busch/Thieme*, FR 2008, 1137, 1138; *Fischer*, DStR 1997, 1519, 1522; *Göz*, in: Schütz/Bürgers/Riotte, Die KGaA, 2004, § 2 Rn. 15; *Hageböke*, Das KGaA-Modell, 2008, S. 94; *Lühn*, in: M/S, KStG[2], 2015, § 9 Rn. 51; *Renz*, Die Besteuerung der GmbH & Co. KGaA, 2006, S. 122; *Riotte/Dümichen/Engel*, in: Schütz/Bürgers/Riotte, Die KGaA, 2004, § 9 Rn. 79, 130; *Sauter*, Die Gewinnverwendung in der kapitalistischen KGaA, 2008, S. 43; *Schaumburg*, DStZ 1998, 525, 534; *Schaumburg/Schulte*, Die KGaA, 2000, Rn. 126, 148.
Kessler, in: FS Korn, 2005, S. 307, 327; *Renz*, Die Besteuerung der GmbH & Co. KGaA, 2006, S. 91. *Schaumburg*, DStZ 1998, 525, 534.

946 BFH v. 23.10.1985 – I R 235/81, BStBl. II 1986, 72; FG München v. 16.1.2003 – 7 K 5340/01, DStRE 2003, 692, 694, rkr.; *Fischer*, DStR 1997, 1519, 1522; *Gehrke*, Die Stiftung & Co. KGaA, 2007, S. 33; *Göz*, in: Schütz/Bürgers/Riotte, Die KGaA, 2004,

Eine Gewerbesteuerpflicht des Komplementärs ließe sich jedoch aus § 5 Abs. 1 S. 1 GewStG herleiten[947]. Nach dieser Vorschrift ist der Steuerschuldner der Gewerbesteuer der Unternehmer. Da der Komplementär (Mit-) Unternehmer der KGaA ist (vgl. hierzu § 12 II), könnte diese gesetzliche Formulierung eine (partielle) Gewerbesteuerpflicht des Komplementärs andeuten.

Die Annahme eines eigenen Gewerbebetriebs des Komplementärs mit der Folge einer eigenständigen Gewerbesteuerpflicht widerspricht indes den gesetzlichen Wertungen des Gewerbesteuergesetzes. Bereits die Existenz des § 8 Nr. 4 GewStG zeigt, dass der Gesetzgeber nicht von einem stets bestehenden, eigenen Gewerbebetrieb des Komplementärs ausging. Denn durch diese Vorschrift wird der Gewinnanteil des Komplementärs in den Gewerbeertrag der KGaA integriert. Gegen eine eigenständige Gewerbesteuerpflicht des Komplementärs spricht auch die Wertung des § 5 Abs. 1 S. 3 GewStG. Nach dieser Vorschrift ist der Steuerschuldner die Personengesellschaft selbst, wenn ihre Tätigkeit einen Gewerbebetrieb darstellt[948]. § 5 Abs. 1 S. 3 GewStG enthält somit eine Sonderregelung zu § 5 Abs. 1 S. 1 GewStG, wonach bei der Personengesellschaft im Grundsatz die Gesellschafter als Mitunternehmer Steuerschuldner wären. Diese Verschiebung der Steuerschuldnerschaft vom Unternehmer zur Personengesellschaft beruht zum einen auf der teilweisen rechtlichen Selbständigkeit der Personengesellschaft im Zivilrecht und zum anderen auf der Eigenart der Gewerbesteuer als Real- bzw. Objektsteuer[949], die das gewerbliche Unternehmen an sich besteuert[950]. Beide Argumente gelten gleichermaßen für die KGaA als Kapitalgesellschaft. Die KGaA ist als juristische Person nicht nur partiell, sondern vollumfänglich zivilrechtlich selbstständig (§ 278 Abs. 1 AktG). Zum anderen ist der Komplementär Teil des nach außen einheitlich auftretenden Gewerbebetriebs der KGaA. Daneben existiert faktisch kein eigenständiger, von der KGaA zu trennender Gewerbebetrieb.

---

§ 2 Rn. 15; *Graf*, DStR 1991, 1374, 1376; *Renz*, Die Besteuerung der GmbH & Co. KGaA, 2006, S. 122; *Rohrer/Orth*, BB 2007, 1594, 1595; *Sauter*, Die Gewinnverwendung in der kapitalistischen KGaA, 2008, S. 43; *Schaumburg*, DStZ 1998, 525, 536; *Schaumburg/Schulte*, Die KGaA, 2000, Rn. 126, 148.

947 *Bielinis*, Die Besteuerung der KGaA, 2013, S. 224 ff. kommt zu dem Ergebnis, dass sich eine Steuerschuldnerschaft des Komplementärs einer KGaA zwar grds. konstruieren ließe, diese aber im Ergebnis schon aus Vollstreckbarkeitserwägungen abzulehnen sei. Bereits *Keuk*, StuW 1974, 1, 36 f. hat die Folgen einer eigenen Gewerbesteuerpflicht des Personengesellschafters dargestellt und schlussfolgerte: „Dass dieses Ergebnis nicht richtig sein kann, bedarf keiner näheren Darlegung [...]".

948 Zur subjektiven Gewerbesteuerpflicht der Personengesellschaft vgl. *Keuk*, StuW 1974, 1, 28.

949 Zum Objektsteuercharakter, sh. Fn. 365.

950 *Sarrazin*, in: Lenski/Steinberg, GewStG, § 5 Rn. 18 f. (03/2015). Von dieser Regelung macht § 5 Abs. 1 GewStG nur eine Ausnahme für die EWIV, da nach Art. 40 der Verordnung (EWG) Nr. 2137/85 des Rates vom 25. Juli 1985 über die Schaffung einer Europäischen wirtschaftlichen Interessenvereinigung der Gewerbeertrag als Ergebnis der Tätigkeit der EWIV nur bei ihren Mitgliedern besteuert werden darf.

Darüber hinaus dienen die Regelungen zur Steuerschuldnerschaft in § 5 GewStG auch der Sicherstellung des vollstreckungsrechtlichen Zugriffs auf das Unternehmensvermögen[951]. Wäre der Komplementär Steuerschuldner, so wäre der Zugriff auf das Vermögen der KGaA im Rahmen einer Vollstreckung gegen den Komplementär nicht gesichert. Auch dies spricht gegen die Annahme einer eigenen (partiellen) Steuerschuldnerschaft des Komplementärs.

Die Regelung des § 5 Abs. 1 S. 3 GewStG ist somit im Rahmen einer teleologischen Extension auf die KGaA auszuweiten. Der Gesetzgeber hat eine Entscheidung getroffen, den Unternehmensträger selbst – und nicht den Gesellschafter – zum Steuerschuldner der Gewerbesteuer zu machen, diese Entscheidung für die KGaA aber sprachlich unzureichend umgesetzt. Eine Inanspruchnahme des Komplementärs ist somit allenfalls im Rahmen des § 191 AO (in Verbindung mit § 278 Abs. 1, 2 AktG, § 128 HGB[952] oder § 69 AO) möglich.

Dies bedeutet freilich nicht, dass der Komplementär nicht aus anderen Gründen der Gewerbesteuerpflicht unterliegen kann. Beim Vorliegen etwa einer kapitalistischen KGaA[953] steht die eigene Gewerbesteuerpflicht des Komplementärs außer Frage. Sie lässt sich nur nicht auf das bloße Halten eines Komplementäranteils stützen.

II. Der Gewerbeertrag als Besteuerungsgrundlage

Besteuerungsgrundlage für die Gewerbesteuer ist der Gewerbeertrag, § 6 GewStG. Dies ist nach § 7 S. 1 GewStG der nach den Vorschriften des Einkommensteuergesetzes oder des Körperschaftsteuergesetzes zu ermittelnde Gewinn aus dem Gewerbebetrieb, der bei der Ermittlung des Einkommens für den dem Erhebungszeitraum (§ 14 GewStG) entsprechenden Veranlagungszeitraum zu berücksichtigen ist, vermehrt und vermindert um die in den §§ 8 und 9 GewStG bezeichneten Beträge. Entsprechend des Charakters der Gewerbesteuer als Objektsteuer[954] sollen die Hinzurechnungen und Kürzungen dazu beitragen, die nicht in der Ertragskraft des Betriebs als solchem veranlassten Mehr- bzw. Mindererträge für Zwecke der Gewerbeertragsteuer zu neutralisieren.

---

951 Vgl. BFH v. 21.2.1980 – I R 95/76, BStBl. II 1980, 465; v. 12.11.1985 – VIII R 364/83, BStBl. II 1986, 311.

952 §§ 113, 120 RAO 1931 ordneten noch ausdrücklich die Haftung für Steuerschulden aufgrund zivilrechtlicher Vorschriften an, wurden aber nicht in die AO 1977 übernommen. Nach § 191 IV AO kann sich die Haftung aber weiterhin aus anderen als den Steuergesetzen ergeben. Kritisch zur Unbestimmtheit der Verweisnorm *Seer*, in: Tipke/Lang, Steuerrecht[22], 2015, § 6 Rn. 77.

953 Zur Gewerbesteuerpflicht des Komplementärs nur aufgrund des eigenständigen Unterhaltens eines Gewerbebetriebs vgl. FG Münster v. 6.4.2011 – 9 K 1046/09 G,F, EFG 2011, 2000, rkr. (Rev. BFH v. 4.12.2012 – I R 42/11, BFH/NV 2013, 589 zurückgewiesen).

954 Zum Objektsteuercharakter sh. Fn. 365.

1. Hinzurechnung nach § 8 Nr. 4 GewStG

§ 8 Nr. 4 GewStG enthält eine KGaA-spezifische Hinzurechnung. Mithilfe dieser Reintegrationsnorm[955] soll der Gewinnanteil des Komplementärs, der bei der Ermittlung des zu versteuernden Einkommens im Rahmen der Körperschaftsteuer abgezogen wurde, in die Bemessungsgrundlage für die Gewerbesteuer wieder einbezogen werden. Nach der absolut herrschenden Meinung entsprechen sich dabei § 9 Abs. 1 Nr. 1 KStG und § 8 Nr. 4 GewStG betragsmäßig[956]; es wird spiegelbildlich der Betrag hinzugerechnet, der zuvor nach § 9 Abs. 1 Nr. 1 KStG abgezogen wurde.

Angesichts des im Wesentlichen identischen Wortlauts[957] der beiden Normen liegt es nahe, dass es sich bei dem Hinzurechnungsbetrag um den nach § 9 Abs. 1 Nr. 1 KStG abgezogenen Betrag handelt[958].

Abbildung 18: Hinzurechnung als Spiegelbild des § 9 Abs. 1 Nr. 1 KStG.

§ 9 Abs. 1 Nr. 1 KStG	§ 8 Nr. 4 GewStG
[...] *der Teil des Gewinns, der* an persönlich haftende Gesellschafter auf ihre nicht auf das Grundkapital gemachten Einlagen oder als Vergütung (Tantieme) für die Geschäftsführung verteilt *wird*	*die Gewinnanteile, die* an persönlich haftende Gesellschafter [...] auf ihre nicht auf das Grundkapital gemachten Einlagen oder als Vergütung (Tantieme) für die Geschäftsführung verteilt *worden sind*

955 *Riotte/Dümichen/Engel*, in: Schütz/Bürgers/Riotte, Die KGaA, 2004, § 9 Rn. 82.

956 BFH v. 4.5.1965 – I 186/64 U, BStBl. III 1965, 418 ("Spiegelbild"); v. 28.11.2007 – X R 6/05, BFH/NV 2008, 459, 460; *Bielinis*, Die Besteuerung der KGaA, 2013, S. 220 f.; *Brandl*, in: Blümich, EStG/KStG/GewStG, § 9 KStG Rn. 35 (11/2014); *Busch/Thieme*, FR 2008, 1137, 1138; *Deutschländer*, StBP 2013, 307; *Gehrke*, Die Stiftung & Co. KGaA, 2007, S. 28; *Hageböke*, Das KGaA-Modell, 2008, S. 84; *Märtens*, in: Gosch, KStG[3], 2015, § 9 Rn. 5a; *Knobbe-Keuk*, Bilanz- und Unternehmenssteuerrecht[9], 1993, § 21 II 3 d; *Krämer*, in: D/P/M, KStG, § 9 Rn. 74 (09/2012); *Riotte/Dümichen/Engel*, in: Schütz/Bürgers/Riotte, Die KGaA, 2004, § 9 Rn. 83; *Rohrer/Orth*, BB 2007, 2266, 2267; *Schnädter*, FR 1985, 659, 661. So auch für die modifizierte transparente Betrachtung *Kollruss*, BB 2012, 3178, 3181; *Kollruss*, DStZ 2012, 650, 652.

957 *Fischer*, DStR 1997, 1519, 1520; *Frankenheim*, Die Ertrags- und Substanzbesteuerung der KGaA, 1994, S. 115; *Hölzl*, Die Besteuerung der KGaA, 2003, S. 127; *Sauter*, Die Gewinnverwendung in der kapitalistischen KGaA, 2008, S. 36. Dass § 8 Nr. 4 GewStG im Perfekt, § 9 Abs. 1 Nr. 1 KStG hingegen im Präsens formuliert ist, mag an der der Körperschaftsteuer nachgelagerten Berechnung der Gewerbesteuer liegen, hat aber auf den Inhalt der Hinzurechnung keinen Einfluss.

958 Nach *Hageböke*, DB 2012, 2709, 2711 soll der im Gesetzeswortlaut verwendete Plural („Gewinnanteile") darauf hindeuten, dass Gewinnanteile sowohl originäre Gewinnanteile als auch Sondervergütungen seien. Der Plural kann aber auch nur darauf hindeuten, dass eine Hinzurechnung auch bei mehreren Komplementären erfolgt oder gerade neben den quotalen Gewinnanteilen auch ein etwaiger Gewinnvorab erfasst ist. Insoweit ist die Formulierung deutungsoffen.

§ 8 Nr. 4 KStG soll gewährleisten, dass der Gewinnanteil des Komplementärs im Ergebnis zumindest einmal der Gewerbesteuer unterliegt[959].

Soweit ersichtlich nur MAI[960] geht davon aus, dass § 9 Abs. 1 Nr. 1 KStG und § 8 Nr. 4 GewStG betragsmäßig auseinanderfallen, wenn Gewinnanteile, die originär § 9 Abs. 1 Nr. 1 KStG unterliegen würden, den Handels- bzw. Steuerbilanzgewinn bereits aufgrund anderer Vorschriften – § 4 Abs. 4 EStG iVm. § 8 Abs. 1 KStG – gemindert haben. In diesem Falle laufe § 9 Abs. 1 Nr. 1 KStG leer, § 8 Nr. 4 GewStG sei aber dennoch anzuwenden.

Diese Auffassung überzeugt nicht. Gewinnanteile der Gesellschafter dürfen das zu versteuernde Einkommen nicht mindern (§ 8 Abs. 3 KStG), es sei denn, es ist ausnahmsweise die § 8 Abs. 3 KStG verdrängende Spezialnorm des § 9 Abs. 1 Nr. 1 KStG anzuwenden. Darüber hinaus können Gewinnanteile des Komplementärs das zu versteuernde Einkommen der KGaA nicht mindern. Sondervergütungen, die den Handels- bzw. Steuerbilanzgewinn bereits aufgrund § 4 Abs. 4 EStG iVm. § 8 Abs. 1 KStG gemindert haben, sind nämlich gerade keine Gewinnanteile die von der KGaA an den Komplementär verteilt worden sind – weder im Sinne des § 9 Abs. 1 Nr. 1 KStG, noch im Sinne des § 8 Nr. 4 GewStG. Dass sie dennoch Gewinnanteile des Komplementärs im Sinne des § 15 Abs. 1 S. 1 Nr. 3, 2. Alt. EStG darstellen, ist für § 8 Nr. 4 GewStG nicht von Bedeutung. Dies zeigt sich daran, dass die Hinzurechnung sonstiger Sondervergütungen für die Überlassung von Darlehen und sonstigen Wirtschaftsgütern, die ebenfalls nur im Sinne des § 15 Abs. 1 S. 1 Nr. 3, 2. Alt. EStG Gewinnanteile des Komplementärs sind – entsprechend § 9 Abs. 1 Nr. 1 KStG – bereits vom Wortlaut des § 8 Nr. 4 GewStG nicht gedeckt ist. Sie werden nicht nach § 8 Nr. 4 GewStG hinzugerechnet[961], so wie sie auch nicht unter § 9 Abs. 1 Nr. 1 KStG fallen[962]. Ein zumindest teilweiser Ausgleich

959 BFH v. 31.10.1990 – I R 32/86, BStBl. II 1991, 253; *Hageböke*, Das KGaA-Modell, 2008, S. 83.

960 *Mai*, in: F/M, KStG/GewStG/UmwStG, § 9 KStG Rn. 18b (01/2011).

961 R 8.2 GewStR 2009; *Fischer*, DStR 1997, 1519, 1521; *Kollruss*, Die Wirtschaftsprüfung 2005, 1040, 1046; *Frankenheim*, Die Ertrags- und Substanzbesteuerung der KGaA, 1994, S. 122 f.; *Riotte/Dümichen/Engel*, in: Schütz/Bürgers/Riotte, Die KGaA, 2004, § 9 Rn. 86; *Sauter*, Die Gewinnverwendung in der kapitalistischen KGaA, 2008, S. 38. *Woitschell*, in: E&Y, KStG, § 9 Rn. 23 (10/2002) hält dies für unverständlich, wenngleich eine Extension des Gesetzes nicht erfolgen solle. Zur Einbeziehung dieser Vergütungen in den Gewerbeertrag vgl. § 14 III.

962 **A.A.** *Frotscher*, in: F/M, KStG/GewStG/UmwStG, § 9 Rn. 16 (03/2008), der Zinsen, Mieten und Pachten einbeziehen wollte, um einen „Systembruch" zu vermeiden. Diese Auffassung hat *Mai*, ebenda (01/2011), nunmehr ausdrücklich aufgegeben.

der hierdurch verursachten Minderung des Gewerbeertrags soll etwa durch § 8 Nr. 1 lit. a oder lit. d GewStG herbeigeführt werden[963]. Es ist daher davon auszugehen, dass § 8 Nr. 4 GewStG stets betragsmäßig § 9 Abs. 1 Nr. 1 KStG entspricht.

Durch diese betragsmäßige Gleichheit wirkt sich die Höhe des Abzugsbetrags nach § 9 Abs. 1 Nr. 1 KStG auf die Höhe der Gewerbesteuer aus. Während die Vertreter der traditionellen intransparenten und transparenten Betrachtung bei der Berechnung des Abzugsbetrags nach § 9 Abs. 1 Nr. 1 KStG vom quotalen Jahresüberschuss ausgehen, gehen die Vertreter der jeweils modifizierten Konzepte von einem quotalen steuerrechtlichen Gewinn der KGaA vor Abzug des § 9 Abs. 1 Nr. 1 KStG aus.

a) Schachteldividenden

<u>Abwandlung 8 des Beispiels aus § 8 III:</u> *Im Jahresüberschuss der A-KGaA sind Dividenden von einer 100%igen Tochter-GmbH mit Sitz in* Köln in Höhe von 10.000 € enthalten. Zudem erhält A eine als *Gewinnvorab vereinbarte monatliche Vergütung für die Geschäftsführung in Höhe von 5.000 €.*

Der Gewerbeertrag der KGaA setzt sich aus dem körperschaftsteuerrechtlichen zu versteuernden Einkommen der KGaA und dem nach § 8 Nr. 4 GewStG hinzuzurechnenden Betrag zusammen, der mit dem Abzugsbetrag nach § 9 Abs. 1 Nr. 1 KStG betragsmäßig identisch ist.

---

963 R 8.2 GewStR 2009; *Frankenheim*, Die Ertrags- und Substanzbesteuerung der KGaA, 1994, S. 123; *Lühn*, in: M/S, KStG², 2015, § 9 Rn. 165; *Sauter*, Die Gewinnverwendung in der kapitalistischen KGaA, 2008, S. 38.

	Intransparente Betrachtung	Modifizierte intransparente Betrachtung	Transparente Betrachtung	Modifizierte transparente Betrachtung
KSt der A-KGaA				
Jahresüberschuss der KGaA	200.000 €	200.000 €	200.000 €	200.000 €
§ 8b Abs. 1 KStG	./. 10.000 €	./. 10.000 €	**./. 5.000 €**	./. 10.000 €
§ 8b Abs. 5 KStG	+ 500 €	+ 500 €	**+ 250 €**	+ 500 €
Zwischenergebnis	-	190.500 €	-	190.500 €
§ 9 Abs. 1 Nr. 1 KStG - nach Quote - Geschäftsführungsvergütung	./. 100.000 € ./. 60.000 €	**./. 95.250 €** ./. 60.000 €	./. 100.000 € ./. 60.000 €	**./. 95.250 €** ./. 60.000 €
zvE der KGaA	**30.500 €**[964]	35.250 €	35.250 €	35.250 €
ESt des A				
	160.000 €	**155.250 €**	160.000 €	160.000 €
§ 3 Nr. 40 d EStG	-	-	./. 2.000 €	./. 2.000 €
§ 15 Abs. 1 S. 1 Nr. 3 EStG	**160.000 €**	**155.250 €**	158.000 €	158.000 €
GewSt der A-KGaA				
zvE der KGaA	30.500 €	35.250 €	35.250 €	35.250 €
§ 8 Nr. 4 GewStG	160.000 €	155.250 €	160.000 €	155.250 €
Gewerbeertrag der A-KGaA	190.500 €	190.500 €	**195.250 €**	190.500 €

964 Das körperschaftsteuerliche zu versteuernde Einkommen der KGaA ist bei der traditionellen intransparenten Betrachtung deshalb niedriger als nach den anderen Auffassungen, weil sie die 95%ige Dividendenfreistellung des § 8b KStG vollständig auf die KGaA anwendet, zugleich aber den Abzug nach § 9 Abs. 1 Nr. 1 KStG vom handelsrechtlichen Jahresüberschuss bemisst und die Dividenden auf diesem Wege letztlich zu 145% in Abzug bringt. Hierdurch ergibt sich ein Besteuerungsmissverhältnis zwischen Körperschaftsteuer der KGaA und Einkommensteuer des Komplementärs (vgl. hierzu bereits kritisch § 9 II 1b). Gewerbesteuerlich wird

Bemerkenswert ist zunächst, dass der Gewerbeertrag nur bei der traditionellen transparenten Betrachtung erhöht ist. Dies ist darin begründet, dass die Dividenden teilweise auf Ebene der KGaA und teilweise auf Ebene des Komplementärs nach den jeweils einschlägigen Normen (§ 8b KStG/ § 3 Nr. 40 lit. d EStG) freigestellt werden. Die Freistellung auf Ebene des Komplementärs findet aber durch die Anknüpfung des § 8 Nr. 4 GewStG an den Abzugsbetrag nach § 9 Abs. 1 Nr. 1 KStG keine gewerbesteuerliche Entsprechung. Die Hälfte der Dividende unterliegt daher gewerbesteuerrechtlich überhaupt keiner Freistellung.

Demgegenüber unterliegen die Dividenden nach den drei anderen Auffassungen nur in Höhe von 5% der Gewerbesteuer. Durch das System der §§ 8b, 9 Abs. 1 Nr. 1 KStG und § 8 Nr. 4 GewStG wird nach diesen Auffassungen die KGaA gewerbesteuerrechtlich so gestellt, als habe insgesamt sie und nicht teilweise auch der Komplementär die Dividenden bezogen.

Somit ist an dieser Stelle zunächst festzuhalten, dass keine der vier Betrachtungsweisen die für die jeweiligen Besteuerungssphären geltenden Freistellungsnormen auf Ebene der Gewerbesteuer berücksichtigt.

Eine Lösung ergäbe sich für die transparente Betrachtung indes durch die Anwendung des § 9 Nr. 2a GewStG. Diese Norm könnte die bisher fehlende Steuerfreistellung für die Sphäre des Komplementärs gewerbesteuerrechtlich umsetzen. Nach § 9 Nr. 2a GewStG sind Gewinne aus Anteilen an inländischen Kapitalgesellschaften, aus der Summe des Gewinns und der Hinzurechnungen zu kürzen, wenn die Beteiligung am Grund- oder Stammkapital mindestens 15% beträgt. Wäre § 9 Nr. 2a GewStG anwendbar, so würden die auf den Komplementär entfallenden, in der Hinzurechnung nach § 8 Nr. 4 GewStG enthaltenen Dividenden in Höhe von 5.000 € aus dem Gewerbeertrag der KGaA gekürzt. Im Ergebnis würden die Dividenden nur noch insoweit der Gewerbesteuer unterliegen, als die nicht abziehbaren Betriebsausgaben nach § 8b Abs. 5 KStG (500 €) auf die KGaA selbst entfielen (250 €). Dies wäre, gemessen am Gedanken der Transparenz, wonach für die KGaA jeweils anteilig die einschlägigen Vorschriften anzuwenden sind, das folgerichtige Ergebnis.

	Intransparente Betrachtung	**Modifizierte intransparente Betrachtung**	**Transparente Betrachtung**	**Modifizierte transparente Betrachtung**
zvE der KGaA	30.500 €	35.250 €	35.250 €	35.250 €
§ 8 Nr. 4 GewStG	160.000 €	155.250 €	160.000 €	155.250 €
§ 9 Nr. 2a GewStG	-	-	**./. 5.000 €**	-
Gewerbeertrag der A-KGaA	190.500 €	190.500 €	**190.250 €**	190.500 €

dieser partiell „doppelte" Abzug aber durch die spiegelbildliche Hinzurechnung nach § 8 Nr. 4 KStG ausgeglichen.

Für alle anderen Auffassungen kommt eine Anwendung des § 9 Nr. 2a GewStG von vornherein nicht in Betracht, weil nach § 9 Nr. 2a S. 4 GewStG die nicht abziehbaren Betriebsausgaben nach § 8b Abs. 5 KStG keine Gewinne im Sinne des § 9 Nr. 2a S. 1 GewStG sind; nur diese 5% der Dividenden sind aber im Gewerbeertrag vor Anwendung des § 9 Nr. 2a GewStG noch enthalten.

Allerdings kann § 9 Nr. 2a GewStG *de lege lata* auch auf die transparente Betrachtung nicht angewendet werden. Zwar handelt es sich im Beispielsfall um eine 100%ige Tochtergesellschaft, so dass die für § 9 Nr. 2a GewStG erforderliche Beteiligungsquote erreicht wäre. Allerdings müssen die Dividenden, um nach § 9 Nr. 2a GewStG in Abzug gebracht werden zu können, auch „bei Ermittlung des Gewinns (§ 7) angesetzt worden" sein. Der Gewinn im Sinne des § 7 GewStG ist der nach den Vorschriften des Körperschaftsteuergesetzes ermittelte Gewinn aus Gewerbebetrieb[965] der KGaA. In diesem sind die Dividenden durch den Abzug des § 9 Abs. 1 Nr. 1 KStG aber gerade nicht mehr enthalten. Den Gewerbeertrag, der die Dividenden wegen der Hinzurechnung nach § 8 Nr. 4 GewStG wieder enthalten würde, nimmt § 9 Nr. 2a GewStG aber gerade nicht in Bezug[966].

Da § 9 Nr. 2a GewStG somit nicht anwendbar ist, bleibt es dabei: Schachteldividenden unterliegen der Gewerbesteuer nach den intransparenten Besteuerungskonzepten und der modifizierten transparenten Betrachtung insoweit, als wären sie nur der KGaA selbst, nicht aber dem Komplementär zuzurechnen. An dieser Stelle wäre zwar denkbar, die Dividende für die gewerbesteuerrechtliche Zwecke allein dem Betrieb der KGaA und damit einer Kapitalgesellschaft zuzurechnen. Denn jedenfalls ist die KGaA alleinige Schuldnerin der Gewerbesteuer (vgl. § 14 I).

M.E. bleibt die KGaA aber auch für die Gewerbesteuer eine hybride Rechtsform, wenngleich nur der einheitliche Betrieb der KGaA Objekt der Gewerbesteuer ist. Der Gesetzgeber hat jüngst durch die Einführung des § 50d Abs. 11 EStG zu verstehen gegeben, dass Dividendenfreistellungen nur insoweit gewährt werden sollen, als derjenige, dem die Zahlung zuzurechnen ist, die Voraussetzungen der Freistellung in eigener Person erfüllt. § 8b Abs. 5 KStG mit der Folge der nichtabziehbaren Betriebsausgaben darf sich über § 7 GewStG somit auch gewerbesteuerrechtlich nur auswirken, soweit die Dividenden einer Körperschaft zuzurechnen sind. Da die Dividende anteilig dem Komplementär zuzurechnen ist, halte ich eine Anwendung des § 9 Nr. 2a GewStG auf die in § 8 Nr. 4 GewStG enthaltenen Dividenden für folgerichtig. Ohne eine gesetzliche Änderung ist dies indes nicht möglich. § 9 Nr. 2a GewStG sollte anstelle des „Gewinns (§ 7)" *de lege ferenda* entsprechend des

---

965 *Montag*, in; Tipke/Lang, Steuerrecht[22], 2015, § 12 Rn. 18.

966 BFH v. 4.12.2012 – I R 42/11, BFH/NV 2013, 589 ist nicht in diesem Sinne zu verstehen. Für die Kürzung nach § 9 Nr. 2b KStG kommt es zum einen darauf an, dass bei der KGaA eine tatsächliche Hinzurechnung nach § 8 Nr. 4 GewStG stattgefunden hat und zum anderen darauf, dass die Gewinnanteile einer KGaA „bei der Ermittlung des Gewinns (§ 7) [Anm.: des Komplementärs] angesetzt worden sind".

Einleitungssatzes zu § 9 GewStG „die Summe des Gewinns und der Hinzurechnungen" in Bezug nehmen.

b) Geschäftsführungsvergütungen

Der BFH hat entschieden, dass unter § 8 Nr. 4 GewStG alle Arten von Vergütungen fallen, die der Komplementär als Gegenleistung für seine aktuelle oder frühere Geschäftsführung erhält; auszugrenzen seien lediglich Auslagen- und Aufwendungsersatz[967]. Gleichzeitig entschied er auch, dass die entgegenstehenden Ausgaben des Komplementärs (in der Rechtsform einer Kapitalgesellschaft), die im dadurch entstehen, dass er seine Aufgaben auf einen Fremdgeschäftsführer überträgt, keinen Einfluss auf die Höhe der Hinzurechnung nach § 8 Nr. 4 KStG haben[968].

Diese Erwägungen stehen jedoch im Widerspruch zur bereits dargelegten Korrekturfunktion des § 9 Abs. 1 Nr. 1 KStG (vgl. § 13). Dass § 9 Abs. 1 Nr. 1 KStG und § 8 Nr. 4 GewStG angesichts des nahezu identischen Wortlauts und des offensichtlichen Bezugs aufeinander einheitlich ausgelegt werden müssen, steht außer Frage (vgl. § 14 II 1). Berücksichtigt man jedoch die Tatsache, dass der nach § 9 Abs. 1 Nr. 1 KStG abzuziehende Betrag nur dann widerspruchsfrei und konsistent bestimmt werden kann, wenn *sämtliche* Vergütungen (und zwar nicht nur Vergütungen für die Überlassung von Wirtschaftsgütern, sondern auch im Leistungsaustausch vereinbarte Geschäftsführungsvergütungen), die bei der KGaA bereits Betriebsausgaben im Sinne des § 4 Abs. 4 EStG iVm. § 8 Abs. 1 KStG darstellen, nicht unter den Abzugstatbestand fallen, dann greift die Rechtsprechung des BFH zur Spiegelbildnorm des § 8 Nr. 4 GewStG zu weit. Es mag zwar unter fiskalischen Gesichtspunkten wünschenswert sein, dass alle Geschäftsführungsvergütungen des Komplementärs einmal der Gewerbesteuer unterliegen. § 8 Nr. 4 GewStG bietet für die Hinzurechnung von Geschäftsführungsvergütungen, die wegen ihrer Eigenschaft als originäre Betriebsausgaben nicht unter § 9 Abs. 1 Nr. 1 KStG fallen aber – ebenso wenig wie für die Hinzurechnung von Vergütungen für die Überlassung von Wirtschaftsgütern – keine hinreichend bestimmte Rechtsgrundlage[969].

2. Kürzung nach § 9 Nr. 2b KStG

Ist der Komplementär, etwa als Kapitalgesellschaft, selbst gewerbesteuerpflichtig, so sind „die *nach § 8 Nr. 4* dem Gewerbeertrag einer Kommanditgesellschaft auf Aktien hinzugerechneten Gewinnanteile, wenn sie bei der Ermittlung des Gewinns (§ 7) angesetzt worden sind", bei der Ermittlung des Gewerbeertrags des Komplementärs nach § 9 Nr. 2b GewStG zu kürzen. Dass § 9 Nr. 2b GewStG betragsmäßig mit § 8

967 BFH v. 31.10.1990 – I R 32/86, BStBl. II 1991, 253.

968 BFH v. 6.10.2009 – I R 102/06, BFH/NV 2010, 462.

969 *Fischer*, DStR 1997, 1519, 1520; *Frankenheim*, Die Ertrags- und Substanzbesteuerung der KGaA, 1994, S. 117 ff., der zwischen gewinnabhängigen und gewinnunabhängigen Vergütungen differenziert.

Nr. 4 GewStG identisch sein muss, ist angesichts des klaren Wortlauts unumgänglich[970]. Für die Kürzung kommt es auf den tatsächlich[971] nach § 8 Nr. 4 GewStG hinzugerechneten Betrag an. War die Hinzurechnung (fälschlicherweise) zu niedrig, so beschränkt sich auch die Kürzung auf den zu niedrigen Betrag[972].

Durch § 9 Nr. 2b GewStG soll erreicht werden, dass der Gewinnanteil des Komplementärs nach § 9 Abs. 1 Nr. 1 KStG nur einmal einer gewerbesteuerlichen Belastung ausgesetzt wird[973]. Die Kürzungsvorschrift wurde mit dem Kultur- und Stiftungsförderungsgesetz vom 13.12.1990 ab dem Erhebungszeitraum 1991 eingeführt[974], nachdem es eine jahrelange Diskussion um Doppelbelastung ohne eine entsprechende Kürzung gegeben hatte[975]. Im Gesetzgebungsverfahren war zunächst eine Ergänzung des § 9 Nr. 2 GewStG angedacht worden[976]. Aufgrund der Tatsache, dass die KGaA eine Kapitalgesellschaft ist, wurde auf Vorschlag des Finanzausschusses aber eine eigenständige Regelung getroffen[977].

Unterliegt die KGaA selbst ausnahmsweise nicht der Gewerbesteuer, etwa weil sie nach § 3 GewStG von der Gewerbesteuer befreit ist, kommt eine Kürzung nach

---

970 BFH v. 6.10.2009 – I R 102/06, BFH/NV 2010, 462, 464 („gewissermaßen eine Spiegelbildlichkeit"); *Bielinis*, Die Besteuerung der KGaA, 2013, S. 294; *Gosch*, FR 1991, 345, 347; *Hageböke*, Das KGaA-Modell, 2008, S. 95; *Herlinghaus*, EFG 2006, 1927; *Schaumburg*, DStZ 1998, 525, 534. **A.A.** für die modifizierte transparente Betrachtung *Kollruss*, BB 2012, 3178, 3181, *Kollruss*, DStZ 2012, 650, 656 der aufgrund der betragsmäßigen Trennung von § 9 Abs. 1 Nr. 1 KStG und § 15 Abs. 1 S. 1 Nr. 3, 1. Alt. EStG auf gewerbesteuerlicher Ebene auch eine betragsmäßige Unterschiedlichkeit von § 8 Nr. 4 GewStG und § 9 Nr. 2b GewStG postuliert. Diese Auffassung widerspricht aber dem eindeutigen Wortlaut der Norm.

971 BFH v. 4.12.2012 – I R 42/11, BFH/NV 2013, 589.

972 *Roser*, in: Lenski/Steinberg, GewStG[9], § 9 Nr. 2b Rn. 6 (10/2015).

973 BT-Ds. 11/7833, 9; *Hageböke*, Das KGaA-Modell, 2008, S. 95; *Rohrer/Orth*, BB 2007, 1594, 1596.

974 Gesetz zur steuerlichen Förderung von Kunst, Kultur und Stiftungen sowie zur Änderung steuerrechtlicher Vorschriften vom 13.12.1990, BGBl. I 1990, 2775.

975 Der BFH lehnte eine übergesetzliche Kürzung für den Fall einer gewerbesteuerlichen Doppelbelastung mit Urteil v. 23.10.1985 – I R 235/81, BStBl. II 1986, 72, 73 ab. Es bestehe „kein allgemeiner Grundsatz, wonach eine Kürzung bei der Ermittlung des Gewerbeertrags durchzuführen" sei, „soweit es, ohne diese Kürzung, zu einer Doppelerfassung" komme. Zur Diskussion im Schrifttum vgl. *Bacher*, DB 1985, 2117, 2219; *Döllerer*, ZGR 1987, 443, 449 f.; *Hennerkes*, StBJb 1988/1989, 303, 320; *Hennerkes/May*, BB 1988, 2393, 2400; *Hesselmann*, BB 1989, 2344, 2348; *Kußmaul*, wisu 1990, 492, 494; *Schnädter*, FR 1985, 659, 662. Die gesetzliche Regelung war erforderlich, da die Doppelbelastung dem Objektsteuercharakter der Gewerbesteuer nicht widersprach und deshalb im Auslegungswege nicht beseitigt werden konnte, vgl. *Roser*, in: Lenski/Steinberg, GewStG[9], § 9 Nr. 2b Rn. 2 (10/2015).

976 BT-Ds. 11/7833, S. 2, 9. Im Gesetzesentwurf BT-Ds. 11/7584 war die entsprechende Änderung noch nicht enthalten.

977 BT-Ds. 11/8346, S. 10, 22.

§ 9 Nr. 2b GewStG beim Komplementär nicht in Betracht[978]. Diese Rechtsfolge ergibt sich zum einen bereits aus dem Wortlaut der Norm, weil die Gewinnanteile dann nicht nach § 8 Nr. 4 KStG hinzugerechnet worden sind. Zum anderen deckt sich dies mit dem Regelungszweck von § 9 Nr. 2b GewStG, eine drohende gewerbesteuerliche Doppelbelastung von KGaA und Komplementär mit ein und demselben Gewinnanteil auszuschließen.

Dividenden auf Kommanditaktien werden von § 9 Nr. 2b GewStG nicht erfasst[979]. Sie unterliegen nach allgemeinen Vorschriften der Hinzurechnung oder Kürzung nach §§ 8 Nr. 5, 9 Nr. 2a GewStG.

III. Sonderbetriebsergebnis als zufälliger Gewerbeertrag?

Die Gewerbesteuerbelastung des Sonderbetriebsvermögens des Komplementärs soll davon abhängen, ob der Komplementär selbst einer eigenen Gewerbesteuerpflicht unterliegt.

1. Keine Gewerbesteuerpflicht des Komplementärs

Ist der Komplementär einer KGaA selbst nicht gewerbesteuerpflichtig (vgl. zum Grundsatz § 14 I 2), so sollen die Vergütungen, die er von der Gesellschaft für die Hingabe von Darlehen und die Überlassung von Wirtschaftsgütern erhält, nicht der Gewerbesteuer unterliegen[980]. Sie werden von der Hinzurechnung des § 8 Nr. 4 GewStG nicht erfasst[981] (vgl. zum Umfang der Hinzurechnung § 14 II 1). Stattdessen kommt nur eine partielle Erfassung über § 8 Nr. 1 lit. a, d oder e GewStG in Betracht[982]. Auch Sonderbetriebsausgaben des Komplementärs wirken sich gewerbesteuerlich nicht aus[983]. Dieser Umstand wird damit begründet, dass der

978 BFH v. 4.12.2012 – I R 42/11, BFH/NV 2013, 589; ebenso in der Vorinstanz FG Münster v. 6.4.2011 – 9 K 1046/09 G,F, EFG 2011, 2000; *Roser*, in: Lenski/Steinberg, GewStG⁹, § 9 Nr. 2b Rn. 2 (10/2015).

979 *Bielinis*, Die Besteuerung der KGaA, 2013, S. 295; *Gosch*, in: Blümich, EStG/KStG/GewStG, § 9 GewStG Rn. 202 (11/2012).

980 *Fischer*, DStR 1997, 1519, 1521; *Gehrke*, Die Stiftung & Co. KGaA, 2007, S. 28; *Kollruss*, Die Wirtschaftsprüfung 2005, 1040, 1046; *Sauter*, Die Gewinnverwendung in der kapitalistischen KGaA, 2008, S. 38; R 8.2 GewStR 2009; *Frankenheim*, Die Ertrags- und Substanzbesteuerung der KGaA, 1994, S. 122 f.

981 *Ammenwerth*, Die KGaA, 1997, S. 147 f; *Frankenheim*, Die Ertrags- und Substanzbesteuerung der KGaA, 1994, S. 122; *Kollruss*, GmbHR 2003, 709; *Renz*, Die Besteuerung der GmbH & Co. KGaA, 2006, S. 93; *Rohrer/Orth*, BB 2007, 1594, 1596; *Schaumburg*, DStZ 1998, 525, 536; *Theisen*, DB 1989, 2191, 2194.

982 BFH v. 28.11.2007 – X R 6/05, BFH/NV 2008, 459, 460; R 8.2 GewStR 2009; *Deutschländer*, StBP 2013, 307, 308; *Hesselmann*, BB 1989, 2344, 2348; *Sauter*, Die Gewinnverwendung in der kapitalistischen KGaA, 2008, S. 38; *Schaumburg*, DStZ 1998, 525, 536; *Schaumburg/Schulte*, Die KGaA, 2000, Rn. 125.

983 *Hageböke*, Das KGaA-Modell, 2008, S. 85.

Sonderbetriebsbereich nur für den Komplementär, nicht aber für die Gesellschaft bestehe[984].

Insgesamt ergibt sich ein erheblicher Unterschied zur klassischen Mitunternehmerschaft. Bei der Personengesellschaft unterliegt auch das Sonderbetriebsergebnis des Mitunternehmers der Gewerbesteuer der Gesellschaft[985].

2. Eigene Gewerbesteuerpflicht des Komplementärs

Unterliegt der Komplementär hingegen selbst der Gewerbesteuer, wie es etwa bei der kapitalistischen KGaA stets der Fall ist, so werden zwar die nach § 8 Nr. 4 GewStG hinzugerechneten Beträge nach § 9 Nr. 2b GewStG wieder aus der Gewerbesteuer-Bemessungsgrundlage gekürzt. Im Gewerbeertrag des Komplementärs ist aber auch ein etwaiger Sonderbetriebsgewinn enthalten, den der Komplementär dadurch erzielt hat, dass er der Gesellschaft im Leistungsaustausch gegenübergetreten ist. Das Sonderbetriebsergebnis des Komplementärs einer KGaA wird somit nur dann „zufällig" gewerbeversteuert, wenn dieser selbst, aus außerhalb der Komplementäreigenschaft liegenden Gründen, der Gewerbesteuer unterliegt[986]. Zwar hat der Komplementär in diesem Fall auch die Möglichkeit, die Gewerbesteuerlast durch Sonderbetriebsausgaben zu mindern, was dem nicht gewerbesteuerpflichtigen Komplementär verwehrt ist[987]. *In summa* ist seine steuerliche Belastung durch die gleichen wirtschaftlichen Vorgänge aber regelmäßig höher als die des nicht selbst gewerbesteuerpflichtigen Komplementärs.

3. Sonderbetriebsergebnis als Teil des Gewerbeertrags

Es ist also festzustellen, dass der gleiche wirtschaftliche Vorgang, nämlich die Existenz von Sondervergütungen beim gewerbesteuerpflichtigen Komplementär zu einer anderen Besteuerung führt, als beim nicht selbst gewerbesteuerpflichtigen Komplementär. Es wäre wohl zu hoch gegriffen, diesen Unterschied am Gleichheitsgedanken messen zu wollen[988]. Die Einbeziehung des Sonderbetriebsergebnisses des Komplementärs in den Gewerbeertrag der KGaA entspräche aber sowohl der

---

984 *Kollruss*, Die Wirtschaftsprüfung 2005, 1040, 1042.

985 Nach *Renz*, Die Besteuerung der GmbH & Co. KGaA, 2006, S. 93 ist diese Besserstellung nicht nachvollziehbar.

986 *Rohrer/Orth*, BB 2007, 1594, 1596, 1598.

987 Zu den Konsequenzen bei Sonderbetriebsausgaben in gleicher oder übersteigender Höhe, vgl. BFH v. 6.10.2009 – I R 102/06, BFH/NV 2010, 462; ebenso in der Vorinstanz FG Köln v. 17.8.2006 – 6 K 6170/03, EFG 2006, 1923, 1926; *Bielinis*, Die Besteuerung der KGaA, 2013, S. 301 ff.; *Roser*, in: Lenski/Steinberg, GewStG[9], § 9 Nr. 2b Rn. 7 (10/2015).

988 Die (fehlende) Gewerbesteuerpflicht dürfte ein hinreichendes Differenzierungskriterium darstellen, so dass in diesem Sinne keine vergleichbaren Sachverhalte vorliegen.

folgerichtigen Umsetzung der Besteuerung zumindest „wie“ ein Mitunternehmer, als auch der Eigenschaft der Gewerbesteuer als Objektsteuer[989].

Abbildung 19: Gewerbeertrag der KGaA.

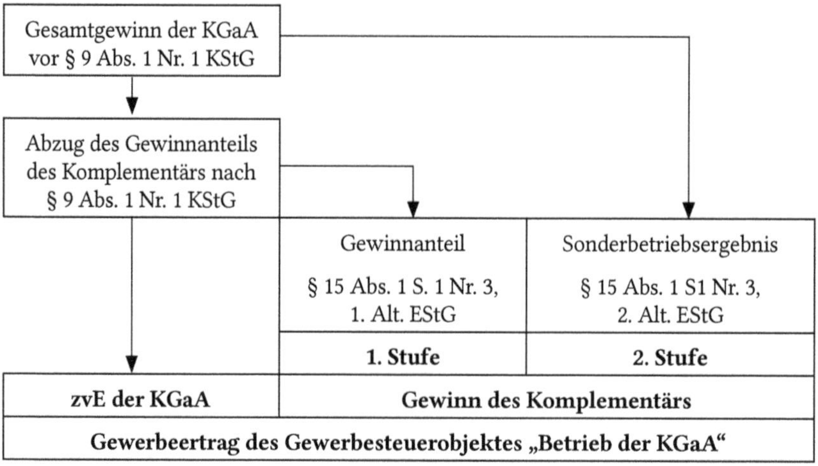

a) Die Hinzurechnung des Sonderbetriebsergebnisses bei der Personengesellschaft als klassische Mitunternehmerschaft

Die gewerbesteuerrechtliche Erfassung des Sonderbetriebsergebnisses von Personengesellschaften ist nicht unproblematisch[990]. Der Gewerbeertrag leitet sich vom nach den Vorschriften des Einkommensteuergesetzes ermittelten Gewinn der Gesellschaft ab. *Auf Gesellschaftsebene* haben Sondervergütungen an den Gesellschafter den Gewinn der Gesellschaft indes gemindert. Da auch die Hinzurechnungsvorschrift des § 8 GewStG keine Anordnung enthält, das Sonderbetriebsergebnis hinzuzurechnen, kann eine Erfassung nur erfolgen, wenn auch der Sonderbereich Bestandteil des „Gewinns aus Gewerbebetrieb“ im Sinne des § 7 Abs. 1 GewStG ist.

(a) Die Hinzurechnung von Sondervergütungen zum Gewerbeertrag

Seit Erlass des Einkommensteuergesetzes 1934 sind die Vergütungen, die ein Mitunternehmer von seiner Gesellschaft für die Hingabe von Darlehen oder die Überlassung von Wirtschaftsgütern erhält, nach § 15 Abs. 1 S. 1 Nr. 2 EStG Einkünfte aus Gewerbebetrieb. Der Gesetzgeber fasste somit Einkünfte aus Kapitalvermögen bzw. Vermietung und Verpachtung unter die Einkünfte aus Gewerbebetrieb. Diese

989 Zum Objektsteuercharakter, sh. Fn. 365.
990 Kritisch insbesondere *Keuk*, StuW 1974, 1, 37.

Erweiterung des Einkünftetatbestandes war historisch seinerzeit ausschließlich durch gewerbesteuerrechtliche Überlegungen bedingt[991]. So hieß es in der amtlichen Begründung zum Einkommensteuergesetz 1934[992]:

> „die Einbeziehung der Vergütungen an Gesellschafter einer offenen Handelsgesellschaft oder einer Kommanditgesellschaft für die Hingabe von Darlehen oder für die Überlassung von Wirtschaftsgütern ist durch die Rücksichtnahme auf das kommende reichsrechtliche Gewerbesteuergesetz veranlaßt."

Die Erfassung dieser Vergütungen sollte dazu dienen, Umgehungen der Gewerbesteuer beispielsweise durch die Zurückbehaltung und Vermietung von Grundstücken an die Gesellschaft, zu verhindern[993]. Denn hinsichtlich der laufenden Erträge war es einkommensteuerrechtlich gleich, ob es sich bei diesen Einkünften um solche aus § 15 EStG oder um solche aus einer anderen Einkunftsart handelte[994]. Die Figur der Sondervergütungen war somit ausschließlich dadurch motiviert, eine gewerbesteuerliche Angleichung an den Einzelunternehmer herbeizuführen[995], der keinen Vertrag über die Überlassung von Wirtschaftsgütern mit sich selbst schließen und die Gewerbesteuer so umgehen konnte[996].

In Ergänzung des § 15 Nr. 2 EStG a.F. enthielt die Erste Verordnung zur Durchführung des GewStG[997] zu § 7 des Gesetzes die Regelung (§ 14 Abs. 1 S. 2 GewStDV):

> „Bei Personengesellschaften gehören zum Gewinn auch die Vergütungen, die der Gesellschafter von der Personengesellschaft für seine Tätigkeit im Dienst der Gesellschaft oder für die Hingabe von Darlehen oder die Überlassung von Wirtschaftsgütern bezogen hat."

Die Erweiterung des Gewerbeertrags auch auf Sondervergütungen war somit eindeutig geregelt. Insbesondere hinsichtlich der Hinzurechnung von Tätigkeitsvergütungen war die gesetzgeberische Entscheidung zur Erfassung von

---

991 *Crezelius*, FR 2013, 1065, 1067; *Prinz*, FR 2010, 736, 742; *Knobbe-Keuk*, Bilanz- und Unternehmenssteuerrecht[9], 1993, § 9 I 2 b: „sozusagen als gewerbesteuerliche Hinzurechnungsvorschrift gedacht"; *Kruse*, DStJG 2 (1979), 37, 62: „der Sache nach eine gewerbesteuerliche Hinzurechnungsvorschrift".

992 RStBl. 1935, 33, 42.

993 *Schön*, StuW 1996, 275, 284. Zur Rechtsfertigung des Sonderbetriebsvermögens vgl. auch *G. Söffing*, Die Besteuerung der Mitunternehmer[5], 2005, Rn. 594 ff.

994 Nach *Keuk*, StuW 1974, 1, 34 besteht für eine Umqualifizierung kein materieller einkommensteuerlicher Grund.

995 Zur Aufgabe der generellen Gleichbehandlungsthese durch den Großen Senat, vgl. BFH v. 25.2.1991 – GrS 7/89, BStBl. II 1991, 691; die These gilt nunmehr nur noch, „soweit das Gesetz eine solche Gleichstellung zulässt". Zur Gleichstellung mit dem Einzelunternehmer als Rechtfertigung von Sondervergütungen vgl. *Hallerbach*, in: Söffing, Besteuerung der Mitunternehmer[5], 2005, Rn. 901.

996 Zum Missbrauchsvermeidungszweck vgl. *Schnädter*, FR 1985, 659, 661.

997 Erste GewStDV v. 26.2.1937, RGBl. I 1937, 257.

Sondervergütungen im Gewerbeertrag sicherlich angreifbar[998]. Im Vergleich zu den (klassischen) Kapitalgesellschaften, bei denen Tätigkeitsvergütungen an die Gesellschafter das gewerbesteuerliche Substrat mindern, hätte es nahegelegen, Tätigkeitsvergütungen auch bei Personengesellschaften zum Abzug zuzulassen. Da der Wortlaut der Norm eindeutig war, waren die Besteuerungsfolgen im Ergebnis aber hinzunehmen.

Mit der Dritten Verordnung zur Durchführung des GewStG vom 31.1.1940[999] entfiel die Regelung zur Hinzurechnung der Sondervergütungen sodann ohne Begründung. Keuk äußerte die Vermutung, es könne sich hierbei schlicht um ein Versehen gehandelt haben. Sie ging davon aus, dass es seither an einer Rechtsgrundlage für eine Hinzurechnung zur Gewerbesteuer fehle[1000]. Dies soll jedoch nicht für Vergütungen für betriebsleitende, geschäftsführende Tätigkeiten gelten, weil diese Hinzurechnung einer Gleichstellung mit dem den Gewerbebetrieb leitenden Einzelunternehmer diene. Sie seien somit bereits aus diesem Gedanken Teile des Gewinns der Gesellschaft[1001]. Dieser Argumentation folgend bestünde heute somit nur für die für betriebsleitende, geschäftsführende Tätigkeitsvergütung des Gesellschafters eine Möglichkeit zur Erfassung im Gewerbeertrag. Für sonstige Vergütungen würde eine Hinzurechnungsmöglichkeit fehlen.

(b) Die Hinzurechnung des Sonderbetriebsergebnisses zum Gewerbeertrag

Nicht außer Betracht bleiben darf bei diesem Befund jedoch, dass sich zwischenzeitlich das steuerrechtliche Subsystem des Sonderbetriebsvermögens herausgebildet hat. Seither umfasst das sich hieraus ergebende Sonderbetriebsergebnis auch die sonstigen Vergütungen.

Es dürfte unstreitig sein, dass die Annahme eines Sonderbetriebsvermögens neben dem Betriebsvermögen der Gesamthand über den Wortlaut des § 15 Abs. 1 S. 1 Nr. 2 EStG hinausgeht[1002]. Die Idee eines Sonderbetriebsvermögens entwickelte sich ursprünglich aus einem praktischen Bedürfnis: § 15 Abs. 1 S. 1 Nr. 2 EStG vernachlässigte und vernachlässigt in seinem Wortlaut bis heute die Ausgabenseite[1003]. Nach dem objektiven Nettoprinzip war es aber erforderlich, eine

---

998 *Keuk*, StuW 1974, 1, 26 ff.

999 RGBl. I 1940, 284, 286. § 17 Abs. 1 GewStDV stimmte mit § 14 Abs. 1 GewStDV überein, enthielt aber keinen Satz 2 mehr.

1000 *Keuk*, StuW 1974, 1, 37.

1001 *Keuk*, StuW 1974, 1, 31 f.

1002 Insoweit sogar *Woerner*, BB 1975, 645, 645, 646 („von der Einbeziehung der im Eigentum der Gesellschafter stehenden [...] Wirtschaftsgüter [...] ist im Gesetz nicht ausdrücklich die Rede“ und „“wird man sicher einräumen müssen, daß sich auch die nunmehr [...] entwickelte Konstruktion nicht in allen Beziehungen bereits beim schlichten Lesen des Gesetzestextes erschließt.“). Nach *Mathiak*, DStR 1989, 661, 667 ist das Sonderbetriebsvermögen eine „Überinterpretation“ des § 15 Abs. 1 Nr. 2 EStG durch die Rechtsprechung.

1003 *Keuk*, StuW 1974, 1, 32.

Berücksichtigungsmöglichkeit für die den gewerblichen Einnahmen gegenüberstehende Ausgaben zu finden. Da eine spezialgesetzliche Regelung zur Gewinnermittlung – entsprechend §§ 16, 17 EStG – in § 15 EStG fehlte[1004], stellte sich seit der Erweiterung der Norm die Frage nach einer Form der „Gewinnermittlung" nach §§ 4 ff. EStG auf Ebene des Gesellschafters. Die Diskussion betraf zunächst nur die Sondervergütungen und die hiermit im Zusammenhang stehenden Aufwendungen[1005]. Geprägt von der erst kurz zuvor aufgegebenen Bilanzbündeltheorie entwickelte sich sodann die Annahme des Erfordernisses einer eigenen Bilanz mit einem eigenen Betriebsvermögen[1006]. Die Folge war, neben der Erhöhung des gewerbesteuerlichen Substrats[1007], auch die Herbeiführung von Steuerverhaftungen hinsichtlich der vom Gesellschafter überlassenen Wirtschaftsgüter[1008].

Die argumentative Basis für die Annahme steuerrechtlichen Sonderbetriebsvermögens war, insbesondere angesichts der weitreichenden Besteuerungsfolgen, ausgesprochen dünn. Es gab weder eine entsprechende Anordnung im Gesetz, noch stellte eine wie auch immer geartete Angleichung an den Einzelunternehmer ein verfassungsrechtliches Gebot dar, weil insoweit sachlich verschiedene Vorgänge vorliegen[1009]. Auch die seinerzeit von Woerner[1010] vorgetragenen Argumente zur Logik des Gesetzes und zur Förderung der Rechtssicherheit waren wohl nicht unzweifelhaft geeignet, eine derart einschneidende steuerliche Mehrbelastung zu tragen. Nichtsdestotrotz setzte sich die Annahme eines Sonderbetriebsvermögens mit einer eigenen Sonder-Gewinn-und-Verlustrechnung neben dem Gesamthandsbereich auch in der Rechtsprechung durch[1011].

Schlussendlich wurde das Sonderbetriebsvermögen auch durch den Gesetzgeber anerkannt[1012]. Angesichts der Regelungen der §§ 4 h Abs. 2 lit. c, 6 Abs. 5, 50d Abs. 10, 50 i Abs. 2 EStG, in denen die Existenz eines Sonderbetriebsvermögens

---

1004 *Keuk*, StuW 1974, 1, 33.

1005 Zur Offenheit der gesetzlichen Regelung bzgl. der Art der Gewinnermittlung vgl. *Meßmer*, StbJb 1972/1973, S. 127, 200.

1006 *Keuk*, StuW 1974, 1, 32; *v. Zezschwitz*, FR 1972, 270, 275: „hinsichtlich der bezogenen Sondervergütungen und des überlassenen Sonderguts [... *muss*...] ein Betriebsvermögensvergleich stattfinden". Zur Bilanzbündeltheorie vgl. *Knobbe-Keuk*, Bilanz- und Unternehmenssteuerrecht[9], 1993, § 9 I 1 und *Meßmer*, StbJb 1972/1973, S. 127.

1007 *Crezelius*, FR 2013, 1065, 1069.

1008 Zur Erfassung von Veräußerungsgewinnen vgl. erstmals BFH v. 29.9.1971 – I R 161/68, BStBl. II 1972, 118.

1009 *Keuk*, StuW 1974, 1, 36.

1010 *Woerner*, BB 1975, 645, 646 f.

1011 Statt aller BFH v. 5.7.1972 – I R 230/70, BStBl. II 1972, 928; v. 10.1.1973 – I R 114/71, BStBl II 1973, 238; v. 19.6.1973 – I R 201/71, BStBl. II 1973, 706; v. 24.4.1975 – IV R 115/73, BStBl. II 1975, 580.

1012 *Keuk*, StuW 1974, 1, 35 Note 199a verstellte sich indes nicht der Möglichkeit einer gesetzlichen Kodifikation des Sonderbetriebsvermögens. Sie zog dies gar einer seinerzeit geplanten Regelung in § 14 Abs. 1 Nr. 2 EStG 1975 vor.

vorausgesetzt wird, lässt sich nunmehr nicht mehr verneinen, dass es ein Sonderbetriebsvermögen des Gesellschafters neben der Gesamthand gibt – wenngleich es ursprünglich keine Rechtsgrundlage hierfür gegeben haben mag.

Dies hat indes unmittelbare Folgewirkungen für die Einbeziehung des Sonderbetriebsergebnisses in den Gewerbeertrag. Denn seit der Aufgabe der Bilanzbündeltheorie[1013] steht fest, dass der Gesellschafter keinen eigenen Gewerbebetrieb belastet mit den Rechten der Mitgesellschafter führt. Der Gesellschafter ist stattdessen Teil eines einheitlichen Gewerbebetriebs. Da die Annahme gewerblicher Einkünfte aber die Existenz eines Gewerbebetriebs voraussetzt, sind die gewerblichen Einkünfte aus dem Sonderbetriebsbereich notwendig Teil eines einheitlichen Gewerbebetriebs der Mitunternehmerschaft.

(c) Der zweistufige Gewerbeertrag der Mitunternehmerschaft

Für Personengesellschaften ist mittlerweile anerkannt, dass Sonderbetriebsergebnisse im Rahmen der zweistufigen Gewinnermittlung in den Gewerbeertrag nach § 7 GewStG einzubeziehen sind[1014]. Die Einbeziehung des Sonderbetriebsergebnisses wird aus der allgemeinen Aussage abgeleitet, dass der Gesamtgewinn der Personengesellschaft als Mitunternehmerschaft freilich auch das Sonderbetriebsergebnis der Mitunternehmer enthalte[1015]. Durch § 15 Abs. 1 S. 1 Nr. 2, 2. Alt. EStG soll diese Einbeziehung im Wortlaut des Gesetzes hinreichend Ausdruck gefunden haben[1016]. Der Große Senat des BFH[1017] führt zur Einbeziehung des Sonderbetriebsvermögens in den Gewerbeertrag aus:

> „Bestätigt wird dieser Zusammenhang auch durch die Vorschrift des § 7 GewStG, nach der für die Ermittlung des Gewerbeertrags von dem nach den Vorschriften des EStG oder KStG zu ermittelnden Gewinn aus Gewerbebetrieb auszugehen ist. Damit werden nach ständiger Rechtsprechung des BFH [...] entsprechend der einkommensteuerrechtlichen Handhabung [...] auch die Wirtschaftsgüter des Sonderbetriebsvermögens sowie die Sonderbetriebseinnahmen und die Sonderbetriebsausgaben in die Ermittlung des

---

1013 Zur Bilanzbündeltheorie vgl. *Knobbe-Keuk*, Bilanz- und Unternehmenssteuerrecht[9], 1993, § 9 I 1.

1014 BFH v. 3.5.1993 – GrS 3/92, BStBl. II 1993, 616; ebenso v. 3.2.2010 – IV R 26/07, BStBl. II 2010, 751; Niedersächsisches FG v. 22.5.2013 – 4 K 1/12, EFG 2013, 1855, rkr.; *Deutschländer*, StBP 2013, 307, 308; *Hölzl*, Die Besteuerung der KGaA, 2003, S. 55. Bereits *Keuk*, StuW 1974, 1, 28 ging davon aus, dass Vergütungen im Sinne des § 15 Nr. 2 EStG „nach allgemeiner Auffassung" zum Gewerbeertrag der Gesellschaft rechnen, wenngleich sie sich selbst kritisch äußerte.

1015 Nach *Woerner*, BB 1974, 592, 598 gehört das Sonderbetriebsergebnis zur wirtschaftlichen Ertragskraft des Gewerbebetriebs der Mitunternehmerschaft und ist deshalb zu erfassen.

1016 *Schnädter*, FR 1985, 659, 660.

1017 BFH v. 3.5.1993 – GrS 3 /92, BStBl. II 1993, 616; vgl. auch BFH v. 6.11.1980 – IV R 182/77, BStBl. II 1981, 220; v. 9.4.1981 – IV R 178/80, BStBl. II 1981, 621.

Gewerbeertrags einbezogen. Die Einbeziehung des Sonderbetriebsvermögens in die Ermittlung des Gewinns und des Gewerbeertrags beruht, wie dargelegt [...] auf der Wertung der Gesellschafter als (Mit-)Unternehmer des Betriebs. Wäre dies nach der gewerbesteuerrechtlichen Regelung abweichend von der Rechtslage bei der Einkommensteuer nicht der Fall, so entbehrte die Einbeziehung des Sonderbetriebsvermögens in die Ermittlung des Gewerbeertrags der Rechtsgrundlage [...]. Das Ergebnis wäre nicht sachgerecht. Die Rechtsvorschriften über das Sonderbetriebsvermögen sind Zurechnungsnormen und bewirken, dass regelmäßig alle die Mitunternehmerschaft betreffenden Sachverhalte auch in die Gewinnermittlung der Mitunternehmerschaft einbezogen werden [...]. Dieser sachliche Zusammenhang wäre ohne einleuchtenden Grund für die Gewerbeertragsbesteuerung zerrissen, wollte man bei ihr von der Einbeziehung des Sonderbetriebsvermögens absehen. Der Gesetzgeber hat genau dies nicht gewollt. In der Begründung zum EStG 1934 vom 16.Oktober 1934 [...] wird vermerkt, die Einbeziehung der Vergütungen an Gesellschafter einer OHG oder einer KG für die Hingabe von Darlehen und die Überlassung von Wirtschaftsgütern sei durch die Rücksichtnahme auf das kommende reichsrechtliche GewStG veranlasst. Die auf Grund des § 15 (EStG) getroffenen Ermittlungen sollten unmittelbar für die Feststellung des gewerbesteuerpflichtigen Gewinns verwendet werden."

b) Die Gewerbesteuer als Objektsteuer

Diese Einbeziehung des Sonderbetriebsergebnisses in den Gewerbeertrag entspricht auch dem Charakter der Gewerbesteuer als Objektsteuer[1018]. Die Gewerbesteuer knüpft an die Ertragskraft des Gewerbebetriebes als solchem an[1019], unabhängig davon, in welcher Rechtsform dieser betrieben wird und wem die Erträge zufließen[1020]. Grundvorstellung ist der Betrieb, der mit eigenem Kapital und eigenem Betriebsvermögen wirtschaftet[1021].

Die Ertragskraft eines Unternehmens wird durch den Gewerbeertrag verkörpert[1022]. Gewerbeertrag ist der nach den Vorschriften des EStG oder des KStG zu

---

1018 Zum Objektsteuercharakter, sh. Fn. 365. Bereits das erste länderübergreifende Gewerbesteuergesetz aus dem Jahre 1936 konzipierte die Gewerbesteuer als Objektsteuer, ohne dies näher zu begründen oder infrage zu stellen (vgl. hierzu die Gesetzesbegründung, RStBl. I 1937, 693).

1019 *Köster* in: Lenski/Steinberg, GewStG, § 8 Nr. 1 lit. a Rn. 1 (03/2013). Zu den verfassungsrechtlichen Bedenken in Bezug auf den Äquivalenzgedanken, vgl. *Selder*, FR 2014, 174. Das BVerfG hat die Gewerbesteuer indes bereits mehrfach bestätigt, vgl. zuletzt BVerfG v. 15.1.2008 – 1 BvL 2/04, BVerfGE 120, 1.

1020 *Keuk*, StuW 1974, 1, 28 f; *Knobbe-Keuk*, Bilanz- und Unternehmenssteuerrecht[9], 1993, § 21.

1021 *Selder*, FR 2014, 174.

1022 Die Bemessungsgrundlage wurde ursprünglich durch Gewerbeertrag und Gewerbekapital (sowie die Lohnsumme) bestimmt. Nach dem Wegfall der Lohnsumme (Gesetz zur Änderung des Einkommensteuergesetzes, des Gewerbesteuergesetzes, des Umsatzsteuergesetzes und anderer Gesetze, Steueränderungsgesetz 1979 –

ermittelnde Gewinn aus dem Gewerbebetrieb, vermehrt und vermindert um die gewerbesteuerrechtlichen Hinzu- und Abrechnungen (§ 7 Abs. 1 S. 1 GewStG). Letztere sollen dazu dienen, Faktoren aus der Bemessungsgrundlage auszuscheiden, die die Ertragskraft des Betriebs verfälschen. Sie sind das eigentliche Kennzeichen der Gewerbesteuer als Objektsteuer[1023]. Nach § 8 Nr. 1 lit. a GewStG werden etwa Schuldzinsen teilweise hinzugerechnet, weil es für die Ertragskraft eines Unternehmens nicht darauf ankommt, inwieweit es fremdfinanziert ist[1024]. Auch das Vorhandensein von Betriebsgrundstücken erhöht die Ertragskraft eines Unternehmens selbst dann, wenn sie nicht im Eigentum des Unternehmens stehen, sondern nur gemietet oder gepachtet sind (§ 8 Nr. 1 lit. e GewStG).

An den Gesellschafter gezahlte (Sonder-)Vergütungen mindern den Gesamthandsgewinn der Gesellschaft auch dann, wenn die Leistung des Gesellschafters als Gesellschafterbeitrag einzuordnen ist und die Vergütung somit Sonderbetriebseinnahme ist. Zur Abbildung der objektiven Ertragskraft des Betriebs sind diese Minderungen aber nicht sachgerecht. Denn der Gesellschafter steht nicht außerhalb des Gewerbebetriebes, sondern ist als solcher Teil des Objektes „Gewerbebetrieb". Seine Leistungen an die Gesellschaft sind für die Ertragskraft des Betriebs entscheidend. Es ist daher folgerichtig und entspricht dem Gedanken einer Objektsteuer, die Ertragsminderungen auf Gesellschaftsebene durch Hinzurechnung des Sonderbetriebsergebnisses zu neutralisieren.

Für die Personengesellschaft lässt sich mithin zusammenfassen, dass der Gesetzgeber die Existenz eines Sonderbetriebsvermögens in seinen Willen aufgenommen hat. Das Sonderbetriebsergebnis ist in Ermangelung eines eigenen Gewerbebetriebs des Gesellschafters in den Gewerbeertrag der Personengesellschaft mit einzubeziehen. Durch die Hinzurechnung des Sonderbetriebsergebnisses werden die Gewinnminderungen auf Gesellschaftsebene neutralisiert. Dies entspricht auch dem Charakter der Gewerbesteuer als Objektsteuer.

c) Übertragung auf die KGaA

Diese Gedanken lassen sich unmittelbar auf die Einbeziehung des Sonderbetriebsergebnisses des Komplementärs in den Gewerbeertrag der KGaA übertragen. Angesichts der zu § 15 Abs. 1 S. 1 Nr. 2, 2. Alt. EStG wortgleichen Formulierung in § 15 Abs. 1 S. 1 Nr. 3, 2. Alt. EStG dürfte auch insoweit eine Einbeziehung des Sonderbetriebsergebnisses im Wortlaut des Gesetzes Ausdruck gefunden haben[1025].

StÄndG 1979, v. 30.11.1978, BGBl. I 1978, 1849, 1855) und des Gewerbekapitals (Gesetz zur Fortsetzung der Unternehmenssteuerreform v. 29.10.1997, BGBl. I 1997, 2590, 2592) als Anknüpfungspunkte, richtet sich die Gewerbesteuer heute nur noch nach dem Gewerbeertrag.

1023 *Selder*, FR 2014, 174.

1024 *Köster* in: Lenski/Steinberg, GewStG, § 8 Nr. 1 lit. a Rn. 24 f. (03/2013); *Keuk*, StuW 1974, 1, 29.

1025 Zur Personengesellschaft vgl. *Schnädter*, FR 1985, 659, 660.

Zudem ist auch der Komplementär einer KGaA Mitunternehmer der KGaA oder zumindest wie ein solcher zu behandeln. Ebenso wie der nach der § 9 Abs. 1 Nr. 1 KStG abgezogene Gewinnanteil des Komplementärs zum Gesamtertrag des Objektes „Gewerbebetrieb“ gehört und somit – entsprechend des Objektsteuercharakters – nach § 8 Nr. 4 GewStG wieder hinzuzurechnen ist[1026], sind auch sonstige Gewinnminderungen zu neutralisieren, die nicht von § 8 Nr. 4 GewStG erfasst werden, sofern sie auf einem Gesellschafterbeitrag beruhen. Die Ertragskraft des Gewerbesteuerobjekts „Gewerbebetrieb“ wird durch Sonderleistungsbeziehungen zum Komplementär einer KGaA ebenso wenig berührt wie durch solche zum Gesellschafter einer OHG.

Dass die KGaA als juristische Person ein eigener, vom Komplementär unabhängiger Rechtsträger ist[1027], kann für die Gewerbesteuer als Objektsteuer keine Relevanz haben. Denn zum einen kommt es für die Besteuerung der Ertragskraft eines Betriebes nicht darauf an, in welcher Rechtsform er geführt wird[1028]. Zum anderen kommt auch der Personengesellschaft eine eigene, zumindest partielle Rechtsfähigkeit zu (§ 124 Abs. 1 HGB). Gerade im Bereich der Gewerbesteuer, in der auch die Personengesellschaft als eigenständiger und von den Gesellschaftern unabhängiger Steuerschuldner anzusehen ist (§ 5 Abs. 1 S. 3 GewStG) kann es auf die zivilrechtliche Vollrechtsfähigkeit der KGaA nicht entscheidend ankommen.

Diese Sinnhaftigkeit und Notwendigkeit der Einbeziehung von Sondervergütungen in den Gewerbeertrag lässt sich auch aus der Rechtsprechung des BFH zur KGaA ableiten. So formuliert der I. Senat in einem Urteil vom 8.2.1984[1029]:

Der BFH selbst knüpft damit an die Eigenschaft der Einkünfte als gewerblich im Sinne des § 15 Abs. 1 S. 1 Nr. 3 EStG an und formuliert hieraus die Notwendigkeit, diese Einkünfte der Gewerbesteuer zu unterwerfen.

Meines Erachtens ist die Einbeziehung des Sonderbetriebsergebnisses in den Gewerbeertrag der KGaA[1030] somit Folge sowohl der historischen Entwicklung und des *telos* der Figur des Sonderbetriebsvermögens als auch des Charakters der Gewerbesteuer als Objektsteuer, sowie einzig folgerichtige Umsetzung der Besteuerung des Komplementärs zumindest „wie“ ein Mitunternehmer. Der Komplementär

---

1026 Zum eingeschränkten Umfang des § 8 Nr. 4 GewStG vgl. schon § 14 II 1.

1027 Zur Rechtsfähigkeit der Personengesellschaft zusammenfassend *G. Söffing*, in: Söffing, Besteuerung der Mitunternehmer[5], 2005, Rn. 158 f.

1028 *Keuk*, StuW 1974, 1, 28 f.

1029 BFH v. 8.2.1984 – I R 11/80, BStBl. II 1984, 381, 382.

1030 Ein solcher Vorschlag findet sich bereits bei *Ammenwerth*, Die KGaA, 1997, S. 151, der davon ausgeht, dass § 8 Nr. 4 GewStG in diesem Falle ersatzlos gestrichen werden könnte; ähnlich auch *Renz*, Die Besteuerung der GmbH & Co. KGaA, 2006, S. 93; **a.A.** *Hempe/Siebels/Uhl*, DB 2001, 2268, 2269: Kein Raum für Hinzurechnungen über den nach § 9 Abs. 1 Nr. 1 KStG abgezogenen Betrag hinaus.

der KGaA steht nicht außerhalb des Gewerbebetriebes. Er ist genauso Teil des Gewerbebetriebs der KGaA, wie der OHG-Gesellschafter Teil des Gewerbebetriebes der OHG ist. Der mitunternehmerische Teil der KGaA ist kein eigenständiger, von der KGaA zu trennender Betrieb *sui generis*[1031], sondern gehört zum Gesamt-Gewerbebetrieb der KGaA. Die Mitunternehmerstellung des KGaA-Komplementärs wirkt sich über die Einkommensteuer hinaus aus; besonders deutlich zeigt sich diese Auswirkung bei der Gewerbesteuer[1032].

Die Einbeziehung des Sonderbetriebsergebnisses in das steuerrechtliche Ergebnis der KGaA führt regelmäßig zu gewerbesteuerlichen Mehrbelastungen auf Ebene der KGaA. Im Gegenzug wirken sich hierdurch indes auch Fremdgeschäftsführungskosten und sonstige Aufwendungen als Sonderbetriebsaufwendungen gewerbesteuermindernd aus[1033].

Es würde wohl zu weit gehen, zu behaupten, die Rechtsprechung des BFH[1034], der als Sondervergütungen einzuordnende Geschäftsführungsvergütungen unter § 9 Abs. 1 Nr. 1 KStG und damit auch unter § 8 Nr. 4 GewStG subsumiert, wäre vom Ergebnis her gedacht, um diese der Gewerbesteuer zu unterziehen. Sondervergütungen können indes durch die Einbeziehung des Sonderbetriebsergebnisses in den Gewerbeertrag unabhängig von § 8 Nr. 4 GewStG als Teil des Gewerbeertrags der KGaA berücksichtigt werden. Somit würden sämtliche Vergütungen an den Komplementär entweder nach § 8 Nr. 4 GewStG dem Gewerbeertrag hinzuzurechnen oder wären bereits originär im gewerblichen Gewinn im Sinne des § 7 Abs. 1 GewStG enthalten.

1031 Anders als etwa die stille Gesellschaft, die ein eigenständiges Gewerbesteuersubjekt ist, vgl. *Hageböke*, Das KGaA-Modell, 2008, S. 115.

1032 *Bielinis*, DStR 2014, 769, 773 nennt die Einbeziehung der Gewinnanteile und Sondervergütungen in § 7 Abs. 1 GewStG als notwendige Folge einer konsequenten Mitunternehmerbesteuerung. *Hoppe*, Die Besteuerung der KGaA, 2014, S. 130 geht indes davon aus, dass die Behandlung "wie" ein Mitunternehmer keine Folgewirkungen für die Gewerbesteuer habe.

1033 Bisher finden Sonderbetriebsausgaben gewerbesteuerlich keine Berücksichtigung, vgl. BFH v. 31.10.1990 – I R 32/86, BStBl. II 1991, 253; dies kann bei Komplementär-Kapitalgesellschaften zur Ansammlung nicht nutzbarer Verluste führen: BFH v. 6.10.2009 – I R 102/06, BFH/NV 2010, 463, deutlicher in der Vorinstanz FG Köln v. 17.8.2006 – 6 K 6170/03, EFG 2006, 1923, 1926.

1034 BFH v. 31.10.1990 – I R 32/86, BStBl. II 1991, 253; eine Auflistung vergleichbarer Entscheidungen der Rechtsprechung findet sich bei *Hageböke*, DB 2012, 2709, 2712 f.

Abbildung 20: Vollumfängliche Erfassung des Sonderbereichs bei der Gewerbesteuer.

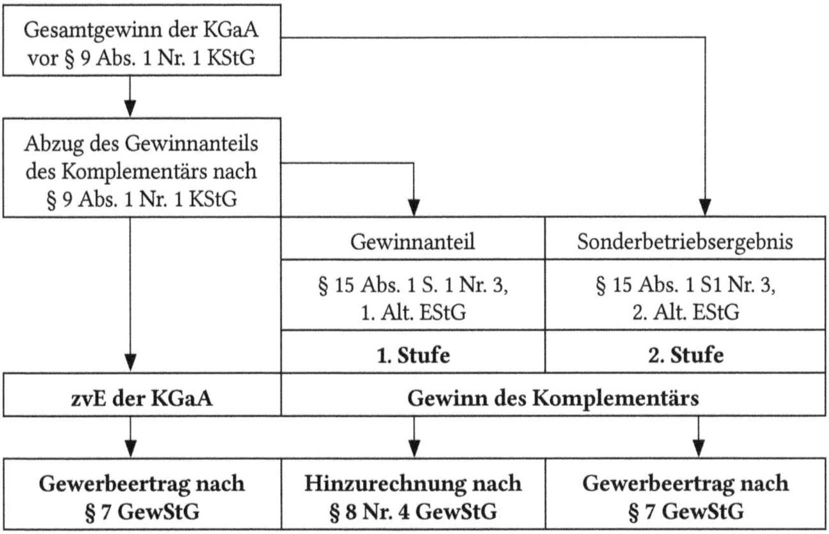

Es lässt sich vertreten, diese Einbeziehung des Sonderbetriebsvermögens bereits ohne Gesetzesänderung des § 7 GewStG vorzunehmen[1035], denn sie beruht auf denselben Kriterien wie bei einer echten Mitunternehmerschaft.

Diese Auslegung unterliegt jedoch in zweierlei Hinsicht Bedenken. Zum einen würde dies bedeuten, dass die Vorschrift des § 8 Nr. 4 KStG leer liefe. Denn die auf § 15 Abs. 1 S. 1 Nr. 3 EStG und die Besteuerung „wie ein Mitunternehmer“ gestützte Einbeziehung des Komplementärgewinns würde eine Einbeziehung dessen gesamten Gewinnanteils im Sinne des § 15 Abs. 1 S. 1 Nr. 3 EStG bedeuten. Hiervon wäre auch der Gewinnanteil nach § 15 Abs. 1 S. 1 Nr. 3, *1. Alt.* EStG erfasst, der aber wohl unstreitig unter § 8 Nr. 4 GewStG fällt. Eine Auslegung des von § 7 Abs. 1 S. 1 GewStG in Bezug genommenen „Gewinns aus dem Gewerbebetrieb“ als Ergebnis einer zweistufigen Gewinnermittlung scheint der Gesetzgeber angesichts der Existenz des § 8 Nr. 4 GewStG für die KGaA nicht vor Augen gehabt zu haben.

Zum anderen nimmt § 7 Abs. 1 S. 1 GewStG den „nach den Vorschriften des Einkommensteuergesetzes *oder* des Körperschaftsteuergesetzes zu ermittelnden Gewinn aus Gewerbebetrieb“ in Bezug. Nach dem Wortlaut der Norm sind der Gewinn nach den Vorschriften des Einkommensteuergesetzes und der Gewinn nach den Vorschriften des Körperschaftsteuergesetzes zwei eigenständige Ausgangsgrößen zur Ermittlung des Gewerbeertrags. Da die Personengesellschaft zwar

1035 A.A. *Ammenwerth*, Die KGaA, 1997, S. 151.

eigenständiges Gewinnerzielungssubjekt, nicht aber eigenständiges Einkommensteuersubjekt ist,[1036] hat sie keinen eigenen, von der Ebene der Mitunternehmer unabhängigen einkommensteuerrechtlichen Gewinn. Ihr „nach den Vorschriften des Einkommensteuergesetzes [...] zu ermittelnder Gewinn aus Gewerbebetrieb" kann nur die Summe der Einzelgewinne der Mitunternehmer nach § 15 Abs. 1 S. 1 Nr. 2 EStG sein.

Demgegenüber erzielt die KGaA als Körperschaftsteuersubjekt nach § 1 Abs. 1 Nr. 1 KStG einen eigenen „nach den Vorschriften [...] des Körperschaftsteuergesetzes zu ermittelnden Gewinn aus Gewerbebetrieb", der nach § 9 Abs. 1 Nr. 1 KStG um den Gewinnanteil des Komplementärs gemindert ist.

Angesichts der dargestellten, insbesondere auch für die Gewerbesteuer als Objektsteuer geltenden, Parallelen zur klassischen Mitunternehmerschaft wäre eine Einbeziehung des Sonderbetriebsvermögens in den Gewerbeertrag der KGaA aber letztlich sachgerecht. Um dieses Ergebnis zu erreichen, wurde in der Literatur bereits eine Ergänzung des § 7 GewStG vorgeschlagen[1037]. M.E. wäre hingegen eine Änderung der KGaA-spezifischen Hinzurechnungsnorm des § 8 Nr. 4 GewStG zu bevorzugen. Eine Folgeänderung des § 9 Nr. 2b GewStG wäre entbehrlich[1038].

§ 8 Nr. 4 GewStG sollte *de lege ferenda* lauten:

> *„die Gewinnanteile, die dem persönlich haftenden Gesellschafter einer Kommanditgesellschaft auf Aktien nach § 15 Abs. 1 S. 1 Nr. 3 EStG zugerechnet worden sind."*

IV. Vortrag gewerbesteuerrechtlicher Fehlbeträge nach § 10a GewStG

§ 10a GewStG mildert die Härten des grundsätzlich geltenden Periodizitätsprinzips durch die Möglichkeit eines zeitlich unbegrenzten Vortrags[1039] der gewerbesteuerrechtlichen Fehlbeträge[1040]. Die spätere Nutzung dieser Verluste setzt indes voraus, dass der damalige Verlusttragende mit dem nunmehr Gewinne erzielenden Profiteur

---

1036 *Jacobs*, Unternehmensbesteuerung und Rechtsform^4, 2009, S. 225.

1037 *Deutschländer*, StBP 2013, 307, 313.

1038 Zum Erfordernis der Vermeidung einer steuerlichen Doppelbelastung vgl. bereits vor Einführung des § 9 Nr. 2b GewStG *Schnädter*, FR 1985, 659, 662.

1039 Ein mit § 10d EStG vergleichbarer Verlustrücktrag findet sich in § 10a GewStG nicht, vgl. *Jachmann*, in: Söffing, Besteuerung der Mitunternehmer^5, 2005, Rn. 1554. Im Interesse der Funktionsfähigkeit bzw. einer funktionierenden Haushaltspolitik der Gemeinden und zur Gewährleistung eines ständigen oder zumindest überschaubaren kommunalen Steueraufkommens ist die Gewerbesteuer als eine weniger konjunktur- und krisenempfindliche Steuer ausgestaltet, vgl. BFH v. 31.7.1990 – I R 62/86, BStBl. II 1990, 1083.

1040 *Montag*, in: Tipke/Lang, Steuerrecht^{22}, 2015, § 12 Rn. 36.

der Härtefallregelung identisch ist. Gewerbesteuerrechtlich sichergestellt wird diese Identität durch die Merkmale der Unternehmens- und Unternehmergleichheit[1041]. Nur wenn beide Merkmale erfüllt sind, dürfen Fehlbeträge früherer Perioden zur Verrechnung mit späteren Gewinnen verwendet werden.

Unternehmensgleichheit liegt dann vor, wenn der Betrieb, der den Verlust erwirtschaftet hat, nach dem Gesamtbild der wesentlichen Merkmale mit dem Betrieb identisch ist, in dem der Verlust verrechnet werden soll[1042]. Bloße betriebsbedingte Anpassungen an die veränderten wirtschaftlichen Verhältnisse sind dabei unbeachtlich[1043].

Unternehmergleichheit soll hingegen vorliegen, wenn der Verlust zuvor in eigener Person erlitten wurde[1044]. Dieses Merkmal würde bei Körperschaften regelmäßig kein Problem darstellen, weil Anteilseignerwechsel aufgrund des Trennungsprinzips keinen Einfluss auf die Unternehmeridentität haben. Sowohl für Körperschaften als auch für Mitunternehmerschaften, an denen Körperschaften zumindest mittelbar beteiligt sind, erklärt § 10a S. 10 GewStG jedoch die Regelung des § 8c KStG für entsprechend anwendbar (vgl. zur Anwendbarkeit des § 8c KStG auf die KGaA noch ausführlich § 16 II). Gleichzeitig kommt eine Unternehmeridentität bei einer natürlichen Person oder Personengesellschaft als Komplementär auch nach personengesellschaftsrechtlichen Grundsätzen nicht in Betracht. Denn nach der ständigen Rechtsprechung des BFH führt auch der Wechsel einzelner Gesellschafter einer Personengesellschaft zur anteiligen Versagung des gewerbesteuerrechtlichen Verlustvortrags[1045]. Wird ein Komplementäranteil an einer KGaA auf einen neuen

---

1041 BFH v. 3.5.1993 – GrS 3/92, BStBl. II 1993, 616; *Brandenberg*, in: Söffing, Besteuerung der Mitunternehmer[5], 2005, Rn. 1555; *Schaumburg/Schulte*, Die KGaA, 2000, Rn. 128.

1042 BFH v. 19.12.1984 – I R 165/80, BStBl. II 1985, 403; v. 14.9.1993 – VIII R 84/90, BStBl. II 1994, 764; R 10a.2 GewStR 2009; *Kleinheisterkamp*, in: *Lenski/Steinberg*, GewStG, § 10a Rn. 19 ff. (10/2013); *Montag*, in: Tipke/Lang, Steuerrecht[22], 2015, § 12 Rn. 36; *Schaumburg/Schulte*, Die KGaA, 2000, Rn. 129. *Herzig/Förster/Förster*, DStR 1996, 1025, 1028 nennen die Art der Betätigung, den Kunden- und Lieferantenkreis, die Arbeitnehmerschaft, die Geschäftsleitung, die Betriebsstätten sowie den Umfang und die Zusammensetzung des Aktivvermögens als Indikatoren für einen wirtschaftlichen, organisatorischen und finanziellen Zusammenhang; ebenso *Jachmann*, in: Söffing, Besteuerung der Mitunternehmer[5], 2005, Rn. 1555.

1043 *Schaumburg/Schulte*, Die KGaA, 2000, Rn. 129; *Herzig/Förster/Förster*, DStR 1996, 1025, 1028.

1044 BFH v. 3.5.1993 – GrS 3/92, BStBl. II 1993, 616; *Drüen*, in: Blümich, EStG/KStG/GewStG, § 10a GewStG Rn. 61 (08/2013); *Jachmann*, in: Söffing, Besteuerung der Mitunternehmer[5], 2005, Rn. 1555.

1045 BFH v. 3.5.1993 – GrS 3/92, BStBl. 1993, 616; v. 29.8.2000 – VIII R 1/00, BStBl. II 2001, 114; v. 6.9.2000 – IV R 69/99, BStBl. II 2001, 731; v. 17.1.2006 – VIII R 96/04, BFHE 213, 12; *Montag*, in: Tipke/Lang, Steuerrecht[202], 2015, § 12 Rn. 36. Im Ergebnis ebenso *Schaumburg/Schulte*, Die KGaA, 2000, Rn. 131.

Anteilseigner übertragen, so sind entsprechende gewerbesteuerrechtliche Verluste für die KGaA als Gewerbesteuersubjekt mithin nicht mehr nutzbar[1046].

V. Kein Freibetrag nach § 11 Abs. 1 S. 3 Nr. 1 GewStG

Bei der Berechnung des Steuermessbetrags ist bei natürlichen Personen sowie bei Personengesellschaften ein Freibetrag in Höhe von 24.500 Euro vom Gewerbeertrag in Abzug zu bringen, bei juristischen Personen hingegen nur ein Betrag in Höhe von 5.000 Euro. Mit dem sog. „großen" Freibetrag will der Gesetzgeber einen fiktiven Unternehmerlohn in typisierender Form berücksichtigen[1047]. Auf diese Weise sollen natürliche Personen und Personengesellschaften den Kapitalgesellschaften gleichgestellt werden, die ihrerseits den Gewinn um Geschäftsführergehälter mindern können, auch wenn diese an Gesellschafter gezahlt werden. Abgesehen davon, dass der Freibetrag für einen fiktiven Unternehmerlohn mit 19.500 € (Differenzbetrag) erheblich zu niedrig ausgestaltet ist[1048], soll der Freibetrag ein Ausgleich dafür sein, dass bei Personenunternehmen anders als bei Kapitalgesellschaften der Unternehmerlohn zum gewerblichen Gewinn gehört und damit der Gewerbesteuer unterliegt[1049].

Der Unternehmerlohn unterliegt bei der KGaA vollständig der Gewerbesteuer, weil er als Geschäftsführungsvergütung an den Komplementär gezahlt wird. Folgt man der herrschenden Meinung, so ergibt sich dies stets aus § 8 Nr. 4 GewStG (vgl. §§ 13 II 1 und 14 II 1). Folgt man der hier vertretenen Auffassung, so ergibt sich dies, soweit er als „Vorab"-Gewinn gezahlt wurde, ebenfalls aus § 8 Nr. 4 GewStG – im Übrigen zumindest *de lege ferenda* (vgl. § 14 III 3c). Es gebietet somit die Gleichbehandlung mit der Mitunternehmerschaft, den „großen" Freibetrag auch auf die KGaA zu erstrecken, weil auch bei ihr der Unternehmerlohn zum gewerblichen Gewinn gehört[1050]. Angesichts des klaren entgegenstehenden Wortlauts des § 11 GewStG lassen sich diese wirtschaftlichen Erwägungen *de lege lata* jedoch nicht umsetzen[1051]. Insoweit wäre eine gesetzliche Ergänzung des § 11 GewStG erforderlich. § 11 Abs. 1 Nr. 3 GewStG sollte daher lauten:

1046 **A.A.** *Bielinis*, Die Besteuerung der KGaA, 2013, S. 350; *Hoppe*, Die Besteuerung der KGaA, 2014, S. 104 f.

1047 BFH v. 30.8.2007 – IV R 47/05, BStBl. II 2008, 200.

1048 *Sarrazin* in: Lenski/Steinberg, GewStG, § 11 Rn. 11 (7/2014).

1049 *Sarrazin* in: Lenski/Steinberg, GewStG, § 11 Rn. 11 (7/2014).

1050 So zum Staffeltarif FG München, v. 20.5.1964 – I 164/63, EFG 1964, 497: Soweit die Hinzurechnung nach § 8 Nr. 4 GewStG reicht, ist der Staffeltarif anzuwenden; vgl. auch *Hölzl*, Die Besteuerung der KGaA, 2003, S. 138.

1051 *Gosch*, in: Blümich, EStG/KStG/GewStG, § 11 GewStG Rn. 9 (10/2013); *Kollruss*, GmbHR 2003, 709; *Bielinis*, Die Besteuerung der KGaA, 2013, S. 192 schließt hieraus, dass gewinnunabhängige Vergütungen nicht im Gewerbeertrag der KGaA enthalten sein sollen.

„bei natürlichen Personen, Personengesellschaften sowie bei Kommanditgesellschaften auf Aktien um einen Freibetrag in Höhe von 24 500 Euro,“

VI. Die Gewerbesteueranrechnung nach § 35 EStG

Soweit die tarifliche Einkommensteuer anteilig auf im zu versteuernden Einkommen enthaltene gewerbliche Einkünfte entfällt, ermäßigt sie sich nach § 35 EStG um das 3,8fache des festgesetzten Gewerbesteuermessbetrags. Durch diese Regelung sollen die gewerblichen Einkünfte von Personenunternehmen im Ergebnis von der Gewerbesteuer entlastet und hierdurch mit anderen Einkunftsarten, insbesondere mit Einkünften aus selbstständiger Arbeit gleichgestellt werden[1052].

Neben Mitunternehmern im Sinne des § 15 Abs. 1 S. 1 Nr. 2 EStG begünstigt § 35 Abs. 1 S. 1 Nr. 2 EStG ausdrücklich auch den persönlich haftende Gesellschafter einer Kommanditgesellschaft auf Aktien. Auch seine Einkommensteuer wird pauschal um das 3,8fache des anteiligen, für die KGaA festgesetzten Gewerbesteuer-Messbetrags ermäßigt. Wie der Mitunternehmer einer Personengesellschaft soll auch der Komplementär einer KGaA wirtschaftlich von der Gewerbesteuer entlastet werden. Dies gilt freilich nicht, wenn der Komplementär eine Kapitalgesellschaft ist[1053]; in diesem Falle fällt keine tarifliche Einkommensteuer an, die ermäßigt werden könnte.

Die Freistellung von der Gewerbesteuer erfolgt pauschal, so dass es nicht darauf ankommt, wie hoch die gegenüber der Gesellschaft tatsächlich festgesetzte Gewerbesteuer war[1054] oder inwieweit der Komplementär durch diese belastet wurde. Die Gewerbesteuer erhöht als nicht abziehbare Betriebsausgabe zwar anteilig die Einkommensteuerlast des Komplementärs (vgl. zu nicht abziehbaren Betriebsausgaben § 10 II 1c), er ist aber nicht selbst Schuldner der Gewerbesteuer[1055], so dass eine echte „Doppelbelastung“ nicht zu befürchten ist. Dass dennoch eine Steuerermäßigung auf Ebene des Gesellschafters erfolgt, entspricht dem Vorgehen bei Personengesellschaften. Denn nach § 5 Abs. 1 S. 3 GewStG schuldet auch die Personengesellschaft die Gewerbesteuer für den Betrieb der Gesellschaft als Gewerbesteuerobjekt ebenso

---

1052 Zur Entlastungswirkung, vgl. BT-Ds. 14/2683, S. 97. Eine Abschaffung der Gewerbesteuer als grds. näherliegende Lösung, lässt sich angesichts der in Art. 28 und 106 Abs. 6 GG garantierten Ertragshoheit der Gemeinden weder verfassungsrechtlich noch politisch durchsetzen, vgl. *Gosch*, in: Kirchhof, EStG[14], 2015, § 35 Rn. 1.

1053 *Wacker*, in Schmidt, EStG[34], 2015, § 35 Rn. 22; *Sauter*, Die Gewinnverwendung in der kapitalistischen KGaA, 2008, S. 47.

1054 Die tatsächlich zu zahlende Gewerbesteuer beschränkt den Abzugsbetrag indes nach § 35 Abs. 1 S. 5 EStG.

1055 Vgl. ausführlich § 14 I ; ebenso *Bielinis*, Die Besteuerung der KGaA, 2013, S. 234; *Riotte/Dümichen/Engel*, in: Schütz/Bürgers/Riotte, Die KGaA, 2004, § 9 Rn. 129; *Sauter*, Die Gewinnverwendung in der kapitalistischen KGaA, 2008, S. 43.

wie die KGaA die Gewerbesteuer für den Betrieb der KGaA. Entlastet wird parallel in beiden Fällen der Gesellschafter[1056].

Begünstigte gewerbliche Einkünfte sind nach § 35 Abs. 1 S. 3 EStG „die der Gewerbesteuer unterliegenden [...] Gewinnanteile". Nach der hier vertretenen Auffassung sind dies nicht nur die Einkünfte im Sinne des § 8 Nr. 4 GewStG[1057], sondern (zumindest *de lege ferenda*) auch die Sonderbetriebsergebnisse.

Der Betrag des Gewerbesteuermessbetrags, die tatsächlich zu zahlende Gewerbesteuer und der auf den einzelnen Komplementär entfallende Anteil sind nach § 35 Abs. 2 S. 1 EStG gesondert und einheitlich festzustellen. Hierbei richtet sich der Anteil des Komplementärs nach Auffassung der Finanzverwaltung entsprechend § 35 Abs. 2 S. 2 EStG nach dem allgemeinen Gewinnverteilungsschlüssel[1058]; Vorabgewinne seien nicht zu berücksichtigen[1059]. Für Komplementäre, die nicht mit über das Grundkapital hinausgehenden Einlagen an der KGaA beteiligt sind, würde dies bedeuten, dass ihnen kein anteiliger Gewerbesteuermessbetrag zugerechnet wird[1060].

Ob diese Auffassung angesichts des Wortlauts des § 35 Abs. 2 EStG zwingend ist, dürfte zweifelhaft sein:

> „[1]*Bei Mitunternehmerschaften* im Sinne des § 15 Absatz 1 Satz 1 Nummer 2 *oder* bei Kommanditgesellschaften auf Aktien im Sinne des § 15 Absatz 1 Satz 1 Nummer 3 ist der Betrag des Gewerbesteuer-Messbetrags, die tatsächlich zu zahlende Gewerbesteuer und der auf die einzelnen Mitunternehmer oder auf die persönlich haftenden Gesellschafter entfallende Anteil gesondert und einheitlich festzustellen. [2]Der Anteil *eines Mitunternehmers* am Gewerbesteuer-Messbetrag richtet sich nach seinem Anteil am Gewinn der Mitunternehmerschaft nach Maßgabe des allgemeinen Gewinnverteilungsschlüssels; Vorabgewinnanteile sind nicht zu berücksichtigen."

1056 Nach *Nagel/Wittkowski*, Die KGaA, 2012, § 4 Rn. 139 ist diese Regelung trotz der grundsätzlichen Sphärentrennung zwischen Kapitalgesellschaft und Gesellschafter bei der KGaA konsequent.

1057 So aber *Sauter*, Die Gewinnverwendung in der kapitalistischen KGaA, 2008, S. 43; *Wacker*, in Schmidt, EStG[34], 2015, § 35 Rn. 10; kritisch *Hölzl*, Die Besteuerung der KGaA, 2003, S. 161: Entspricht nicht dem Leistungsfähigkeitsprinzip.

1058 BMF v. 24.2.2009 – IV C 6-S 2296-a/08/10002, BStBl. I 2009, 440, Rn. 29.

1059 *Renz*, Die Besteuerung der GmbH & Co. KGaA, 2006, S. 119. Sondervergütungen sind, unabhängig davon ob sie gewinnabhängig oder gewinnunabhängig sind, nicht in den Aufteilungsmaßstab einzubeziehen (BFH v. 7.4.2009 – IV B 109/08, BStBl. II 2010, 116; ebenso BMF v. 22.12.2009 – IV C 6 – S 2296-a/08/10002, BStBl. I 2010, 43 für sog. „Neufälle" [Beginn des Wirtschaftsjahres nach dem 30.6.2010]). Zuvor galt dies nach Verwaltungsauffassung nur für gewinnunabhängige Vergütungen, vgl. BMF v. 24.2.2009 – IV C 6-S 2296-a/08/10002, BStBl. I 2009, 440, Rn. 29.

1060 BMF v. 24.2.2009 – IV C 6-S 2296-a/08/10002, BStBl. I 2009, 440, Rn. 29. Der Komplementär ist nicht gezwungen, über das Grundkapital hinausgehende Einlagen zu erbringen, vgl. § 4 III 2. Der Regelfall einer Nullbeteiligung ist indes die Kapitalgesellschaft & Co. KGaA; für deren Komplementär kommt eine Gewerbesteueranrechnung nach § 35 EStG ohnehin nicht in Betracht.

An dieser Stelle ließe es sich – angesichts der klaren Gegenüberstellung von Mitunternehmer und persönlich haftendem Gesellschafter in Satz 1 – durchaus vertreten, die nur auf Mitunternehmer bezogene Regelung zur Orientierung am allgemeinen Gewinnverteilungsschlüssel in Satz 2 gelte nicht für den persönlich haftenden Gesellschafter einer KGaA. Soweit nach der hier vertretenen Auffassung aber auch der Komplementär einer KGaA Mitunternehmer ist oder zumindest „wie" ein solcher zu behandeln ist, wäre der Auffassung der Finanzverwaltung jedoch zu folgen.

Im Ergebnis verbleibt der Befund, dass die pauschale Berechnung sowohl des Abzugsbetrages als auch der jeweiligen Anteile der Gesellschafter zu erhebliche Unter- bzw. Überbelastung führen kann[1061]; diese Unschärfen hat der Gesetzgeber jedoch zugunsten einer Vereinfachung durch Pauschalierung hingenommen.

VII. Zwischenergebnis

Um eine dem Mitunternehmer einer Personengesellschaft entsprechende gewerbesteuerrechtliche Behandlung des Komplementärs einer KGaA herbeizuführen, bedarf es einer Erfassung seines Sonderbetriebsergebnisses im Gewerbeertrag. Dies gilt umso mehr, als dem Komplementär in gleicher Höhe eine Gewerbesteueranrechnung nach § 35 GewStG zu Gute kommt, wie dem Gesellschafter einer Personengesellschaft, wenngleich beide nicht Subjekt der Gewerbesteuer sind.

Angesichts der Tatsache, dass die Gewerbesteuer im Bereich der Einzelunternehmen und Mitunternehmerschaften einschließlich des Komplementärs einer KGaA zwischenzeitlich durch § 35 EStG typisierend „wirkungsmäßig abgeschafft" wurde und letztlich nur noch eine Verteilungswirkung zugunsten der Gemeindefinanzierung innehat[1062], wäre darüber hinaus eine Herauslösung sämtlicher transparenter Besteuerungssubjekte aus dem Anwendungsbereich der Gewerbesteuer unter gleichzeitiger Abschaffung des § 35 EStG denkbar. Insoweit wäre jedoch eine Kollision mit Art. 106 Abs. 6 iVm. Art. 28 Abs. 2 GG nicht auszuschließen.

1061 *Renz*, Die Besteuerung der GmbH & Co. KGaA, 2006, S. 120; *Wendt*, EStB 2001, 95, 95 f.

1062 *Prinz*, FR 2010, 736, 742.

§ 15 Umwandlungssteuerrecht

Abbildung 21: Umwandlungsvorgänge im Überblick.

	Vermögensübergang auf Grundkapital	**Vermögensübergang auf Komplementäreinlage**	
		Intransparente Betrachtung	**Transparente Betrachtung**
Verschmelzung			
KapG auf KGaA	§§ 11–13, 19 UmwStG	§§ 11–13, 19 UmwStG	§§ 3 ff., 18 UmwStG al.
PG auf KGaA	§§ 20–23 UmwStG	§§ 20–23 UmwStG	§ 24 UmwStG al.
Auf-/Abspaltung			
KapG auf KGaA	§§ 15, 11–13, 19 UmwStG	§§ 15, 11–13, 19 UmwStG	§§ 16, 3 ff., 18 UmwStG al.
PG auf KGaA	§§ 20–23 UmwStG	§§ 20–23 UmwStG	§ 24 UmwStG al.
Ausgliederung			
KapG auf KGaA	§§ 20–23 UmwStG	§§ 20–23 UmwStG	§ 24 UmwStG al.
PG auf KGaA	§§ 20–23 UmwStG	§§ 20–23 UmwStG	§ 24 UmwStG al.
Formwechsel			
KapG auf KGaA	steuerrechtlich irrelevant	steuerrechtlich irrelevant	§ 24 UmwStG al.
PG auf KGaA	§§ 25, 20–23 UmwStG	§§ 25, 20–23 UmwStG	§ 24 UmwStG al.

Nach der hier vertretenen transparenten Betrachtung sind die umwandlungssteuerrechtlichen Vorschriften für Umwandlungen in Personengesellschaften auch auf solche Umwandlungsvorgänge anzuwenden, bei denen es zu Vermögensübertragungen in eine gesonderte Vermögenseinlage des Komplementärs kommt, der übertragende Rechtsträger bzw. dessen Anteilseigner mithin in die Rolle eines unbeschränkt haftenden Gesellschafters der KGaA eintritt. Kommt es zu Vermögensübertragungen sowohl in die kapitalistische als auch in die mitunternehmerische Sphäre der KGaA ist eine sog. Mischumwandlung vorzunehmen (vgl. § 10 IV 3).

Diese Rechtsfolge lässt sich jedoch nicht im Rahmen einer Auslegung der entsprechenden Vorschriften erreichen[1063]; denn die Gesetzesauslegung anhand gram-

1063 *Haritz*, DStR 1996, 1192, 1193.

matischer, formal-systematischer, historischer und teleologischer Kriterien[1064] stößt dort an ihre Grenze, wo der Wortsinn der Norm überschritten würde[1065]. Da die KGaA aber nach § 278 Abs. 1 AktG eine Gesellschaft mit eigener Rechtspersönlichkeit ist, lässt sie sich nicht unter den Wortsinn der Personengesellschaft fassen.

Methodisches Instrument zur Ausweitung einer Norm auf Fälle, die vom Wortsinn nicht erfasst sind[1066], ist die Analogie, wenn zwischen dem zu beurteilenden und geregelten Fall eine vergleichbare Interessenlage besteht und das Gesetz insoweit eine planwidrige Regelungslücke aufweist[1067].

I. Voraussetzungen der Analogie

1. Vergleichbare Interessenlage

Die Rechtsstellung des Komplementärs einer KGaA entspricht nach dem gesetzlichen Leitbild und insbesondere durch den Verweis des § 278 Abs. 2 AktG in die Vorschriften des HGB über die Personengesellschaften im Wesentlichen der des Komplementärs einer KG[1068]. Mit einem Aktionär verbindet den Komplementär hingegen recht wenig; insbesondere seine Leitungsfunktion und seine Vermögensinitiative gehen weit über das Engagement anderer Kapitalgesellschafter hinaus.

Steuerrechtlich unterliegt der Komplementär einer KGaA durch das System aus § 9 Abs. 1 Nr. 1 KStG und § 15 Abs. 1 S. 1 Nr. 3 EStG einer Ein-Ebenen-Besteuerung. Die KGaA ist hinsichtlich der Sphäre des Komplementärs ein transparentes Besteuerungssubjekt. Diese Ein-Ebenen-Besteuerung beim Gesellschafter entspricht der steuerrechtlichen Behandlung der Mitunternehmer von Personengesellschaften und unterscheidet sich wesentlich von der Zwei-Ebenen-Besteuerung der Gesellschafter von Kapitalgesellschaften. Wird nun der übertragende Rechtsträger bzw. dessen Anteilseigner durch einen Umwandlungsvorgang zum Komplementär einer KGaA, dem nach hier vertretener Auffassung auch steuerrechtlich das Einkommen der KGaA anteilig von der „Wurzel" an zugewiesen wird, so treffen ihn nach der Umwandlung dieselben steuerrechtlichen Rechtsfolgen, als sei er durch die Umwandlung Gesellschafter einer Personengesellschaft geworden.

Zwar geht das Eigentum an dem übertragenen Vermögen im Rahmen der Umwandlung in die KGaA – wie bei jeder anderen Kapitalgesellschaft – zivilrechtlich auf die Gesellschaft über (vgl. § 4 III 2). Nach der hier vertretenen Auffassung ist das Gesellschaftsvermögen der KGaA hinsichtlich des Komplementäranteils

---

1064 *Tipke*, Die Steuerrechtsordnung², Bd. 3, S. 1589.

1065 *Tipke*, Die Steuerrechtsordnung², Bd. 3, S. 1624 f.

1066 *Weber-Grellet*, DStR 1991, 438, 442.

1067 *Krebbers*, in: Bertling/Koschek/Krähmer/Krebbers, Rechtsmethodische Fragen des Unternehmenssteuerrechts, Düsseldorf 2013, S. 95, 101; grundlegend: *Canaris*, Die Feststellung von Lücken im Gesetz², 1983, S. 17.

1068 Zu den Einzelheiten vgl. § 4 IV 1.

steuerrechtlich aber „wie Gesamthandsvermögen“ einer Personengesellschaft zu behandeln.

Derjenige, der eine Umwandlung in eine besondere Vermögenseinlage einer KGaA vornimmt und hierdurch zum Komplementär dieser KGaA wird, steht wirtschaftlich und steuerrechtlich demjenigen gleich, der durch einen Umwandlungsvorgang Gesellschafter einer Personengesellschaft wird.

2. Planwidrige Regelungslücke

Das Umwandlungssteuergesetz enthält, anders als das Umwandlungsgesetz, keine speziellen Regelungen für Kommanditgesellschaften auf Aktien. Um hieraus aber eine planwidrige Regelungslücke im Umwandlungssteuerrecht ableiten zu können, bedarf es zunächst eines übergeordneten gesetzgeberischen Plans.

Ein solcher lässt sich aus den Gesetzgebungsmaterialien zum Umwandlungssteuergesetz herleiten. Der Gesetzgeber hat das Umwandlungssteuergesetz eingeführt, um betriebswirtschaftlich erwünschte und handelsrechtlich mögliche Umstrukturierungen von Unternehmen nicht durch die Aufdeckung und Versteuerung von stillen Reserven zu erschweren oder unmöglich zu machen[1069].

Folgt man jedoch der Auffassung der Vertreter der intransparenten Betrachtung, so ergeben sich im Hinblick auf § 11 Abs. 2 Nr. 1 UmwStG und § 20 Abs. 2 S. 2 Nr. 1 UmwStG erhebliche Zweifel, ob dieses Ziel für Umwandlungen in eine KGaA erreicht wird.

Bei der Verschmelzung, Auf- und Abspaltung einer Kapitalgesellschaft auf die KGaA sind nach Auffassung der intransparenten Betrachtung, welche nach dem reinen Wortlaut der Normen darauf abstellt, dass die KGaA eine Kapitalgesellschaft ist, die §§ 11–13 UmwStG anzuwenden. Nach § 11 Abs. 1 UmwStG hat die übertragende Körperschaft die übergehenden Wirtschaftsgüter in ihrer steuerrechtlichen Schlussbilanz grundsätzlich mit den gemeinen Werten anzusetzen. Dies hätte, in Verbindung mit § 12 Abs. 1 UmwStG, die Aufdeckung der in den Wirtschaftsgütern ruhenden stillen Reserven und damit eine regelmäßig erhebliche steuerliche Belastung des Umwandlungsvorgangs zur Folge. Auf Antrag können die übergehenden Wirtschaftsgüter jedoch nach § 11 Abs. 2 UmwStG mit den Buchwerten (oder einem Zwischenwert) angesetzt und damit die Aufdeckung stiller Reserven vermieden werden, soweit zusätzliche Voraussetzungen erfüllt sind. Besonders problematisch erscheint in diesem Zusammenhang die Voraussetzung des § 11 Abs. 2 S. 1 Nr. 1 UmwStG. Hiernach kommt eine Buchwertverknüpfung nur in Betracht, *„soweit sichergestellt ist, dass sie* [Anm: die übertragenen Wirtschaftsgüter] *später bei der übernehmenden Körperschaft der Besteuerung mit Körperschaftsteuer unterliegen“.* Zumindest hinsichtlich des Komplementäranteils einer natürlichen Person ist eine

1069 Zu den Zielen des Umwandlungssteuergesetzes vgl. Entwurf eines Gesetzes über Steuererleichterungen bei der Umwandlung von Kapitalgesellschaften und bergrechtlichen Gewerkschaften vom 8.5.1957, BT-Ds. 2/3497.

spätere Besteuerung der stillen Reserven mit Körperschaftsteuer aber gerade nicht sichergestellt; denn der dem Komplementär zuzurechnende Anteil an den stillen Reserven unterliegt nach § 15 Abs. 1 S. 1 Nr. 3 EStG gerade nicht der Körperschaft- sondern der Einkommensteuer.

Dasselbe Problem ergibt sich bei der Anwendung des § 20 UmwStG, der nach der Auffassung der Vertreter der intransparenten Betrachtung auf alle Umwandlungen einer Personengesellschaft in eine KGaA, sowie auf Ausgliederungen von einer Kapitalgesellschaft auf eine KGaA anwendbar ist. Nach § 20 Abs. 2 S.1 UmwStG hat die übernehmende Gesellschaft das eingebrachte Betriebsvermögen grundsätzlich mit dem gemeinen Wert anzusetzen; dieser Wert gilt für den Einbringenden als Veräußerungspreis, § 20 Abs. 3 S. 1 UmwStG. Unter den Voraussetzungen des § 20 Abs. 2 S. 2 UmwStG ist eine Buchwertfortführung und damit eine Vermeidung der Aufdeckung stiller Reserven möglich. Als problematisch erweist sich auch an dieser Stelle jedoch die Voraussetzung des § 20 Abs. 2 S. 2 Nr. 1 UmwStG, wonach eine Buchwertfortführung nur in Betracht kommt, *„soweit sichergestellt ist, dass es* [Anm.: das eingebrachte Betriebsvermögen] *später bei der übernehmenden Körperschaft der Besteuerung mit Körperschaftsteuer unterliegt"*.

Demnach dürfte eine Buchwertfortführung in beiden Fällen insoweit ausscheiden, als der Komplementär im Falle einer späteren Veräußerung am entsprechenden Gewinn beteiligt wäre[1070]. Dies gilt zumindest, soweit er nicht selbst eine Körperschaft ist und damit seinerseits der Körperschaftsteuer unterliegt. Zwar dürfen die Regelungen, die sich auf eine „*Sicherstellung*" der Besteuerung beziehen, nicht so ausgelegt werden, dass die spätere Veräußerung *de facto* zu einem Körperschaftsteuerlast führen muss[1071]. Vielmehr reicht es aus, dass die übernehmende Körperschaft generell körperschaftsteuerpflichtig ist[1072]; einzelne Steuerfreistellungen sollen hiervon unberührt bleiben. Anerkannt ist dies im Hinblick auf § 8b KStG[1073]. § 9 Abs. 1 Nr. 1 KStG lässt sich insoweit aber nicht mit § 8b KStG vergleichen[1074]. Während § 8b KStG einen generell der Körperschaftsteuer unterliegenden Gewinn steuerfrei stellt, spaltet § 9 Abs. 1 Nr. 1 KStG in Verbindung mit § 15 Abs. 1 S. 1 Nr. 3 EStG den Gewinnanteil des Komplementärs bereits „an der Wurzel" vom Gewinn der KGaA ab. Dieser Gewinnanteil ist bereits systematisch einer Besteuerung mit Körperschaftsteuer entzogen. Eine Buchwertfortführung kann hierauf mithin nicht gestützt werden.

Darüber hinaus würden Einbringungsvorgänge von Personenunternehmen in die mitunternehmerische Sphäre der KGaA intransparenter Betrachtung durch die Sperrfrist des § 22 Abs. 1 UmwStG belastet, obwohl hierfür kein Grund besteht. § 22 Abs. 1 UmwStG soll vermeiden, dass eine Versteuerung nach § 16 EStG umgangen

---

1070 *Riotte/Renner*, in: Schütz/Bürgers/Riotte, Die KGaA, 2004, § 11 Rn. 534.
1071 *Hoppe*, Die Besteuerung der KGaA, 2014, S. 173.
1072 BMF v. 25.3.1998 – IV B 7 – S1978 – 21/98, Rn. 11.03.
1073 *Rödder*, in: Rödder/Herlinghaus/van Lishaut, UmwStG^2, 2013, § 11 Rn. 105.
1074 **A.A.** *Hoppe*, Die Besteuerung der KGaA, 2014, S. 173.

wird, indem (Teil-) Betriebe anstelle einer unmittelbaren Veräußerung zunächst steuerneutral in eine Kapitalgesellschaft eingebracht und die Anteile anschließend unter Ausnutzung von § 3 Nr. 40 EStG oder § 8b KStG veräußert werden (vgl. hierzu bereits § 6 III 1c). Die Begünstigungen nach § 3 Nr. 40 EStG und § 8b KStG finden auf die Veräußerung der Komplementäranteile jedoch keine Anwendung; insoweit liegt keine „Veräußerung [...] von Anteilen an Körperschaften" vor, „deren Leistungen beim Empfänger zu Einnahmen im Sinne des § 20 Absatz 1 Nummer 1 [...] gehören". Im Gegensatz zu sonstigen Einbringungen in Kapitalgesellschaften kommt durch eine Einbringung in die mitunternehmerische Sphäre der KGaA keine neue Besteuerungsebene hinzu; es findet kein „missbrauchsverdächtiger" Systemwechsel statt. Bei Anwendung der für Kapitalgesellschaften geltenden Einbringungsvorschriften würden Umwandlungen somit sperrfristbelastet, ohne dass es hierfür einen Anlass gäbe.

Nach alledem ist der übergeordnete gesetzgeberische Plan, Umwandlungsvorgänge steuerlich nicht zu belasten, bei Umwandlungen in die KGaA durch die alleinige Anwendung der Vorschriften über Kapitalgesellschaften – welche nach der intransparenten Betrachtung allein anzuwenden sind, vgl. § 9 IV – nicht umsetzbar. Um dem gesetzgeberischen Plan dennoch Geltung zu verschaffen, müssen die Regelungen über die Umwandlung in Personengesellschaften im Hinblick auf Umwandlungen in den „transparenten Bereich" der KGaA analog angewendet werden[1075].

II. Analoge Anwendung der Regelungen über die Personengesellschaften

Die analoge Anwendung der Regelungen über die Personengesellschaften lässt bei Umwandlungen in den Komplementäranteil einer KGaA eine Buchwertfortführung zu. Insbesondere setzt § 3 Abs. 2 Nr. 1 UmwStG für die Buchwertfortführung gerade nur eine spätere Besteuerung der übergehenden Wirtschaftsgüter mit „Einkommensteuer oder Körperschaftsteuer" voraus, was auch hinsichtlich der hybriden KGaA regelmäßig sichergestellt sein dürfte. § 24 UmwStG sieht keine vergleichbare Restriktion vor.

III. Analogie zu Lasten des Steuerpflichtigen

Bedenken unterliegt die analoge Anwendung der personengesellschaftsrechtlichen Vorschriften jedoch insoweit, als es hierdurch zu steuerverschärfenden Analogien kommt[1076]. Denn solche stehen in einem Konflikt mit dem Gebot der

---

1075 Nach *Haritz*, DStR 1996, 1192, 1193 ist die Annahme einer Analogie insoweit zwingend.

1076 So bereits *Fischer*, DStR 1997, 1519, 1525, der im Falle einer steuerlichen Schlechterstellung bei der Umwandlung eines GmbH-Anteils in den Komplementäranteil

Gesetzmäßigkeit der Besteuerung[1077]. Da Steuerrecht Eingriffsrecht ist, bedarf jede Besteuerung einer hinreichend bestimmten, formell und materiell verfassungsmäßigen Ermächtigungsgrundlage[1078]. Zwar besteht im Steuerrecht kein allgemeines Analogieverbot[1079]; im Wege der Rechtsfortbildung dürfen über den möglichen Wortsinn des Gesetzes hinaus jedoch keine Steuertatbestände ausgeweitet werden[1080]. Insoweit sind Analogien im Steuerrecht unzulässig[1081].

Von der unzulässigen Analogie in der Steueranknüpfung ist indes die Analogie in der Steuerausgestaltung zu unterscheiden. Hat der Gesetzgeber eine Sachgesetzlichkeit statuiert, muss der Rechtsanwender das Gesetz zu Ende denken[1082]. Die vom Gesetzgeber getroffene Belastungsentscheidung ist durch folgerichtige Rechtsanwendung umzusetzen[1083].

Eine steuerverschärfende Analogie ist hinsichtlich der Besteuerung offener Rücklagen zu befürchten. Nach § 7 UmwStG haben die Anteilseigner der übertragenden Körperschaft das in der Steuerbilanz ausgewiesene Eigenkapital abzüglich des Bestandes des steuerlichen Einlagekontos (§ 27 KStG) als fiktive Dividende nach § 20 Abs. 1 Nr. 1 EStG zu versteuern. Hierdurch sollen solche Gewinne, die bisher nur auf Ebene der Kapitalgesellschaft besteuert wurden und deren „zweite Besteuerungsebene" nach der Umwandlung in eine Personengesellschaft entfallen würde, nachversteuert werden[1084]. Diese systemwechselbedingten Erwägungen gelten gleichermaßen für den Übergang auf die mitunternehmerische Sphäre einer KGaA. Denn dem Komplementär sind seine Gewinnanteile im Jahr ihrer Entstehung un-

---

einer KGaA trotz der systematisch begründbaren Anwendbarkeit auf die Anwendung der Vorschriften über Umwandlungen in Personengesellschaften verzichtet.

1077 Zum steuerrechtlichen Legalitätsprinzip vgl. *Hey*, in: Tipke/Lang, Steuerrecht[22], 2015, § 3 Rn. 230 ff.

1078 *Krebbers*, in: Bertling/Koschek/Krähmer/Krebbers, Rechtsmethodische Fragen des Unternehmenssteuerrechts, 2013, S. 95, 112. Zum Grundsatz des „*in dubio contra fiscum*" vgl. *Friauf*, in: DStJG Bd. 5 (1982), S. 53, 69; dagegen: *Weber-Grellet*, DStR 1991, 438, 444.

1079 *Englisch*, in: Tipke/Lang, Steuerrecht[22], 2015, § 4 Rn. 80 ff; zu den Voraussetzungen einer Analogie im Steuerrecht vgl. BFH v. 24.3.1992 – VII R 39/91, BStBl. II 1992, 956; v. 28.5.1993 – VIII B 11/92, BStBl. II 1993, 665.

1080 BFH v. 28.5.1968 – IV R 202/67, BStBl. II 1968, 650; *Drüen*, in: T/K, § 4 AO Rn. 360 (10/2011).

1081 BFH v. 8.12.1981 – VIII R 125/79, BStBl. II 1982, 618; *Friauf*, DStJG Bd. 5 (1982), S. 53 ff; *Knobbe-Keuk*, FS RFH/BFH, 1993, S. 303, 308: „Auf dem Gebiet des Steuerrechts sind dem Richter durch unzählige diffuse gesetzgeberische Vorgaben [...] die Hände gebunden."; ebenso: *Woerner*, in: GS Knobbe-Keuk, 1997, S. 967, 984.

1082 *Drüen*, in T/K, AO/FGO, § 4 AO Rn. 362a (10/2011); *Woerner*, in: GS Knobbe-Keuk, 1997, S. 967, 978.

1083 BFH v. 14.11.2000 – VI R 62/97, BStBl. II 2001, 491; *Drüen*, in: T/K, AO/FGO, § 4 AO Rn. 362a (10/2011).

1084 *Hoppe*, Die Besteuerung der KGaA, 2014, S. 174.

mittelbar zuzurechnen; spätere Entnahmen von seinem Kapitalkonto sind hingegen erfolgsneutral möglich.

Dasselbe gilt für die Einlagefiktionen des § 5 Abs. 2 und 3 UmwStG. Eine hierauf gegründete Besteuerung eines Beteiligungskorrektur- oder Übernahmegewinns der KGaA würde über den Wortlaut der Norm hinausgehen, weil diese ausdrücklich nur auf die „übernehmende Personengesellschaft oder natürliche Person" abstellt.

Anhand dieser Vorschriften wird deutlich, dass der Gesetzgeber im Umwandlungssteuerrecht die Entscheidung getroffen hat, beim Wegfall einer Besteuerungsebene durch Umwandlungen von intransparenten in transparente Besteuerungssubjekte systemwechselbedingte Gewinnbesteuerungen vorzunehmen. Da der umwandlungssteuerrechtliche Gesetzgeber Umwandlungen im Zusammenhang mit einer KGaA überhaupt nicht geregelt hat, ist es Aufgabe des Rechtsanwenders, die vom Gesetzgeber getroffene Belastungsentscheidung auf diese Umwandlungen zu übertragen. Die hierzu erforderliche Analogie betrifft indes lediglich die Steuerausgestaltung der Umwandlungsbesteuerung; infrage steht nicht das „Ob" der Umwandlungsbesteuerung, sondern nur um das „Wie" – „wie" Umwandlungen in eine Kapitalgesellschaft oder „wie" in eine Personengesellschaft. Auch bei Umwandlungen in die mitunternehmerische Sphäre einer KGaA kommt es zum Wegfall einer Besteuerungsebene. Somit sind § 5 Abs. 2, 3 und § 7 UmwStG auch über ihren Wortlaut hinaus analog anwendbar. Dem steht das Gebot der Gesetzmäßigkeit der Besteuerung nicht entgegen.

IV. Die Bildung von Ergänzungsbilanzen

Da die Sphäre des Komplementärs einer KGaA insgesamt eine mitunternehmerische darstellt und insoweit auch die für Personengesellschaften geltenden umwandlungssteuerrechtlichen Vorschriften analog anzuwenden sind, werden in der Konsequenz auch bei Umwandlungsvorgängen ins Komplementärkapital Ergänzungsbilanzen gebildet[1085]. Ergänzungsbilanzen sind stets auf Ebene der KGaA anzusiedeln. Eine

1085 *Beck*, GmbHR 2004, 554, 555; *Berg*, JbFStR 2002/2003, S. 232, 239; *Ellerbeck*, in: Schnitger/Fehrenbacher, KStG, § 9 Rn. 42; *Glanegger*, DStR 2004, 1686, 1688; *Hageböke/Koetz*, DStR 2006, 293, 295; Kusterer, DStR 1999, 1681, 1682; *Kusterer*, DStR 2004, 77; *Renz*, Die Besteuerung der GmbH & Co. KGaA, 2006, S. 75; in Abkehr von der bisherigen Auffassung nunmehr auch *Witt*, in: HHR, EStG/KStG, § 15 Rn. 905 (05/2013). Trotz auf Gesellschaftsebene intransparenter Betrachtung auch *Hoppe*, Die Besteuerung der KGaA, 2014, S. 125. Nach *Krämer*, in: D/P/M, KStG, § 9 Rn. 60 (09/2012) zumindest beim derivativen Beteiligungserwerb. Zur der Frage, ob der persönlich haftende Gesellschafter einer – im Wege der formwechselnden Umwandlung entstandenen – kapitalistisch geprägten GmbH & Co. KGaA eine Ergänzungsbilanz gemäß § 15 Abs. 1 Satz 1 Nr. 3, § 16 Abs. 1 Satz 1 EStG bilden und darauf Abschreibungen vornehmen kann, ist derzeit ein Verfahren beim BFH (Az. I R 57/14) anhängig. Das Urteil der Vorinstanz (FG Baden-Württemberg v. 22.9.2014 – 10 K 1946/13) wurde nicht veröffentlicht.

Ansiedlung auf Ebene des Komplementärs kommt nicht in Betracht[1086]. In Ergänzungsbilanzen werden nach der Rechtsprechung des BFH anteilige Wirtschaftsgüter ausgewiesen[1087]. Der Komplementär ist an den Wirtschaftsgütern der KGaA jedoch nicht gesamthänderisch beteiligt. Dies unterscheidet ihn zivilrechtlich vom Gesellschafter einer KG; das Betriebsvermögen steht allein im Eigentum der KGaA. Es scheint damit zunächst fraglich, weshalb dem Komplementär der KGaA steuerrechtlich nun erhöhte Anschaffungskosten für die im Betriebsvermögen enthaltenen Wirtschaftsgüter zugewiesen werden sollten.

Mertens geht aber bereits für das Gesellschaftsrecht davon aus, dass der Komplementär der KGaA mit seiner Einlage „eine gesellschaftsrechtliche Beteiligung an der Substanz des Unternehmens begründe"[1088]. Zwar ist der Anteil an einer Kapitalgesellschaft, und damit auch an der KGaA, handelsrechtlich ein einheitlicher Vermögensgegenstand – dies gilt gleichermaßen und ungeachtet eines bestehenden Gesamthandsvermögens aber auch für den Anteil an einer Personengesellschaft[1089]. Für Personengesellschaften sind Ergänzungsbilanzen jedoch anerkannt.

Darüber hinaus erfolgt der steuerrechtliche Durchgriff auf die einzelnen Wirtschaftsgüter unabhängig von einem zivilrechtlichen Gesamthandsvermögen; dies zeigt bereits der Vergleich mit der atypisch stillen Gesellschaft[1090]. Dem folgend stellt auch § 16 Abs. 2 EStG bei der Berechnung des Veräußerungsgewinns für den gesamten Komplementäranteil nach § 16 Abs. 1 S. 1 Nr. 3 EStG ausdrücklich auf den „Wert des Anteils am Betriebsvermögen (Absatz 1 Satz 1 Nummer 2 *und 3*)" ab[1091]. Insoweit sind Ergänzungsbilanzen der Komplementäre gerade erforderlich, um den individuellen Buchwert des Anteils in die Berechnung des Veräußerungsgewinns einbeziehen zu können[1092]. Es ist somit für steuerrechtliche Zwecke ungeachtet zivilrechtlicher Eigentumsverhältnisse davon auszugehen, dass die Gleichstellung des Komplementärs mit dem Mitunternehmer einer Personengesellschaft auch die Bildung von Ergänzungsbilanzen umfasst.

Sollten Ergänzungsbilanzen – nach vorzugswürdiger Auffassung – ohnehin keine anteiligen Wirtschaftsgüter, sondern lediglich Wertdifferenzen bzw. rechnerische Korrekturposten[1093] enthalten, wäre die Bildung von Ergänzungsbilanzen für den Komplementär einer KGaA ohne Weiteres möglich.

1086 *Kroniger/Thies*, IStR 2002, 397, 399 sehen insoweit ein Risiko für den Fall, dass „§ 15 EStG als Zurechnungsnorm verstanden wird".

1087 BFH v. 6.7.1995 – IV R 30/93, BStBl. II 1995, 831.

1088 *Mertens*, in: FS Barz, 1974, S. 253, 263.

1089 *Prinz*, FR 2010, 736, 742.

1090 *Witt*, in: HHR, EStG/KStG, § 15 Rn. 905 (05/2013).

1091 Vgl. hierzu auch *Witt*, in: HHR, EStG/KStG, § 15 Rn. 905 (05/2013).

1092 Zur Erforderlichkeit von Ergänzungsbilanzen zur Ermittlung des Veräußerungsgewinns bei der atypisch stillen Gesellschaft vgl. *Döllerer*, DStR 1985, 295, 299.

1093 *Drüen*, StStud 2005, 199, 200; *Riotte/Dümichen/Engel*, in: Schütz/Bürgers/Riotte, Die KGaA, 2004, § 9 Rn. 114.

V. Umwandlung und Gewinnverteilungsschlüssel

Nach den Grundsätzen der Mischumwandlung sind die Vorschriften über Umwandlungen in Personengesellschaften anzuwenden, soweit der Einbringende oder dessen Anteilseigner eine Komplementäreinlage an einer KGaA erlangt. Die Vorschriften über Umwandlungen in Kapitalgesellschaften sind hingegen insoweit anwendbar, als der Einbringende oder dessen Anteilseigner Kommanditaktien erhält (vgl. zur Mischumwandlung § 10 IV 3). Durch die Umwandlung auf die KGaA gehen die Wirtschaftsgüter des übertragenden Rechtsträgers aber in die KGaA als Ganzes über. Folge dieses Übergangs ist es, dass die stillen Reserven bei einer späteren Veräußerung des Wirtschaftsguts anteilig bei der KGaA selbst und anteilig beim Komplementär besteuert werden. Damit unterliegt ein Teil des Veräußerungsgewinns einer Ein-Ebenen-Besteuerung und der andere Teil einer Zwei-Ebenen-Besteuerung. Diese Verteilung erfolgt entsprechend des Gewinnverteilungsschlüssels, unabhängig davon, in welchem Verhältnis der Übertragende bei der Umwandlung Kommanditaktien erhalten bzw. eine Einlage als Komplementär erbracht hat.

Bei Personengesellschaften wird eine Zuordnung stiller Reserven bei der Anwendung des § 24 UmwStG regelmäßig durch die Bildung von Ergänzungsbilanzen gewährleistet. Sind an der aufnehmenden Personengesellschaft auch Körperschaften beteiligt, würden die stillen Reserven bei einer späteren Veräußerung ansonsten unter Umständen einer Zwei-Ebenen-Besteuerung unterliegen. Durch die Ergänzungsbilanzen kommt es nicht zu einer Verschiebung der stillen Reserven auf die anderen Gesellschafter. Da bei einer Umwandlung in eine Komplementäreinlage § 24 UmwStG analog angewendet wird, ist insoweit auch für den Komplementär die Bildung von Ergänzungsbilanzen möglich. Es wird verhindert, dass die stillen Reserven bei einer späteren Veräußerung der kapitalistischen Sphäre der KGaA unterfallen.

Soweit bei einer Mischumwandlung aber § 20 UmwStG angewendet wird, weil der Einbringende Kommanditaktien erhält, ist die Bildung von Ergänzungsbilanzen nicht möglich; der Kommanditaktionär unterliegt vollständig einer intransparenten Besteuerung (vgl. § 7). Es besteht keine Möglichkeit, den teilweisen Übergang der stillen Reserven auf die mitunternehmerische Sphäre der KGaA zu vermeiden. Bei einer späteren Veräußerung der übertragenen Wirtschaftsgüter wird ein Teil des Veräußerungsgewinns nach § 9 Abs. 1 Nr. 1 KStG an der Wurzel abgespalten und einer Ein-Ebenen-Besteuerung beim Komplementär zugewiesen. Insoweit entfällt eine Besteuerungsebene. Diesem teilweisen Übergang begegnet das Gesetz in § 20 Abs. 2 S. 2 Nr. 1 UmwStG dadurch, dass eine Buchwertfortführung nur insoweit möglich ist, als eine spätere Besteuerung mit Körperschaftsteuer sichergestellt ist.

Vor dem Hintergrund dieser Problematik sind bei Umwandlungsvorgängen in eine KGaA im Wesentlichen drei Grundfälle zu unterscheiden:

1. Umwandlung in einen Komplementäranteil

Wird ein Unternehmen umgewandelt und erlangt der umwandelnde Rechtsträger oder dessen Anteilseigner hierdurch die Position eines Komplementärs, so sind die §§ 3ff., 18, 24 UmwStG wie dargestellt analog anzuwenden. §§ 3 Abs. 2 und 24 Abs. 2 UmwStG ermöglichen den Ansatz des Buchwertes, so dass die Aufdeckung stiller Reserven vermieden werden kann. Die stillen Reserven können dem Übertragenden im Rahmen einer Ergänzungsbilanz zugeordnet werden.

2. Umwandlung entsprechend des Gewinnverteilungsschlüssels

Ebenso unproblematisch ist die Umwandlung, wenn der Gewinnverteilungsschlüssel zwischen kapitalistischer Ein-Ebenen-Besteuerung und mitunternehmerischer Zwei-Ebenen-Besteuerung dem Verhältnis entspricht, in welchem der Übertragende bei der Umwandlung Kommanditaktien und Komplementärrechte erhält.

Beispiel: A möchte den Teilbetrieb A2 mit einem gemeinen Wert von 100.000 € auf eine neu zu gründende KGaA ausgliedern. Im Gegenzug erhält A Kommanditaktien im Wert von 50.000 € und eine Komplementäreinlage von 50.000 €. Im Teilbetrieb A2 ist unter anderem ein Grundstück (gemeiner Wert: 20.000 €/ Buchwert 10.000 €) enthalten.

Abbildung 22: Umwandlung entsprechend des Gewinnverteilungsschlüssels.

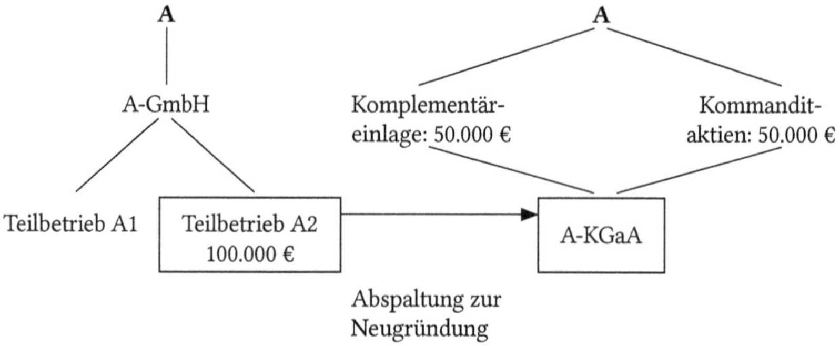

§ 3 Abs. 2 UmwStG ermöglicht (ebenso wie § 24 Abs. 2 UmwStG) hinsichtlich des Vermögensübergangs auf die Komplementäreinlage (50%) den Ansatz des Buchwertes. Da der Anteil der Umwandlung, für den A Kommanditaktien erhalten hat (50%), dem Gewinnverteilungsschlüssel der KGaA für die kapitalistische Sphäre entspricht, sind die Voraussetzungen der „*Sicherstellung der Besteuerung mit Körperschafsteuer*" (§ 11 Abs. 2 S. 1 Nr. 1 UmwStG; ebenso § 20 Abs. 2 S. 2 Nr. 1 UmwStG) insoweit erfüllt. Auch insoweit kann ein Buchwertansatz erfolgen. Wird das aus dem Teilbetrieb A2 stammende Grundstück später zum gemeinen Wert veräußert, so unterliegt dieser Gewinn zu 50% der Einkommensteuer und zu 50% der Körperschaftsteuer.

3. Umwandlung in die kapitalistische Sphäre der KGaA

Wird ein Unternehmen umgewandelt und der umwandelnde Rechtsträger oder dessen Anteilseigner erlangt hierdurch die Rechtsstellung eines Kommanditaktionärs, so bleibt es bei der Anwendung der §§ 11–13, 15, 20 ff. UmwStG mit den o.g. engen Voraussetzungen für eine Buchwertverknüpfung. Wenngleich die übertragende Kapitalgesellschaft als Gegenleistung für die übertragenen Wirtschaftsgüter Anteile am Grundkapital erhält, gehen diese Wirtschaftsgüter ins (Gesamt-) Betriebsvermögen der KGaA als solches über; sie bleiben nicht der kapitalistischen Sphäre der KGaA zugewiesen. Wäre eine Buchwertfortführung auch insoweit möglich, so würde in Bezug auf die stillen Reserven teilweise eine Besteuerungsebene entfallen.

Abwandlung: A möchte den Teilbetrieb A2 mit einem gemeinen Wert von 50.000 € auf die A-KGaA ausgliedern. Im Gegenzug erhält A Kommanditaktien im Wert von 50.000 €. Komplementär der KGaA ist B mit einer Komplementäreinlage von 40.000 €. Bisher war schon C Kommanditaktionär der KGaA (10.000 €). Im Teilbetrieb A2 ist unter anderem ein Grundstück (gemeiner Wert: 20.000 €/ Buchwert 10.000 €) enthalten.

Abbildung 23: Umwandlung in die kapitalistische Sphäre.

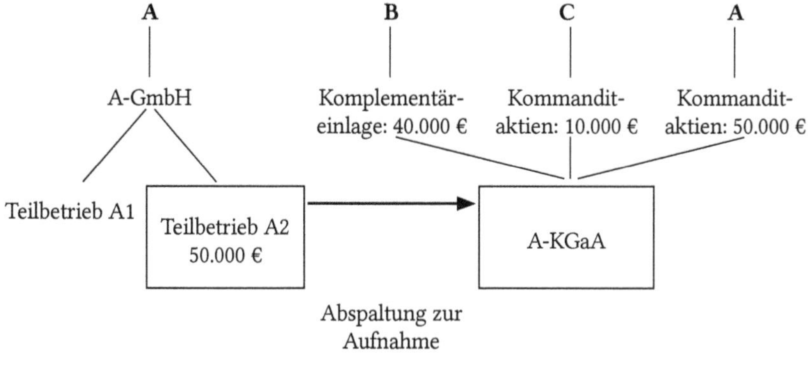

Wird das aus Teilbetrieb A2 stammende Grundstück später unter Aufdeckung stiller Reserven veräußert, so erzielt die (gesamte) KGaA hierdurch einen Gewinn. Dieser Gewinn unterliegt zu 60% der Körperschaftsteuer und zu 40% der Einkommensteuer (§ 15 Abs. 1 S. 1 Nr. 3 EStG).

Aus diesem Grund ist eine Sicherstellung der Besteuerung mit Körperschaftsteuer hinsichtlich dieser 40% systematisch nicht denkbar. Soweit eine Umwandlung in eine KGaA gegen Kommanditaktien erfolgt, scheidet deshalb eine Buchwertfortführung aus, soweit Komplementäre nach dem allgemeinen Gewinnverteilungsschlüssel an einer späteren Veräußerung der übertragenen Wirtschaftsgüter beteiligt sind. Dies gilt freilich nur, wenn der Komplementär selbst der Einkommensteuer unterliegt. Ist der Komplementär eine Körperschaft, unterliegen dessen Gewinnanteile gem. § 8 Abs. 1 KStG iVm. § 15 Abs. 1 S. 1 Nr. 3 EStG ebenfalls der Körperschaftsteuer. Insoweit wäre die Voraussetzung der *„Sicherstellung der Besteuerung mit Körperschaftsteuer"* (§§ 3 Abs. 2 S. 1 Nr. 1 und 20 Abs. 2 S. 2 Nr. 1 UmwStG) erfüllt.

§ 16 Verbleibende Schwächen der Transparenz

Nach dem bisher gefundenen Ergebnis ist die transparente Betrachtung der intransparenten vorzuziehen. Dies entspricht nicht nur der Anknüpfung des Steuerrechts an das Zivilrecht. Auch der Rechtstypenvergleich hat ergeben, dass die KGaA steuerrechtlich einer Personengesellschaft näher steht als einer Kapitalgesellschaft. Der Komplementär ist Mitunternehmer der KGaA oder zumindest wie ein solcher zu behandeln. § 9 Abs. 1 Nr. 1 KStG dient der punktuellen Korrektur, wenn durch die Mitunternehmerbesteuerung nach § 15 Abs. 1 S. 1 Nr. 3 KStG eine steuerliche Doppelbelastung droht. In einigen Bereichen kann die transparente Betrachtung jedoch aufgrund eines *de lege lata* entgegenstehenden Gesetzeswortlauts nicht uneingeschränkt umgesetzt werden. Im Folgenden soll nun aufgezeigt werden, in welchen Bereichen sich die transparente Besteuerung durch Auslegung der Norm umsetzen lässt bzw. in welchen Bereichen gesetzliche Änderungen oder zumindest Klarstellungen erforderlich wären, um die Besteuerung des Komplementärs mit aller Konsequenz der Mitunternehmerbesteuerung gleichzustellen.

I. Nur partielle Berücksichtigung der Besonderheiten der KGaA im Rahmen der Zinsschranke

1. Kein eigener Betrieb des Komplementärs

Nach der transparenten Betrachtung verfügt der Komplementär der KGaA über einen eigenen Betrieb im Sinne des § 4h EStG. Dem ist unzweifelhaft zuzustimmen, wenn der Komplementär selbst einen von der KGaA unabhängigen Betrieb unterhält, wie dies typischerweise bei der kapitalistischen KGaA der Fall sein dürfte. Darüber hinaus soll aber auch allein das Halten eines Komplementäranteils dazu führen, dass der Komplementär Inhaber eines Betriebs im Sinne des § 4h EStG wird[1094]. Der Gesamt-Betrieb der KGaA wird hierzu in einen kapitalistischen und einen Komplementärbetrieb aufgespalten. Zwar wird auf diesem Wege eine mit anderen Rechtsträgern vergleichbare Belastung durch die Zinsschranke hergestellt (vgl. § 10 VI). Allerdings sprechen gewichtige Argumente gegen die Annahme eines eigenen Betriebs des Komplementärs.

1094 So etwa *Frotscher*, in: F/M, KStG/GewStG/UmwStG, § 8a KStG Rn. 25 (07/2014); *Hick*, in: HHR, EStG/KStG, § 4h EStG Rn. 25 (04/2010); *Rödder/Hageböke/Stangl*, DB 2009, 1561, 1563. Ablehnend BMF v. 4.7.2008 – IV C 7-S 2742-a/07/10001, BStBl. I 2008, 718; Rn. 8; *Kollruss/Weißert/Ilin*, DStR 2009, 88, 92. Zum eigenen Gewerbebetrieb des Komplementärs unabhängig von seinem Komplementäranteil, vgl. *Möhlenbrock/Pung*, in : D/P/M, KStG, § 8a Rn. 47 (04/2015).

Zunächst spricht bereits der Wortlaut des § 4h EStG gegen die Annahme eines eigenen Betriebs des Komplementärs. Die Vorschrift stellt auf einen „Betrieb" als maßgebliche Einheit für die Anwendung der Zinsschranke ab. Im allgemeinen Sprachgebrauch wird unter dem Begriff des „Betriebs" eine eigene gewerbliche Einheit verstanden. Eine solche eigene gewerbliche Einheit unterhält der Komplementär einer KGaA nicht.

Gegen einen eigenen Betrieb des Komplementärs sprechen zudem auch historisch-systematische Argumente. Aus den Gesetzgebungsunterlagen ergibt sich, dass für § 4h EStG iVm. § 8a KStG der „allgemeine Betriebsbegriff" gelten soll[1095]. Der Gesetzgeber setzt den Begriff des Betriebes regelmäßig aber gerade nicht mit einem Mitunternehmeranteil gleich. So heißt es etwa in § 6 Abs. 3 EStG „Anteil eines Mitunternehmers *an einem* Betrieb". § 34a EStG formuliert durchgehend „*Betrieb oder Mitunternehmeranteil*". In § 7g Abs. 7 EStG ist sogar ausdrücklich klargestellt, dass die Gesellschaft, nicht aber der Steuerpflichtige selbst Inhaber des „Betriebs" im Sinne des § 7g Abs. 1 EStG ist[1096]. Geht der Gesetzgeber aber – soweit ersichtlich durchgehend – davon aus, dass der Inhaber eines Mitunternehmeranteils nicht automatisch Inhaber eines eigenen Betriebs ist[1097], so kann für den Inhaber eines Komplementäranteils an einer KGaA nichts anderes gelten. Denn dieser ist nach der hier vertretenen Auffassung zumindest „wie" ein Mitunternehmer zu besteuern.

Gegen die Annahme eines eigenen Betriebs des Komplementärs spricht auch der Vergleich mit anderen Gesellschaftsformen. Personengesellschaften unterhalten, ebenso wie „klassische" Kapitalgesellschaften[1098], für Zwecke der Zinsschranke nur einen einheitlichen Betrieb[1099].

Zuletzt spricht gegen die Annahme eines eigenen Betriebes des Komplementärs ein Vergleich mit der Gewerbesteuer. Auch insoweit besteht kein eigener Gewerbebetrieb des Komplementärs (vgl. hierzu § 14 I 2). Ebenso wenig, wie der Komplementär als solcher einen eigenen Gewerbebetrieb unterhält, unterhält er auch keinen eigenen Betrieb für Zwecke der Zinsschranke[1100].

1095 Nach BT-Ds. 16/4835, S. 1 gilt der „allgemeine Betriebsbegriff". Die Gesetzesbegründung selbst (BT-Ds. 16/4841) verhält sich hierzu nicht.

1096 Nach *Köster-Böckenförde/Clauss*, DB 2008, 2213, 2215 ist der Betriebsbegriff indes normspezifisch.

1097 Vgl. hingegen zur früheren Bilanzbündeltheorie *Knobbe-Keuk*, Bilanz- und Unternehmenssteuerrecht[9], 1993, § 9 I 1.

1098 Zum einheitlichen Betriebsbegriff bei Kapitalgesellschaften aber kritisch Köster-Böckenförde/Clauss, DB 2008, 2213, 2216.

1099 *Loschelder*, in: Schmidt, EStG[34], 2015, § 4h Rn. 9; *Seiler*, in: Kirchhof, EStG[14], 2015, § 4h Rn. 15.

1100 *Möhlenbrock*, Ubg 2008, 1, 5; Ebenso *Bielinis*, Die Besteuerung der KGaA, 2013, S. 322 f. unter Verweis auf die normspezifischen Betriebsbegriffe, vgl. hierzu *Köster-Böckenförde/Clauss*, DB 2008, 2213 f. *Bielinis*, Die Besteuerung der KGaA, 2013, S. 323 weist auch darauf hin, dass dies *de facto* zu einer Verdoppelung der Freigrenzen führen würde.

Das Vorliegen eines eigenen Betriebs des Komplementärs ist – ohne eine besondere gesetzliche Anordnung – für Zwecke des § 4h EStG nicht anzunehmen. Da aber auch Personengesellschaften nur einen einheitlichen Betrieb im Sinne des § 4h EStG unterhalten, halte ich eine gesetzliche Regelung zum eigenen Betrieb des Komplementärs *de lege ferenda* nicht für erforderlich, um eine konsequente Mitunternehmerbesteuerung umzusetzen.

2. Abzug des Komplementärgewinns vom maßgeblichen Gewinn der KGaA

Inhaberin des Betriebes im Sinne des § 4h EStG iVm. § 8a KStG ist die KGaA als Gesellschaft. Ein Ungleichgewicht bei der Ermittlung des EBITDA entsteht bei der KGaA dadurch, dass der Gewinnanteil des Komplementärs nach § 9 Abs. 1 Nr. 1 KStG bei der Ermittlung des maßgeblichen Einkommens im Sinne des § 8a Abs. 1 S. 2 KStG nach dem Wortlaut der Norm bereits ausgeschieden ist[1101] (vgl. hierzu bereits § 9 VI 2). Denn maßgebliches Einkommen ist „das nach den Vorschriften des Einkommensteuergesetzes und dieses Gesetzes ermittelte Einkommen mit der Ausnahme der §§ 4h und 10d EStG des Einkommensteuergesetzes und des § 9 Abs. 1 **Nr. 2** dieses Gesetzes“.

Betrachtet man die steuerliche Mehrbelastung durch die Anwendung des § 9 Abs. 1 Nr. 1 KStG bei der Ermittlung des maßgeblichen Einkommens der KGaA (vgl. hierzu § 9 VI 2), dann erscheint es nachvollziehbar, dass die Finanzverwaltung und ein beachtlicher Teil der Literatur § 9 Abs. 1 Nr. 1 KStG bei der Ermittlung des maßgeblichen Einkommens nicht anwenden[1102]. Durch eine solche Nichtanwendung würde die KGaA der Personengesellschaft gleichgestellt, bei der die Gewinnanteile der Gesellschafter ebenfalls in die Berechnung des maßgeblichen Gewinns nach § 4h EStG einbezogen werden[1103]. Eine Nichtanwendung des § 9 Abs. 1 Nr. 1 KStG bei der Ermittlung des maßgeblichen Einkommens wäre somit systematisch wünschenswert. Dieses Ergebnis lässt sich jedoch nicht im Rahmen einer Auslegung des § 8a Abs. 1 S. 2 KStG herleiten. Insbesondere die systematischen Argumente der modifizierten intransparenten Betrachtung führen nicht weiter. Hiernach könne

1101 *Frotscher*, in: F/M, KStG/GewStG/UmwStG, § 8a KStG Rn. 25 (07/2014); *Kollruss*, BB 2007, 1988, 1990; *Rödder/Hageböke/Stangl*, DB 2009, 1561, 1562 f.; *Witt*, in: HHR, EStG/KStG, § 15 EStG Rn. 905 (05/2013).

1102 BMF v. 4.7.2008 – IV C 7-S 2742-a/07/10001, BStBl. I 2008, 718, Rn. 44; ebenso *Bielins*, Die Besteuerung der KGaA, 2013, S. 327; *Loschelder*, in: Schmidt, EStG[34], 2015, § 4h Rn. 11; *Möhlenbrock*, Ubg 2008, 1, 5; *Möhlenbrock/Pung*, in: D/P/M, KStG, § 8a Rn. 47 (04/2015).

1103 *Möhlenbrock/Pung*, in: D/P/M, KStG, § 8a Rn. 47 (04/2015). Der Gesellschaftsgewinn der Mitunternehmerschaft setzt sich ausschließlich aus den Gewinnanteilen der Gesellschafter zusammen. An dieser Stelle stellt sich für die KGaA auch die Frage nach einer Einbeziehung des Sonderbetriebsvermögens, vgl. für die Gewerbesteuer § 14 III.

der Gewinnanteil nach § 9 Abs. 1 Nr. 1 KStG nicht in Abzug gebracht werden, weil sich erst nach der Anwendung des § 4h EStG iVm. § 8a KStG der steuerrechtliche Gewinn der KGaA als Berechnungsgrundlage des Abzugsbetrags nach § 9 Abs. 1 Nr. 1 KStG ergebe[1104]. Denn zum einen ist die Ermittlung des verrechenbaren EBITDA und des hiermit zusammenhängenden maßgeblichen Einkommens nicht mit der Ermittlung des zu versteuernden Einkommens nach §§ 7 Abs. 1, 8 Abs. 1 KStG gleichzusetzen. Dass sich die Auswirkungen des § 4h EStG iVm. § 8a KStG bei der Ermittlung des EBITDA gerade noch nicht auswirken können, ist kein originäres Problem der KGaA-Besteuerung. § 4h Abs. 3 S. 1 EStG und § 8a Abs. 1 S. 2 KStG gehen ausdrücklich davon aus, dass die Auswirkungen der Zinsschranke insoweit gerade nicht einzubeziehen sind. Zum anderen würde selbst diese Argumentation aber nicht zu einer vollständigen Nichtanwendung der Vorschrift entgegen des Wortlauts des § 8a Abs. 1 S. 2 KStG, sondern allenfalls zu einer pauschalisierten Berücksichtigung berechtigen. Dies entspräche der Behandlung der Gewerbesteuer vor Einführung des § 4 Abs. 5b EStG[1105].

Zudem muss m.E. ausscheiden, § 8a Abs. 1 S. 2 EStG über seinen Wortlaut hinaus auf § 9 Abs. 1 Nr. 1 KStG zu erstrecken. Insoweit fehlt es an einer gesetzlichen Lücke[1106]. Der Wortlaut der Norm setzt sich ausdrücklich mit § 9 KStG auseinander, indem er die Anwendung des § 9 Abs. 1 **Nr. 2** KStG ausschließt. § 9 KStG enthält heute nur noch zwei Regelungsbereiche – zum einen die KGaA-Besteuerung und zum anderen den Spendenabzug. Schließt der Gesetzgeber ausdrücklich nur eines von beiden aus, so erscheint es unumgänglich, dass sich der Gesetzgeber auch mit dem zweiten Regelungsbereich der Norm auseinandergesetzt hat und diesen nicht ausschließen wollte. Ein „redaktionelles Versehen" dürfte bei einer derart spezifizierten Formulierung auszuschließen sein[1107]. Dass § 8a Abs. 1 S. 2 KStG angesichts seiner wirtschaftlichen Auswirkungen auf die KGaA (vgl. § 9 VI 2) als fehlgeschlagen angesehen werden kann, ändert nichts daran, dass sich der Rechtsanwender nicht einseitig gegen den eindeutigen, den Willen des Gesetzgebers zum Ausdruck bringenden Wortlaut des Gesetzes stellen darf. Zwar ist im Grundsatz auch eine abändernde Rechtsfortbildung möglich, wenn ein Widerstreit zwischen

---

1104 *Bielins*, Die Besteuerung der KGaA, 2013, S. 327.

1105 Als die Gewerbesteuer noch abziehbare Betriebsausgabe im Rahmen der Einkommensteuer war, ergab sich das Problem, dass sich die endgültige Höhe der Gewerbesteuer erst aus dem Gewerbeertrag ermitteln ließ. Dieser basierte wiederrum auf dem nach den Vorschriften des EStG ermittelten Gewinn aus Gewerbebetrieb, der aber um die Gewerbesteuer als Betriebsausgabe zu mindern war. Die Gewerbesteuer verminderte so ihre eigene Bemessungsgrundlage. Um diesen Zirkelschluss zu vermeiden wurde die Gewerbesteuer regelmäßig nach der sog. „5/6-Methode" oder der sog. „Divisormethode" pauschaliert berücksichtigt; zu den Gründen Abschaffung vgl. BT-Ds. 16/4841, 47.

1106 Nunmehr auch *Märtens*, in: Gosch, KStG^3, 2015, § 9 Rn. 6a.

1107 Zur Korrektur von Redaktionsversehen über den Wortlaut hinaus vgl. *Drüen*, in: T/K, AO/FGO, § 4 Rn. 267 (10/2011).

dem geschriebenen Recht und der materiellen Gerechtigkeit besteht[1108]. Ein völlig sinnwidriges[1109], wirtschaftlich unvertretbares[1110] Ergebnis wird vorliegend jedoch nicht erzielt. Der Zweck des § 4h EStG, den Abzug von Fremdfinanzierungskosten zu beschränken, wird trotz einer Mehrbelastung erfüllt. Es ist aber nicht Aufgabe des Rechtsanwenders, rechtspolitische Fehler zu beseitigen und das Gesetz zu verbessern[1111]. Es bleibt damit an dieser Stelle nichts weiter als ein Appell an den Gesetzgeber, eine entsprechende Änderung des § 8a Abs. 1 S. 2 KStG in Angriff zu nehmen. Da die Finanzverwaltung die Unbilligkeit der Regelung aber bereits erkannt hat und sie insoweit nicht anwendet, ist vorerst nicht mit entsprechenden Rechtsstreitigkeiten zu rechnen. Der politische Druck für eine Gesetzesänderung dürfte überschaubar sein.

3. Kein Abzug des Gewinnanteils im eigenen Gewerbebetrieb des Komplementärs

Gehört der Anteil des Komplementärs einer KGaA zu einem anderen Betriebsvermögen des Komplementärs, so stellt sich die Frage, ob der Gewinnanteil auf Ebene dieses Betriebes erneut in die Berechnung der nicht abziehbaren Zinsaufwendungen einzubeziehen ist. Die Finanzverwaltung geht davon aus, dass der Gewinn des Komplementärs nicht zum maßgeblichen Gewinn gehöre, weil die Zinsschranke betriebsbezogen auszulegen sei. Zudem entspreche dies der Behandlung bei einer Personengesellschaft[1112]. Unter Berücksichtigung der hier vertretenen Ansicht, wonach der Gewinn des Komplementärs *de lege lata* nicht in die Berechnung des verrechenbaren EBITDA der KGaA einbezogen werden kann (vgl. § 16 I 2), erscheint es folgerichtig, diesen Gewinn stattdessen in den maßgeblichen Gewinn des Betriebs des Komplementärs einzubeziehen.

Unabhängig davon fehlt es aber auch – sowohl für die KGaA als auch für Personengesellschaften – an einer entsprechenden Rechtsgrundlage für eine Außerachtlassung dieses Gewinnanteils. Ein solches Vorgehen entspräche dem Gedanken nach § 9 Nr. 2b GewStG (vgl. hierzu § 14 II 2). Wie bei § 9 Nr. 2b GewStG bedarf es für den partiellen Ausschluss einzelner Gewinnanteile aber einer entsprechenden gesetzlichen Grundlage[1113].

1108 *Drüen*, in: T/K, AO/FGO, § 4 Rn. 379 (10/2011).

1109 BFH v. 3.2.2000 – III R 30/98, BStBl. II 2000, 438; v. 21.10.2010 – IV R 23/08, BStBl. II 2011, 277.

1110 BFH v. 30.4.1952 – IV 10/52 U, BStBl. III 1952, 164; v. 28.10.1983 – III R 129/79, BStBl. II 1984, 91.

1111 BFH v. 7.4.1992 – VIII R 79/88, BStBl. II 1992, 786; *Drüen*, in: T/K, AO/FGO, § 4 Rn. 379 (10/2011).

1112 BMF v. 4.7.2008 – IV C 7-S 2742-a/07/10001, BStBl. I 2008, 718 Rn. 42.

1113 *Bielinis*, Die Besteuerung der KGaA, 2013, S. 328. Zu § 9 Nr. 2b GewStG vgl. BFH v. 23.10.1985 – I R 235/81, BStBl. II 1986, 72, 73.

Darüber hinaus führt eine doppelte Erfassung des Gewinnanteils des Komplementärs (auf Ebene der KGaA und auf Ebene seines eigenen Betriebs) auch nicht zu systemwidrigen Ergebnissen. Denn so wie der Gewinnanteil in den maßgeblichen Gewinn des Komplementär-Betriebs einbezogen wird, werden (nach der hier vertretenen transparenten Betrachtung) auch die entsprechenden, im Komplementärgewinn enthaltenen Anteile an Zinsaufwendungen und Zinserträgen zugerechnet. Insoweit käme es zwar zu einer Mehrfachberücksichtigung dieser Berechnungsfaktoren – da aber sowohl Gewinn, als auch Zinsen zugerechnet würden, könnte es allenfalls zu einer Verschiebung kommen. Um auch solche Verschiebungen künftig zu vermeiden, sollte der Gesetzgeber (nach einer Änderung des § 8a Abs. 1 S. 2 KStG, vgl. § 16 I 2) eine Ergänzung des § 4h EStG andenken. Eine solche Ergänzung, wonach Gewinnanteile, Zinsen und Abschreibungen bei der Berechnung der Zinsschranke auf Ebene des Betriebs des Gesellschafters außer Betracht bleiben, die bereits auf Ebene der Gesellschaft erfasst wurden, sollte gleichermaßen Geltung auch für Personengesellschaften haben, weil es auch insoweit an einer entsprechenden Regelung fehlt.

4. Komplementäreinlage als Teil des Eigenkapitals

Offen ist weiterhin, ob die Komplementäreinlage in die Eigenkapitalquote der KGaA nach § 4h Abs. 2 lit. c S. 3 EStG einzubeziehen ist. Zwar stellt die Einlage des Komplementärs (ebenso wie der Kapitalanteil des Gesellschafters einer Personengesellschaft und die Einlage eines Aktionärs bei einer AG) zweifellos Eigenkapital der Gesellschaft dar. Allerdings ist das Eigenkapital nach § 4h Abs. 2 lit. c S. 5 EStG um solches Eigenkapital zu kürzen, „das keine Stimmrechte vermittelt – mit Ausnahme von Vorzugsaktien". Stellt man insoweit allein auf den Wortlaut der Norm ab, so müsste der Komplementäranteil einer KGaA aus dem Eigenkapital der KGaA auszuscheiden sein, denn nach § 285 Abs. 1 S. 1 AktG steht den Komplementären für diese Kapitalanteile kein Stimmrecht in der Hauptversammlung zu.

Aus der Gesetzesbegründung zu § 4h EStG geht indes hervor, dass an dieser Stelle das sog. Mezzaninekapital aus dem Eigenkapital ausgeschieden werden soll[1114], soweit dieses als Eigenkapital bilanziert wird, aber wirtschaftlich eher Fremdkapital gleichsteht[1115]. Mezzaninekapital ist ein Oberbegriff für alle eigenkapitalähnlichen, längerfristigen Finanzierungsformen. Dies sind beispielsweise Genussrechte ohne Beteiligung am Liquidationserlös[1116], stille Beteiligungen, Wandel-/ Optionsanleihen oder Nachrangdarlehen. Allen gemein ist, dass der Kapitalgeber durch die Hingabe nicht Gesellschafter der entsprechenden Gesellschaft wird. Die Vermögenseinlagen

---

1114 BT-Ds. 16/4841, 49. Der Begriff Mezzanine stammt ursprünglich aus der Architektur und bezeichnet dort ein Zwischengeschoss, das zwischen zwei Hauptgeschossen liegt. Im übertragenen Sinne ist mezzanines Kapital daher Kapital, das zwischen Eigen- und Fremdkapital anzusiedeln ist.

1115 *Seiler*, in Kirchhof, EStG[14], 2015, § 4h Rn. 46.

1116 *Seiler*, in: Kirchhof, EStG[14], 2015, § 4h Rn. 46.

des Komplementärs stellen indes kein Mezzaninekapital dar. Vielmehr gehören sie zum originären, zweigeteilten Gesamtkapital der KGaA nach §§ 279 ff. AktG. Der Komplementär ist zentraler Unternehmer und Gesellschafter der KGaA. Sein Kapitalanteil ist in jedem Sinne Eigenkapital, auch wenn dem Komplementär hierfür keine Stimmrechte in der Hauptversammlung zustehen.

Weder aus dem Gesetzeswortlaut, noch aus den Gesetzgebungsunterlagen ergibt sich, dass der Gesetzgeber sich an dieser Stelle Gedanken zum Komplementärkapital einer KGaA gemacht hat. Er hat hinsichtlich des Komplementärkapitals keine Entscheidung getroffen. Es besteht somit eine Regelungslücke. Der Gesetzgeber hat aber eine Ausnahme für Vorzugsaktien in § 4h Abs. 2 lit. c S. 5 EStG aufgenommen. Für solche Aktien, die mit einem nachzuzahlenden Vorzug bei der Verteilung des Gewinns ausgestattet sind, kann das Stimmrecht der Gesellschafter ausgeschlossen werden (§ 139 Abs. 1 AktG). Sie haben mit dem Komplementäranteil gemein, dass auch die Inhaber von Vorzugsaktien Gesellschafter sind, was sie von den Inhabern von Mezzaninekapital unterscheidet. Insoweit liegt eine wertungsgleiche Regelung vor. Es erscheint somit vertretbar, die Regelungslücke hinsichtlich des Komplementärkapitals in § 4h Abs. 2 lit. c S. 5 EStG durch eine analoge Anwendung der Regelung über die Vorzugsaktien zu schließen. Die Kapitaleinlage ist somit ihm Rahmen der Eigenkapitalquote zu berücksichtigen[1117]. Einer gesetzlichen Änderung bedarf es insoweit nicht.

5. Uneingeschränkte Geltung der Konzernklausel

Nach § 4h Abs. 2 S. 1 lit. b EStG findet die Zinsschranke keine Anwendung, wenn der Betrieb nicht oder nur anteilsmäßig zu einem Konzern gehört. Diese Regelung ist nach § 8a Abs. 2 KStG für Körperschaften als Betriebe nicht anzuwenden, wenn eine schädliche Gesellschafterfremdfinanzierung vorliegt. Eine solche schädliche Gesellschafterfremdfinanzierung besteht, wenn die Zinsaufwendungen, die an einen zu mehr als einem Viertel *am Grund- oder Stammkapital* beteiligten Anteilseigner, eine ihm nahestehende Person oder einen rückgriffsberechtigten Dritten mehr als 10% der die Zinserträge übersteigenden Zinsaufwendungen der Körperschaft betragen. Hinsichtlich des Komplementärs einer KGaA kann es somit im Grundsatz nicht zu einer solchen schädlichen Gesellschafterfremdfinanzierung kommen. Der Komplementär ist am Grund- oder Stammkapital der Gesellschaft regelmäßig nicht beteiligt[1118]. Seine Vermögenseinlage gehört nur zum Gesamt- aber gerade nicht zum Grundkapital der KGaA (vgl. zur Eigenkapitalstruktur § 4 III). Etwas anderes

---

1117 *Kollruss*, BB 2007, 1988, 1989; *Möhlenbrock*, Ubg 2008, 1, 10; im Ergebnis auch *Bielinis*, Die Besteuerung der KGaA, 2013, S. 330.

1118 Vgl. insbesondere BFH v. 13.4.1994 – II R 57/90, BStBl. II 1994, 505, 506 zu § 102 Abs. 1 S. 1 BewG a.F., der ebenfalls auf eine Beteiligung am „Grund- oder Stammkapital" abstellte; im Ergebnis ebenso *Bielinis*, Die Besteuerung der KGaA, 2013, S. 331; *Frotscher*, in: F/M, KStG/GewStG/UmwStG, § 8a KStG Rn. 97 (07/2014); *Hölzl*, Die Besteuerung der KGaA, 2003, S. 108.

muss nur ausnahmsweise gelten, wenn der Komplementär, neben seiner Eigenschaft als solcher, über eine wesentliche Beteiligung am Grundkapital in Form von Kommanditaktien verfügt.

6. Nichtanwendung der Escape-Klausel bei schädlicher Gesellschafterfremdfinanzierung

Eine schädliche Gesellschafterfremdfinanzierung im Sinne des § 8a Abs. 3 KStG kann auch der Komplementär einer KGaA auslösen. Hiernach ist die *Escape*-Klausel des § 4h Abs. 2 S. 1 lit. c EStG nur anzuwenden, wenn nicht mehr als 10% des Zinssaldos an einen wesentlich am *Kapital* beteiligten Gesellschafter fließen. Im Gegensatz zu § 8a Abs. 2 KStG stellt § 8a Abs. 3 KStG somit gerade nicht auf eine Beteiligung am „Grund- oder Stammkapital", sondern auf eine Beteiligung am „Kapital" der Gesellschaft ab. Da § 8a Abs. 3 KStG, der ansonsten weitestgehend in seinen Formulierungen § 8a Abs. 2 KStG entspricht, gerade an dieser Stelle eine andere Aussage trifft, ist davon auszugehen, dass dieser Unterschied beabsichtigt war[1119].

In den Gesetzesmaterialien finden sich keine Hinweise darauf, dass es an dieser Stelle beabsichtigt war, den Komplementär einer KGaA mit einzubeziehen. Nach der hier vertretenen transparenten Betrachtung erscheint es zwar zunächst fragwürdig, ob der transparent zu besteuernde Gesellschafter einer KGaA eine schädliche Gesellschafterfremdfinanzierung auslösen kann, weil § 8a KStG für Mitunternehmerschaften nur ausnahmsweise gilt, wenn die Gesellschaft einer Körperschaft mittelbar oder unmittelbar nachgeordnet ist (§ 4h Abs. 2 S. 2 EStG). Allerdings ist insoweit darauf abzustellen, dass die Zinsschranke betriebsbezogen für die KGaA zu ermitteln ist. Diese unterfällt als Körperschaftsteuersubjekt der Regelung des § 8a KStG, wenngleich die nicht abziehbaren Betriebsausgaben anteilig auch dem Komplementär zuzurechnen sind (vgl. § 10 II 1c).

II. Anwendung des § 8c KStG bei der Übertragung von Komplementäranteilen

Für einen Unternehmer kann es aus vielerlei Gründen interessant sein, anstelle der Neugründung einer Kapitalgesellschaft eine bereits existierende Kapitalgesellschaft zu erwerben, deren originären Geschäftsbetrieb zu beenden und anschließend das eigene, ggf. völlig andere Unternehmen im Mantel dieser Kapitalgesellschaft auszuüben. Bei einer solchen Entscheidung spielen neben betriebswirtschaftliche Erwägungen – wie etwa eine erhebliche Zeitersparnis – ebenso steuerliche Gründe eine Rolle. Denn vielfach sind die Geschäftsbetriebe zum Verkauf stehender Kapitalgesellschaften zumindest in der Endphase defizitär betrieben worden, so dass den Kapitalgesellschaften bislang nicht genutzte Verluste anhaften. Diese können

---

1119 *Heuermann*, in: Blümich, EStG/KStG/GewStG, § 8a KStG Rn. 32 (11/2012); im Ergebnis offen *Schaden/Käshammer*, BB 2007, 2259, 2264.

für den Unternehmer attraktiv sein, um seine zukünftige Steuerbelastung aus dem neuen Geschäftsbetrieb zu mindern.

Es widerspricht zunächst nicht dem objektiven Nettoprinzip, dass eine Kapitalgesellschaft Verluste früherer Jahre in späteren Jahren nutzt, auch wenn sie ihre wirtschaftliche Ausrichtung zwischenzeitlich geändert hat. Denn die Kapitalgesellschaft als Rechtsträger und Steuersubjekt ist dieselbe geblieben. Auch eine natürliche Person kann ihre Verluste aus einem Gewerbebetrieb mit Verlusten aus einem anderen Gewerbebetrieb verrechnen, wenn nicht besondere Verlustverrechnungskreise im Gesetz vorgesehen sind.

Allerdings erscheinen solche Konstellationen missbräuchlich, in denen wechselnde „hinter der Kapitalgesellschaft stehende Personen" die der Kapitalgesellschaft anhaftende Rechtsträgeridentität ausnutzen, um nach § 10d EStG gesondert festgestellte Verluste wie ein Wirtschaftsgut in einer „leeren Hülle" einer Kapitalgesellschaft zu veräußern. Eine Nutzung der Verluste, die nur zum Zwecke des steuerrechtlichen Ausgleichs späterer Gewinne aus einem völlig fremden Unternehmen erworben wurden, ist in diesem Fällen nicht mehr durch das objektive Nettoprinzip gedeckt.

§ 8c KStG greift an dieser Stelle ein und ersetzt nach der Unternehmenssteuerreform 2008 die frühere Mantelkaufregelung des § 8 Abs. 4 KStG a.F.[1120] Die Vorschrift soll das Handeltreiben mit nicht genutzten Verlusten und Verlustausgleichpotenzialen einschränken. Da sie sich hierzu generalisierter Kriterien bedient, handelt es sich um eine typisierende Missbrauchsvermeidungsvorschrift[1121]. Zusammenfassend versagt § 8c KStG teilweise oder vollständig die Nutzung bisher ungenutzter Verluste in den Fällen schädlicher Übertragung von Anteilen oder Stimmrechten an einer Körperschaft[1122]. Werden innerhalb von fünf Jahren mehr als ein Viertel der Anteile an einer Körperschaft an eine andere Person oder Personengruppe übertragen, so hindert § 8c KStG *insoweit* die Nutzung aufgelaufender Verluste; werden mehr als die Hälfte der Anteile oder Stimmrechte übertragen, sind die bisher nicht genutzten Verluste insgesamt nicht mehr nutzbar. Zu dieser Grundregel enthält § 8c KStG Ausnahmeregelungen für Konzerne, für ein bestimmtes Verhältnis zu vorhandenen stillen Reserven und für den Sanierungsfall. § 8c KStG findet uneingeschränkt Anwendung, wenn innerhalb von fünf Jahren ein schädlicher Beteiligungserwerb in den Reihen der Kommanditaktionäre stattfindet.

Problematischer erscheint jedoch, welche Konsequenzen der Wechsel des Komplementärs einer KGaA für die Nutzung von Verlusten der KGaA hat. Orientiert man sich am Wortlaut der Norm, so ergibt sich nicht ohne Weiteres, dass sich die Übertragung eines Komplementäranteils auch unter die Regelung subsumieren lässt[1123]:

1120 Zu den Zweifeln an der Vereinbarkeit von § 8c KStG mit höherrangigem Recht insbesondere in „Altfällen", vgl. *Drüen/Schmitz*, Ubg 2011, 921 ff.

1121 *Suchanek*, in: HHR, EStG/KStG, § 8c KStG Rn. 6 (01/2012).

1122 *Suchanek*, in: HHR, EStG/KStG, § 8c KStG Rn. 1 (01/2012).

1123 § 8c Abs. 1 S. 1 KStG. Hervorhebungen durch Verf.

„Werden innerhalb von fünf Jahren mittelbar oder unmittelbar mehr als 25 Prozent *des gezeichneten Kapitals, der Mitgliedschaftsrechte, Beteiligungsrechte oder der Stimmrechte* an einer Körperschaft an einen Erwerber oder diesem nahe stehende Personen übertragen *oder liegt ein vergleichbarer Sachverhalt vor* (schädlicher Beteiligungserwerb), sind insoweit die bis zum schädlichen Beteiligungserwerb nicht ausgeglichenen oder abgezogenen negativen Einkünfte (nicht genutzte Verluste) nicht mehr abziehbar".

Dass sich der Übergang eines Komplementäranteils weder unter den Übergang des gezeichneten Kapitals noch unter den Übergang der Stimmrechte fassen lässt, ergibt sich unmissverständlich aus den speziellen Regelungen des Aktiengesetzes zur KGaA. Nach § 286 Abs. 2 S. 1 AktG sind die Kapitalanteile des Komplementärs ausdrücklich *nach* dem Posten „Gezeichnetes Kapital" auszuweisen. Die Übertragung eines solchen Kapitalanteils kann mithin nicht das gezeichnete Kapital betreffen; insoweit handelt es sich um zwei verschiedene, voneinander zu trennende Eigenkapitalposten (vgl. § 4 III). Auch eine Übertragung der Stimmrechte kommt nicht in Betracht; nach § 285 Abs. 1 S. 1 AktG haben die Komplementäre gerade nur ein Stimmrecht für ihre Aktien. Der Komplementäranteil selbst vermittelt hingegen keinerlei Stimmrechte.

Allerdings ließe sich der Komplementäranteil unter den Begriff der „Mitgliedschafts- oder Beteiligungsrechte" fassen[1124]. Zwar wird regelmäßig aus dem BMF-Schreiben[1125] zur Vorgängernorm des § 8 Abs. 4 KStG a.F. aus dem Jahre 1999 abgeleitet, dass diese Formulierung nur auf andere Körperschaften, nicht aber auf Kapitalgesellschaften abziele[1126]. Eine solche Beschränkung hat aber weder im Gesetzgebungsverfahren noch im Gesetzestext Ausdruck gefunden. Denn der Begriff der Mitgliedschafts- und Beteiligungsrechte aus § 8c Abs. 1 S. 1 KStG umfasst auch Vermögens- und Verwaltungsrechte[1127], die auch dem Komplementär einer KGaA zustehen. Der Komplementär einer KGaA hat neben einem direkten Gewinnbezugsanspruch auch einen bedingten Auseinandersetzungsanspruch, sowie weitgehende Geschäftsführungs- und Vertretungsbefugnisse, die im Falle einer Anteilsübertragung auf den Erwerber übergehen.

Unter Berücksichtigung des *telos* der Norm lässt sich die Übertragung eines Komplementäranteils hilfsweise zumindest unter einen „vergleichbaren Sachverhalt" im Sinne des § 8c Abs. 1 S. 1 KStG subsumieren[1128]. Eine solche Einordnung

---

1124 **A.A.** *Nagel/Wittkowski*, Die KGaA, 2012, § 4 Rn. 83.

1125 BMF v. 16.4.1999 – IV C 6-S 2745–12/99, BStBl. I 1999, 455, Rn. 24.

1126 *Brandis*, in: Blümich, EStG/KStG/GewStG, § 8c KStG Rn. 40 (11/2012); *Hoppe*, Die Besteuerung der KGaA, 2014, S. 103.

1127 Zum Begriff der Mitgliedschaftsrechte vgl. *Roser*, in: Gosch, KStG³, 2015, § 8c Rn. 32.

1128 **A.A.** Dötsch, in D/P/M, KStG, § 8c Rn. 38 (04/2014); *Frotscher*, in: F/M, KStG/GewStG/UmwStG, § 8c KStG Rn. 25a (01/2014); IDW, Ubg 2008, 244, 255; *van Lishaut*, FR 2008, 789, 793; *Roser*, in: Gosch, KStG², 2009, § 8c Rn. 46; *Suchanek*, GmbHR 2008, 292, 295.

der Übertragung des KGaA-Komplementäranteils war in einem Entwurf des BMF-Schreibens zu § 8c KStG aus Februar 2008 vorgesehen[1129], wurde vor dem endgültigen Inkrafttreten aber wieder entfernt. Der Auffangtatbestand des „vergleichbaren Sachverhalts" wurde in § 8c Abs. 1 KStG eingeführt, um Umgehungen zu verhindern[1130], die durch einen zu eng geratenen Wortlaut möglich würden. Betrachtet man den dargestellten Zweck des § 8c KStG, so lässt sich vertreten, dass auch der Austausch des Komplementärs als zentrale Unternehmerfigur einen Austausch der unternehmerischen Identität der Gesellschaft in der Form verursacht, als dass die Nutzung aufgelaufener Verluste nicht mehr als vom objektiven Nettoprinzip vorgegeben betrachtet werden kann. Der Komplementär als geborenes Leitungsorgan und zentrale Entscheidungsfigur hat aufgrund seiner erheblichen Vormachstellung innerhalb der KGaA die Möglichkeit, die wesentlichen unternehmerischen Entscheidungen nach seinen Wünschen zu gestalten. Genügt für die Anwendung des § 8c KStG bei anderen Gesellschaften aber bereits ein Übergang der Stimmrechte als Ausdruck des Einflusses auf die unternehmerische Entscheidung, so muss es für einen „vergleichbaren Sachverhalt" in jedem Fall ausreichen, wenn die zentrale und im Wesentlichen unabhängige Leitungsfigur einer KGaA ausgetauscht wird. Insbesondere die in großen Teilen bestehende Unabhängigkeit des Komplementärs von anderen Organen rechtfertigt diesen Unterschied zum Vorstand einer AG, dessen Austausch nicht unter § 8c KStG fällt. Der Erwerber erlangt einen Einfluss auf die KGaA, der mit der Übertragung von Stimmrechten nicht nur vergleichbar ist[1131], sondern sogar darüber hinausgeht.

Es soll dabei nicht unberücksichtigt bleiben, dass § 8c KStG als Vorschrift gerade nur auf Kapitalgesellschaften, nicht aber auf Personengesellschaften anwendbar ist. Zwar ist die KGaA eine Kapitalgesellschaft und als solche grundsätzlich in den Anwendungsbereich der Norm einzubeziehen. Nach der hier vertretenen Auffassung ist die Sphäre des Komplementärs aber vollumfänglich und mit aller Konsequenz als mitunternehmerische zu betrachten. Es stellt sich somit die Frage, ob diese Wertung ein Ausscheiden der Übertragung eines Komplementäranteils aus dem Regelungsbereich des § 8c KStG rechtfertigt. Hierzu wird regelmäßig vorgetragen, der Austausch eines Komplementärs sei gar nicht geeignet, Verluste der KGaA für diesen nutzbar zu machen[1132]. Denn die Gewinne und Verluste der KGaA werden in einen kapitalistischen und einen personengesellschaftsrechtlichen Teil an der Wurzel aufgespalten und die Verluste der KGaA verblieben alleine auf Ebene der KGaA, von der der Komplementär keinerlei Nutzen habe.

1129 Der Entwurf sah als vergleichbaren Sachverhalt den „Erwerb oder die Stärkung der Stellung des persönlich haftenden Gesellschafters (phG) einer KGaA", vgl. *Roser*, in: Gosch, KStG³, 2015, § 8c Rn. 44; *Suchanek*, GmbHR 2008, 292, 295.

1130 *Lang*, in: E&Y, KStG, § 8c Rn. 20 (03/2010).

1131 *Rödder/Möhlenbrock*, Ubg 2008, 595, 599.

1132 *Bielinis*, Die Besteuerung der KGaA, 2013, S. 339; *Frotscher*, in: F/M, KStG/GewStG/UmwStG, § 8c KStG Rn. 25a (01/2014); *Hoppe*, Die Besteuerung der KGaA, 2014, S. 103; *van Lishaut*, FR 2008, 789, 793; *Suchanek*, GmbHR 2008, 292, 295.

Diese im Kern völlig richtige Auffassung verkennt im Hinblick auf § 8c KStG indes, dass es auch nicht Ziel des § 8c KStG ist, zu verhindern, dass Verluste auf der Ebene des Gesellschafters nutzbar gemacht werden. Denn auch die Beteiligung eines Aktionärs an einer KGaA ermöglicht es nicht, steuerrechtlich angelaufene Verluste für sich selbst zu nutzen. Der Aktionär erhält eine nach handelsrechtlichen Maßstäben ermittelte Dividende, auf die sich eine geminderte Steuerlast der KGaA durch Verlustvorträge allenfalls höchst mittelbar auswirkt. Stattdessen kann allein die KGaA selbst ihre Körperschaftsteuerlast durch die nutzbaren Verluste mindern.

Dem Komplementär als geborenes Leitungsorgan ist es aber möglich, die Verluste einer KGaA gestalterisch auf anderem Wege „für sich" nutzbar zu machen, etwa indem er Unternehmensverträge mit Gewinnabführungen anderer von ihm beherrschter Unternehmen abschließt, wenngleich er hierzu im Einzelfall je nach Satzungsgestaltung der Zustimmung anderer Organe unterliegen mag. Im Hinblick auf § 8c KStG und dessen *telos* spielt die Hybridität der KGaA im Ergebnis keine so entscheidende Rolle, dass sie die Herausnahme der Übertragung des Komplementäranteils aus dem Regelungszweck der Norm entgegen ihres Wortlauts rechtfertigen würde; es liegt zumindest ein „vergleichbarer Sachverhalt" im Sinne des § 8c Abs. 1 S. 1 KStG vor.

III. Anwendbarkeit der Thesaurierungsbegünstigung des § 34a EStG auf den Komplementär der KGaA

Nach § 34a EStG können nicht entnommene Gewinne aus Gewerbebetrieb auf Antrag des Steuerpflichtigen mit einem ermäßigten Einkommensteuersatz von 28,25% besteuert werden[1133]. Fraglich ist, ob § 34a EStG auch auf den Komplementär einer KGaA angewendet werden kann.

Der Wortlaut des § 34a EStG erfasst nicht entnommene Gewinne aus Land- und Forstwirtschaft, Gewerbebetrieb oder selbstständiger Arbeit. Der Komplementärs einer KGaA erzielt Einkünfte nach § 15 Abs. 1 S. 1 Nr. 3 EStG. Hiernach sind „die Gewinnanteile" der Komplementäre „Einkünfte aus Gewerbebetrieb", so dass § 34a EStG *prima vista* anwendbar sein müsste. Allerdings ist der Wortlaut des § 34a EStG, trotz der zunächst generellen Erfassung aller „nicht entnommenen Gewinne aus Gewerbebetrieb" nicht ausdrücklich auf den Komplementär einer KGaA angelegt. Zwar ist der Antrag „für jeden Betrieb oder Mitunternehmeranteil" gesondert zu stellen (§ 34a Abs. 1 S. 2 EStG); bei „Mitunternehmeranteilen" ist der Antrag von einer Mindestbeteiligung abhängig (§ 34a Abs. 1 S. 3 EStG). Auch die Berechnung des nicht entnommenen Gewinns nach § 34a Abs. 2 EStG stellt auf den „Betrieb oder Mitunternehmeranteil" ab. Anders als in §§ 15 Abs. 1, 16 Abs. 1 und 35 Abs. 1 EStG findet sich jedoch keine ausdrückliche Anordnung, den Komplementär einer KGaA gleichermaßen in den Anwendungsbereich der Norm mit einzubeziehen,

---

1133 Zur Thesaurierungsbegünstigung nach § 34a EStG und seinen Vorläufernormen vgl. *van Heek*, StStud 2010, 503 ff.

um ihm auf diesem Wege eine dem Mitunternehmer entsprechende Besteuerung zukommen zu lassen.

Zudem könnte gegen eine Einbeziehung des Komplementärs einer KGaA in den Anwendungsbereich des § 34a EStG die Regelung des § 34a Abs. 6 S. 1 Nr. 2 EStG sprechen: Hiernach wird – ungeachtet dessen, ob die Umwandlung zu Buch-, Zwischen- oder gemeinen Werten vollzogen wird – eine Nachversteuerung dadurch ausgelöst, dass der Betrieb oder Mitunternehmeranteil in eine Kapitalgesellschaft eingebracht wird oder ein Formwechsel in eine Kapitalgesellschaft stattfindet[1134]. Somit wird eindeutig festgelegt, dass eine Begünstigung nur Personenunternehmen bzw. deren Gesellschaftern zukommen soll. Der Komplementär einer KGaA bleibt aber zivilrechtlich Gesellschafter einer Kapitalgesellschaft, wenngleich er steuerrechtlich wie ein Mitunternehmer zu behandeln ist.

Diesen scheinbaren Widerspruch vermag ein Blick in die Gesetzesbegründung[1135] aufzulösen. Hiernach soll § 34a EStG durch die Herabsetzung der Steuerlast auf 28,25 % eine Gleichstellung mit Kapitalgesellschaften ermöglichen, die aufgrund des für sie geltenden Trennungsprinzips ohne Ausschüttung nur mit dem geringeren Körperschaftsteuersatz belastet werden. Erst wenn die Gewinne ausgeschüttet werden, kommt es zu einer erneuten Besteuerung auf der Ebene der Gesellschafter – entweder nach § 8b KStG, § 3 Nr. 40 lit. d EStG oder mit dem Abgeltungssteuersatz. Ein solches Gleichstellungsbedürfnis besteht für den Komplementär einer KGaA ebenso wie für den Gesellschafter einer OHG – er unterliegt nach § 15 Abs. 1 S. 1 Nr. 3 EStG der Ein-Ebenen-Besteuerung mit Einkommensteuer und profitiert gerade nicht vom kapitalgesellschaftlichen Trennungsprinzip. Er unterliegt bereits im Wirtschaftsjahr der Gewinnerzielung und nicht erst bei Ausschüttung der Gewinne der vollen Steuerbelastung. Darüber hinaus soll § 34a EStG einen Anreiz schaffen, dem Unternehmen seine Gewinne dauerhaft zur Verfügung zu stellen und damit die Eigenkapitalbasis des Unternehmens zu stärken. Zur Stärkung der Eigenkapitalbasis der KGaA kann der Komplementär regelmäßig im gleichen Umfang beitragen wie der Gesellschafter einer OHG, indem er nicht von seinen Entnahmerechten Gebrauch macht. Ist der Komplementär zur Deckung seiner Steuerlast nicht auf Entnahmen aus der Gesellschaft gezwungen, so dient dies letztlich einer höheren Eigenkapitalquote der Gesellschaft. Zuletzt soll § 34a EStG Personenunternehmen im internationalen Wettbewerb konkurrenzfähiger machen[1136]. Man kann an dieser Stelle mit guten Argumenten vertreten, dass § 34a EStG zumindest diesen letzten Zweck der Norm nicht erfüllen kann, wird er auf den Komplementär einer KGaA übertragen. Denn die KGaA selbst, die international am Markt auftritt, unterliegt schließlich nur dem geringeren Körperschaftsteuersatz, so dass es keiner besonderen Vorschrift zur Stärkung der Wettbewerbsfähigkeit bedürfte. M.E. wirkt sich aber

---

1134 *Wacker*, in: Schmidt, EStG[34], 2015, § 34a EStG Rn. 77.

1135 BT-Ds. 16/4841, 62; vgl. zum *telos* der Norm auch *K. Stein*, in: HHR, EStG/KStG, § 34a EStG Rn. 1 (01/2010).

1136 BT-Ds. 16/4841, 32; *Wacker*, in: Schmidt, EStG[34], 2015, § 34a Rn. 1.

zumindest das Erfordernis höherer Entnahmen des Komplementärs zur Deckung seiner Einkommensteuerverbindlichkeiten über die Eigenkapitalquote auf die Wettbewerbsfähigkeit eines Unternehmens aus. Somit kann beim Komplementär einer KGaA zwar nicht unmittelbar an den nach außen tretenden Steuersatz angeknüpft werden, wohl aber mittelbar an die Rückwirkungen, die eine höhere Steuerlast auf Gesellschafterebene für die Gesellschaft verursacht.

Den Komplementär einer KGaA in den Anwendungsbereich des § 34a EStG einzubeziehen entspricht demnach nicht nur dem Grundgedanken einer Besteuerung des Komplementärs einer KGaA zumindest „wie" ein Mitunternehmer, sondern deckt sich auch mit dem Zweck des § 34a EStG. Soweit der Komplementär einer KGaA auch Mitunternehmer der KGaA ist, lässt er sich unproblematisch unter den Wortlaut der Vorschrift subsumieren. Soweit er nur „wie" ein Mitunternehmer zu behandeln ist, lässt sich die sprachlich unzureichende Umsetzung der gesetzgeberischen Entscheidung, die Steuerbelastung von Gewerbegewinnen, die trotz Thesaurierung vollständig der Einkommensteuer unterliegen, auf Antrag zu senken, mittels teleologischer Auslegung lösen.

Die Finanzverwaltung geht im BMF-Schreiben vom 11.8.2008[1137] ebenfalls davon aus, dass § 34a EStG auch auf den Komplementär einer KGaA angewendet werden kann, sodass die Rechtsfrage für die Praxis als beantwortet gesehen werden kann. Da § 34a EStG eine Antragsnorm ist und die Verwaltung nach aktueller Erlasslage gehalten ist, diesen Anträgen zu entsprechen, besteht kein Potenzial für Rechtsstreitigkeiten. Somit sind weder höchstrichterliche Entscheidungen, noch eine gesetzgeberische Klarstellung zur Ausweitung des § 34a EStG auf den Komplementär einer KGaA zu erwarten.

Der nicht entnommene Gewinn entspricht (bei Übertragung der Erlasslage zur Mitunternehmerschaft) dem Gewinnanteil im Sinne des § 15 Abs. 1 S. 1 Nr. 3 EStG, soweit dieser nicht entnommen wurde. Hierbei sind Ergänzungs- und Sonderbilanzen zu berücksichtigen[1138].

IV. Gesonderte und einheitliche Feststellung

Im Rahmen einer konsequenten Gleichstellung des Komplementärs einer KGaA mit einem Mitunternehmer muss im Grundsatz eine einheitliche und gesonderte Feststellung der Besteuerungsgrundlagen erfolgen. § 180 Abs. 1 Nr. 2 lit. a AO ordnet eine gesonderte und einheitliche Feststellung der einkommensteuerpflichtigen und körperschaftsteuerpflichtigen Einkünfte und der zusammenhängenden

1137 BMF v. 11.8.2008 – IV C 6 – S 2290-a/07/10001, BStBl. I 2008, 838, Rn. 2.

1138 Nach *Bielinis*, Die Besteuerung der KGaA, 2013, S. 287 soll eine Einbeziehung von Sonderbilanzen daran scheitern, dass es keinen entsprechenden „Gesamtgewinn" gebe. Dies lasse sich an der gewerbesteuerlichen Bemessungsgrundlage ableiten. Nach hier vertretener Auffassung gibt es jedoch einen solchen Gesamtgewinn, der insbesondere auch für die Gewerbesteuer zugrunde zu legen ist, vgl. hierzu § 14 III.

Besteuerungsgrundlagen an, wenn an den Einkünften mehrere Personen beteiligt sind und die Einkünfte diesen Personen steuerrechtlich zuzurechnen sind. Hauptanwendungsfall dieser Regelung ist die gesonderte und einheitliche Feststellung zwischen Mitunternehmern einer Personengesellschaft. Die Personengesellschaft erzielt und ermittelt selbstständig ihre Einkünfte, die sodann im Anschluss auf die Mitunternehmer verteilt werden. Während für klassische Mitunternehmerschaften seit der Aufgabe der Bilanzbündeltheorie[1139] geklärt ist, dass der Mitunternehmer nur an einem Gewinn bzw. Verlust beteiligt ist, nicht aber an jedem einzelnen Geschäftsvorfall[1140], soll bei der KGaA wegen der verschiedenen Besteuerungssysteme[1141] eine genauere Aufteilung erfolgen. Die insofern geltende „Wurzel-Theorie" spaltet jeden Geschäftsvorfall nach dem allgemeinen Gewinnverteilungsschlüssel[1142] in einen Komplementär- und einen Rest-Anteil auf und unterwirft ihn den jeweils anzuwendenden Besteuerungsfolgen. Die KGaA ist somit nicht das alleinige Einkünfteerzielungssubjekt; die Einkünfte werden zum Teil auch unmittelbar vom Komplementär der KGaA erzielt[1143]. Für die gesonderte und einheitliche Feststellung könnte hier ein Problem bestehen; denn wenn dem Komplementär bereits Betriebseinnahmen und Betriebsausgaben unmittelbar zugerechnet werden, bestehen zwischen Komplementär und KGaA keine gemeinsamen „*Einkünfte*" als Saldo dieser Einzelgrößen. Der Saldo wäre sowohl bei der KGaA als auch beim Komplementär gesondert zu bilden.

Allerdings stützte der BFH auch unter Geltung der Bilanzbündeltheorie gesonderte und einheitliche Feststellungen auf die Beteiligung der Mitunternehmer an gemeinsamen Einkünften[1144]. Seinerzeit wurde die Personengesellschaft nicht als eigenständiges Gewinnerzielungs- und Gewinnermittlungssubjekt anerkannt, sondern jedem Gesellschafter wurden Einnahmen und Ausgaben zur eigenständigen Gewinnermittlung zugewiesen. Gleiches gilt für die „Wurzel-Theorie" zur KGaA. Zudem soll § 180 Abs. 1 Nr. 2 lit. a AO solche Fälle erfassen, in denen Einkünfte aus einer gemeinsamen „Einkunftsquelle" stammen, d.h. wenn die Gesellschafter gemeinsam Kapital und/oder Arbeit einsetzen und durch die Gesellschaft gemeinsam am Marktgeschehen oder wirtschaftlichen Verkehr teilnehmen[1145]. Auch diese Vorgaben werden bei der KGaA erfüllt. Die KGaA tritt nach außen als Einheit

---

1139 Zur Bilanzbündeltheorie vgl. *Knobbe-Keuk*, Bilanz- und Unternehmenssteuerrecht[9], 1993, § 9 I 1.

1140 BFH v. 26.1.1995 – IV R 23/93, BStBl. II 1995, 467; *Wacker*, in: Schmidt, EStG[34], 2015, § 15 Rn. 408; *Hageböke*, Das KGaA-Modell, 2008, S. 87 f.

1141 Beispielsweise § 3 Nr. 40 EStG vs. § 8b KStG.

1142 *Rohrer/Orth*, BB 2007, 2266, 2267.

1143 *Menzel*, DStR 1972, 562, 565 unter Verweis auf die Vorgängervorschrift des § 29 EStG 1925, die den Komplementären einer KGaA noch akzentuiert „*ihren* Anteil am Geschäftsgewinn" zuwies.

1144 Eine gesonderte und einheitliche Feststellung fand unter Geltung der Bilanzbündeltheorie etwa bei BFH v. 29.1.1959 – VI 240/57 U, BStBl. III 1959, 154 statt.

1145 *Brandis*, in: T/K, AO/FGO, § 180 Rn. 15 (08/2014).

auf – auch mit Wirkung für den Komplementär. Darüber hinaus würde eine gesonderte und einheitliche Gewinnfeststellung bei der KGaA ebenso wie bei der Personengesellschaft dazu dienen, eine einheitliche Rechtsanwendung zu sichern. Divergierende Rechtsauffassungen in Bezug auf Komplementär und KGaA könnten weitestgehend vermieden werden. Eine Subsumtion der KGaA unter § 180 Abs. 1 Nr. 2 lit. a AO ist somit möglich.

Eine solche Subsumtion unterliegt aber weiteren Bedenken. Der Gesetzgeber hat partiell Sondervorschriften für die Besteuerung der KGaA eingeführt, die unter der Prämisse einer konsequenten Mitunternehmerbesteuerung eher klarstellende Wirkung haben (vgl. etwa §§ 16 Abs. 1 S. 1 Nr. 3, 35 Abs. 1 Nr. 2 EStG). Es ist davon auszugehen, dass dem Gesetzgeber die seit Jahrzehnten andauernde Streitbefangenheit der KGaA-Besteuerung bewusst war, so dass er Unklarheiten durch Sonderregelungen vorgegriffen hat. In § 180 AO fehlt eine solche Sonderregelung zur KGaA jedoch. Gerade der Bereich der gesonderten und einheitlichen Feststellung unterliegt aber dem verfassungsrechtlich verbürgten Grundsatz der Feststellungsklarheit[1146]. Grundsätzlich bildet die Feststellung der Besteuerungsgrundlagen nach § 157 Abs. 2 AO einen mit Rechtsbehelfen nicht selbständig anfechtbaren Teil des Steuerbescheids, soweit die Besteuerungsgrundlagen nicht ausnahmsweise gesondert festgestellt werden. Wann eine solche gesonderte Feststellung erfolgt, ist (neben spezialgesetzlichen Regelungen) ausdrücklich in § 180 AO geregelt. Um eine gesonderte und einheitliche Feststellung als Ausnahme von § 157 Abs. 2 AO zu legitimieren, bedarf es einer klaren und eindeutigen Regelung, die keinen Raum für vernünftige Zweifel lässt.

Dies entspricht dem verfassungsrechtlichen Gebot effektiven Rechtsschutzes. Denn kann der Steuerpflichtige nicht eindeutig erkennen, dass bzw. ob es eine gesonderte Feststellung der Besteuerungsgrundlagen gibt, so kann er sich nicht rechtssicher gegen den Verwaltungsakt wenden. § 351 Abs. 2 AO legt fest, dass Entscheidungen in einem Grundlagenbescheid nur durch Anfechtung dieses Bescheids, nicht auch durch Anfechtung des Folgebescheids, angegriffen werden können. Dem Steuerpflichtigen könnte der Rechtsbehelf unter Umständen gar völlig verloren gehen, würde er gegen den falschen Bescheid vorgehen und in Erwartung einer Entscheidung die Rechtsbehelfsfrist des anderen versäumen. Die zwingend gebotene Rechtsgrundlage für gesonderte Feststellungen kann somit nicht durch Zweckmäßigkeits- oder Sachgerechtigkeitserwägungen ersetzt werden, wenngleich eine gesonderte und einheitliche Feststellung selbstredend auch für die KGaA eine erhebliche Verfahrenserleichterung wäre. Es bestehen aber erhebliche Zweifel, ob § 180 Abs. 1 Nr. 2 lit. a AO für die KGaA eine derart klare und eindeutige

1146 Zum Grundsatz der Feststellungsklarheit vgl. BFH v. 11.4.2005 – GrS 2/02, BStBl. II 2005, 679; *Kruse*, in: T/K, AO/FGO, § 171 Rn. 90 (01/2012); *Drüen*, Der Konzern 2013, 433, 446 f.

Regelung darstellt, die keinen Raum für vernünftige Zweifel ließe[1147]. Der Gesetzgeber normiert aktuell in verschiedenen Bereichen neue gesonderte und einheitliche Feststellungen, so etwa im Organschaftsrecht (§ 14 Abs. 5 KStG) oder im Gemeinnützigkeitsrecht (§ 60a AO) – für den Bereich der KGaA-Besteuerung wäre eine gesetzliche Regelung ebenso erforderlich.

V. Kein pauschales Durchschlagen auf die internationale Vermeidung der Doppelbesteuerung

Die KGaA ist bereits innerstaatlich eine von zivilrechtlichen und steuerrechtlichen Komplikationen begleitete Rechtsform. Es dürfte auf der Hand liegen, dass sich die nationalen Komplikationen im internationalen Kontext potenzieren[1148]. Da mit der KGaA vergleichbare, hybride Gesellschaftsstrukturen im Ausland vielfach unbekannt oder anders strukturiert sind, ist die KGaA gerade im internationalen Bereich anfällig für Qualifikationskonflikte[1149]. Das bringt regelmäßig die Erforderlichkeit beratungsintensiver und zeitraubender Verständigungsverfahren mit sich[1150].

1. Vorrang abkommensrechtlicher Regelungen

Die Diskussion um die abkommensrechtliche Einordnung der KGaA hat durch das Urteil des I. Senats des BFH vom 19.5.2010[1151] neuen Auftrieb erhalten[1152], wonach das internationale Schachtelprivileg nach dem DBA-Frankreich nicht von der nationalen

---

1147 Aus denselben Gründen ist auch eine (in FG München v. 16.1.2003 – 7 K 5340/01, DStRE 2003, 692, 694, rkr. am Rande angesprochene) gesonderte Feststellung nach § 180 Abs. 1 Nr. 2b AO abzulehnen. Für eine gesonderte und einheitliche Feststellung auf Grundlage des § 180 Abs. 2 AO iVm der Verordnung über die gesonderte Feststellung von Besteuerungsgrundlagen nach § 180 Abs. 2 der Abgabenordnung (V zu § 180 Abs. 2 AO) vom 19.12.1986, BGBl. I 1986, 2663 (vgl. *Deutschländer*, StBP 2013, 307, 313) fehlt es schon an der Voraussetzung dass im Falle der KGaA kein Wirtschaftsgut, keine Anlage oder Einrichtung von mehreren Personen betrieben, genutzt oder gehalten wird.

1148 Zur Vermeidung von Qualifikationskonflikten im internationalen Bereich wurde zuletzt ein Korrespondenzprinzip in §§ 3 Nr. 40 lit. d S. 2, 32d Abs. 2 Nr. 4 EStG und § 8b Abs. 1 S. 2 EStG aufgenommen.

1149 *Riotte/Dümichen/Engel*, in: Schütz/Bürgers/Riotte, Die KGaA, 2004, § 9 Rn. 222; *Schaumburg*, DStZ 1998, 525, 539; *Schaumburg/Schulte*, Die KGaA, 2000, Rn. 184; zu der Vielzahl offener Fragen *Wassermeyer*, FR 2010, 812, 813. Zu den Qualifikationsproblemen, die sich bereits bei Personengesellschaften ergeben vgl. *Prinz*, DB 2011, 1415.

1150 *Bödefeld*, in: FS Rädler, 1999, S. 33, 34; *Riotte/Dümichen/Engel*, in: Schütz/Bürgers/Riotte, Die KGaA, 2004, § 9 Rn. 222; *Schaumburg*, DStZ 1998, 525, 539; *Schaumburg/Schulte*, Die KGaA, 2000, Rn. 184.

1151 I R 62/09, BFHE 230, 18.

1152 So etwa *Drüen/van Heek*, DStR 2012, 541; *Wassermeyer*, Ubg 2011, 47.

Einordnung der KGaA abhängig sei, vgl. hierzu § 9 VIII 2. Diese zumindest im Ergebnis die intransparente Betrachtung stützende Entscheidung[1153] scheint *prima vista* in einem nicht aufzulösenden Widerspruch zur im Ergebnis „transparenten" Entscheidung des selben Senats des BFH vom 17.10.1990[1154] zu stehen, wonach die KGaA nach dem DBA-Schweiz eine Personengesellschaft sei, was sich aus der nationalen Struktur der KGaA ergebe, vgl. hierzu § 10 VIII 2.

Dass dennoch beide Entscheidungen nebeneinander ihre Berechtigung finden, ergibt sich aus § 2 AO. Hiernach gehen Verträge mit anderen Staaten, die im Sinne des Art. 59 Abs. 2 S. 1 GG über die Besteuerung ergehen, soweit sie unmittelbar anwendbares innerstaatliches Recht geworden sind, den Steuergesetzen vor[1155]. Nach Auffassung des BFH fehlte es im DBA-Schweiz an einer entsprechenden vorrangigen Regelung, während es im DBA-Frankreich eine solche Regelung gab. In den Ausführungen des BFH zum DBA-Schweiz heißt es[1156]:

> „Da der Begriff der Personengesellschaft im DBA-Schweiz nicht definiert ist, hat er bei Anwendung des Abkommens durch die Bundesrepublik [...] die Bedeutung, die ihm nach dem Recht der Bundesrepublik über die Steuern zukommt, die Gegenstand des Abkommens sind (Art. 3 Abs. 2 DBA-Schweiz). [...] Der Senat kann offenlassen, inwieweit die KGaA im Sinne einzelner Vorschriften des deutschen Steuerrechts zu den Personengesellschaften zählt. Der Zusammenhang i. S. des Art. 3 Abs. 2 DBA-Schweiz erfordert es jedenfalls [...] bei der KGaA von einer Personengesellschaft auszugehen, soweit das Verhältnis des persönlich haftenden Gesellschafters zu der KGaA maßgebend ist. Entscheidend ist dabei, dass die KGaA insoweit für die Besteuerung nicht wie eine juristische Person *behandelt* wird (Art. 3 Abs. 1 Buchst. e DBA-Schweiz)."

Wie der BFH ausführt, seien nach Art. 3 Abs. 1 DBA-Schweiz nur natürliche Personen und juristische Personen, die für die Besteuerung wie eine juristische Person *zu behandeln* sind, als Personen im Sinne des DBA zu betrachten. In dieser letzten Voraussetzung sah er einen Verweis im Sinne des Art. 3 Abs. 2 DBA-Schweiz ins nationale Recht[1157]: Da die KGaA in Deutschland für die Besteuerung nicht wie eine juristische Person *zu behandeln* sei, scheide hinsichtlich der Einkünfte des Komplementärs eine Zuordnung zur KGaA als Gesellschaft aus. Der Komplementär selbst sei hingegen ein schweizerisches Unternehmen im Sinne des DBA, das Gewinne aus einer deutschen Betriebsstätte erziele. Nur aufgrund des Verweises auf die innerstaatliche *Behandlung* der KGaA griff der BFH insoweit auf die nationale Besteuerungsstruktur zurück.

1153 **A.A.** *Ellerbeck*, in: Schnitger/Fehrenbacher, KStG, § 9 Rn. 50, der das Urteil als Stütze der transparenten Betrachtung sieht.

1154 BFH v. 17.10.1990 – I R 16/89, BStBl. II 1991, 211, 212.

1155 Zur nur unzureichenden Umsetzung dieses Normzwecks durch einfaches Gesetz vgl. § 16 V 2.

1156 BFH v. 17.10.1990 – I R 16/89, BStBl. II 1991, 211, 212, Hervorhebung durch Verfasser.

1157 **A.A.** *Debatin*, RIW 1991, 355, 356.

Völlig anders sah der BFH die Abkommenslage indes beim DBA-Frankreich a.F. Hierzu heißt es[1158]:

> „Denn es handelt sich hierbei [...] um aus Frankreich stammende Einkünfte, die [...] den Dividenden (i.S.v. Art. 9 Abs. 1 und 6 DBA-Frankreich a.F.) entsprechen, die von in Frankreich ansässigen Kapitalgesellschaften an eine in Deutschland ansässige Kapitalgesellschaft, der mindestens 10 v.H. des Gesellschaftskapitals der französischen Gesellschaft gehören, *gezahlt* werden (Art. 20 Abs. 1 Buchst. b Doppelbuchs. aa Satz 1 DBA-Frankreich a.F.). [...] Bei der beigeladenen KGaA handelt es sich – nach Maßgabe des insoweit ausschlaggebenden deutschen Rechts [...] – um eine in Deutschland ansässige (vgl. Art. 2 Abs. 1 Nr. 4 Buchst. a DBA-Frankreich a.F.) Kapitalgesellschaft [...]. Damit sind sämtliche tatbestandlichen Voraussetzungen [...] erfüllt."

Der BFH stellt an dieser Stelle letztlich darauf ab, dass die KGaA zweifellos nach § 278 Abs. 1 AktG eine Kapitalgesellschaft sei. Eine Einschränkung hinsichtlich der Struktur des Gesellschafterbestandes enthalte das Abkommen nicht. Art. 20 Abs. 1 Buchst. b Doppelbuchs. aa Satz 1 DBA-Frankreich a.F. setze sich über die materielle Zurechnung des Einkommens abkommensspezifisch hinweg und begünstige die KGaA als die Zahlung empfangende Kapitalgesellschaft insgesamt, wobei dem Begriff „gezahlt" eine besondere Bedeutung zukommen solle.

Es lässt sich sicherlich trefflich darüber streiten, ob es nicht auch im Falle des DBA-Schweiz möglich gewesen wäre, auf eine abkommensrechtliche Spezialregelung abzustellen. Denn in Art. 3 Abs. 1 lit e DBA-Schweiz heißt es: „juristische Personen oder Rechtsträger, die für die Besteuerung wie juristische Personen behandelt werden". Bezöge man an den Relativsatz nur auf die zweite Alternative, so wäre es auch hier denkbar gewesen, darauf abzustellen, dass die KGaA eine inländische juristische Person (§ 278 AktG) ist.

Abgesehen davon zeigt die Gegenüberstellung der beiden Urteile, dass es für die Einordnung der KGaA im internationalen Kontext entsprechend der nationalen Regelung des § 2 AO primär auf die speziellen abkommensrechtlichen Formulierungen ankommt. Erst wenn es an einer abkommensrechtlichen Spezialregelung oder Definition fehlt, ist nach Maßgabe der entsprechenden Regelungen und nur hinsichtlich der auszufüllenden Tatbestandsmerkmale das nationale Recht heranzuziehen. Während sich das DBA-Frankreich nur zur Ausfüllung des Begriffs „Kapitalgesellschaft" auf nationales Recht stützte und der Begriff „gezahlt" als rein tatsächlicher Vorgang betrachtet werden konnte, kam es für das DBA-Schweiz nach der vom BFH vertretenen Auffassung darauf an, dass eine „juristische Person" vorliege, „die für die Besteuerung wie eine juristische Person *behandelt* werde", so dass sich ein „Einfallstor" für die nationale „Wurzel-Theorie" ergab. Die Übertragung der Regelungen des § 9 Abs. 1 Nr. 1 KStG und § 15 Abs. 1 S. 1 Nr. 3 EStG auf die internationale Ebene widerspricht damit weder pauschal § 2 AO[1159], noch ist sie in

1158 BFH v. 19.5.2010 – I R 62/09, BFHE 230, 18, Hervorhebung durch Verfasser.
1159 So aber *Haarmann*, JbFStR 2010/2011, S. 300, 309.

jedem Falle geboten. Der einzige allgemeingültige Schluss, der sich für die doppelbesteuerungsrechtliche Einordnung der KGaA ergibt, ist ein typisch juristischer: *Es kommt darauf an.*

2. Absicherung einer einheitlichen Rechtsanwendung durch § 50d Abs. 11 EStG

Auf diese unsichere Abkommenslage, die sich nach der jüngsten Entscheidung des BFH[1160] zeigte, reagierte der Gesetzgeber zwischenzeitlich durch die Einführung des § 50d Abs. 11 EStG[1161]:

> „Sind Dividenden beim Zahlungsempfänger nach einem Abkommen zur Vermeidung der Doppelbesteuerung von der Bemessungsgrundlage der deutschen Steuer auszunehmen, wird die Freistellung ungeachtet des Abkommens nur insoweit gewährt, als die Dividenden nach deutschem Steuerrecht nicht einer anderen Person zuzurechnen sind. Soweit die Dividenden nach deutschem Steuerrecht einer anderen Person zuzurechnen sind, werden sie bei dieser Person freigestellt, wenn sie bei ihr als Zahlungsempfänger nach Maßgabe des Abkommens freigestellt würden."

Diese Regelung, die sich über abkommensrechtliche Regelungen hinwegsetzt, steht nach ihrem Wortlaut in Konflikt zu § 2 AO, wonach das Abkommensrecht den Steuergesetzen vorgeht.

Dieser Konflikt ist zugunsten des § 50d Abs. 11 EStG zu lösen. Denn § 2 AO enthält entgegen seines Wortlauts keinen allgemeinen Vorrang der Doppelbesteuerungsabkommen als völkerrechtliche Verträge vor dem nationalen Recht[1162]. Zwar sollte es ausweislich der Gesetzgebungsmaterialien Zweck des § 2 AO sein, „dass völkerrechtliche Vereinbarungen, soweit sie innerstaatliches Recht geworden sind, Vorrang vor den innerstaatlichen Steuergesetzen haben und deshalb allein durch spätere innerstaatliche Gesetze nicht abgeändert werden können"[1163]. Dieser Normzweck hätte sich jedoch nur auf verfassungsrechtlicher Ebene vollständig umsetzen lassen[1164]; auf einfachgesetzlicher Ebene ist er nur erheblich eingeschränkt zu verwirklichen. Da § 2 AO selbst nur einfaches Gesetz ist, kann es

---

1160 BFH v. 19.5.2010 – I R 62/09, BFHE 230, 18.

1161 Eingeführt durch Gesetz zur Änderung des Gemeindefinanzreformgesetzes und von steuerlichen Vorschriften v. 8.5.2012, BGBl. I 2012, 1030. § 50d Abs. 11 EStG ist nach seinem Wortlaut nur auf solche („alte") DBA anzuwenden, die für die Gewährung des Schachtelprivilegs noch den „Zahlungsempfänger" anstelle des „Nutzungsberechtigten" in Bezug nehmen. Hiervon sind aktuell etwa 30 DBA, so etwa mit Argentinien, Ecuador, Marokko, usw., betroffen, vgl. *Kudert/Kopec*, IStR 2013, 498, 502.

1162 *Drüen*, in: T/K, AO/FGO, § 2 AO Rn. 2, 27 (05/2014).

1163 So der Bericht und Antrag des Finanzausschusses, BT-Drucks. 7/4292, S. 15.

1164 Nach *Seer*, IStR 1997, 481, 484 hätte es einer Art. 25 S. 2 GG entsprechenden Ergänzung des Grundgesetzes bedurft.

den Doppelbesteuerungsabkommen keinen Vorrang vor § 50d EStG einräumen[1165]. Kollisionen zwischen der einfachgesetzlichen Regelung des § 2 AO, der einfachgesetzlichen Transformationsnorm eines DBA und der einfachgesetzlichen Regelung des § 50d Abs. 11 EStG sind daher nach den allgemeinen Regeln aufzulösen[1166]; es gelten die Grundsätze „*lex-posterior*" und „*lex-specialis*"[1167]. Im Verhältnis zu den Doppelbesteuerungsabkommen, welche bereits vor der Einführung des § 50d Abs. 11 bestanden, ist § 50d Abs. 11 EStG damit nicht nur das speziellere[1168], sondern auch das spätere[1169] Gesetz.

§ 2 AO führt jedoch dazu, dass eine abkommensüberschreibende (und damit zugleich § 2 AO überschreitende[1170]) Wirkung neueren und spezielleren Regelungen nur dann zukommt, wenn der Gesetzgeber klar und zweifelsfrei deutlich macht, dass das Gesetz vorrangig vor den Doppelbesteuerungsabkommen anzuwenden sein soll[1171]. Fehlt eine spezielle, das Vertragsrecht bewusst derogierende Vorschrift, so geht das Vertragsrecht vor[1172]. § 50d Abs. 11 EStG enthält eine solche klare und zweifelsfreie Vorrangbestimmung („ungeachtet des Abkommens")[1173]; seine Regelung geht damit den Regelungen der Doppelbesteuerungsabkommen vor.

1165 *Bron*, IStR 2007, 431, 432; *Drüen*, in: T/K, AO/FGO, § 2 AO Rn. 38 (05/2014); *Jansen/Weidmann*, IStR 2010, 596, 597; *Mitschke*, DStR 2011, 2221, 2226; *Musil*, IStR 2014, 192, 193; *Weigell*, IStR 2009, 636, 638.

1166 Zur Kollision zwischen § 8b KStG und DBA vgl. FG Nürnberg v. 14.2.2008 – IV 191/2005, EFG 2008, 1332, 1334, aufgehoben durch BFH v. 14.1.2009 – I R 47/08, BStBl II 2011, 131, der in § 8b KStG kein treaty override sah.

1167 *Bron*, IStR 2007, 431, 432. Zumindest bei ausdrücklicher Anordnung: *Drüen*, in: T/K, AO/FGO, § 2 AO Rn. 2 (05/2014); *Koenig*, in: Koenig, AO³, § 2 Rn. 19; *Musil*, in: H/H/Sp, AO, § 2 Rn. 174 (09/2012); *Oellerich*, in: B/G, AO/FGO, § 2 Rn. 74 (09/2013). *Seer*, IStR 1997, 481, 484 f. geht davon aus, dass der *lex-posterior*-Satz nicht gelte, eine ausdrückliche Derogation des § 2 AO aber dennoch durch *leges speciales* möglich sei.

1168 Aufgrund der ausdrücklichen Anordnung: *Oellerich*, in: B/G, AO/FGO, § 2 Rn.76 (09/2013): „mit Wissen und Wollen."

1169 FG München v. 22.3.1993 – 1 V 2077/92, EFG 1993, 522.

1170 *Oellerich*, in: B/G, AO/FGO, § 2 Rn. 76 (09/2013); *Drüen*, in: T/K, AO/FGO, § 2 AO Rn. 2 (05/2014).

1171 BFH v. 14.1.2009 – I R 47/08, BStBl. II 2011, 131; *Bron*, IStR 2007, 431, 433; *Jansen/Weidmann*, IStR 2010, 596, 597; *Mitschke*, DStR 2011, 2221, 2226; *Koenig*, in: Koenig, AO³, Rn. 19 f.; *Seer*, IStR 1997, 481, 485.

1172 FG Köln v. 14.3.2000 – 8 K 543/99, EFG 2000, 1006 (aufgehoben durch BFH v. 19.12.2001 – I R 63/00, BStBl. II 2003, 302); *Drüen*, in: T/K, AO/FGO, § 2 AO Rn. 2 (05/2014); *Ernst*, Ubg 2010, 494, 503.

1173 Zur wortgleichen Formulierung in § 50d Abs. 1a EStG vgl. BFH v. 28.11.2001 – I B 169/00, BFH/NV 2002, 774.

Nach alledem handelt es sich bei § 50d Abs. 11 EStG um ein sogenanntes *treaty override*[1174]. Welche verfassungsrechtlichen Folgen[1175] von einem solchen ausgehen, hat das Bundesverfassungsgericht bis heute nicht zu entscheiden gehabt. Während Literatur und Rechtsprechung bisher wohl mehrheitlich von einer verfassungsrechtlichen Zulässigkeit von *treaty overrides* ausgegangen sind[1176], mehren sich jüngst kritische Stimmen[1177]. Zuletzt hat der BFH drei Vorlagebeschlüsse[1178] an das BVerfG

1174 *Kollruss*, BB 2013, 157; *Kopec/Kudert*, IStR 2013, 498, 502; *Wittkowski*, DB 2012, M1 (Gastkommentar in Heft 8). Nach *Gosch*, Aussprache zu Breuninger, JbFStR 2012/2013, S. 361, 375 soll die Verwaltung der Auffassung sein, es handele sich nicht um ein *treaty override*, da es um die rein nationale Frage der Einkünftezurechnung gehe. Generell zum *treaty override* vgl. stellvertretend *Frotscher*, in: FS Schaumburg, 2009, 687; *Gosch*, IStR 2008, 413; *Englisch*, in: Tipke/Lang, Steuerrecht[22], 2015, § 5 Rn. 26. Zur Vermeidung weiterer *Treaty Overrides* hatte die Bundessteuerberaterkammer in ihrer Stellungnahme v. 3.2.2012 zum Entwurf des § 50d Abs. 11 EStG – ebenso wie der Deutsche Industrie- und Handelskammertag im Öffentlichen Fachgespräch im Finanzausschuss des Deutschen Bundestages v. 8.2.2012 – empfohlen, vorzugsweise die entsprechenden DBA nachzuverhandeln.

1175 Ausführlich zur Verfassungswidrigkeit von *treaty overrides* im Allgemeinen und § 50d Abs. 11 EStG im Besonderen *Hoppe*, Die Besteuerung der KGaA, 2014, S. 156 ff.

1176 BFH v. 13.7.1994 – I R 120/93, BStBl. II 1995, 129; v. 21.5.1997 – I R 79/96, BStBl. II 1998, 113; v. 20.3.2002 – I R 38/00, BStBl. II 2002, 819; *Bron*, IStR 2007, 431, 434; *Musil*, IStR 2014, 192, 195; *Neyer*, BB 2004, 519, 520; *Thiemann*, JZ 2012, 908, 911 f.; *Lehner*, IStR 2014, 189, 191 argumentiert damit, dass der Gesetzgeber trotz seiner prinzipiell beschränkten Rolle im Bereich der auswärtigen Gewalt nicht aus dem Kernbereich originärer parlamentarischer (Gesetzgebungs-) Verantwortung gedrängt werden dürfe. *Jansen/Weidmann*, IStR 2010, 596, 605 gehen davon aus, dass lediglich solche *Treaty Overrides* gegen Verfassungsrecht verstoßen, deren einziger Zweck die Sicherstellung von Besteuerungssubstrat sei.

1177 Im AdV-Verfahren BFH v. 19.5.2010 – I B 191/09, BStBl. II 2011, 156; FG Köln v. 14.3.2000 – 8 K 543/99, EFG 2000, 1006 (aufgehoben durch BFH v. 19.12.2001 – I R 63/00, BStBl. II 2003, 302); *Daragan*, IStR 1998, 225 ff.; *Drüen*, in: T/K, AO/FGO, § 2 AO Rn. 5b (05/2014); *Kempf/Bandl*, DB 2007, 1377, 1381; *Stein*, IStR 2006, 505, 508; *Weigell*, IStR 2009, 636, 639 ff. zumindest hinsichtlich solcher *treaty overrides*, bei denen es nicht um die Vermeidung missbräuchlicher Gestaltungen geht.

1178 Zu § 50d Abs. 8 EStG: BFH v. 10.1.2012 – I R 66/09, BFHE 236, 304 (Az. d. BVerfG: 2 BvL/12), zu § 50d Abs. 9 EStG: BFH v. 20.8.2014 – I R 86/13, BStBl. II 2015, 18 (Az. d. BVerfG: 2 BvL 21/14) und zu § 50d Abs. 10 EStG: BFH v. 11.12.2013 – I R 4/13, BStBl. II 2014, 791 (Az. d. BVerfG: 2 BvL 15/14). In diesem Zusammenhang wird sich das BVerfG zur Übertragbarkeit seiner sog. *Görgülü*-Entscheidung v. 14.10.2004 – 2 BvR 1481/04, BVerfGE 111, 307 und des. sog. *Alteigentümer*-Beschlusses v. 26.10.2004 – 2 BvR 955/00, 2 BvR 1038/01, BVerfGE 112, 1 auf das internationale Abkommensrecht äußern müssen.

gerichtet; er sieht in *treaty overrides* Verstöße gegen Art. 2 Abs. 1 iVm. Art. 20 Abs. 3 und Art. 25 GG[1179].

Unabhängig von einer Völkerrechts- (und der hiervon ausgehenden Berechtigung zur Kündigung entsprechender DBA[1180]) und etwaigen Verfassungswidrigkeit des § 50d Abs. 11 EStG, entfaltet er aber freilich bis zu einer etwaigen Verwerfung durch das Bundesverfassungsgericht unbeschränkt innerstaatliche Wirkung. Demnach kommt es nunmehr auch dann nicht mehr auf den exakten Wortlaut der einzelnen Abkommensregelungen an, wenn nach dieser Dividenden an eine KGaA (unabhängig von deren nationaler Struktur) bei ihr als Zahlungsempfänger von der Bemessungsgrundlage der deutschen Steuer auszunehmen wären. In diesem Falle wird die Freistellung nach Einführung des § 50d Abs. 11 EStG nunmehr nur noch insoweit gewährt, als sie auf die kapitalistische Sphäre der KGaA entfällt; es sei denn der Komplementär der KGaA ist selbst eine juristische Person.

M.E. entfaltet § 50d Abs. 11 EStG entgegen der Auffassung von Kollruss[1181] auch bei mehrstöckigen Hybrid-Konstellationen seine einschränkende Wirkung. Denn § 50d Abs. 11 S. 1 EStG ist zwar im Grunde hinsichtlich der Überschreibung des Abkommensrechts einstufig konzipiert; die steuerrechtliche Transparenz hinsichtlich der Komplementäre einer KGaA führt aber auch auf Grundlage der national geltenden „Wurzel-Theorie" zu einer Abspaltung der Einkünfte an der Wurzel und zu einer unmittelbaren Zurechnung, so dass diese Transparenz die von § 50d Abs. 11 EStG geschaffene Transparenz letztlich über mehrere Ebenen forttragen kann. Vereinfacht: Ist Komplementär einer KGaA wiederum eine KGaA, so kommt es hinsichtlich des Komplementärs nicht darauf an, ob der KGaA als Zahlungsempfänger eine solche Freistellung gewährt würde. Vielmehr käme es zumindest anteilig auf deren Komplementär an. Aus der Gesetzesbegründung ergibt sich nicht schon deshalb etwas anderes, weil dort vom „Gesellschafter" gesprochen wird; diese Aussage betraf offensichtlich den Grundfall einer nicht doppelstöckigen hybriden Struktur. § 50d Abs. 11 EStG ist demnach einstufig konzipiert, weil es für die Überschreibung

---

1179 Ebenso *Oellerich*, in: B/G, AO/FGO, § 2 AO Rn. 89 (09/2013); kritisch auch *Schönfeld/Häck*, in: Schönfeld/Ditz, DBA, 2013, Systematik Rn. 156; **a.A.** *Thiemann*, JZ 2012, 908, 911 f.

1180 Neben dem Verstoß gegen den völkergewohnheitsrechtlichen Grundsatz „*pacta sunt servanda*" stellt ein *Treaty Override* auch einen Verstoß gegen Art. 26 WÜRV dar; vgl. *Bron*, IStR 2007, 431, 435; *Jansen/Weidmann*, IStR 2010, 596, 597; *Mitschke*, DStR 2011, 2221, 2223; *Stein*, IStR 2006, 505, 506.

1181 Nach *Kollruss*, BB 2013, 157 ff. erweise sich § 50d Abs. 11 EStG derzeit als „Schuss aus der Hüfte bzw. sogar ins Knie". Zur Erfassung doppelstöckiger hybrider Strukturen bedürfe es der Überarbeitung der Norm hinsichtlich der Zurechnung zu weiteren Personen. Anderenfalls solle § 50d Abs. 11 S. 2 EStG vollständig abgeschafft werden, da § 8b KStG eine sachgerechte Besteuerung der Dividende erreiche. Angesichts der erheblichen Unsicherheiten um die Anwendung des § 8b KStG bei der KGaA-Besteuerung ist diese These m.E. mehr als gewagt.

des Abkommens nur einer einstufigen Konzeption bedurfte. Alles Weitere ist der nationalen mitunternehmerischen Ein-Ebenen-Besteuerung geschuldet.

Der Gesetzgeber hat sich mit der Neureglung punktuell zum nationalen Systemstreit um die KGaA geäußert. Insgesamt fällt eine Wertung dieser Neuregelung jedoch schwer. Die Vertreter der intransparenten Betrachtung können vorbringen, dass eine gesetzliche Regelung unter der Prämisse der Transparenz nicht erforderlich gewesen wäre; die Vertreter der transparenten Betrachtung können die Vorschrift hingegen als rein deklaratorisch unter Hinweis auf das „fehlgehende" Urteil des BFH oder als gesetzgeberisches „Bekenntnis" zur Transparenz werten[1182]. Eine eindeutige Entscheidung des Gesetzgebers für ein bestimmtes Besteuerungskonzept lässt sich aus § 50d Abs. 11 EStG nicht herleiten[1183] und war auch nicht beabsichtigt. In seinem Zustimmungsbeschluss bezeichnet der Bundesrat § 50d Abs. 11 EStG ausdrücklich als „keine Vorabfestlegung eines intransparenten oder teiltransparenten Besteuerungssystems bezüglich der KGaA", sondern als „Zwischenlösung auf dem Weg zur grundlegenden Klärung der Besteuerung hybrider Rechtsformen"[1184].

VI. Keine Steueranrechnung

De lege lata besteht bei der KGaA ein Ungleichgewicht bei der Anrechnung von Steuern[1185]. Zwar fordern die Vertreter der transparenten Betrachtung auch insoweit eine Gleichstellung mit dem Mitunternehmer durch Zuweisung anteiliger anrechenbarer Steuern[1186]. Mangels gesetzlicher Regelung kann eine Steueranrechnung allerdings nur bei der Gesellschaft selbst erfolgen[1187]. Da der Komplementär ein anderes Steuersubjekt ist, bedürfte es zur Anrechnung bei ihm einer Regelung wie etwa § 19 KStG, die es ermöglicht, die anrechenbaren Steuern der Organgesellschaft beim Organträger in Abzug zu bringen. Letztlich ist es zwar möglich, diese Schräglage durch einen entsprechenden zivilrechtlichen Ausgleichanspruch des Komplementärs gegen die Gesellschaft auf Satzungsebene wieder auszugleichen[1188]. Wünschenswert wäre es dennoch, diese Problematik *de lege ferenda* auch mit dem Gesetz lösen zu können.

1182 So *Witt*, in: HHR, EStG/KStG, § 15 EStG Rn. 905 (05/2013): „setzt [...] eine transparente Sichtweise bei der Besteuerung des phG voraus".

1183 So im Ergebnis auch *Breuninger*, JbFStR 2012/2013, S. 361, 371.

1184 Empfehlung des Finanzausschusses zum Gesetz zur Änderung des Gemeindefinanzreformgesetzes und von steuerlichen Vorschriften, vgl. BR-Ds. 114/1/12, 2; Beschluss des Bundesrates v. 30.3.2012, vgl. BR-Ds. 114/12, 2.

1185 Zu ausländischen Quellensteuern vgl. *Wassermeyer*, in: FS Streck, 2011, 259, 271.

1186 *Kusterer*, FR 2003, 502, 504.

1187 *Wassermeyer*, in: FS Streck, 2011, S. 259, 271.

1188 *Drüen/van Heek*, DStR 2012, 541, 545, Note 64.

Fünfter Teil
Zusammenfassung in Thesen und Ausblick

§ 17 Zusammenfassung in Thesen

I. Die KGaA – Wirtschaftliche Bedeutung und gesellschaftsrechtliche Grundlagen

Die Geschichte der KGaA reicht zurück bis ins Jahr 1716. Sie wurde phasenweise als Spielart der KG oder AG angesehen. Seit 1937 ist die KGaA eine Gesellschaft mit eigener Rechtspersönlichkeit. Im Jahre 1997 entschied der BGH, dass auch eine Kapitalgesellschaft Komplementär einer KGaA sein kann.

Die KGaA ist zahlenmäßig nur gering verbreitet. Seit der Zulassung der Kapitalgesellschaft & Co. KGaA steigt ihr Bestand jedoch stetig. Die in der Rechtsform der KGaA geführten Gesellschaften haben indes eine erhebliche wirtschaftliche Bedeutung. Die KGaA verfügt im Vergleich aller Rechtsformen, nach der SE über den höchsten durchschnittlichen Jahresumsatz und insgesamt über das höchste durchschnittliche Grundkapital. Derzeit finden sich vier KGaAs im deutschen Leitindex DAX. Darüber hinaus sind insbesondere Lizenzspielabteilungen von Fußball-Bundesligavereinen und Privatbanken in der Rechtsform der KGaA organisiert.

Wenngleich die KGaA eine eigenständige Rechtsform ist, verweist § 278 AktG zur Regelung der KGaA in das Recht der Kommanditgesellschaft und in das Erste Buch des Aktiengesetzes. Darüber hinaus enthalten die §§ 278 ff. AktG einige wenige Spezialvorschriften für die KGaA, die den Verweisnormen in das KG-Recht und in das Erste Buch des Aktiengesetzes vorgehen.

Das Eigenkapital der KGaA ist zweigeteilt. Das Grundkapital ist in Aktien zerlegt und wird von den Kommanditaktionären gehalten. Es gewährleistet den Zugang zum organisierten Kapitalmarkt. Daneben können die Komplementäre gesonderte Vermögenseinlagen erbringen. Diese gehen in das Vermögen der KGaA über – zivilrechtlich entsteht kein Gesamthandsvermögen. Darüber hinaus können auch die Komplementäre Kommanditaktien erwerben.

Die KGaA hat drei Pflichtorgane: Den Komplementär, die Hauptversammlung und den Aufsichtsrat. Daneben kann sie weitere fakultative Organe einsetzen.

Der Komplementär ist geborenes Geschäftsführungs- und Vertretungsorgan. Es gilt der Grundsatz der Selbstorganschaft. Der Komplementär haftet den Gesellschaftsgläubigern unbeschränkt und unbeschränkbar.

Die Hauptversammlung ist die Versammlung der Kommanditaktionäre, Komplementäre haben nur ein Stimmrecht für ihre Aktien. Die Hauptversammlung der KGaA hat die gleichen Befugnisse wie die Hauptversammlung einer AG, wesentliche Beschlüsse unterliegen jedoch einem Zustimmungserfordernis der Komplementäre. Sie hat somit nur geringe Möglichkeiten, entscheidenden Einfluss auf die Geschäftsführung zu nehmen. Per Satzung können die Rechte der Hauptversammlung noch weiter beschränkt werden.

Der Aufsichtsrat überwacht die Geschäftsführung, weshalb ihm keine Komplementäre angehören dürfen. Die Rechte des Aufsichtsrats sind stark eingeschränkt, insbesondere verfügt er nicht über Personal- und Geschäftsordnungskompetenz. Er kann keine Zustimmungspflichten für die Geschäftsführung begründen und stellt nicht den Jahresabschluss fest.

Die Gesamtheit der Kommanditaktionäre ist kein gesonderter Personenverband. Die Beteiligungsrechte der Aktionäre ergeben sich jeweils aus ihrer eigenen Gesellschafterstellung. Die Kommanditaktionäre haben dieselben Rechte und Pflichten wie die Aktionäre einer AG. Da auch die Komplementäre Aktien erwerben können, ist es auch möglich, dass ein einzelner Komplementär alle Kommanditaktien erwirbt – es liegt dann eine Ein-Mann-KGaA vor.

Die KGaA ist als Formkaufmann buchführungspflichtig. Hinsichtlich des Gewinnanteils des Komplementärs ist umstritten, ob dieser nach kapitalgesellschaftsrechtlichen Grundsätzen zu ermitteln ist (monistische Gewinnermittlung) oder ob insoweit ein Jahresabschluss nach Personengesellschaftsrecht aufzustellen ist (dualistische Gewinnermittlung). Praktische Relevanz hat diese Unterscheidung indes keine.

Die KGaA bringt eine Reihe rechtsformabhängiger Nachteile mit sich: Größter Nachteil der KGaA ist die persönliche Haftung der Komplementäre. Zudem soll auch ein Kursabschlag auf Kommanditaktien bestehen. Die Komplementäre unterliegen einem Stimmrechtsverbot in der Hauptversammlung. Schwer wiegen auch die erheblichen Rechtsunsicherheiten hinsichtlich der zivilrechtlichen und steuerrechtlichen Einordnung der KGaA. Die Ein-Ebenen-Besteuerung des Komplementärs kann bei hoher Thesaurierungsneigung nachteilig gegenüber klassischen Kapitalgesellschaften sein. Im internationalen Bereich sind Qualifikationskonflikte unvermeidbar, weil eine mit der KGaA vergleichbare Struktur im Ausland weitestgehend unbekannt ist.

Die KGaA bietet aber auch entscheidende Vorteile: Sie gewährleistet als einzige Rechtsform die Souveränität der Unternehmensführung bei völliger Trennung von Führung und Kapital. Die Komplementäre haben eine besonders starke, quasi unentziehbare Rechtsstellung. Durch den Zugang zur Börse hat die KGaA einen erheblichen Vorteil bei der Kapitalakquise. Zudem unterliegt die Satzung der KGaA in weiten Teilen der personengesellschaftsrechtlichen Vertragsfreiheit, so dass die Satzung flexibel an das Unternehmen angepasst werden kann. Zuletzt unterliegt die KGaA nur eingeschränkt der Mitbestimmung.

Die kapitalistische KGaA könnte als Optimallösung angesehen werden, weil sie sowohl die persönliche Haftung ausschließt, als auch eine generationenüberdauernde Struktur schafft. Zudem wird durch die Kapitalgesellschaft als Komplementär trotz des Grundsatzes der Selbstorganschaft mittelbar eine Fremdgeschäftsführung ermöglicht. Allerdings hat der BGH statuarische Restriktionen angedeutet. In welchem Umfang diese bestehen, ist weder gesetzlich geregelt noch durch die Rechtsprechung ausjudiziert, so dass eine erhebliche Rechtsunsicherheit besteht.

II. Die Besteuerung der KGaA und ihrer Aktionäre – die kapitalistische Sphäre der KGaA

Die KGaA ist eine juristische Person und als solche unbeschränkt körperschaftsteuerpflichtig. Sie unterliegt im Grundsatz dem kapitalgesellschaftsrechtlichen Trennungsprinzip. Die KGaA selbst ist als Formkaufmann buchführungspflichtig. Der Betrieb der KGaA ist Gewerbesteuerobjekt und die KGaA Steuerschuldner. Für Umwandlungen in die kapitalistische Sphäre einer KGaA sind umwandlungssteuerrechtlich die Vorschriften für Umwandlungen in Kapitalgesellschaften anzuwenden.

Die Besteuerung der Aktionäre einer KGaA entspricht in vollem Umfang der Besteuerung der Aktionäre einer AG. Sie erhalten Dividenden, die entweder der Abgeltungssteuer unterliegen oder nach § 3 Nr. 40 lit. d EStG bzw. nach § 8b KStG (teilweise) freizustellen sind. Die allgemeinen Rechtsfolgen gelten auch, wenn der Aktionär gleichzeitig Komplementär der KGaA ist. Treten die Kommanditaktionäre der KGaA als Vertragspartner gegenüber, sind hierfür erhaltene Dividenden den jeweils einschlägigen Einkunftsarten zuzuordnen.

Veräußerungsgewinne aus der Veräußerung von Kommanditaktien sind nach § 20 Abs. 2 Nr. 1 EStG steuerpflichtig, sofern sie nicht in einem Betriebsvermögen liegen. Es gelten Abgeltungssteuer, Teileinkünfteverfahren oder § 8b KStG. Werden Beteiligungen im Sinne des § 17 EStG veräußert, fallen insoweit Einkünfte aus Gewerbebetrieb an. Für die Bemessung der Beteiligungsquote ist auf die Beteiligung am Gesamtkapital abzustellen.

III. Die Besteuerung der KGaA und ihrer Komplementäre

Die Besteuerung der personengesellschaftsrechtlichen Sphäre der KGaA ist gesetzlich nur sehr rudimentär geregelt. Erwähnung findet die KGaA in § 1 Abs. 1 Nr. 1 und § 9 Abs. 1 Nr. 1 KStG, §§ 15 Abs. 1 S. 1 Nr. 3, 16 Abs. 1 S. 1 Nr. 3, 35 Abs. 1 S. 1 Nr. 2 EStG sowie in §§ 8 Nr. 4, 9 Nr. 2b GewStG. Ein konsistentes Besteuerungssystem hat sich in Rechtsprechung und Literatur bisher nicht herausgebildet.

§ 9 Abs. 1 Nr. 1 KStG und § 15 Abs. 1 S. 1 Nr. 3 EStG stellen eine gesetzliche Regelungseinheit dar. § 9 Abs. 1 Nr. 1 KStG löst die Gewinnanteile des Komplementärs aus dem Gewinn der KGaA heraus, so dass nur der verbleibende (kapitalistische) Teil der Körperschaftsteuer unterliegt. § 15 Abs. 1 S. 1 Nr. 3 EStG führt den Gewinnanteil einer Ein-Ebenen-Besteuerung beim Komplementär zu. Allerdings reicht § 15 Abs. 1 S. 1 Nr. 3 EStG in seinem Wortlaut weiter als § 9 Abs. 1 Nr. 1 KStG. Unter anderem aufgrund dieses Unterschieds haben sich im Wesentlichen zwei Besteuerungskonzepte für die KGaA herausgebildet, wobei auch nahezu alle zwischen den beiden Grundkonzepten liegenden Abwandlungen zur KGaA-Besteuerung vertreten werden.

Die intransparente Betrachtung überträgt die gesellschaftsrechtliche Einordnung der KGaA als juristische Person vollumfänglich auf die steuerrechtliche Behandlung der KGaA. Hierdurch kommt es insbesondere bei der Besteuerung von Dividenden und im Umwandlungssteuerrecht zu systematischen Konflikten[1189].

Die transparente Betrachtung besteuert den Komplementär einer KGaA – entsprechend des Verweises in § 278 Abs. 2 AktG – wie einen Mitunternehmer. Hierdurch werden folgerichtige und systemgerechte Steuerbelastungen herbeigeführt[1190].

1189 Zu den Einzelthesen vgl. § 9 IX 1.

1190 Zu den Einzelthesen vgl. § 10 IX 1.

IV. Der Komplementär als Mitunternehmer der KGaA

Das deutsche Unternehmenssteuerrecht ist durch das Nebeneinander von Trennungs- und Transparenzprinzip geprägt (Dualismus der Unternehmensbesteuerung). Das Unternehmenssteuerrecht knüpft im Wesentlichen an die zivilrechtliche Rechtsform an. Hierdurch ergibt sich eine Reihe rechtsformabhängiger Belastungsunterschiede. Aus dem Grundgesetz ergibt sich jedoch keine zwingende Vorgabe für eine rechtsformneutrale Besteuerung.

Eine einmal getroffene Belastungsentscheidung des Gesetzgebers ist folgerichtig umzusetzen. Dennoch erfordert die Einordnung der KGaA als juristische Person nicht zwingend eine Besteuerung nach dem Trennungsprinzip. Denn eine transparente Besteuerung des Komplementärs durchbricht nicht den Grundsatz der „Vorherigkeit" des Zivilrechts, sondern setzt sie wegen § 278 Abs. 2 AktG gerade folgerichtig um.

Transparenz und Intransparenz sind im deutschen Unternehmenssteuerrecht an festen Kriterien orientiert. Für ausländische Gesellschaftsformen, insbesondere die US-LLC, hat das BMF im Jahre 2004 Kriterien eines Rechtstypenvergleichs veröffentlicht. Gemessen an diesen Kriterien hat die KGaA viel mit einer Personengesellschaft und kaum etwas mit einer Kapitalgesellschaft gemein. Sie steht einer transparenten Besteuerung somit wesentlich näher als einer intransparenten.

Der Komplementär einer KGaA trägt Mitunternehmerrisiko und entfaltet Mitunternehmerinitiative. Gemessen am Mitunternehmertypus erfüllt er beide Kriterien weit mehr als der Kommanditist einer KG. Das Vorliegen einer echten Mitunternehmerschaft scheitert in vielen Fällen allerdings daran, dass der Komplementär alleine kein Mitunternehmer sein kann – hierzu wäre ein zweiter Mitunternehmer erforderlich. Ist ein solcher aber vorhanden, lässt sich der Komplementär einer KGaA unter § 15 Abs. 1 S. 1 Nr. 2 EStG subsumieren. § 15 Abs. 1 S. 1 Nr. 3 EStG ist in diesem Falle nur deklaratorisch.

Soweit es an einem zweiten Mitunternehmer fehlt, ist der Komplementär (nur) Unternehmer der KGaA. Er ist kraft gesetzlicher Anordnung in § 15 Abs. 1 S. 1 Nr. 3 EStG wie ein Mitunternehmer zu behandeln. Auf die Frage, ob er darüber hinaus auch originärer Mitunternehmer im Sinne der Nr. 2 ist, kommt es nicht an, wenn auch die Behandlung „wie" ein Mitunternehmer ernst genommen wird.

§ 9 Abs. 1 Nr. 1 KStG ist eine Spezialregelung für die KGaA-Besteuerung. Sie greift nur ein, wenn KGaA-spezifische Problemstellungen ihr Eingreifen erfordern; sie hat eine bloße Korrekturfunktion. Soweit Vergütungen an den Komplementär bereits nach § 4 Abs. 4 EStG iVm. § 8 Abs. 1 KStG Betriebsausgaben darstellen, besteht für die Anwendung des § 9 Abs. 1 Nr. 1 KStG kein Bedarf. Er ist subsidiär. Dies gilt insbesondere auch für Geschäftsführungsvergütungen an den Komplementär, soweit diese bereits nach allgemeinen – für Kapital- und Personengesellschaften gleichermaßen geltenden – Grundsätzen Betriebsausgaben darstellen.

Die KGaA ist Gewerbebetrieb kraft Rechtsform. Der Komplementär unterhält grundsätzlich keinen eigenen Gewerbebetrieb. Im Gewerbeertrag sind nach § 8 Nr. 4 GewStG auch die nach § 9 Abs. 1 Nr. 1 KStG abgezogenen Gewinnanteile des

Komplementärs enthalten; Geschäftsführungsvergütungen sind nur insoweit hinzuzurechnen, als sie auch dem Abzug nach § 9 Abs. 1 Nr. 1 KStG unterlagen. § 9 Nr. 2a GewStG kann auf im Gewinnanteil des Komplementärs enthaltene Dividenden nicht angewendet werden, so dass Schachteldividenden zumindest teilweise der Gewerbesteuer unterliegen. § 9 Nr. 2a GewStG sollte *de lege ferenda* ausgedehnt werden.

Es entspräche sowohl der historischen Entwicklung des Sonderbetriebsvermögens und seinem *telos*, als auch dem Charakter der Gewerbesteuer als Objektsteuer, das Sonderbetriebsvermögen des Komplementärs in den Gewerbeertrag der KGaA mit einzubeziehen. Da die Einbeziehung des Sonderbetriebsvermögens einer Personengesellschaft auf § 15 Abs. 1 S. 1 Nr. 2 EStG gestützt wird, ließe sich dies auch für die KGaA nach dem im Wesentlichen wortgleichen § 15 Abs. 1 S. 1 Nr. 3 EStG vertreten. Diese Auslegung unterliegt aber einigen Unsicherheiten. Es wäre daher vorzugswürdig, die Hinzurechnung nach § 8 Nr. 4 GewStG *de lege ferenda* nicht mehr an § 9 Abs. 1 Nr. 1 KStG, sondern an § 15 Abs. 1 S. 1 Nr. 3 EStG zu binden.

Für Umwandlungen in die mitunternehmerische Sphäre der KGaA sind die Vorschriften des Umwandlungssteuergesetzes für Umwandlungen in Personengesellschaften analog anzuwenden. Das Umwandlungssteuergesetz zielt darauf ab, wirtschaftlich sinnvolle Umwandlungen nicht unnötig durch die Aufdeckung stiller Reserven zu belasten und nur systemwechselbedingte Gewinne zu versteuern. Durch die Anwendung der Vorschriften für Umwandlungen in Kapitalgesellschaften ist dieses Ziel nicht erreichbar. Buchwertfortführungen sind regelmäßig nicht vollumfänglich möglich und es kommt zu systematisch nicht erklärbaren Sperrfristverhaftungen. Soweit es durch die Anwendung der Regelungen für Personengesellschaften zu steuerverschärfenden Analogien kommt, sind diese zulässig, weil sie nicht in der Steueranknüpfung, sondern nur in der Steuerausgestaltung ansetzen. Für den Komplementär sind steuerrechtliche Ergänzungsbilanzen zu bilden. Soweit bei Umwandlungen in die kapitalistische Sphäre einer KGaA stille Reserven anteilig auf den Komplementär übergehen, kommt eine Buchwertfortführung nicht in Betracht.

Der Komplementär hat keinen eigenen Betrieb im Sinne der Zinsschranke. Bei der Berechnung der Zinsschranke für die KGaA ist § 9 Abs. 1 Nr. 1 KStG bei der Berechnung des maßgeblichen Einkommens anzuwenden. Eine Nichtanwendung widerspricht dem bewusst gewählten Wortlaut der Norm. Dass die Regelung wirtschaftlich gesehen als fehlgeschlagen bezeichnet werden kann, berechtigt den Rechtsanwender nicht dazu, rechtspolitische Fehler zu beseitigen und das Gesetz zu verbessern. Hat der Komplementär einen eigenen Gewerbebetrieb, so ist der Gewinnanteil des Komplementärs dort erneut zu berücksichtigen; es fehlt an einer § 9 Nr. 2b GewStG entsprechenden Kürzungsvorschrift.

§ 8c KStG ist auch auf den Wechsel der Komplementäre anwendbar. Dem Komplementär einer KGaA als geborenes Leitungsorgan ist es möglich, aufgelaufene Verluste „nutzbar" zu machen. Die Hybridität der KGaA spielt im Rahmen des § 8c KStG keine so große Rolle, dass sie dazu berechtigen würde, § 8c KStG entgegen seines Wortlauts nicht anzuwenden.

Der Komplementär einer KGaA kann in gleichem Maße auf § 34a EStG zurückgreifen wie andere Mitunternehmer. Auch er unterliegt einer thesaurierungsunabhängigen Ein-Ebenen-Besteuerung, so dass es dem *telos* der Norm entspricht, sie auch auf den Komplementär anzuwenden.

Eine gesonderte und einheitliche Feststellung zwischen dem Komplementär und der KGaA kann auf § 180 Abs. 1 Nr. 2 lit. a AO gestützt werden. Wortlaut und *telos* der Norm rechtfertigen eine solche Vorgehensweise. Allerdings unterliegt diese Auffassung erheblichen Bedenken im Hinblick auf den verfassungsrechtlich verbürgten Grundsatz der Feststellungsklarheit. Angesichts der KGaA-spezifischen Regelungen u.a. in §§ 16 Abs. 1 S. 1 Nr. 3, 35 Abs. 1 Nr. 2 EStG dürfte § 180 Abs. 1 Nr. 2 lit. a AO keine Norm darstellen, die eine gesonderte und einheitliche Feststellung mit der erforderlichen Klarheit und Eindeutigkeit anordnet, die vernünftigen Zweifeln Einhalt gebietet.

Für Zwecke der Doppelbesteuerung kann keine allgemeingültige Aussage für die Behandlung der Komplementäre einer KGaA nach den DBA gemacht werden; wegen § 2 AO kommt es auf die genaue DBA-spezifische Formulierung an. Durch das *treaty override* des § 50d Abs. 11 EStG hat der Gesetzgeber für Dividendenbezüge eine Regelung geschaffen aufgrund derer abkommensspezifische Formulierungen hinter die nationale Wurzel-Theorie zurücktreten müssen. Hinsichtlich der Anrechnung von Steuern kann diese *de lege lata* nur bei der KGaA selbst erfolgen. Es fehlt an einer § 19 KStG entsprechenden Sondervorschrift.

§ 18 Ausblick

Seit der Gründung der „Banque Général", der ersten Gesellschaft, deren Struktur im Wesentlichen der einer KGaA entsprach, sind nunmehr fast 300 Jahre vergangen. Der juristische Aufwand, der in dieser Zeit um die zahlenmäßig nur gering verbreitete KGaA betrieben wurde, ist erheblich. Dennoch ist es bisher nicht gelungen, ein anerkanntes und schlüssiges System der KGaA-Besteuerung zu etablieren. Dies ist vor allem der nur rudimentären steuergesetzlichen Regelung der KGaA geschuldet. Der Gesetzgeber erwähnt die KGaA nur an einigen wenigen Stellen – und lässt wesentliche Besteuerungsfragen offen. Dabei ist die KGaA eine Gesellschaftsform, die in der Theorie für viele Unternehmen eine attraktive Struktur aufweist. Die praktische Umsetzung erweist sich aber für den Unternehmer als derart unkalkulierbar, dass sie in der Praxis nur im Einzelfall Anwendung findet.

In dieser Arbeit wurden die bisher in Literatur und Rechtsprechung vertretenen Konzepte der transparenten und intransparenten Betrachtung, sowie ihre jeweiligen Modifikationen unter den wesentlichen Aspekten der laufenden Ertragsbesteuerung sowie des Umwandlungssteuerrechts systematisch verglichen. Hierbei wurden insbesondere die Besteuerungsfolgen bei Anwendung der einzelnen Konzepte anhand konkreter Beispielsfälle nachgewiesen. Die Arbeit kann damit auch einer Abschätzung von Besteuerungsrisiken dienen. Auf Grundlage der Analyse der problembehafteten Besteuerungssachverhalte hat sich herausgestellt, dass die transparente Besteuerung nicht nur die sachgerechtere Besteuerung ist – sie stellt auch eine folgerichtige Umsetzung des Dualismus der Unternehmensbesteuerung dar; denn im Steuerrecht gilt der Grundsatz „*substance over form*". Die KGaA ist in der Sphäre des Komplementärs eine transparente Gesellschaft. Nicht nur zivilrechtlich, auch steuerrechtlich steht der Komplementär der KGaA dem Komplementär einer KG gleich. Wenngleich andere vorgestellte Konzepte, insbesondere die modifizierten Besteuerungskonzepte, sich bei abweichendem Argumentationsschwerpunkt und partiellen Einschränkungen bzw. Korrekturen ebenfalls vertreten lassen, kann die transparente Besteuerung als ideale KGaA-Besteuerung angesehen werden; hierzu wird aber weiteres gesetzgeberisches Handeln erforderlich sein.

Der Gesetzgeber sieht § 50d Abs. 11 EStG „lediglich als Zwischenlösung" und hat das BMF gebeten, die Gespräche auf Bund-Länder-Ebene fortzuführen und dem Bundestag einen Vorschlag für ein gesetzgeberisch zu verankerndes Besteuerungskonzept für die KGaA zu unterbreiten[1191]. Der Gesetzgeber wird sich zukünftig

1191 Entwurf eines Neunten Gesetzes zur Änderung des Gemeindefinanzreformgesetzes vom 5.3.2012, BT-Ds. 17/8867, S. 8 f.; Beschlussempfehlung des Finanzausschusses vom 16.3.2012, BR-Ds. 114/1/12, S. 2; Beschluss des Bundesrates v. 30.3.2012, BR-Ds. 114/12, S. 12. Nach *Bielinis*, DStR 2014, 769, 773 ff. kommt hierzu sowohl eine Überarbeitung der vorhandenen Vorschriften, als auch eine Zusammenfassung eines Besteuerungskonzepts in einer neu zu schaffenden Norm in Betracht.

deutlicher zu der in § 15 Abs. 1 S. 1 Nr. 3, § 16 Abs. 1 S. 1 Nr. 3, § 35 Abs. 1 S. 1 Nr. 2 EStG und § 9 Abs. 1 Nr. 1 KStG angelegten mitunternehmerischen Besteuerung des KGaA-Komplementärs bekennen müssen. Hierbei sollte eine § 50d Abs. 11 EStG entsprechende Klarstellung zur Reichweite des § 8b KStG angedacht werden. Weiterhin bedürfen insbesondere die Regelungen zur Zinsschranke dringend einer auf die KGaA zugeschnittenen Überarbeitung. Die Belastungswirkung, die *de lege lata* von diesen Regelungen ausgeht, ist zumindest rechtspolitisch kaum haltbar. Weiterhin wäre aufgrund des Grundsatzes der Feststellungsklarheit auch eine Regelung zur gesonderten und einheitlichen Feststellung ratsam.

Im Bereich der Gewerbesteuer sollte eine Ausweitung des § 9 Nr. 2a GewStG, sowie eine Anpassung des § 8 Nr. 4 GewStG erfolgen. Hierbei ist zu beachten, dass eine Gleichstellung des Komplementärs mit dem Mitunternehmer einer Personengesellschaft auch die Einbeziehung des Sonderbetriebsergebnisses in den Gewerbeertrag nach sich zieht. Umwandlungssteuerrechtlich sollte die Möglichkeit von Mischumwandlungen gesetzlich anerkannt werden.

Da sich das Bundesverfassungsgericht in absehbarer Zeit mit der Zulässigkeit von *treaty overrides* zu befassen haben wird, sollte auch eine Nachverhandlung derjenigen Doppelbesteuerungsabkommen in Betracht gezogen werden, bei denen es ohne § 50d Abs. 11 EStG zu einer Ausweitung des internationalen Schachtelprivilegs auch auf die mitunternehmerische Sphäre kommen würde.

Für die Praxis wäre es in vielen Fällen bereits hilfreich, würde sich die Finanzverwaltung zur KGaA-Besteuerung positionieren. Dies könnte etwa in der Form eines grundlegenden BMF-Schreibens geschehen.

Literaturverzeichnis

Ammenwerth, Michael: Die Kommanditgesellschaft auf Aktien (KGaA) – Eine Rechtsformalternative für personenbezogene Unternehmen, Frankfurt am Main 1997, zugl.: Münster (Westfalen), Univ., Diss., 1996, zitiert als: *Ammenwerth*, Die KGaA, 1997, S. …

Arnold, Arnd: Die GmbH & Co. KGaA, Köln 2001, zugl.: Bonn, Univ., Diss., 2000, zitiert als: *Arnold*, Die GmbH & Co. KGaA, 2001, S. …

Bacher, Hanns: Die Stellung des persönlich haftenden Gesellschafters einer Kommanditgesellschaft auf Aktien (KGaA) im Steuerrecht, DB 1985, Seite 2117 bis 2119.

Bachmann, Gregor: Die Änderung personengesellschaftsrechtlicher Satzungsbestandteile bei der KGaA, in: Festschrift für Karsten Schmidt zum 70. Geburtstag, Köln 2009, zitiert als: *Bachmann*, in: FS K. Schmidt, 2009, S. …

Balmes, Frank: Rechtsformneutralität der Unternehmensbesteuerung, in: Unternehmenssteuerreform, Sonderband der Deutschen Steuerjuristischen Gesellschaft, Köln 2001, zitiert als: *Balmes*, DStJG Sonderband, 2001, S. …

Baumann, Wolfgang: Die Einmann-Personengesellschaft, BB 1998, Seite 225 bis 232.

Baumbach, Adolf/Hopt, Klaus J.: Handelsgesetzbuch, 36. Auflage, München 2014, zitiert als: *Autor*, in: Baumbach/Hopt, HGB[36], 2014, § … Rn. …

Baur, Fritz/Grunsky, Wolfgang: Eine „Einmann-oHG“, Zugleich ein Beitrag zur Vor- und Nacherbschaft an einem oHG-Anteil, ZHR 133 (1970), Seite 209 bis 228.

Bauschatz, Peter: Die Einpersonen-GmbH & Co. KGaA als Holdinggesellschaft, DStZ 2007, Seite 39 bis 44.

Bayreuther, Frank: Die Kapitalgesellschaft und Co KGaA, JuS 1999, Seite 651 bis 656.

Beermann, Albert/Gosch, Dietmar: Abgabenordnung, Finanzgerichtsordnung mit Nebengesetzen, EuGH-Verfahrensrecht, Kommentar, Bonn, Loseblattsammlung, Stand: 119. EL (10/2015), zitiert als: *Autor*, in: B/G, AO/FGO, § … Rn. … (Stand).

Berg, Hans-Georg: Vermögenseinlagen bei einer KGaA, in: Jahrbuch der Fachanwälte für Steuerrecht 2002/2003, Herne/Berlin 2005, Seite 232 bis 243, zitiert als: *Berg*, JbFStR 2002/2003, S. …

Bergheim, Anna Ulrike/Traub, Walter: Der Gang an die Börse – ein Mittel zur Unternehmenssicherung, DStR 1993, Seite 1260 bis 1266.

Biagosch, Patrick: Die Kommanditgesellschaft auf Aktien, NWB 1996, Seite 1073 bis 1080, (Fach 18, Seite 3453 bis 3460).

Bielinis, Andrius: Die Besteuerung der KGaA, Berlin 2013, zugl.: Bonn, Univ., Diss., 2013, zitiert als: *Bielinis*, Die Besteuerung der KGaA, 2013, S. …

Bielinis, Andrius: Vorschläge zur Reform der KGaA-Besteuerung, DStR 2014, Seite 769 bis 776.

Binz, Mark/Sorg, Martin: Die GmbH & Co. Kommanditgesellschaft auf Aktien, Ausweg oder Irrweg für börsenwillige Familienunternehmen?, BB 1988, Seite 2041 bis 2051.

Binz, Mark/Sorg, Martin: Die KGaA mit beschränkter Haftung – quo vadis?, Eine Bestandsaufnahme am Vorabend der BGH-Entscheidung vom 24.2.1997, DB 1997, Seite 313 bis 319.

Birk, Dieter: Das Leistungsfähigkeitsprinzip in der Unternehmenssteuerreform, StuW 2000, Seite 328 bis 336.

Blümich, Walter: Einkommensteuergesetz, Körperschaftsteuergesetz, Gewerbesteuergesetz, Kommentar, München, Loseblattsammlung, Stand: 129. EL (08/2015), zitiert als: *Autor,* in: Blümich, EStG/KStG/GewStG, § ... Rn. ... (Stand).

Bock, Volker: Die steuerlichen Folgen des Erwerbs eines KGaA-Komplementäranteils – Zugleich Anmerkung zu FG München v. 10.7.2003 – 5 K 2681/97, GmbHR 2004, Seite 554 bis 557.

Bödefeld, Axel: Die steuerliche Behandlung von Mischformen des europäischen Gesellschaftsrechts am Beispiel der Plc. & Co. KGaA, in: Steuerrecht und europäische Integration, Festschrift für Albert J. Rädler zum 65. Geburtstag, München 1999, zitiert als: *Bödefeld,* in: FS Rädler, 1999, S. ...

Bogenschütz, Eugen: Umwandlung einer Kapitalgesellschaft in eine KGaA, in: Umwandlungen im Zivil- und Steuerrecht, Festschrift für Siegfried Widmann zum 65. Geburtstag am 22. Mai 2000, Bonn 2000, zitiert als: *Bogenschütz,* in: FS Widmann, 2000, S. ...

Böhmer, Julian: Das Trennungsprinzip im Körperschaftsteuerrecht – Grundsatz ohne Zukunft?, StuW 2012, Seite 33 bis 42.

Breuninger, Gottfried: Die Besteuerung der KGaA im Lichte von § 50d Abs. 11 EStG, in: Jahrbuch der Fachanwälte für Steuerrecht 2012/2013, Herne 2012, Seite 361 bis 376, zitiert als: *Breuninger,* JbFStR 2012/2013, S. ...

Breuninger, Gottfried/Prinz, Ulrich: Hybride Rechtsformen in der Konzernsteuerplanung, in: Jahrbuch der Fachanwälte für Steuerrecht 2005/2006, Herne 2007, Seite 480 bis 494, zitiert als: *Breuninger/Prinz,* JbFStR 2005/2006, S. ...

Bron, Jan: Das Treaty Override im deutschen Steuerrecht vor dem Hintergrund aktueller Entwicklungen, IStR 2007, Seite 431 bis 436.

Bunnemann, Jan: Das Ausscheiden des letzten Komplementärs aus der Kommanditgesellschaft auf Aktien, Aachen 2008, zugl.: Würzburg, Univ., Diss., 2008, zitiert als: *Bunnemann,* Das Ausscheiden des letzten Komplementärs, 2008, S. ...

Busch, Stephan/Thieme, Hauke: Behandlung von Pensionszusagen an persönlich haftenden Gesellschafter einer KGaA, Zugleich Anmerkung zum Urteil des FG Berlin/Brandenburg v. 9.7.2008 – 8 K 6131/05 B, FR 2008, Seite 1137 bis 1143.

Canaris, Claus-Wilhelm: Die Feststellung von Lücken im Gesetz, 2. Auflage, Berlin 1983, zugl.: München, Univ., Diss., 1965, zitiert als: *Canaris,* Die Feststellung von Lücken im Gesetz², 1983, S. …

Claussen, Carsten Peter: Perspektiven für die Kommanditgesellschaft auf Aktien, in: Festschrift für Theodor Heinsius zum 65. Geburtstag am 25. September 1991, Berlin 1991, Seite 61 bis 77, zitiert als: *Claussen,* in: FS Heinsius, 1991, S. …

Claussen, Carsten Peter: Überlegungen zur Rechtsform der GmbH – Ist die KGaA eine Alternative?, GmbHR 1996, Seite 73 bis 80.

Crezelius, Georg: Komplementärbesteuerung bei der KGaA, in: Jahrbuch der Fachanwälte für Steuerrecht 1998/1999, Herne/Berlin 1999, Seite 318 bis 326, zitiert als: *Crezelius,* JbFStR 1998/1999, S. …

Crezelius, Georg: Steuerrechtliche Probleme des Gewinnanteils des persönlich haftenden Gesellschafters der KGaA, in: Jahrbuch der Fachanwälte für Steuerrecht 2010/2011, Herne 2011, Seite 484 bis 491, zitiert als: *Crezelius,* JbFStR 2010/2011, S. …

Crezelius, Georg: Restriktionen steuerrechtlicher Subsysteme – Gewerblich geprägte Gesellschaften, Sondervergütungen, Betriebsaufspaltung, beherrschender Gesellschafter, FR 2013, Seite 1065 bis 1070.

Daragan, Hanspeter: Nochmals: Treaty override und Grundgesetz, IStR 1998, Seite 225 bis 227.

Debatin, Helmut: DBA-Schweiz: Vergütungen des persönlich haftenden Gesellschafters einer KGaA, Anmerkung zu BFH v. 17.10.1990, I R 16/89, RIW 1991, Seite 355 bis 356.

Demuth, Ralf/Fuhrmann, Claas: Pensionszusagen an Gesellschafter-Geschäftsführer im Fokus der neueren Rechtsprechung, kösdi 2015, Seite 19213 bis 19223.

Deutschländer, André: Die Besteuerung des Komplementärs einer Kommanditgesellschaft auf Aktien (KGaA) – Eine ertragsteuerliche und verfahrensrechtliche Analyse, dargestellt am Beispiel ein natürlichen Person, Teil I, StBp 2013, Seite 283 bis 287, Teil II, StBp 2013, Seite 307 bis 314.

Dinkelbach, Andreas: Ertragsteuern, Einkommensteuer, Körperschaftsteuer, Gewerbesteuer, 6. Auflage, Wiesbaden 2015, zitiert als: *Dinkelbach,* Ertragsteuern⁶, 2015, S. …

Dirksen, Dirk/Möhrle, Florian: Die kapitalistische Kommanditgesellschaft auf Aktien, Rechtspraktische Folgerungen aus der Entscheidung des Bundesgerichtshofs vom 24. Februar 1997, ZIP 1997, 1027, ZIP 1998, Seite 1377 bis 1386.

Döllerer, Georg: Die Rechtsprechung des Bundesfinanzhofs zum Steuerrecht der Unternehmen, ZGR 1987, Seite 443 bis 474.

Döllerer, Georg: Die atypische stille Gesellschaft – gelöste und ungelöste Probleme, DStR 1985, Seite 295 bis 303.

Dötsch, Ewald/Patt, Joachim/Pung, Alexandra/Möhlenbrock, Ralf: Umwandlungssteuerrecht, 6. Auflage, Stuttgart 2007, zitiert als: *Autor*, in: D/P/P/M, UmwStR[6], 2007, § ... Rn. ...

Dötsch, Ewald/Pung, Alexandra/Möhlenbrock, Rolf: Die Körperschaftsteuer, Kommentar zum Körperschaftsteuergesetz, zum Umwandlungssteuergesetz und zu den einkommensteuerlichen Vorschriften der Anteilseignerbesteuerung, Stuttgart, Loseblattsammlung, Stand: 84. EL (08/2015), zitiert als: *Autor*, in: D/P/M, KStG, § ... Rn. .. (Stand).

Drüen, Klaus-Dieter: Typus und Typisierung im Steuerrecht, Anmerkung zu Martin Strahl, Die typisierende Betrachtung im Steuerrecht, StuW 1997, Seite 261 bis 274.

Drüen, Klaus-Dieter: Die Bilanzen der Personenhandelsgesellschaft – Zur bilanziellen Gewinnermittlung nach Handels- und Steuerrecht, StStud 2005, Seite 199 bis 204.

Drüen, Klaus-Dieter: Rechtsformneutralität der Unternehmensbesteuerung als verfassungsrechtlicher Imperativ?, GmbHR 2008, Seite 393 bis 403.

Drüen, Klaus-Dieter: Das Unternehmenssteuerrecht unter verfassungsgerichtlicher Kontrolle – Zur Gestaltungsfreiheit des Steuergesetzgebers zwischen Folgerichtigkeit und Systemwechsel, Ubg 2009, Seite 23 bis 29.

Drüen, Klaus-Dieter: 2010: Der Aufbruch zu einer neuen Steuerkultur?, DStR 2010, Seite 2 bis 8.

Drüen, Klaus-Dieter: Systembildung und Systembindung im Steuerrecht, in: Steuerrecht im Rechtsstaat, Festschrift für Wolfgang Spindler zum 65. Geburtstag, Köln 2011, zitiert als:*Drüen*, in: FS Spindler, 2011, S. 29, ...

Drüen, Klaus-Dieter: Das neue Verfahrensrecht der Organschaft – Kritische Würdigung des neuen Feststellungsverfahrens nach der „kleinen Organschaftsreform, Der Konzern 2013, Seite 433 bis 451.

Drüen, Klaus-Dieter/Grundmann, Karina: Bilanzielle Gewinnermittlung und außerbilanzielle Einkommenskorrekturen bei einer Kapitalgesellschaft, StStud 2005, Seite 334 bis 342.

Drüen, Klaus-Dieter/van Heek, Stephanie: Die Kommanditgesellschaft auf Aktien zwischen Trennungs- und Transparenzprinzip – Eine steuersystematische Bestandsaufnahme, DStR 2012, Seite 541 bis 547.

Drüen, Klaus-Dieter/van Heek, Stephanie: Sondervergütungen an den Komplementär einer KGaA – (K)eine Frage der Transparenz?, DB 2012, Seite 2184 bis 2187.

Drüen, Klaus-Dieter/Schmitz, Stefan: Verfassungskonforme Auslegung des § 8c KStG in Altfällen, Ubg 2011, Seite 921 bis 928.

Ebling, Klaus: Die Auswirkungen des DBA-Schachtelprivilegs auf die Besteuerung des Gewinnanteils eines persönlich haftenden Gesellschafters einer Kommanditgesellschaft auf Aktien, in: Brennpunkte des Steuerrechts, Festschrift für

Wolfgang Jakob, Augsburg 2001, Seite 67 bis 82, zitiert als: *Ebling*, in: FS Jakob, 2001, S. ...

Erle, Bernd/Sauter, Thomas: Körperschaftsteuergesetz, Die Besteuerung der Kapitalgesellschaft und ihrer Anteilseigner, Kommentar, 3. Auflage, Heidelberg 2010, zitiert als: *Autor*, in: E/S, $KStG^3$, 2010, § ... Rn. ...

Ernst, Markus: Das gewerbesteuerliche Schachtelprivileg – Irrungen und Wirrungen in nationalen und grenzüberschreitenden Konstellationen, Ubg 2010, Seite 494 bis 505.

Ernst & Young AG: Körperschaftsteuergesetz, KStG mit Nebenbestimmungen, Kommentar, Bonn, Loseblattsammlung, Stand: 112. EL (11/2015), zitiert als: *Autor*, in: E&Y, KStG, § ... Rn. ... (Stand).

Ernst & Young GmbH, Wissenschaftlicher Beirat Steuern: Rechtsunsicherheit bei der Besteuerung der KGaA und ihrer persönlich haftenden Gesellschafter – Zur Notwendigkeit steuergesetzlicher Änderungen, DB 2014, Seite 147 bis 151.

Ernst & Young GmbH: Unsicherer Zwitter – Eine Reform der KGaA-Besteuerung ist notwendig, um den persönlich haftenden Gesellschafter mehr Rechtssicherheit zu schaffen, Tax&Law Magazine 1/2014, Seite 24 bis 25.

Falk, Sebastian: Die bilanzielle und ertragsteuerliche Behandlung eigener Anteile nach dem BilMoG, Berlin 2013, zugl.: Bonn, Univ., Diss., 2013, zitiert als: *Falk*, Die bilanzielle und ertragsteuerliche Behandlung eigener Anteile nach dem BilMoG, 2013, S. ...

Falter, Rudolf: Die einheitliche und gesonderte Feststellung von Besteuerungsgrundlagen bei der KGaA, in: Vertragsgestaltungen im Zivil- und Steuerrecht, Festschrift für Sebastian Spiegelberger, Bonn 2009, Seite 113 bis 119, zitiert als: *Falter*, in: FS Spiegelberger, 2009, S. ...

Fett, Torsten: Die Kapitalgesellschaft & Co. KGaA, INF 2005, Seite 872 bis 877.

Fischer, Michael: Die Besteuerung der KGaA und ihrer Gesellschafter – Eine steuerliche Bestandsaufnahme unter Berücksichtigung des BGH-Beschlusses vom 24.2.1997, DStR 1997, Seite 1519 bis 1526.

Flämig, Christian: Die Kommanditgesellschaft auf Aktien, Vor- und Nachteile für Investoren, in: Festschrift für Martin Peltzer zum 70. Geburtstag, Köln 2001, Seite 99 bis 107, zitiert als: *Flämig*, in: FS Peltzer, 2001, S. ...

Flick, Hans/Schulte, Christoph: Die KGaA ist ein Maßanzug für Mittelständler – Kommanditgesellschaft auf Aktien hat viele Vorzüge/Rechtsform für Familiengesellschaften, Frankfurter Allgemeine Zeitung vom 20.12.2005, Finanzmärkte und Geldanlage, Seite 25, zitiert als: *Flick/Schulte*, FAZ v. 20.12.2005, S. 25.

Frankenheim, Andreas: Die Ertrags- und Substanzbesteuerung der Kommanditgesellschaft auf Aktien mit natürlicher und nicht natürlicher Person als persönlich haftendem Gesellschafter, Frankfurt am Main 1994, zugl.: Würzburg, Univ., Diss.,

1994, zitiert als: *Frankenheim*, Die Ertrags- und Substanzbesteuerung der KGaA, 1994, S. …

Frankenheim, Andreas: Die Ertragsbesteuerung einer Pensionszusage an einen persönlich haftenden Gesellschafter einer Kommanditgesellschaft auf Aktien, DStR 1999, Seite 481 bis 485.

Friauf, Karl Heinrich: Verfassungsrechtliche Anforderungen an die Gesetzgebung über die Steuern vom Einkommen und vom Ertrag, in: Steuerrecht und Verfassungsrecht, 12. Jahrestagung der Deutschen Steuerjuristischen Gesellschaft, Köln 1989, zitiert als: *Friauf*, DStJG 12 (1989), S. …

Friauf, Karl Heinrich: Möglichkeiten und Grenzen der Rechtsfortbildung im Steuerrecht, in: Grenzen der Rechtsfortbildung durch Rechtsprechung und Verwaltungsvorschriften im Steuerrecht, 5. Jahrestagung der Deutschen Steuerjuristischen Gesellschaft, Köln 1982, zitiert als: *Friauf*, DStJG 5 (1982), S. …

Friedrich, Richard: Anlegerschutz in der GmbH & Co. KGaA, Frankfurt am Main 2007, zugl.: Tübingen, Univ., Diss., 2005, zitiert als: *Friedrich*, Anlegerschutz in der GmbH & Co. KGaA, 2007, S. …

Frotscher, Gerrit: Zur Zulässigkeit des „Treaty Override“, in: Steuerzentrierte Rechtsberatung, Festschrift für Harald Schaumburg zum 65. Geburtstag, Köln 2009, Seite 687 bis 714, zitiert als: *Frotscher*, in: FS Schaumburg, 2009, S. 687, …

Frotscher, Gerrit: Die KGaA als Organgesellschaft, Der Konzern 2005, Seite 139 bis 144.

Frotscher, Gerrit/Geurts, Matthias: EStG, Kommentar, Freiburg, Loseblattsammlung, Stand: 189. EL (10/2015), zitiert als: *Autor*, in: Frotscher/Geurts, EStG, § … Rn. … (Stand).

Frotscher, Gerrit/Maas, Ernst: KStG, GewStG, UmwStG, Kommentar, Freiburg, Loseblattsammlung, Stand: 130. EL (09/2015) zitiert als: *Autor*, in: F/M, KStG/GewStG/UmwStG, § … Rn. … (Stand).

Gassner, Wolfgang/Lang, Michael: Die mangelnde Leistungsfähigkeit des Leistungsfähigkeitsprinzips, ÖStZ 2000, Seite 643 bis 645.

Gehrke, Matthias: Die Stiftung & Co. KGaA im Gesellschafts- und Steuerrecht, Frankfurt am Main 2007, zugl.: Marburg, Univ., Diss., 2006, zitiert als: *Gehrke*, Die Stiftung & Co. KGaA, 2007, S. …

Gering, Jana: Einkommensteuerliche und gewerbesteuerliche Behandlung der Einkünfte eines Komplementärs einer KGaA, München 2010, Diplomarbeit, zitiert als: *Gering*, Einkommensteuerliche und gewerbesteuerliche Behandlung der Einkünfte eines Komplementärs einer KGaA, 2010, S. …

Glanegger, Peter: Ergänzungsbilanzen und Gewinnfeststellung für den persönlich haftenden Gesellschafter der KGaA?, DStR 2004, Seite 1686 bis 1688.

Gocke, Rudolf: Zur Aktivierung von Pensionsansprüchen in den Einzelbilanzen der persönlich haftenden Gesellschafter einer KGaA, Der Betrieb 1994, Seite 2162 bis 2164.

Goette, Wulf: Anmerkung zu BGH v. 24.2.1997 – II ZB 11/96, DStR 1997, Seite 1012 bis 1015.

Goette, Wulf/Habersack, Mathias: Münchener Kommentar zum Aktiengesetz, Band 5, §§ 278–328 AktG, 4. Auflage, München 2015, zitiert als: *Autor*, in: MK-AktG[4], 2015, § ... Rn. ...

Gosch, Dietmar: Die Kommanditgesellschaft auf Aktien und die Gewerbesteuer, Bemerkungen zum Urteil des BFH vom 31.10.1990 – I R 32/86, FR 1991, Seite 345 bis 349.

Gosch, Dietmar: Über das Treaty Overriding, Bestandsaufnahme – Verfassungsrecht – Europarecht, IStR 2008, Seite 413 bis 421.

Gosch, Dietmar: Körperschaftsteuergesetz, Kommentar, 3. Auflage, München 2015, zitiert als: *Autor*, in: Gosch, KStG[3], 2015, § ... Rn. ...

Graf, Helmut Andreas: Die Gewerbebesteuerung der Kapitalgesellschaft & Co. KG auf Aktien – Zugleich Anmerkung zum Urteil des BFH v. 31.10.1990, I R 32/86 DStR 1991, Seite 1374 bis 1379.

Grafmüller, Frank: Die Kommanditgesellschaft auf Aktien als geeignete Rechtsform für börsenwillige Familienunternehmen, Frankfurt am Main 1994, zitert als: *Grafmüller*, Geeignete Rechtsform für börsenwillige Familienunternehmen, 1999, S. ...

Gschwandtner, Karsten: Unternehmensgewinne von Personengesellschaften im Abkommensrecht im Spannungsverhältnis zwischen Art. 7 OECD-MA und § 15 EStG, Frankfurt am Main 2007, zugl.: Jena, Univ., Diss., 2007, zitiert als: *Gschwandtner*, Unternehmensgewinne von Personengesellschaften im Spannungsverhältnis zwischen Art. 7 OECD-MA und § 15 EStG, 2007, S. ...

Haarmann, Wilhelm: Umwandlungssteuerliche Behandlung der KGaA, in: Jahrbuch der Fachanwälte für Steuerrecht 2010/2011, Herne 2011, Seite 300 bis 311, zitiert als: *Haarmann*, JbFStR 2010/2011, S. ...

Haas, Franz Josef/Drüen, Klaus-Dieter: Die Bruchteilsgemeinschaft als steuerrechtliche Mitunternehmerschaft?, in: Festschrift für Hans-Joachim Priester zum 70. Geburtstag, Köln 2007, Seite 133 bis 155, zitiert als: *Haas/Drüen*, in: FS Priester, 2007, S. ...

Haase, Karsten: Die Vorteile der GmbH oder GmbH & Co. KGaA in gesellschaftsrechtlicher Sicht, GmbHR 1997, Seite 917 bis 923.

Hageböke, Jens: Zum Zeitpunkt der Aktivierung des Tantiemeanspruchs im Sonderbetriebsvermögen des phG einer KGaA – Anmerkungen zum BFH-Beschluss vom 4.12.2012 – I R 42/11, Der Konzern 2014, Seite 134 bis 143.

Hageböke, Jens: Nochmals: GmbH & atypisch Still und Organschaft – Kritische Anmerkungen zu den Verfügungen der OFD Frankfurt/M. vom 30.1.2013 und des FM Schleswig-Holstein v. 4.3.2013, Der Konzern 2013, Seite 334 bis 347.

Hageböke, Jens: Sondervergütungen des KGaA-Komplementärs und Betriebsausgabenabzug – Anmerkung zur „Subsidiaritätsthese" von Drüen/van Heek, DB 2012 S. 2184, DB 2012, Seite 2709 bis 2714.

Hageböke, Jens: Zur Anwendung des DBA-Schachtelprivilegs bei der KGaA – Zugleich Anmerkung zum Beitrag von Kusterer, IStR 2009, S. 57, IStR 2010, Seite 59 bis 62.

Hageböke, Jens: Zum Konkurrenzverhältnis von DBA-Schachtelprivileg und § 8b KStG, IStR 2009, Seite 473 bis 481.

Hageböke, Jens: Das „KGaA-Modell", Ein Beitrag zur Steuergestaltungssuche, Düsseldorf 2008, zugl.: Osnabrück, Univ., Diss., 2008, zitiert als: *Hageböke*, Das KGaA-Modell, 2008, S. …

Hageböke, Jens/Koetz, Ansgar: Die Gewinnermittlung des persönlich haftenden Gesellschafters einer KGaA durch Betriebsvermögensvergleich, DStR 2006, Seite 293 bis 297.

Halasz, Christian/Kloster, Lars/Kloster, Anja: Die GmbH & Co. KGaA – Eine Rechtsformalternative zur GmbH & Co. KG?, GmbHR 2002, Seite 77 bis 92.

Hansen, Herbert: Die Rechtsformen deutscher Unternehmen und ihr wirtschaftliches Gewicht – Die GmbH ist nach wie vor die umsatzstärkste Rechtsform, GmbHR 2003, 22 bis 25.

Hansen, Herbert: Der gestiegene wirtschaftliche Stellenwert der GmbH, GmbHR 2004, Seite 39 bis 42.

Haritz, Detlef: Verschmelzung einer GmbH auf eine KGaA – eine steuerrechtliche Mischumwandlung, DStR 1996, Seite 1192 bis 1193.

Haritz, Detlef: Neuer Umwandlungssteuererlass in Vorbereitung, Teil I: Verschmelzung unter Beteiligung von KGaA und GmbH & atypisch Still, GmbHR 2009, Seite 1194 bis 1197.

Haritz, Detlef/Menner, Stefan:.. Umwandlungssteuergesetz, Kommentar, 4. Auflage, München 2015, zitiert als: *Autor*, in: Haritz/Menner, UmwStG[4], 2015, § … Rn. …

Hartel, Ulrich M.: Umwandlung einer GmbH & Co. KG in eine KG auf Aktien, GmbH & Co. KG auf Aktien – Idealform für börsenwillige Familienunternehmen, DB 1992, Seite 2329 bis 2335.

van Heek, Stephanie: Die Thesaurierungsbegünstigung nach § 34a EStG – Innovation oder halbherziger Versuch einer Revitalisierung?, StStud 2010, Seite 503 bis 508.

van Heek, Stephanie/Lehmann, Sören: Die Kernbrennstoffsteuer als „Verbrauchsteuer"? – Gesetzgebungskompetenz und europarechtliche Aspekte, Düsseldorf 2012, zitiert als: *Autor*, in: van Heek/Lehmann, Die Kernbrennstoffsteuer als „Verbrauchsteuer"?, 2012, S. …

Hellwig, Peter: Verdeckte Gewinnausschüttung und verdeckte Entnahme. Doppeltes Lottchen oder Kain und Abel?, in: Handelsrecht und Steuerrecht, Festschrift für Dr. Dr. h.c. Georg Döllerer, Düsseldorf 1988, Seite 205 bis 217, zitiert als: *Hellwig*, in: FS Döllerer, 1988, S. ...

Hempe, Richard/Siebels, Renate/Uhl, Alexander: Zur Einkünftequalifikation von mittelbaren Gesellschaftern einer KGaA, DB 2001, Seite 2268 bis 2271.

Hennerkes, Brun-Hagen: Die GmbH & Co. KGaA – eine ideale Rechtsform für börsenwillige Familienunternehmen? Steuerberater-Jahrbuch 1988/1989, Köln 1989, Seite 303 bis 322, zitiert als: *Hennerkes*, StbJb 1988/1989, S. 303, ...

Hennerkes, Brun-Hagen/Lorz, Rainer: Roma locuta causa finita: Die GmbH & Co. KGaA ist zulässig, Zugleich Besprechung des BGH-Beschlusses vom 24.2.1997 – II ZB 11/96, DB 1997 S. 1219 ff, DB 1997, Seite 1388 bis 1394.

Hennerkes, Brun-Hagen/May, Peter: Noch einmal: Die GmbH & Co. KG auf Aktien als Rechtsform für börsenwillige Familienunternehmen?, BB 1988, Seite 2393 bis 2405.

Hennrichs, Joachim/Lehmann, Ulrike: Rechtsformneutralität der Unternehmensbesteuerung, Kritische Anmerkungen zum Beschluss des BverfG v. 21.6.2006 – 2 BvL 2/99, DStR 2006, 1316 = NJW 2006, 2757, StuW 2007, Seite 16 bis 21.

Herlinghaus, Andreas: Anmerkung zu FG Köln, Urteil vom 17. August 2006, 6 K 6170/03 – Rev. eingelegt (Az. des BFH: VIII R 49/06), EFG 2006, Seite 1927 bis 1928.

Herrmann, Carl/Heuer, Gerhard/Raupach, Arndt: Einkommensteuer- und Körperschaftsteuergesetz, Kommentar, Köln, Loseblattsammlung, Stand: 272. EL (12/2015) zitiert als: *Autor*, in: HHR, EStG/KStG, § ... Rn. .. (Stand).

Herzig, Norbert: Organschaft, Stuttgart 2003, zitiert als: *Autor*, in: Herzig, Organschaft, 2003, S. ...

Herzig, Norbert/Förster, Guido/Förster, Ursula: Gewerbesteuerlicher Verlustvortrag bei Wechseln im Gesellschafterbestand und Umstrukturierung von Personengesellschaften, DStR 1996, Seite 1025 bis 1033.

Hesselmann, Malte: Die kapitalistische Kommanditgesellschaft auf Aktien, GmbH & Co. KGaA und GmbH KGaA, BB 1989, Seite 2344 bis 2349.

Hey, Johanna: Verfassungsrechtliche Maßstäbe der Unternehmensbesteuerung, in: Unternehmensbesteuerung, Festschrift für Norbert Herzig zum 65. Geburtstag, München 2010, Seite 7 bis 22, zitiert als: *Hey*, in: FS Herzig, 2010, S. 7, ...

Hey, Johanna: Unternehmenssteuerreform: Integration von Personenunternehmen in die niedrige Besteuerung thesaurierter Gewinne – Die Reformvorschläge im Vergleich, in: Steuer- und Gesellschaftsrecht zwischen Unternehmerfreiheit und Gemeinwohl, Festschrift für Arndt Raupach zum 70. Geburtstag, Köln 2006, Seite 479 bis 494, zitiert als: *Hey*, in: FS Raupach, 2006, S. ...

Hey, Johanna: Besteuerung von Unternehmensgewinnen und Rechtsformneutralität, in: Besteuerung von Einkommen, 24. Jahrestagung der Deutschen Steuerjuristischen Gesellschaft, Köln 2001, zitiert als: *Hey*, DStJG 24 (2001), S. ...

Hoffmann-Becking, Michael: Münchener Handbuch des Gesellschaftsrechts, Band 4 – Aktiengesellschaft, 4. Auflage, München 2015, zitiert als: *Autor*, in: MHb-GesR[4], 2015, § ... Rn. ...

Hölzl, Michael: Die Besteuerung der Kommanditgesellschaft auf Aktien (KGaA), Frankfurt am Main 2003, zugl.: München, Univ., Diss., 2002, zitiert als: *Hölzl*, Die Besteuerung der KGaA, 2003, S. ...

Hommelhoff, Peter: Anlegerschutz in der GmbH & Co. KGaA, in: Die GmbH & Co. KGaA nach dem Beschluß BGHZ 134, 392, ZHR Beiheft Band 67, Heidelberg 1998, zitiert als: *Hommelhoff*, ZHR Beih. Bd. 67, 1998, S. ...

Hoppe, Alina: Die Besteuerung der Kommanditgesellschaft auf Aktien zwischen Trennungs- und Transparenzprinzip, Köln 2014, zugl.: Kiel, Univ., Diss., 2014, zitiert als: *Hoppe*, Die Besteuerung der KGaA, 2014, S. ...

Hopt, Klaus J./Wiedemann, Herbert: Aktiengesetz, Großkommentar, Achter Band, §§ 278–310 AktG, 4. Auflage, Berlin 2013, zitiert als: *Autor*, in: GK-AktG[4], § ... Rn. ...

Hübschmann, Walter/Hepp, Ernst/Spitaler, Armin: Abgabenordnung, Finanzgerichtsordnung, Kommentar, Köln, Loseblattsammlung, Stand: 235. EL (10/2015), zitiert als: *Autor*, in: H/H/Sp, AO/FGO, § ... Rn... (Stand).

Hüffer, Uwe: Die Gesellschafterversammlung – Organ der GmbH oder bloßes Beschlußverfahren, in: Festschrift 100 Jahre GmbH-Gesetz,Köln 1992, zitiert als: *Hüffer*, in: FS 100 Jahre GmbHG, 1992, S ...

Hüffer, Uwe: Aktiengesetz, 11. Auflage, München 2014, zitiert als:*Hüffer*, AktG[11], 2014, § ... Rn. ...

IDW: Stellungnahme zum Entwurf eines BMF-Schreibens zur Verlustabzugsbeschränkung für Körperschaften (§ 8c KStG), Ubg 2008, Seite 244 bis 247.

Ihrig, Hans-Christoph/Schlitt, Michael: Die KGaA nach dem Beschluss des BGH vom 24.2.1997 – organisatorische Folgerungen, in: Die GmbH & Co. KGaA nach dem Beschluß BGHZ 134, 392, ZHR Beiheft Band 67, Heidelberg 1998, zitiert als: *Ihrig/Schlitt*, ZHR Beih. Bd. 67, 1998, S. ...

Jacobs, Dietrich: Rechtsformwahl nach der Unternehmenssteuerreform: Personenunternehmung oder Kapitalgesellschaft?, DStR 2001, Seite 806 bis 812.

Jacobs, Otto H.: Unternehmensbesteuerung und Rechtsform, 4. Auflage, München 2009, zitiert als: *Jacobs*, Unternehmensbesteuerung und Rechtsform[4], 2009, S ...

Jansen, Lothar/Weidmann, Matthias: Treaty Overriding und Verfassungsrecht – Beurteilung der verfassungsrechtlichen Zulässigkeit von Treaty Overrides am Beispiel des § 50d EStG, IStR 2010, Seite 596 bis 605.

Janssen, Bernhard: Die Besteuerung der Kommanditgesellschaft auf Aktien und ihrer Gesellschafter, NWB 2001, Seite 2189 bis 2198, Fach 18, Seite 3811 bis 3820.

Jochum, Heike: Grundfragen des Steuerrechts – Eine verfassungsrechtliche und methodische Einführung für Lehre und Praxis, Tübingen 2012, zitiert als: *Jochum*, Grundfragen des Steuerrechts, 2012, S. ...

Jünger, Paul: Zur Stellung des persönlich haftenden Gesellschafters einer KGaA im Steuerrecht, DB 1988, Seite 1969 bis 1973.

Kallmeyer, Harald: Die Kommanditgesellschaft auf Aktien – eine interessante Rechtsformalternative für den Mittelstand?, DStR 1994, Seite 977 bis 982.

Kempf, Andreas/Bandl, Michael: Hat Treaty Override in Deutschland eine Zukunft?, DB 2007, Seite 1377 bis 1381.

Kessler, Alexander: Die Entwicklung des Binnenrechts der KGaA seit BGHZ 134, 392 = NJW 1997, 1923, NZG 2005, Seite 145 bis 150.

Kessler, Wolfgang: Die Kommanditgesellschaft auf Aktien im System der dualen Unternehmensbesteuerung – Konsequenzen und Inkonsequenzen einer hybriden Rechtsform, in: Gestaltungen und Abwehr im Steuerrecht, Festschrift für Klaus Korn, Bonn/Berlin 2005, zitiert als: *Kessler*, in: FS Korn, 2005, S ...

Kessler, Wolfgang/Kröner, Michael/Köhler, Stefan: Konzernsteuerrecht, Organisation – Recht – Steuern, München 2004, zitiert als: *Kessler/Kröner/Köhler*, Konzernsteuerrecht, 2004, § ... Rn. ...

Keuk, Brigitte: Die Besteuerung des Gewinns der Personengesellschaft und der Sondervergütungen der Gesellschaft, StuW 1974, Seite 1 bis 49.

Kirchhof, Paul: Einkommensteuergesetz, Kommentar, 14. Auflage, Köln 2015, zitiert als: *Autor*, in: Kirchhof, EStG[14], 2015, § ... Rn. ...

Kirchhof, Paul: Der Vertrag – ein Instrument zur Begründung steuerlicher Ungleichheit, in: Gesellschaftsrecht, Rechnungslegung, Sportrecht, Festschrift für Volker Röhricht zum 65. Geburtstag, Köln 2005, zitiert als: *P. Kirchhof*, in: FS Röhricht, 2005, S. 919, ...

Kirchhof, Paul: Der Karlsruher Entwurf und seine Fortentwicklung zu einer Vereinheitlichten Ertragsteuer, StuW 2002, Seite 3 bis 22.

Kirchhof, Paul: Verfassungsrechtliche und steuersystematische Grundlagen der Einkommensteuer, in: Besteuerung von Einkommen, 24. Jahrestagung der Deutschen Steuerjuristischen Gesellschaft, Köln 2001, zitiert als: *Kirchhof*, DStJG 24 (2001), S. ...

Kirchhof, Paul/Söhn, Hartmut/Mellinghoff, Rudolf: Einkommensteuergesetz, Kommentar, Heidelberg, Loseblattsammlung, Stand: 262. EL (10/2015), zitiert als: *Autor*, in: K/S/M, EStG, § ... Rn. ... (Stand).

Kirnberger, Christian: Die Kapitalertragsteuer als Einkommensteuervorauszahlung, Tipps zur Reduzierung und Vermeidung, EStB 2010, Seite 418 bis 420.

Klausing, Friedrich: Gesetz über Aktiengesellschaften und Kommanditgesellschaften auf Aktien (Aktien-Gesetz) nebst Einführungsgesetz und „Amtlicher Begründung“, Berlin 1937, zitiert als: *Klausing*, AktG, 1937, S. ...

Kniep, Jonas: Die steuerliche Behandlung des Gewinnanteils eines Komplementärs einer KGaA, München 2014, Masterarbeit, zitiert als: *Kniep,* Die steuerliche Behandlung des Gewinnanteils eines Komplementärs einer KGaA, 2014, S. ...

Knobbe-Keuk, Brigitte: Gesellschaft und Mitunternehmerschaft, StuW 1986, Seite 106 bis 117.

Knobbe-Keuk, Brigitte: Bilanz- und Unternehmenssteuerrecht, 9. Auflage, Köln 1993, zitiert als: *Knobbe-Keuk,* Bilanz- und Unternehmenssteuerrecht[9], 1993, § ...

Knobbe-Keuk, Brigitte: Rechtsfortbildung als Aufgabe des obersten Steuergerichts – erlaubte und unerlaubte Rechtsfortbildung durch den Bundesfinanzhof, in: Festschrift 75 Jahre Reichsfinanzhof – Bundesfinanzhof, Bonn 1993, Seite 303 bis 324, zitiert als: *Knobbe-Keuk,* in: FS RFH/BFH, 1993, S. 303, ...

Koenig, Ulrich: Abgabenordnung, Kommentar, 3. Auflage, München 2014, zitiert als: *Autor,* in: Koenig, AO[3], § ... Rn...

Kölling, Lars: Gestaltungsspielräume und Anlegerschutz in der kapitalistischen KGaA, Frankfurt am Main 2005, zugl.: Bielefeld, Univ., Diss., 2005, zitiert als: *Kölling,* Kapitalistische KGaA, 2005, S. ...

Kollruss, Thomas: Die hybride Rechtsform der GmbH & Co. KGaA – Möglichkeiten zur Steuergestaltung im Rahmen der pauschalierten Gewerbesteueranrechnung, GmbHR 2003, Seite 709 bis 712.

Kollruss, Thomas: KGaA-Komplementärin und Gewerbesteueranrechnung: Doppelte Begünstigung durch gewinnabhängige Sondervergütungen (typisch stille Beteiligung), Die Wirtschaftsprüfung 2005, Seite 1040 bis 1046.

Kollruss, Thomas: KGaA und Zinsschranke – unter besonderer Berücksichtigung der Akquisitionsfinanzierung, BB 2007, Seite 1988 bis 1992.

Kollruss, Thomas: Beim Schlussgesellschafter ist Schluss: Keine GewSt-Anrechnung nach § 35 EStG bei Beteiligung von Organgesellschaft an Personengesellschaft, DStR 2007, Seite 378 bis 382.

Kollruss, Thomas: Besteuerung der KGaA: Klärung der Besteuerungssystematik in fünf Stufen, Lösung des KGaA-Holdingparadoxons, BB 2012, Seite 3178 bis 3184.

Kollruss, Thomas: Zur Besteuerungdogmatik der KGaA: Entwicklung eines grundlegenden Besteuerungskonzept, DStZ 2012, Seite 650 bis 668.

Kollruss, Thomas: Mehrstöckige Hybrid-Kapitalgesellschaftsstrukturen und § 50d Abs. 11 EStG: Leerlaufen der Norm?, BB 2013, Seite 157 bis 164.

Kollruss, Thomas/Weißert, Sören/Ilin, Natalia: Die KGaA im Lichte der Verlustabzugsbeschränkung des § 8c KStG und der Zinsschranke, DStR 2009, Seite 88 bis 94.

Kopec, Agnieszka/Kudert, Stephan: § 50d Abs. 11 EStG – eine Analyse der steuerlichen Auswirkungen auf die Besteuerung von Schachteldividenden an eine deutsche GmbH & atypisch Still, IStR 2013, Seite 498 bis 503.

Kopec, Agnieszka/Nagel, Agata: Polnische KGaA als steuerliches Gestaltungsinstrument deutscher Investoren: Von Irrungen und Wirrungen und der Zukunft eines Investitionsvehikels, IStR 2013, Seite 945 bis 950.

Kornblum, Udo: Bundesweite Rechtstatsachen zum Unternehmens- und Gesellschaftsrecht (Stand 1.1.2010), GmbHR 2010, Seite 739 bis 748.

Kornblum, Udo: Bundesweite Rechtstatsachen zum Unternehmens- und Gesellschaftsrecht (Stand 1.1.2012), GmbHR 2012, Seite 728 bis 735.

Kornblum, Udo: Bundesweite Rechtstatsachen zum Unternehmens- und Gesellschaftsrecht (Stand 1.1.2014), GmbHR 2014, Seite 694 bis 703.

Köster-Böckenförde, Andreas, Clauss, Alexa: Der Begriff des „Betriebs" im Rahmen der Zinsschranke, DB 2008, Seite 2213 bis 2216.

Kraft, Anders: Rechtsformabhängige Besteuerung mittelständischer Unternehmen, Köln 2005, zugl.: Köln, Univ., Diss., 2005, zitiert als: *Kraft*, Rechtsformabhängige Besteuerung mittelständischer Unternehmen, 2005, S. ...

Kramer, Jörg-Dietrich: Das internationale Schachtelprivileg der KGaA – zugleich Anmerkung zum Urteil des Hessischen FG vom 23.6.2009, 12 K 3439/01, IStR 2010, Seite 57 bis 59.

Kramer, Jörg-Dietrich: Kurze Replik auf die vorstehenden Anmerkungen von Jens Hageböke, IStR 2010, Seite 63.

Kroniger, Axel/Thies, Angelika: Anwendung des check the box-Systems auf die KGaA als Joint Venture-Vehikel, IStR 2002, Seite 397 bis 405.

Kruse, Heinrich Wilhelm: Steuerspezifische Gründe und Grenzen der Gesetzesbindung, in: Grenzen der Rechtsfortbildung durch Rechtsprechung und Verwaltungsvorschriften im Steuerrecht, 5. Jahrestagung der Deutschen Steuerjuristischen Gesellschaft, Köln 1982, zitiert als: *Kruse*, DStJG 5 (1982), S. ...

Kruse, Heinrich Wilhelm: Gewinnanteil und Sondervergütungen der Gesellschafter von Personengesellschaften de lege lata und de lege ferenda, in: Die Grundprobleme der Personengesellschaft im Steuerrecht, 2. Jahrestagung der Deutschen Steuerjuristischen Gesellschaft, Köln 1979, zitiert als: *Kruse*, DStJG 2 (1979), S. ...

Kusterer, Stefan: Überlegungen zur Besteuerung des persönlich haftenden Gesellschafters einer Kommanditgesellschaft auf Aktien, DStR 2008, Seite 484 bis 488.

Kusterer, Stefan: Ergänzungsbilanz des persönlich haftenden Gesellschafters einer Kommanditgesellschaft auf Aktien – Zugleich Anmerkung zu FG München vom 10.7.2003,5 K 2681/97, DStR 2004, Seite 77 bis 78.

Kusterer, Stefan: Die Kommanditgesellschaft auf Aktien im Wandel – Wechsel von körperschaftlicher zu mitunternehmerischer Sichtweise, FR 2003, Seite 502 bis 506.

Kusterer, Stefan: Die Kommanditgesellschaft auf Aktien – Folgen der mitunternehmerischen Einordnung, EStB 2003, Seite 397 bis 399.

Kusterer, Stefan: Typisch und atypisch ausgestaltete KGaA – Was ist steuerlich sinnvoll bei anstehendem Generationenwechsel?,EStB 2001, Seite 200 bis 201.

Kusterer, Stefan: Anteilsumwandlung bei atypisch ausgestalteter KGaA, DStR 1999, Seite 1681 bis 1683.

Kusterer, Stefan: Überlegungen zur steuerlichen Behandlung der Verschmelzung einer GmbH auf eine atypisch ausgestaltete Kommanditgesellschaft auf Aktien, DStR 1998, Seite 1412 bis 1413.

Kusterer, Stefan/Rupp, Christoph: Die Kommanditgesellschaft auf Aktien – Folgen der mitunternehmerischen Einordnung, EStB 2003, Seite 397 bis 399.

Kußmaul, Heinz: Die GmbH & Co. KG auf Aktien, wisu 1990, Seite 492 bis 497.

Lademann, Fritz: Einkommensteuergesetz, Kommentar, Stuttgart u.a., Loseblattsammlung, Stand: 213. EL (10/2015), zitiert als: *Autor*, in: Lademann, EStG, § ... Rn. ... (Stand).

Ladwig, Peter/Motte, Frank: Die Kommanditgesellschaft auf Aktien – Eine Alternative für börsenwillige mittelständische Unternehmen? Teil I, DStR 1996, Seite 800 bis 807, Teil II, DStR 1996, Seite 842 bis 847.

Lang, Joachim: Prinzipien und System der Besteuerung von Einkommen, in: Besteuerung von Einkommen, 24. Jahrestagung der Deutschen Steuerjuristischen Gesellschaft, Köln 2001, zitiert als: *Lang*, DStJG 24 (2001), S. ...

Lang, Joachim: Reform der Unternehmensbesteuerung auf dem Weg zum europäischen Binnenmarkt und zur deutschen Einheit, StuW 1990, Seite 107 bis 129.

Lauterbach, Frank: Ein neues Unternehmenssteuerrecht für Deutschland? – Fehlende Rechtsformneutralität der Unternehmensbesteuerung und allgemeiner Gleichheitssatz, Frankfurt am Main u.a. 2008, zugl.: Saarbrücken, Univ., Diss., 2008, zitiert als: *Lauterbach*, Ein neues Unternehmenssteuerrecht für Deutschland?, 2008, S. ...

Lehner, Moris: Keine Verfügung des Parlaments über seine Normsetzungsautorität – Zum Vorlagebeschluss des BFH vom 11.12.2013, I R 4/13 zu § 50d Abs. 10 EStG, IStR 2014, Seite 189 bis 192.

Lenski, Edgar/Steinberg, Wilhelm: Gewerbesteuergesetz, Kommentar, 9. Auflage, Köln 1995, Loseblattsammlung, Stand: 114. EL (10/2015) zitiert als: *Autor*, in: Lenski/Steinberg, GewStG, § ... Rn. ... (Stand).

Lippross, Otto-Gerd: Umsatzsteuer, 22. Auflage, Achim bei Bremen 2008, zitiert als: *Lippross*, Umsatzsteuer[22], 2008, S. ...

van Lishaut, Ingo: Grenzfragen zum „Mantelkauf" (§ 8c KStG), FR 2008, Seite 789 bis 801.

Lutter, Marcus: Umwandlungsgesetz, Kommentar, 5. Auflage, Köln 2014, zitiert als: *Autor*, in: Lutter, UmwG[5], § ... Rn. ...

Mahlow, Christian: Die Kommanditgesellschaft auf Aktien und das Vorliegen einer verdeckten Gewinnausschüttung, DB 2003, Seite 1540 bis 1544.

Malzahn, David H.: Die KGaA im Ertragsteuerrecht, in: Forum Steuerrecht 2012, Baden-Baden 2012, zitiert als: *Malzahn*, in: Forum Steuerrecht 2012, S. 151, ...

Mathiak, Walter: Rechtsprechung zum Bilanzsteuerrecht, DStR 1989, Seite 661 bis 668.

Maurer, Torsten: Die Besteuerung von Anleger-Kommanditgesellschaften – Zugleich ein Grundlagenbeitrag zum dualistischen System des Gesellschafts-, Bilanz- und Steuerrechts, Berlin 1999, zugl.: Hohenheim, Univ., Diss., 1997, zitiert als: *Maurer,* Die Besteuerung von Anleger-Kommanditgesellschaften, 1999, S. ...

Menzel, Arno: Die Entgelte der Personengesellschaft und der Kommanditgesellschaft auf Aktien (KGaA) an ihre unmittelbar haftenden Gesellschafter (I und II), DStR 1972, Seite 562 bis 566 und DStR 1972, Seite 594 bis 596.

Mertens, Hans-Joachim: Zur Existenzberechtigung der Kommanditgesellschaft auf Aktien, in: Wirtschaftsfragen der Gegenwart, Festschrift für Carl Hans Barz zum 65. Geburtstag am 6. Dezember 1974, Berlin/New York 1974, Seite 251 bis 269, zitiert als: *Mertens,* in: FS Barz, 1974, S. 253, ...

Mertens, Hans-Joachim: Die Handelsgesellschaft KGaA als Gegenstand gesellschaftsrechtlicher Diskussion und die Wissenschaft vom Gesellschaftsrecht, in: Steuerrecht, Steuer- und Rechtspolitik, Wirtschaftsrecht und Unternehmensverfassung, Umweltrecht, Festschrift für Wolfgang Ritter zum 70. Geburtstag, Köln 1997, Seite 731 bis 743, zitiert als: *Mertens,* in: FS Ritter, 1997, S. 731, ...

Meßmer, Kurt: Die Bilanzbündeltheorie – Eine meisterhafte Schöpfung der Rechtsprechung?, Steuerberater-Jahrbuch 1972/1973, Köln 1973, Seite 127 bis 205, zitiert als: *Meßmer,* StBJb 1972/1973, S. 127, ...

Meyer, Justus: Die GmbH und andere Handelsgesellschaften im Spiegel empirischer Forschung (I), GmbHR 2002, Seite 177 bis 189.

Mitschke, Wolfgang: Das Treaty Override zur Verhinderung einer Keinmalbesteuerung aus Sicht der Finanzverwaltung, DStR 2011, Seite 2221 bis 2229.

Möhlenbrock, Rolf: Detailfragen der Zinsschranke aus der Sicht der Finanzverwaltung, Ubg 2008, Seite 1 bis 12.

Mössner, Jörg-Manfred/Seeger, Siegbert: Körperschaftsteuergesetz, Kommentar, 2. Auflage, Herne 2015, zitiert als: *Autor,* in: M/S, $KStG^2$, 2015, § ... Rn. ...

Motte, Frank/Schlawien, Stefan: Die GmbH & Co. KGaA, Eine interessante Rechtsform mittelständischer Unternehmen, Eschborn 2001, zitiert als: *Motte/Schlawien,* Die GmbH & Co. KGaA, 2001, S. ...

Müller, Welf/Rödder, Thomas: Beck'sches Handbuch der AG, 2. Auflage, München 2009, zitiert als: *Autor,* in: Beck'sches HB AG^2, 2009, § ... Rn. ...

Musil, Andreas: Treaty Override als Dauerproblem des Internationalen Steuerrechts, IStR 2014, Seite 192 bis 196.

Musil, Andreas/Leibohm, Thomas: Die Forderung nach Entscheidungsneutralität der Besteuerung als Rechtsproblem, FR 2008, Seite 807 bis 814.

Nagel, Sibilla/Wittkowski, Ansas: Die Kommanditgesellschaft auf Aktien (KGaA) – Rechtsform für Mittelstand und Familienunternehmen, Wiesbaden 2012, zitiert als: *Nagel/Wittkowski,* Die KGaA, 2012, § ... Rn. ...

Neyer, Wolfgang: Neue Nachweisanforderungen bei steuerbefreiten Einkünften, Anmerkungen zu § 50d Abs. 8 EStG, BB 2004, Seite 519 bis 521.

Niederlag, Hans-Herrmann: Juristische Person als persönlich haftender Gesellschafter einer Kommanditgesellschaft auf Aktien, Münster 1973, zugl.: Münster (Westfalen), Univ., Diss. 1973, zitiert als: *Niederlag*, Juristische Person als persönlich haftender Gesellschafter, 1973, S. ...

Otte, Daniel: Die AG & Co. KGaA – Eine Rechtsformstudie, Baden-Baden 2011, zugl.: Bonn, Univ., Diss., 2010, zitiert als: *Otte*, Die AG & Co. KGaA, 2011, S. ...

Patt, Joachim/Rasche, Ralf: Replik zu *Gocke*, Zur Aktivierung von Pensionsansprüchen in den Einzelbilanzen der persönlich haftenden Gesellschafter bei einer KGaA (DB 1994, 2162), DB 1994, Seite 2164 bis 2165.

Patt, Joachim/Rasche, Ralf: Besteuerung der Pensionszusage an den persönlich haftenden Gesellschafter einer KGaA nach den Grundsätzen der Mitunternehmerschaft?, DB 1993, Seite 2400 bis 2405.

Pelka, Jürgen: Rechtsformneutralität im Steuerrecht, Verfassungsmäßigkeit der Steuersatzsenkung für Kapitalgesellschaften, StuW 2000, Seite 389 bis 398.

Philbert, Stephan: Die Kommanditgesellschaft auf Aktien zwischen Personengesellschaftsrecht und Aktienrecht, Berlin 2005, zugl.: Regensburg, Univ., Diss., 2005, zitiert als: *Philbert*, Die KGaA zwischen Personengesellschaftsrecht und Aktienrecht, 2005, S. ...

Priester, Hans-Joachim: Die Kommanditgesellschaft auf Aktien ohne natürlichen Komplementär, ZHR 160 (1996), Seite 250 bis 264.

Priester, Hans-Joachim: Die faktische Mitunternehmerschaft – ein gesellschaftsrechtliches Problem, in: Ertragsbesteuerung, Zurechnung – Ermittlung – Gestaltung, Festschrift für Ludwig Schmidt zum 65. Geburtstag, München 1993, zitiert als: *Priester*, in: FS L. Schmidt, 1993, S. 331, ...

Prinz, Ulrich: Besteuerung der Personengesellschaften – unpraktikabel und realitätsfremd?, 4 Thesen zu Bestandsaufnahme und Neujustierung der deutschen Personengesellschaftsbesteuerung, FR 2010, Seite 736 bis 744.

Prinz, Ulrich: Der bilanzielle Betriebsvermögensvergleich als Grundform leistungsfähigkeitsentsprechender Gewinnermittlung – Zur Steuerrelevanz kaufmännischer Rechnungslegung, FR 2010, Seite 917 bis 924.

Prinz, Ulrich: Grenzüberschreitende Sondervergütungen bei Mitunternehmerschaften, DB 2011, Seite 1415 bis 1419.

Prinz, Ulrich: Internationale Mitunternehmerschaften im steuerlichen Umstrukturierungsrecht, FR 2013, Seite 1 bis 12.

Raiser, Thomas/Veil, Rüdiger: Mitbestimmungsgesetz und Drittelbeteiligungsgesetz, Kommentar, 5. Auflage, Berlin 2009, zitiert als: *Raiser/Veil*, MitbestG[5], 2009, § ... Rn. ...

Raiser, Thomas/Veil, Rüdiger: Recht der Kapitalgesellschaften, Ein Handbuch für Praxis und Wissenschaft 6. Auflage, München 2015, zitiert als: *Raiser/Veil*, Recht der Kapitalgesellschaften[6], 2015, § … Rn. …

Ratschow, Eckart: Prinzipien der Einkünfteermittlung – Subjektsteuerprinzip, in: Einkünfteermittlung, DStJG Band 34, Köln 2011, Seite 35 bis 59, zitiert als: *Ratschow*, DStJG 34 (2011), S. …

Rau, Günter/Dürrwächter, Erich: Kommentar zum Umsatzsteuergesetz, Köln, Loseblattsammlung, Stand: 164. EL (10/2015), zitiert als: *Autor*, in: Rau/Dürrwächter, UStG, § … Rn. … (Stand).

Rau, Thomas: Verfassungsdirigierte Prinzipien für das Unternehmenssteuerrecht – Die Trias der Unternehmensträger und ihr Markteinkommen im Lichte von Gleichheit, Leistungsfähigkeit, Neutralität und Freiheit, Berlin u.a. 2007, zugl.: Augsburg, Univ., Diss., 2007, zitiert als: *Rau*, Verfassungsdirigierte Prinzipien für das Unternehmenssteuerrecht, 2007, S. …

Renz, Anette: Die Besteuerung der GmbH & Co. KGaA und ihre Eignung als Rechtsform für kleine und mittelständische Unternehmen, Schriften zum Steuer-, Rechnungs- und Finanzwesen, Band 5, Frankfurt an Main 2006, zugl.: Marburg, Univ., Diss., 2005, zitiert als: *Renz*, Die Besteuerung der GmbH & Co. KGaA, 2006, S. …

Rödder, Thomas/Hageböke, Jens/Stangl, Ingo: Zur Anwendung der Zinsschranke bei der KGaA und ihrem persönlich haftenden Gesellschafter, DB 2009, Seite 1561 bis 1566.

Rödder, Thomas/Herlinghaus, Andreas/van Lishaut, Ingo: Umwandlungssteuergesetz, Kommentar, 2. Auflage, Köln 2013, zitiert als: *Autor*, in: Rödder/Herlinghaus/van Lishaut, UmwStG[2], 2013, § … Rn. …

Rödder, Thomas/Möhlenbrock, Rolf: Die Neuregelung des § 8c KStG betr. Verluste von Kapitalgesellschaften bei Beteiligungserwerben, Ubg 2008, Seite 595 bis 607.

Rohrer, Oswald/Orth, Tilmann: Anwendung des Halbeinkünfteverfahrens auf Ebene einer KGaA, BB 2007, Seite 1594 bis 1602.

Rohrer, Oswald/Orth, Tilmann: Zinsschranke: Belastungswirkungen bei der atypisch ausgeprägten KGaA, BB 2007, Seite 2266 bis 2269.

Rose, Gerd/Glorius-Rose, Cornelia: Unternehmen – Rechtsformen und Verbindungen, Ein Überblick aus betriebswirtschaftlicher, rechtlicher und steuerlicher Sicht, 3. Auflage, Köln 2001, zitiert als: *Rose/Glorius-Rose*, Unternehmen[3], 2001, S. …

Sauter, Markus: Die Gewinnverwendung in der kapitalistischen KGaA, Handbuch Steuern, Band 16, 1. Auflage, Bremen 2008, zitiert als: *Sauter*, Die Gewinnverwendung in der kapitalistischen KGaA, 2008, S. …

Schaden, Michael/Käshammer, Daniel: Die Neuregelung des § 8a KStG im Rahmen der Zinsschranke, BB 2007, Seite 2259 bis 2266.

Schaumburg, Harald: Internationales Steuerrecht, 3. Auflage, Köln 2011, zitiert als: *Schaumburg*, Internationales Steuerrecht[3], 2011, Rn. …

Schaumburg, Harald: Die KGaA als Rechtsform für den Mittelstand?, DStZ 1998,Seite 525 bis 544.

Schaumburg, Harald/Schulte, Christoph: Die KGaA, Recht und Steuern in der Praxis, Köln 2000, zitiert als: *Schaumburg/Schulte,* Die KGaA, 2000, Rn. ...

Scheffler, Wolfram: Besteuerung von Unternehmen, Band I: Ertrag-, Substanz- und Verkehrsteuern, 12. Auflage, Heidelberg 2012, zitiert als: *Scheffler,* Besteuerung von Unternehmen I[12], 2012, S....

Schimpfle, Petra: Die Besteuerung der Kommanditgesellschaft auf Aktien, München 2006, Diplomarbeit, zitiert als: *Schimpfle,* Die Besteuerung der KGaA, 2006, S. ...

Schlütter, Egon: Handelsrechtliche und steuerrechtliche Behandlung der Gewinnanteile der Komplementäre einer Kommanditgesellschaft auf Aktien, StuW 1978, Seite 295 bis 299.

Schmidt, Karsten: Deregulierung des Aktienrechts durch Denaturierung der Kommanditgesellschaft auf Aktien? – Zum (aufhaltsamen?) Aufstieg der „Kapitalgesellschaft & Co. KGaA“, ZHR 160 (1996), Seite 265 bis 287.

Schmidt, Karsten: 150 Jahre Kommanditgesellschaft auf Aktien: Balanceakt eines Sonderlings, in: Aktienrecht im Wandel, Band II, Grundsatzfragen des Aktienrechts, Tübingen 2007, zitiert als: *K. Schmidt,* in: Aktienrecht im Wandel II, 2007, S. 1188, ...

Schmidt, Karsten/Lutter, Marcus: Aktiengesetz, Kommentar, II. Band, §§ 150 – 410, 3. Auflage, Köln 2015, zitiert als: *Autor,* in: Schmidt/Lutter, AktG[3], 2015, §... Rn. ...

Schmidt, Ludwig [Hrsg.]: Einkommensteuergesetz, Kommentar, 34. Auflage, München 2015, zitiert als: *Autor,* in: Schmidt, EStG[34], 2015, § ... Rn. ...

Schnädter, Helmut: Gehören zum Gewerbeertrag auch die Sondervergütungen nach § 15 Abs. 1 Nr. 2 und 3 EStG?, FR 1985, Seite 659 bis 662.

Schnitger, Arne/Fehrenbacher, Oliver: Kommentar Körperschaftsteuer KStG, Konstanz 2012, zitiert als: *Autor,* in: Schnitger/Fehrenbacher, KStG, § ... Rn. ...

Schön, Wolfgang: Der Große Senat des Bundesfinanzhofs und die Personengesellschaft, StuW 1996, Seite 275 bis 288.

Schön, Wolfgang: Die zivilrechtlichen Voraussetzungen steuerlicher Leistungsfähigkeit, StuW 2005, Seite 247 bis 255.

Schönfeld, Jens/Ditz, Xaver: Doppelbesteuerungsabkommen, Kommentar, Köln 2013, zitiert als: *Autor,* in: Schönfeld/Ditz, DBA, 2013, § ... Rn. ...

Schreiber, Otto: Die Kommanditgesellschaft auf Aktien, München 1925, zitiert als: *O. Schreiber,* Die KGaA, 1925, S. ...

Schubert, Werner/Hommelhoff, Peter: Hundert Jahre modernes Aktienrecht, Eine Sammlung von Texten und Quellen zur Aktienrechtsreform 1884 mit zwei Einführungen, Berlin u.a. 1985, zitiert als: *Schubert/Hommelhoff,* Hundert Jahre modernes Aktienrecht, 1985, S. ...

Schürmann, Walter/Groh, Elmar: KGaA und GmbH & Co. KGaA, Neue Aspekte einer interessanten Gesellschaftsform, BB 1995, Seite 684 bis 688.

Schürmann, Walter/Körfgen, Kurt: Familienunternehmen auf dem Weg zur Börse, Ein Leitfaden für potentielle Börsenkandidaten mit Beispielen aus der Praxis, 3. Auflage, München 1997, zitiert als:*Schürmann/Körfgen*, Familienunternehmen auf dem Weg zur Börse[3], 1997, S. ...

Schütz, Carsten/Bürgers, Tobias/Riotte, Michael [Hrsg.]: Die Kommanditgesellschaft auf Aktien, Handbuch, München 2004, zitiert als: *Autor*, in: Schütz/Bürgers/Riotte, Die KGaA, 2004, § ... Rn. ...

Seer, Roman: Der unternehmerische Kapitalgesellschafter, in: Kernfragen des Unternehmenssteuerrechts, Heidelberg 2010, Seite 97 bis 125, zitiert als: *Seer*, in: Kernfragen des Unternehmenssteuerrechts, 2010, S. 97, ...

Seer, Roman: Grenzen der Zulässigkeit eines treaty overridings am Beispiel der Switch-over-Klausel des § 20 AStG (Teil I), IStR 1997, Seite 481 bis 486.

Selder, Johannes: Verfassungsrechtliche Aspekte der Gewerbesteuer als Objektsteuer, FR 2014, Seite 174 bis 179.

Sethe, Rolf: Die personalistische Kapitalgesellschaft mit Börsenzugang, Köln 1996, zugl.: Tübingen, Univ., Diss., 1995, zitiert als: *Sethe*, Die personalistische Kapitalgesellschaft mit Börsenzugang, 1996, S. ...

Sethe, Rolf: Die Besonderheiten der Rechnungslegung der KGaA, DB 1998, Seite 1044 bis 1048.

Siebold, Michael/Wichert, Joachim: Die KGaA als Rechtsform für die Profiabteilungen der Vereine der Fußball-Bundesliga, SpuRt 1998, Seite 138 bis 142.

Söffing, Günter: Besteuerung der Mitunternehmer, 5. Auflage, Herne/Berlin 2005, zitiert als: *Autor*, in: Söffing, Besteuerung der Mitunternehmer[5], 2005, Rn. ...

Sölch, Otto/Ringleb, Karl: Umsatzsteuergesetz, Kommentar, München, Loseblattsammlung, Stand: 75. EL (09/2015) zitiert als: *Autor*, in: Sölch/Ringleb, UStG, § ... Rn. ... (Stand).

Spindler, Gerald/Stilz, Eberhard: Kommentar zum Aktiengesetz, 3. Auflage, München 2015, zitiert als: *Autor*, in: Spindler/Stilz, AktG[3], 2015, § ... Rn. ...

Stapperfend, Thomas: Die Unternehmensbesteuerung in den Entwürfen zur Reform des Einkommensteuerrechts, FR 2005, Seite 74 bis 82.

Stein, Torsten: Völkerrecht und nationales Steuerrecht im Widerstreit?, IStR 2006, Seite 505 bis 509.

Steindorff, Ernst: Kommanditgesellschaft auf Aktien und Mitbestimmung, in: Beiträge zum Zivil- und Wirtschaftsrecht, Festschrift für Kurt Ballerstedt zum 70. Geburtstag am 24. Dezember 1975, Berlin 1975, zitiert als: *Steindorff*, in: FS Ballerstedt, 1975, S. 127 ... .

Streck, Michael: Körperschaftsteuergesetz mit Nebengesetzen, Kommentar, 8. Auflage, München 2014, zitiert als: *Autor*, in: Streck, KStG[8], 2014, § ... Rn. ...

Strieder, Thomas/Habel, Michael: Zur Problematik einer Genossenschaft bzw. einer Kapitalgesellschaft als einzigem persönlich haftendem Gesellschafter einer Kommanditgesellschaft auf Aktien, DB 1994, Seite 1557 bis 1561.

Suchanek, Markus: Verlustabzugsbeschränkung für Körperschaften – Anmerkung zum Entwurf eines BMF-Schreibens vom 20.2.2008 zu § 8c KStG, GmbHR 2008, Seite 292 bis 296.

Theisen, Manuel: Die Besteuerung der KGaA – Zugleich Besprechung des BFH-Urteils vom 21.6.1989 – X R 14/88,DB 1989 S. 2203, DB 1989, Seite 2191 bis 2197.

Thiemann, Christian: Anmerkung zum BFH-Beschluss vom 10.1.2012 (I R 66/09, JZ 2012, 903), JZ 2012, Seite 908 bis 912.

Tipke, Klaus: Die Steuerrechtsordnung, 2. Auflage, Band I, Wissenschaftsorganisatorische, systematische und grundrechtlich-rechtsstaatliche Grundlagen, Köln 2000, Band II, Steuerrechtfertigungstheorie, Anwendung auf alle Steuerarten, sachgerechtes Steuersystem, Köln 2003, Band III, Steuerrechtswissenschaft, Steuergesetzgebung, Steuervollzug, Steuerrechtsschutz, Steuerreformbestrebungen, Köln 2012, zitiert als: *Tipke*, Steuerrechtsordnung (Band)^{2}, (Jahr), S. ...

Tipke, Klaus: Die Grundprobleme der Personengesellschaft im Steuerrecht – Zum Thema der Wiener Jahrestagung der Deutschen Steuerjuristischen Gesellschaft, StuW 1978, Seite 193 bis 202.

Tipke, Klaus: Zur Methode der steuerrechtlichen Negation von Familien-Personengesellschaften, Zugleich Besprechung des BFH-Urteils IV R 178/68, StuW 1972, Seite 55 bis 62.

Tipke, Klaus/Kruse, Heinrich Wilhelm: Abgabenordnung, Finanzgerichtsordnung, Kommentar, Köln, Loseblattsammlung, Stand: 142. EL (11/2015), zitiert als: *Autor*, in: T/K, AO/FGO, § ... Rn. ... (Stand).

Tipke, Klaus/Lang, Joachim u.a.: Steuerrecht, 22. Auflage, Köln 2015, zitiert als: *Autor*, in: Tipke/Lang, Steuerrecht^{22}, 2015, § ... Rn. ...

Uelner, Adalbert: Ertragsteuerrechtliche Grundprobleme beim Formwechsel einer KGaA, in: Steuerrecht und Gesellschaftsrecht als Gestaltungsaufgabe, Freudesgabe für Franz Josef Haas zur Vollendung des 70. Lebensjahres, Herne/Berlin 1996, Seite 365 bis 374, zitiert als: *Uelner*, in: FS Haas, 1996, S. 365, ...

Wacke, Gerhard: Das Finanzwesen der Bundesrepublik: Die Einwirkungen der Finanzfunktion auf Gesetzgebung, Verwaltung und Rechtsprechung im Bonner Grundgesetz, Tübingen 1950, zitiert als:*Wacke*, Das Finanzwesen der Bundesrepublik, 1950, S. ...

Waldhoff, Christian: Rezension zu Monika Jachmann, Steuergesetzgebung zwischen Gleichheit und wirtschaftlicher Freiheit, StuW 2000, Seite 217 bis 220.

Wassermeyer, Franz: Doppelbesteuerung, Kommentar, München, Loseblattsammlung, Stand: 130. EL (06/2015), zitiert als: *Autor*, in: Wassermeyer, DBA, Art. ... Rn. ... (Stand).

Wassermeyer, Franz: Verdeckte Gewinnausschüttungen bei einer GmbH & Co. KG, GmbHR 1999, Seite 18 bis 23.

Wassermeyer, Franz: Kommentar zu BFH v. 19.5.2010 – I R 62/09, FR 2010, Seite 812 bis 813.

Wassermeyer, Franz: Die Besteuerung des Gewinnanteils des persönlich haftenden Gesellschafters einer Kommanditgesellschaft auf Aktien, in: Festschrift für Michael Streck zum 70. Geburtstag, Köln 2011, zitiert als: *Wassermeyer,* in: FS Streck, 2011, S. ...

Wassermeyer, Franz: Die Wurzeltheorie bei der Besteuerung persönlich haftender Gesellschafter einer Kommanditgesellschaft auf Aktien unter Beachtung des BFH-Urteils vom 19.5.2010 – I R 62/09, Ubg 2011, Seite 47 bis 51.

Weber, Christian: Die GmbH & Co. KGaA als Rechtsform eine Proficlubs der Fußball-Bundesliga, GmbHR 2013, Seite 631 bis 638.

Weber, Harald: Zu einigen rechtspolitischen Grundfragen der Besteuerung selbstständiger Unternehmen, JZ 1980, Seite 545 bis 553.

Weber-Grellet, Heinrich: Auf den Schultern von Larenz: Demokratisch-rechtsstaatliche Rechtsanwendung und Rechtsfortbildung im Steuerrecht, DStR 1991, Seite 438 bis 445.

Wehrheim, Michael: Die Einkünftequalifikation der Gesellschafter einer GmbH & Co. KGaA, DB 2001, Seite 947 bis 948.

Wehrheim, Michael/Gehrke, Matthias: Zur Qualifikation von Einkünften bei einer Stiftung & Co. KGaA, StuW 2005, Seite 234 bis 246.

Weigell, Jörg: „Treaty Override" durch § 20 Abs. 2 AStG? Unerfreulich – Einfach gesetzlich unwirksam – Verfassungswidrig, IStR 2009, Seite 636 bis 641.

Weinelt, Christian: Rechtsformneutralität der Unternehmensbesteuerung – Verfassungsrechtliches Gebot oder rechtspolitische Forderung?, Hamburg 2006, zugl.: Regensburg, Univ., Diss., 2004, zitiert als: *Weinelt,* Rechtsformneutralität der Unternehmensbesteuerung, 2004, S. ...

Wendt, Michael: Anrechnung der Gewerbesteuer auf die Einkommensteuer – Welche Besonderheiten sind zu beachten?, EStB 2001, Seite 95 bis 99.

Werner, Rüdiger: Die KGaA und die AG & Co. KG – Alternativen zur Aktiengesellschaft für Familienunternehmen, NWB Fach 18, Seite 4603 bis 4610 bzw. NWB 2008, Seite 447 bis 454.

Wernsmann, Rainer: Typisierung und Typusbegriff, Beihefter zu DStR 2011, Seite 72* bis 76*.

Westphal, Michael: Die Kommanditgesellschaft auf Aktien (KGaA), Die Steuerwarte 2002, Seite 133 bis 134.

Wichert, Joachim: Die Finanzen der Kommanditgesellschaft auf Aktien, Frankfurt am Main 1999, zugl.: Frankfurt (Main), Univ., Diss., 1998, zitiert als: *Wichert,* Die Finanzen der KGaA, 1999, S. ...

Widmann, Siegfried/Mayer, Dieter: Umwandlungsrecht, Kommentar, Bonn, Loseblattsammlung, Stand: 151. EL (09/2015), zitiert als: *Autor*, in: Widmann/Mayer, UmwR, §... Rn. ... (Stand).

Wiesner, Georg: Die Enthaftung ausgeschiedener persönlich haftender Gesellschafter einer KGaA, ZHR 148 (1984), Seite 56 bis 73.

Winkemann, Thomas: Die KGaA als Alternative zur Mehrmütterorganschaft?, BB 2003, Seite 1649 bis 1651.

Witt, Carl-Heinz: Die Konzernbesteuerung – Vorschlag zur Fortentwicklung des Rechts der steuerlichen Organschaft, Köln 2006, zugl.: Heidelberg, Univ., Habil.-Schr., 2005/2006, zitiert als: *Witt*, Die Konzernbesteuerung, 2006, S. ...

Wittkowski, Ansas: Ein neues Kapitel zu § 50d EStG wird aufgeschlagen..., DB 2012, M1 (Gastkommentar in Heft 8).

Woerner, Lothar: Mitunternehmerbegriff und Bilanzbündeltheorie bei der Gewerbesteuer, Probleme und Tendenzen der Rechtsprechung, BB 1974, Seite 592 bis 598.

Woerner, Lothar: Die neuere Rechtsprechung des Bundesfinanzhofs zur Einkommensbesteuerung von Gesellschaftern einer Personengesellschaft, Sonderbetriebsvermögen, Beitragsgedanke und wirtschaftliche Einheit in der Rechtsprechung des I. Senats, BB 1975, Seite 645 bis 647.

Woerner, Lothar: Spielraum der Rechtsanwendung im steuerlichen Eingriffsrecht – Theorie und Praxis, in: Gedächtnisschrift für Brigitte Knobbe-Keuk, Köln 1997, Seite 967 bis 986, zitiert als: *Woerner*, in: GS Knobbe-Keuk, 1997, S. 967 ... .

Wolff-Diepenbrock, Johannes: Zur Entstehungsgeschichte und Systematik des § 17 des Einkommensteuergesetzes, in: Steuerrecht – Verfassungsrecht – Finanzpolitik, Festschrift für Franz Klein, Köln 1994, zitiert als: *Wolff-Diepenbrock*, in FS Klein, 1994, S. 875 ... .

von Zezschwitz, Friedrich: Liquidationsprobleme bei Personengesellschaften – Zur Zuordnungspraxis der Bündelkonstruktion – Kritische Bemerkungen zum BFH-Urteil I R 161/68 v. 29.9.1971, FR 1972, Seite 270 bis 277.

Zipfel, Lars: Tarifbegrenzung nach § 32c EStG a.F. bei Komplementär einer KGaA, Anmerkung zu BFH v. 28.11.2007 – X R 6/05,BB 2008, Seite 544.

Zöllner, Wolfgang/Noack, Ulrich: Kölner Kommentar zum Aktiengesetz, Band 5 – 2. Teillieferung, §§ 278–290 AktG, 3. Auflage, Köln 2015, zitiert als: *Autor*, in: KK-AktG³, 2015, § ... Rn. ...

Gebraucht werden die üblichen Abkürzungen, vgl.
Kirchner, Abkürzungsverzeichnis der Rechtssprache,
7. Auflage, Berlin 2012

Finanz- und Steuerrecht in Deutschland und Europa

Herausgegeben von Klaus-Dieter Drüen, Hanno Kube
und Rainer Wernsmann

Band 1 Gordon Dreher: Das Alterseinkünftegesetz. Systematische Darstellung und verfassungsrechtliche Zweifelsfragen. 2007.

Band 2 Nils Meyer-Sandberg: Die Duale Einkommensteuer als Modell ungleicher Besteuerung von Arbeit und Kapital. 2008.

Band 3 Alexander Pfab: Die Behandlung von Bildungsaufwendungen im deutschen Einkommensteuerrecht. 2008.

Band 4 Christian Johannes Müller: Einnahmeverzicht im Einkommensteuerrecht – insbesondere durch verbilligte Wohnungsüberlassung an nahe Angehörige. 2009.

Band 5 Melanie Falkner: Die Einkunftserzielungsabsicht als subjektives Besteuerungsmerkmal. Eine Analyse subjektiver Tatbestandsmerkmale im Steuerrecht. Zugleich ein Beitrag zur Liebhaberei im Steuerrecht. 2009.

Band 6 Steffen Ott: Die Vertreterbetriebsstätte nach OECD-MA. 2009.

Band 7 Christoph Wagner: Steuergleichheit unter Standortvorbehalt? Verfassungsrechtliche Grenzen einer ungleichen Einkommensbesteuerung von Kapital und Arbeit. 2010.

Band 8 Andreas Goetze: Die Ersetzung der sieben Einkunftsarten des EStG durch eine einzige. Zur Gleichheit aller Erwerbsgrundlagen in einem vereinfachten Steuerrecht. 2010.

Band 9 Hanno Kube: Der bundesstaatliche Finanzausgleich. Verfassungsrechtlicher Rahmen, aktuelle Ausgestaltung, Entwicklungsperspektiven. 2011.

Band 10 Katharina Brauer: Abgrenzung der Lebensmittellieferung von der Restaurationsdienstleistung im Umsatzsteuerrecht. 2011.

Band 11 Marc Schubert: Die Verfassungswidrigkeit der Erbschaft- und Schenkungsteuer und die verfassungsrechtlichen Anforderungen an eine Neuregelung. 2011.

Band 12 Martin Rehberg: Der Zuzug und Wegzug von Kapitalgesellschaften in gesellschafts- und steuerrechtlicher Hinsicht. 2011.

Band 13 Dirk Wünschig: Perspektiven eines europarechtskonformen Gemeinnützigkeits- und Zuwendungsrechts. Eine Untersuchung nach „Stauffer" und „Persche" bei gleichzeitiger Kritik an der Neufassung des Gemeinnützigkeitsrechts nach dem Jahressteuergesetz 2009. 2011.

Band 14 Sebastian Grimm: Die negative Konkurrentenklage im Steuerrecht. 2011.

Band 15 Arne von Freeden: Minder- und Mehrabführungen nach § 14 Abs. 4, § 27 Abs. 6 KStG. Ausgleichspostenlösung und Einlagelösung. 2011.

Band 16 Anne Keller: Rechtsschutz gegen Maßnahmen der steuerlichen Außenprüfung. 2011.

Band 17 Larissa Maier-Bledjian: Sondervermögen des Bundes. 2011.

Band 18 Philipp Riedl: Die internationale Doppelbesteuerung im EU-Binnenmarkt. 2012.

Band 19 Anna Schwarz: Die Pensionszusage an den Mitunternehmer der Personengesellschaft im Einkommensteuerrecht. 2012.

Band 20 Carsten Höink: Nichtsteuerbare Vermögensübertragungen im Umsatzsteuerrecht. Eine rechtssystematische Analyse der Entwicklung des Rechtsinstituts der Geschäftsveräußerung im Ganzen. 2013.

Band 21 Christian Kniese: Europarechtlicher Rahmen einer steuerlichen Förderung von Forschung und Entwicklung. 2013.

Band 22 Katarina Günther: Vertrauensschutz bei Angaben Dritter im Umsatzsteuerrecht. 2013.

Band 23 Andreas Königer: Ertragsteuerrechtliche Behandlung grenzüberschreitender Spaltungen von Rechtsträgern. Unter besonderer Beachtung der Vorgaben des Unionsrechts. 2014.

Band 24 Matthias Diete: Das obligatorische Schiedsverfahren in der deutschen DBA-Praxis. Erweiterung des zwischenstaatlichen Rechtsschutzes bei Doppelbesteuerungskonflikten. 2014.

Band 25 Friederike Grube: Der Einfluss des unionsrechtlichen Beihilfenverbots auf das deutsche Steuerrecht. Dargestellt an den Beispielen der sogenannten Sanierungsklausel und der Steuervergünstigungen für gemeinnützige Unternehmen. 2014.

Band 26 Tobias Loscher: Präventive Aufsicht der Europäischen Union über den Bundeshaushalt. 2014.

Band 27 Jochen Lutz Tillmanns: Divergenz und Konvergenz von Umsatzsteuer und Einkommensteuer. Zur problematischen Verwendung ertragsteuerlicher Konzepte und Begriffe im Umsatzsteuerrecht. 2015.

Band 28 Cornelia Zirkl: Die Neutralität der Umsatzsteuer als europäisches Besteuerungsprinzip. Inhalt, Herleitung und der Umgang mit Neutralitätsverletzungen. 2015.

Band 29 Matthias Ernst: Die Dienstleistungsbetriebsstätte im Abkommensrecht. Begriffsbestimmung, Abgrenzung und Analyse eines alternativen Betriebsstättentatbestands. 2015.

Band 30 Michael Brandl: Mehrfachansässigkeit im Ertragsteuerrecht. 2016.

Band 31 Stephanie Krebbers-van Heek: Die mitunternehmerische Besteuerung der Komplementäre der Kommanditgesellschaft auf Aktien. 2016.

www.peterlang.com

www.ingramcontent.com/pod-product-compliance
Ingram Content Group UK Ltd.
Pitfield, Milton Keynes, MK11 3LW, UK
UKHW041825290926
8980IPUK00002B/77

9 783631 672143